Claudio Starec (Org.)

Gestão da Informação, Inovação e Inteligência Competitiva

Como transformar a informação em vantagem competitiva nas organizações

Editora Saraiva

www.saraivauni.com.br

Editora Saraiva

Rua Henrique Schaumann, 270
Pinheiros – São Paulo – SP – CEP: 05413-010
Fone PABX: (11) 3613-3000 • Fax: (11) 3611-3308
Televendas: (11) 3613-3344 • Fax vendas: (11) 3268-3268
Site: http://www.saraivauni.com.br

Filiais

AMAZONAS/RONDÔNIA/RORAIMA/ACRE
Rua Costa Azevedo, 56 – Centro
Fone/Fax: (92) 3633-4227 / 3633-4782 – Manaus

BAHIA/SERGIPE
Rua Agripino Dórea, 23 – Brotas
Fone: (71) 3381-5854 / 3381-5895 / 3381-0959 – Salvador

BAURU/SÃO PAULO (sala dos professores)
Rua Monsenhor Claro, 2-55/2-57 – Centro
Fone: (14) 3234-5643 – 3234-7401 – Bauru

CAMPINAS/SÃO PAULO (sala dos professores)
Rua Camargo Pimentel, 660 – Jd. Guanabara
Fone: (19) 3243-8004 / 3243-8259 – Campinas

CEARÁ/PIAUÍ/MARANHÃO
Av. Filomeno Gomes, 670 – Jacarecanga
Fone: (85) 3238-2323 / 3238-1331 – Fortaleza

DISTRITO FEDERAL
SIA/SUL Trecho 2, Lote 850 – Setor de Indústria e Abastecimento
Fone: (61) 3344-2920 / 3344-2951 / 3344-1709 – Brasília

GOIÁS/TOCANTINS
Av. Independência, 5330 – Setor Aeroporto
Fone: (62) 3225-2882 / 3212-2806 / 3224-3016 – Goiânia

MATO GROSSO DO SUL/MATO GROSSO
Rua 14 de Julho, 3148 – Centro
Fone: (67) 3382-3682 / 3382-0112 – Campo Grande

MINAS GERAIS
Rua Além Paraíba, 449 – Lagoinha
Fone: (31) 3429-8300 – Belo Horizonte

PARÁ/AMAPÁ
Travessa Apinagés, 186 – Batista Campos
Fone: (91) 3222-9034 / 3224-9038 / 3241-0499 – Belém

PARANÁ/SANTA CATARINA
Rua Conselheiro Laurindo, 2895 – Prado Velho
Fone: (41) 3332-4894 – Curitiba

PERNAMBUCO/ ALAGOAS/ PARAÍBA/ R. G. DO NORTE
Rua Corredor do Bispo, 185 – Boa Vista
Fone: (81) 3421-4246 / 3421-4510 – Recife

RIBEIRÃO PRETO/SÃO PAULO
Av. Francisco Junqueira, 1255 – Centro
Fone: (16) 3610-5843 / 3610-8284 – Ribeirão Preto

RIO DE JANEIRO/ESPÍRITO SANTO
Rua Visconde de Santa Isabel, 113 a 119 – Vila Isabel
Fone: (21) 2577-9494 / 2577-8867 / 2577-9565 – Rio de Janeiro

RIO GRANDE DO SUL
Av. A. J. Renner, 231 – Farrapos
Fone: (51) 3371- 4001 / 3371-1467 / 3371-1567 – Porto Alegre

SÃO JOSÉ DO RIO PRETO/SÃO PAULO (sala dos professores)
Av. Brig. Faria Lima, 6363 – Rio Preto Shopping Center – V. São José
Fone: (17) 3227-3819 / 3227-0982 / 3227-5249 – São José do Rio Preto

SÃO JOSÉ DOS CAMPOS/SÃO PAULO (sala dos professores)
Rua Santa Luzia, 106 – Jd. Santa Madalena
Fone: (12) 3921-0732 – São José dos Campos

SÃO PAULO
Av. Antártica, 92 – Barra Funda
Fone PABX: (11) 3613-3666 – São Paulo

353.833.001.001

ISBN 978-85-02-17533-4

CIP-BRASIL. CATALOGAÇÃO NA FONTE
SINDICATO NACIONAL DOS EDITORES DE LIVROS, RJ.

S796e

Gestão da informação, inovação e inteligência competitiva : como transformar a informação em vantagem competitiva nas organizações / Claudio Starec (organização). - São Paulo : Saraiva, 2012.

ISBN 978-85-02-17533-4

1. Administração 2. Inteligência competitiva (Administração) 3. Gestão do conhecimento. I. Starec, Claudio, 1965-. II. Título.

12-5530 CDD: 658.4013
CDU: 658.012.22

Direção editorial	Flávia Alves Bravin
Coordenação editorial	Alessandra Marítimo Borges Ana Paula Matos Gisele Folha Mós Juliana Rodrigues de Queiroz Rita de Cássia da Silva
Produção editorial	Daniela Nogueira Secondo Rosana Peroni Fazolari
Marketing editorial	Nathalia Setrini Luiz
Suporte editorial	Najla Cruz Silva
Arte, produção e capa	ERJ Composição Editorial
Produção gráfica	Liliane Cristina Gomes
Impressão e acabamento	Prol Editora Gráfica

Contato com o editorial
editorialuniversitario@editorasaraiva.com.br

Numa sociedade na qual a riqueza da informação gera a pobreza da informação, o grande desafio do profissional do século 21 é recuperar, analisar e disseminar a informação certa, para a pessoa certa, no momento certo e no formato mais adequado. É disponibilizar informação relevante no processo de tomada de decisão.

Claudio Starec

Dedico este livro a meus pais, Maria Thereza Guarilha Starec e Moises Starec, *in memorian,* mas que estarão sempre presente, pois me deram o maior de todos os presentes, o dom da vida, e me ensinaram a viver intensamente cada momento, pois o tempo não para e nunca volta atrás; a Luma, razão da minha vida, estrelinha que me guia e que faz que cada dia seja fonte de muito aprendizado.

Sobre o organizador

Claudio Starec

Claudio Starec é Doutor em Ciência da Informação pela UFF/IBICT, Mestre em Ciência da Informação pela UFRJ/IBICT e Especialista em Marketing (FGV), em Inteligência Competitiva (UFRJ/Univ. Marseile III) e em Administração Educacional (Senac Rio). Atualmente é CEO da Comunicare Educação Corporativa. Foi diretor regional, comercial e de novos negócios da Unigranrio. Foi diretor da Faculdade de Tecnologia e gerente geral de Produtos Educacionais das áreas de Gestão, Tecnologia e Energia do Senac Rio e diretor de marketing e de campi da Universidade Estácio de Sá. Implantou os campi Madureira e Nova América, além de dirigir os campi Rebouças e Centro I da Estácio. Foi professor, coordenador de curso de graduação tecnológica, de pós-graduação e coordenador geral da área de gestão da pós-graduação da Estácio. Professor dos programas de pós-graduação (MBA) do IBMEC-RJ, da FGV, do Senac Rio, do IUPERJ e da ESPM, atua na área de ensino desde 1996. É organizador e coautor do livro *Gestão Estratégica da Informação e Inteligência Competitiva* (Ed. Saraiva, 2005), coautor dos livros *Gestão da Educação Corporativa* (Ed. Pearson, 2006) e *Aprendizagem Organizacional V. II – Contexto e Propostas* (Ed. IBPEX, 2011). Autor do livro *Educação Corporativa em Xeque – até que ponto treinamento é um bom negócio para as organizações?* (Ed. Senac, 2011). Como consultor de empresas e executivo de instituições de ensino, possui 15 anos de experiência profissional nas áreas de Atendimento, Marketing, Vendas, Comunicação, Estratégia Empresarial, Gestão de Mudanças, Planejamento, Inteligência Competitiva em empresas nacionais e multinacionais.

Contato com o autor:
starec@editorasaraiva.com.br

Agradecimentos

Agradeço a Deus em primeiro lugar, que me acompanha por todos os caminhos, projetos e desafios de minha vida;

aos meus adoráveis e inesquecíveis professores e colegas na arte de ensinar José Luiz Trinta, Júlio Miranda, Lena Vania, Luis Sá, Ricardo Teixeira, Rosali Fernandez, Sarita Albagli, grandes mestres na arte de provocar, que me fizeram pensar, debater, neste processo inesgotável de educação para a vida.

Meu muito obrigado aos novos e velhos amigos, em especial, a Aldo Barreto, Bruno Soares, Carlos Felipe, Cláudio Plachta, Cláudio Silva, Daniel Roedel, Durval Meirelles, Eduardo Lapa, Elaine Marcial, Elizabeth Gomes, Fabiane Braga, Gilberto de Almeida, Isa Freire, Jorge Bezerra, Luc Quoniam, Marcos Sêmola, Miguel Trigo, Sergio Behken, pelo inestimável apoio, pela dedicação de horas de trabalho para dar forma a esta obra e também pelas valiosas contribuições dadas.

Agradeço aos meus queridos alunos que fazem que eu aprenda todos os dias — que privilégio ter dois ex-alunos como coautores deste livro;

aos meus funcionários, que ao longo destes anos foram fontes de inspiração;

aos profissionais de Inteligência Competitiva que lutam todos os dias para manter suas organizações vivas em cenários de grandes turbulências.

Por ter acreditado neste projeto, agradeço à editora Saraiva e a todos aqueles que me acompanharam, acreditaram em minha capacidade empreendedora de um eterno aprendiz e me incentivaram a ir em frente.

E, àqueles que duvidaram, deixo também meu agradecimento.

Não posso deixar de expressar reconhecimento a minha família, que me incentiva desde menino a buscar mais e a compartilhar por meio do debate e da troca incessante de ideias e opiniões, por tudo aquilo que aprendi e pelo que continuo aprendendo.

O organizador.

Apresentação

A proposta desta obra que reúne os trabalhos de 20 profissionais, — entre pesquisadores, professores, profissionais de inteligência e consultores empresariais — é fornecer conceitos, ferramentas, metodologias e conselhos práticos para melhorar o fluxo de informação e também o processo de tomada de decisão nas organizações, um problema tão relevante que pode ser sintetizado nas seguintes questões: *Até que ponto o informar altera o informado, o conhecer modifica o conhecido, e o produzir impacta em tudo o que é produzido?*

O objetivo é ajudar a entender este tema que está presente na agenda de nossas organizações e que se revela cada vez mais estratégico na busca por uma competitividade sustentável. Este livro se destina àqueles que pretendem se qualificar como analistas estratégicos da informação; quer dizer, como colaboradores capazes de identificar, recuperar, analisar, disseminar, usar e avaliar a informação relevante e prioritária para a tomada de decisão, minimizando desta forma as lacunas de informação e de comunicação existentes em qualquer organização. No ambiente de negócios, os agentes de decisão são submetidos diariamente a uma rotina estressante, há muitos dados, mas, efetivamente, pouca informação considerada relevante para ajudar no processo de tomada de decisão sobre o ambiente de negócios, novas tecnologias, legislação, clientes, fornecedores, concorrentes e influenciadores de um modo geral. A questão que se apresenta aqui é, sem boas informações, será possível tomar boas decisões?

Pretendemos apresentar uma nova sistemática de recuperação e tratamento de informações competitivas dos ambientes interno e externo da empresa, transformando-as em produtos ou serviços informacionais e comunicando-as de forma efetiva ao tomador de decisão. Hoje, o maior desafio de nossas organizações e, por tabela, dos gestores é justamente obter a informação relevante em tempo e a tempo para ajudar no processo de tomada de decisão. Afinal, não existe resposta certa para pergunta errada, não é verdade? Estamos enfrentando o maior desafio dos profissionais e das organizações: levar a informação certa, para a(s) pessoa(s) certa(s), no momento certo, no formato mais adequado e pelo menor custo possível.

Neste livro, nosso principal objetivo não foi apresentar teorias utópicas, modismos, fórmulas mágicas ou soluções instantâneas, mas, sim, debater o real significado da gestão da informação nas organizações e discutir formas de estimular o fluxo de informação e a inovação de maneira estratégica e sustentável. Serão apresentadas metodologias, ferramentas e casos práticos que irão levar ao entendimento sobre a importância do assunto, bem como formas de inserir estes conceitos e práticas na estratégia de negócio das organizações.

Pretendemos determinar como a Inteligência Competitiva pode contribuir nos processos de melhoria contínua e tomada de decisão em tempo real, proporcionando, assim, uma série de vantagens competitivas para a organização, e também para os profissionais do século 21, que precisam estar atentos a estas mudanças dos cenários cada vez mais turbulentos.

O aumento do número de associações, congressos, seminários, artigos em publicações acadêmicas e de negócios, assim como o avanço de consultorias nas áreas da Informação, do Conhecimento Organizacional, Inovação e da Inteligência Competitiva e a própria mobilização nos meios empresariais e públicos sinalizam que estes temas são fundamentais, não só para o sucesso dos negócios, mas, acima de tudo, pela constatação de que só sobrevivem aquelas organizações que aprendem de forma contínua e rápida. Mais que isso, só irão manter-se competitivas aquelas organizações que aprenderem a desaprender em um processo de inovação constante, consistente e sustentável.

O mundo vive a era da informação. Se antes a terra, o trabalho e o capital eram os fatores decisivos na produção, hoje, segundo o Banco Mundial, 64% da riqueza mundial está baseada em conhecimento e informação. Uma única edição do jornal americano *The New York Times* teria mais conteúdo e informação do que aquilo a que um inglês teria acesso em toda sua vida no início do século 17. Em um recente artigo publicado na revista *Science*, dois pesquisadores da Universidade da Califórnia, Martin Hilbert e Priscila López, revelaram que a quantidade de informação existente é gigantesca: se pudesse ser armazenado de forma otimizada, o volume de informação em todo o mundo ocuparia o equivalente a 295 trilhões de megabytes, ou 295 exabytes.

Só para se ter uma ideia do que isso representa, um único exabyte de informação seria o equivalente a todo o conteúdo da biblioteca do Congresso Americano que é considerada a mais completa do mundo. Caso fosse toda gravada em CD de 730 megabytes cada, essa quantidade de dados e de informações formaria uma pilha que iria da Terra até além da órbita da Lua, em um total de 404 bilhões de discos com 1,2 milímetros de espessura cada.

Em um mundo que anda cada vez mais rápido nas estradas da hiperinformação, a competição sem fronteiras e o caos documentário levam à necessidade de mudanças constantes nos processos, na capacitação dos recursos humanos, na incorporação de novas tecnologias e de novas mídias e, principalmente, na recuperação da informação relevante para a tomada de decisão nas organizações.

Mas, como as empresas lidam com a informação estratégica? Conseguem separar a informação relevante do lixo informacional? Trabalham bem com dados ou estão se afogando neles? Como fazem seu diagnóstico externo e interno para definirem suas ações estratégicas? Como elas visualizam as oportunidades e ameaças que ocorrem em seus ambientes de negócios? Como avaliam seus próprios pontos fortes e suas possibilidades de melhorias (pontos fracos) no sentido de se ajustarem às novas demandas que surgem continuamente em suas atividades? Na verdade, o conhecimento a respeito de todas essas noções fundamentais é vital para o sucesso dos negócios. Isso equivale a dizer que o êxito de uma empresa, cada vez mais, depende da gestão estratégica da informação.

Acreditamos que na Sociedade da Informação, do Conhecimento e do Aprendizado a gestão estratégica da informação, a inovação e a inteligência competitiva estão entre os principais fatores críticos de sucesso nas organizações que buscam estratégias sustentáveis. A Sociedade do Conhecimento deslocou o eixo da riqueza e do desenvolvimento dos setores tradicionais intensivos em mão de obra, matéria-prima e capital para setores intensivos em mentes de obra, comunicação, tecnologia da informação e inteligência empresarial. A gestão da informação pode e precisa ser utilizada como o diferencial competitivo das organizações. Isso requer que se saiba utilizar a informação de forma estratégica no monitoramento constante do ambiente competitivo para identificar tendências e oportunidades de negócios e evitar ameaças. E o que é inteligência competitiva senão a forma inteligente de lidar com a informação e utilizá-la de maneira sistemática, organizada e com valor agregado para melhorar o processo de tomada de decisão. O segredo do sucesso em ambientes competitivos e turbulentos é justamente esse: usar a informação e o conhecimento de forma estratégica antes que os concorrentes o façam. Partir na frente dos outros, criar novas soluções e produtos, inovar e ultrapassar depende, antes de tudo, de saber lidar com a informação.

Uma pesquisa do Núcleo de Inteligência Empresarial da UFRJ revelou que boa parte das decisões que são tomadas nas organizações fracassa. As entrevistas com empresários e executivos mostraram que 66% das decisões que são tomadas nas organizações não atingem os objetivos planejados por serem baseadas apenas na experiência acumulada do gestor, em conselhos de especialistas ou na intuição do tomador de decisão. O que a pesquisa não levantou foi o prejuízo que as organizações têm com decisões erradas e o que esses erros podem representar para as empresas.

A resposta para esta questão e o mais próximo que se pode chegar para mensurar o custo das decisões organizacionais possivelmente está em outro levantamento feito pelo Sebrae, em 2004. A pesquisa "Fatores Condicionantes e Taxa de Mortalidade de Empresas no Brasil" é considerada um dos mais completos mapas sobre o assunto já feito no Brasil. Nada menos que 5.700 empresas foram ouvidas.

Os dados são impressionantes: das 470 mil empresas que são abertas todos os anos nas Juntas Comerciais do Brasil, quase metade fecha as portas nos dois primeiros anos de existência e 60% delas não sobrevivem a quatro anos de mercado. Na região Sudeste, os números não são diferentes: 61% das empresas abertas em 2000 fecharam as portas quatro anos depois de serem abertas.

O impacto da mortalidade das empresas se reflete diretamente na perda da competitividade do país, apontada por vários indicadores internacionais. Entre 2000 e 2002, mais de 772 mil empresas fecharam, 2,4 milhões de postos de trabalho foram reduzidos e calcula-se que chegue a 20 bilhões de reais o desperdício econômico com o fim destas firmas.

Segundo o Sebrae, as principais causas do fechamento prematuro das empresas brasileiras foram:

- falhas gerenciais;
- causas econômicas conjunturais;
- logística operacional;
- políticas públicas e arcabouço legal.

A conclusão é clara ao apontar que as questões relacionadas ao gerenciamento do negócio são determinantes para o sucesso ou o fracasso do estabelecimento e constatar que as empresas brasileiras morrem mais devido a falhas gerencias do que a problemas conjunturais ou taxação tributária.

As falhas gerenciais estão relacionadas à falta de planejamento na abertura do negócio — o empresário não avalia de forma estratégica elementos importantes para o sucesso do empreendimento, deixando de verificar, por exemplo, a existência de concorrentes nas proximidades do ponto escolhido, a presença potencial de consumidores etc., falhas que possivelmente foram provocados por decisões equivocadas.

Inteligência Competitiva se insere neste contexto ao trazer ferramentas, métodos e metodologias para minimizar os riscos do processo de tomada de decisão. Inteligência Competitiva é, na visão de Tyson (1998), uma área capaz de integrar o planejamento estratégico, a atividade de marketing e a de informação, objetivando o monitoramento constante do ambiente competitivo, com respostas rápidas e precisas à ação dos concorrentes, frente às novas dinâmicas do mercado. Já Kahanner (1996) argumenta que Inteligência Competitiva é um processo e não apenas uma função. É um programa institucional e sistemático para garimpar e analisar a informação sobre atividades dos concorrentes e tendências gerais dos negócios, visando atingir os objetivos e metas das empresas.

Inteligência Competitiva, na prática, é uma nova sistemática de recuperação e tratamento de informações competitivas dos ambientes interno e externo da empresa, transformando-as em produtos e comunicando-os ao tomador de decisão. O maior desafio das organizações e dos gestores, hoje, é justamente obter a informação relevante em tempo e a tempo para a tomada de decisão. Serão apresentadas metodologias, ferramentas e experiências que irão levar ao entendimento sobre a importância do assunto, bem como formas de inserir estes conceitos e práticas na estratégia de negócio das empresas e organizações.

Estas abordagens nos mostram a importância e a relevância de se pensar estrategicamente na gestão da informação, na análise e no monitoramento do ambiente competitivo, não com o foco no presente. Inteligência Competitiva não é dizer o que os concorrentes estão fazendo, é predizer o que eles farão no futuro, seja daqui a um mês, a um ano ou a dez anos.

Foi a partir de análises como essas que a Petrobras decidiu se reposicionar. Hoje, ela já não é mais uma empresa de petróleo, posiciona-se como uma empresa de energia, pois as informações futuras dão conta de que, nos próximos 50 anos, pode não mais existir petróleo no planeta.

O exemplo da Petrobras ilustra bem o desafio da Inteligência Competitiva, que é levar a informação certa, para a pessoa certa, no momento certo, no local certo e no formato adequado. É importante ressaltar que a equipe de IC não toma a decisão, mas dissemina a informação estratégica que apoia o processo de tomada de decisão nas organizações.

Quanto mais competitivo for o mercado, maior a necessidade de se avaliar o ambiente de negócios de forma mais detalhada e cuidadosa. É aí que entra a Inteligência Competitiva como uma espécie de radar que serve para monitorar constantemente o mercado para:

- acompanhar tendências de negócios;
- identificar novas oportunidades;
- evitar ameaças competitivas.

Neste novo ambiente competitivo em escala global, organizações e instituições públicas e privadas só irão sobreviver se tiverem a habilidade de processar dados para transformá-los em informação, que poderá gerar conhecimentos para a tomada de decisão, antes que seus concorrentes façam. Davenport (2001) lista os motivos para pensar a informação estrategicamente:

- os ambientes informacionais, na maioria das empresas, são um desastre;
- os recursos informacionais sempre podem ser melhor alocados;

- as estratégias de informação ajudam as empresas a se adaptarem às mudanças e auxiliam na recuperação da informação relevante e prioritária.

Em um mercado cada dia mais disputado, preço e qualidade já deixaram de ser diferenciais competitivos. Atualmente, essa competitividade exige um acesso imediato a informações que auxiliem a tomada de decisão, uma coordenação eficaz e integração efetiva dos serviços de informação e de comunicação disponíveis, além de políticas de redução de custos e da eliminação de duplicidade dos esforços de coleta, organização, armazenamento, intercâmbio e utilização das informações produzidas interna ou mesmo externamente às organizações.

A discussão do valor da informação e do conhecimento, nos dias de hoje, traz também outras perguntas estratégicas, que estão longe de serem facilmente respondidas: como podemos encontrar a informação certa e na hora certa? É possível gerenciar o conhecimento nas organizações? Como fazer diferença em um mundo onde todos dispõem praticamente do mesmo acesso aos dados e informações?

No ambiente de negócios, os agentes de decisão são submetidos diariamente a uma rotina estressante, há muitos dados, mas, efetivamente, pouca informação, para a tomada de decisão, sobre o ambiente de negócios, clientes, fornecedores concorrentes e influenciadores de um modo geral.

Na realidade, o que o mundo corporativo percebeu é que quem é o número um hoje não tem a menor garantia de continuar sendo o número um amanhã. Portanto, para manter uma posição no mercado, independentemente do porte da empresa ou de seu ramo de atuação, é necessário lidar estrategicamente com a informação e tomar as melhores decisões. É sempre bom lembrar que, sem boas informações, é impossível tomar boas decisões.

Se a tomada de decisão é o grande desafio, compartilhar é o maior problema das organizações. Uma estimativa feita por consultores americanos revela que 80% das informações e do conhecimento existentes nas organizações não são compartilhados internamente. Quando se soma a isso a sobrecarga de dados circulante, temos um quadro de caos informacional. A sensação é que estamos, literalmente, afogados em um oceano de informação, em um caos documentário sem precedentes na história, que originou uma explosão de informação, mas que nos leva para longe de atingir uma revolução do conhecimento.

Philip Kotler (1999) começa seu livro Marketing para o Século XXI com um interessante pensamento sobre as organizações: só existem três tipos de empresas — as que fazem as coisas acontecerem, as que ficam observando o que acontece e as que ficam se perguntando o que aconteceu. Este livro tem o desafio de ajudar a entender o processo da gestão estratégica da informação para que as empresas e organizações não fiquem mais se perguntando o que aconteceu.

Mas se estamos falando sobre gerenciar informação, não podemos esquecer que são pessoas que fazem isso. Portanto, trabalhar com a questão dos recursos humanos nas organizações é importantíssimo. É preciso devolver ao homem o papel central no processo de gerenciamento estratégico da informação. Na verdade, não existe Gestão da Informação, Inteligência Competitiva ou mesmo conhecimento sem pessoas que têm a missão de transformar dados em informação e, por sua vez, informação em inteligência organizacional.

A Inteligência Competitiva se insere no contexto da Gestão da Informação, monitorando ambientes, identificando as melhores práticas existentes, ajudando a construir as competências essenciais e integrando as pessoas da organização — executivos, funcionários e suas redes de parceria —, clientes, fornecedores e sociedade, todos, formando uma cadeia de valor, com foco na estratégia da organização. No terceiro milênio, a organização vencedora será aquela que entender que o que mantém uma organização competitiva é o que seus colaboradores sabem, compartilham e usam no processo de tomada de decisão.

Gestão da Informação, Inovação e Inteligência Competitiva foi dividido em cinco partes. Na primeira parte do livro, "A questão da Informação na Sociedade do Conhecimento", Barreto contextualiza a informação nesta nova sociedade informacional. Freire trata das barreiras da comunicação da informação e Starec descreve a mandala da informação e as forças que interagem com ela no mundo corporativo.

A segunda parte do livro é dedicada à inovação, à tecnologia e à sustentabilidade. Trigo, Soares e Qouniam traçam os cenários da inteligência competitiva e da inovação no mundo. Meirelles trata da inovação em um processo de aprendizado coletivo. Já Plachta revela como a tecnologia pode ser uma poderosa ferramenta no suporte aos processos de negócios inteligentes. Roedel mostra como a inteligência pode ser utilizada na busca de uma competitividade sustentável.

A terceira parte é dedicada à Gestão de Pessoas. Marcial fala dos novos desafios do profissional de inteligência como uma atividade em evolução no Brasil e no mundo. Já Bezerra trata o gestor moderno como um planejador estratégico da informação e Behnken mostra como a educação corporativa pode ser estratégica na prática organizacional.

Já a quarta parte do livro é dedicada à segurança da informação e à proteção do conhecimento. Sianes propõe um modelo de aplicação de proteção do conhecimento nas organizações. Almeida fala dos benefícios e riscos jurídicos da gestão das informações estratégicas, e Sêmola fala de modelos de gestão da segurança da informação.

Deixamos para discutir, na última parte do livro, a Inteligência Competitiva na prática. Silva trata de uma das novas áreas da IC, a gestão de riscos. Lodi fala sobre o planejamento por cenários. Gomes, Braga e Lapa fecham o livro com a construção de um sistema de Inteligência Competitiva ou de negócios em ambientes cada vez mais competitivos.

Este livro foi pensado para que você, leitor, possa ler sem uma ordem pré-definida. Na verdade, sugerimos que você leia este livro conforme seu interesse. No mais, desejamos uma boa leitura e seja muito bem-vindo a este admirável mundo novo da informação, inovação e Inteligência Competitiva.

SUMÁRIO

Parte 1

A Questão da Informação na Sociedade do Conhecimento

Capítulo 1

A questão da Informação

Aldo de Albuquerque Barreto*

Resumo

Este capítulo lança um olhar no desenvolvimento da Ciência da Informação, no seu relacionamento com o gerador, o receptor e a tecnologia. A essência do fenômeno de transferência e aceitação da informação é sempre raro e surpreendente, ocorrendo pela transformação de estruturas simbólicas em realizações de uma consciência individual ou coletiva. Procura-se, assim, um conceito para a condição da informação dentro de um posicionamento nos eventos de sua distribuição entre os estoque de conteúdo fixos e seus fluxos internos e externos direcionados ao usuário. O papel da formação dos estoques, fluxos e das estruturas de informação são delineados em suas condições sociais, políticas e de transferência. Fica, ainda, estabelecida a relação entre informação e conhecimento que se realiza, somente se a informação for percebida e aceita como tal, colocando o indivíduo sensível em um estágio melhor, consciente consigo mesmo e dentro do mundo onde se realiza a sua odisseia individual.

Introdução

A informação sintoniza o mundo. Como onda ou partícula, participa na evolução e na revolução do homem em direção à sua história. Como elemento organizador, a informação referencia o homem a seu destino, mesmo antes de seu nascimento, por meio de sua identidade genética, e, durante sua existência, por meio de sua competência em elaborar a informação para estabelecer sua odisseia individual no espaço e no tempo.

A importância que a informação assumiu na atualidade pós-industrial recoloca para o pensamento questões sobre sua natureza, seu conceito e os benefícios

* **Aldo de Albuquerque Barreto** é Pesquisador Sênior do CNPq. Graduado em Economia pela Universidade Federal do Rio de Janeiro (1968), Mestre e Ph.D. em Information Science pela The City University de Londres, Inglaterra. Tem experiência na área de gerência de cursos acadêmicos de pós-graduação e de curta duração. Atua em ensino, pesquisa e administração de pesquisa e gestão da informação. Dedica-se à docência, orientação de pesquisadores e pesquisa. Em pesquisa, tem se direcionado para a avaliação e os estudos sobre a relação da informação como mediadora do conhecimento que produz inovação. Pesquisa, ainda, sobre as estruturas e o fluxo da informação em diferentes suportes e contextos; os estoques reais e virtuais de documento e seus fluxos. Entende a escrita como uma interface da linguagem, que, quando em formato digital, viabiliza com melhor propriedade a assimilação do conhecimento que induz à inovação. Atualmente é professor na pós-graduação em Administração da Unigranrio.

que pode trazer ao indivíduo em seu relacionamento com o mundo em que vive. Associada ao conceito de ordem e de redução de incerteza, identifica-se com a organização de sistemas de identidades inanimadas ou de seres vivos racionais. No presente artigo, contudo, limitamos a observação e discussão às características e qualidades do fenômeno da informação entre seres humanos, que habitam um determinado espaço social, político e econômico e têm uma fonte geradora ou um emissor de informação, um canal de transferência e um destinatário ou receptor de uma mensagem com condições semânticas de tradução.

Nesse sentido, tem-se procurado caracterizar a essência do fenômeno da informação como a adequação de um processo de comunicação que se efetiva entre o emissor e o receptor da mensagem. Os diversos conceitos encontrados para a informação tendem a se localizar no começo e no fim do processo de comunicação (WERSING & NEVELING, 1975).

Quando do lado do gerador se tem definições estruturais como as que indicam que a informação é o resultado da relação estática entre objetos materiais, independente da ação dos seres humanos ou uma configuração que relaciona a mensagem a símbolos produzidos por um gerador para efetivar um processo de transferência, o receptor da informação está excluído do processo, ou não é necessário para sua explicação.

As definições, quando relacionadas ao receptor, reforçam a intenção semântica da transferência, adjetivando o conceito com o significado da mensagem, seu uso efetivo e a ação resultante do uso. Contudo, são as definições que relacionam a informação à produção de conhecimento no indivíduo aqueles que melhor explicam a natureza do fenômeno, em que termos finalistas, associando-o ao desenvolvimento e à liberdade do indivíduo, à de seu grupo de convivência e à da sociedade como um todo. Aqui a informação é qualificada como um instrumento modificador da consciência e da sociedade como um todo, como um instrumento modificador da consciência do homem e de seu grupo e deixa de ser uma medida de organização para ser a organização em si; é o conhecimento, que só se realiza se a informação é percebida e aceita como tal, colocando o indivíduo em um estágio melhor de convivência consigo mesmo e com o mundo em que sua história individual se desenrola.

A informação, quando adequadamente assimilada, produz conhecimento e modifica o estoque mental de significados do indivíduo, traz benefícios a seu desenvolvimento e ao progresso da sociedade em que ele vive. Assim, como agente mediador na produção do conhecimento, a informação qualifica-se, em forma e substância, como *o conjunto de estruturas significantes com a competência de gerar conhecimento para o indivíduo e seu grupo*.

A questão que se coloca agora é: como trabalhar com a informação enquanto conjunto de estruturas significantes, com a intenção de direcioná-la a seu propósito de produtora de conhecimento para a sociedade? Como organizá-la, controlá-la e distribuí-la de maneira correta, considerando sua ingerência na produção do conhecimento?

A produção da informação

A produção da informação, definida por nós como estruturas significantes, operacionaliza-se por meio de práticas bem definidas e com um processo de transformação orientado por uma racionalidade técnica que lhe é específica; é representada por atividades relacionadas à reunião, seleção, codificação, redução, classificação e armazenamento de informação.

Todas essas atividades estão orientadas para a organização e o controle dos estoques de informação, para uso imediato ou futuro. Este repositório representa um estoque potencial de conhecimento e é imprescindível para que este se realize no âmbito da transferência de informação. Contudo, o estoque por ser estático; não produz, por si só, qualquer conhecimento. As estruturas significantes armazenadas em bases de dados, bibliotecas, arquivos ou museus possuem uma competência para produzir conhecimento, mas que só se efetiva a partir de uma ação de comunicação mutuamente consentida entre os estoques e o receptor. A produção de acervos de informação não possui um compromisso direto com a produção de conhecimento, o que permite a ação de desenvolvimento em diferentes níveis.

A indústria de produção de informação tem se desenvolvido junto com as revoluções e o crescimento industrial, absorvendo assim suas características marcantes. A geração de estoques de informação adotou para si os preceitos da produtividade e da técnica como uma forma de trabalho. A crescente produção de conteúdos precisa ser reunida e armazenada de forma eficiente, obedecendo a critérios de produtividade na estocagem, ou seja, o maior número de documentos deve ser colocado no menor espaço possível para atender os limites da eficácia e do custo. Neste processo, são utilizadas técnicas próprias de redução estrutural da informação, novas linguagens estabelecidas pelos instrumentos transformadores da indústria da informação. O processamento redutor também é potencializado pelas exigências do meio físico de armazenamento. Reduz-se, assim, o universo da linguagem natural do homem, e a informação passa a ser medida com a finalidade de produção do conhecimento. Esta atitude técnica certamente representa uma decisão política e econômica dos produtores de informação. A indústria de informação se organiza e se diferencia pelo grau de organização técnica e controle dos acervos de informação e por sua manipulação política e econômica. Assim, os estoques específicos e institucionais de informação processados, gerenciados e controlados constituem uma infocontextura que convive e permeia uma superestrutura de informação, à qual também são acrescentados os estoques potenciais disponíveis, mas não em uma cadeia de produção que obedeça a um processamento técnico e de armazenagem contínua e disponibilidade explícita[1].

Figura 1.1 • Estoques de Informação

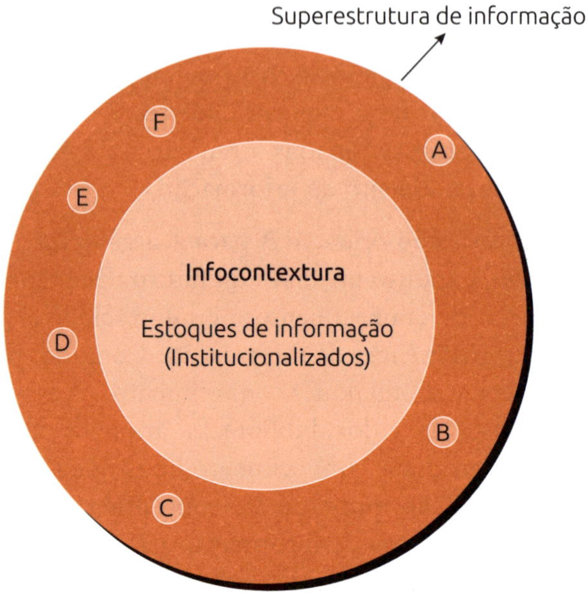

[Núcleos de informação não institucionalizados: A, B, C, D, E, F (empresas, universidades, igrejas, governo, meios de comunicação de massa etc.)]

Os produtores que se localizam na infocontextura são corporações públicas e privadas, que reúnem e elaboram informação transnacional para a produção e manipulação de estoques privilegiados. Contudo, quem detém a propriedade dos estoques de informação determina sua distribuição e condiciona, potencialmente, a produção do conhecimento. Os produtores de informação não podem dizer ao indivíduo o que pensar, mas podem induzi-lo sobre o que devem pensar (BAGDIKIAN, 1994).

Distribuição e o consumo de informação

A produção de estoques de informação orienta-se por uma racionalidade técnica e produtivista. Todavia, a distribuição ou transferência da informação está

[1] O trabalho foi escrito antes da socialização da internet e da web. Os estoques de informação são conceituados como um *quantum* específico de itens posicionados e institucionalizados.

condicionada por uma limitação contextual e cognitiva. Para intervir na vida social, gerando conhecimento que promove o desenvolvimento, a informação necessita ser transmitida e aceita como tal. Os espaços sociais não são tão homogêneos quanto o processamento técnico dos estoques de informação. A realidade, em que se pretende que a informação atue e transforme, é multifacetada em micronúcleos sociais com divergências profundas em países como o Brasil. Esses núcleos podem ser vistos como micronações insuladas por suas diferenças. Os habitantes destas comunidades sociais se diferenciaram segundo suas condições, como grau de instrução, nível de renda, religião, raça, acesso e interpretação dos códigos formais de conduta moral e ética, acesso à informação, confiança no canal de transferência, codificação e decodificação do código linguístico comum, entre outros.

Estes espaços sociais diferenciados não constituem uma simples justaposição de singularidades; ao contrário, são entidades orgânicas com forte sentimento coletivo, um corpo de costumes, tradições, sentimentos e atitudes instituídas. Estas singularidades concentram um conjunto de saberes, regras, normas, proibições e permissões que são conservadas e transferidas por meio de canais próprios de comunicação (MAFFESOLI, 1984). Uma diferenciação e uma aproximação que, certamente, condicionam a distribuição da informação, seu uso e assimilação.

Figura 1.2 • Estoques de informação

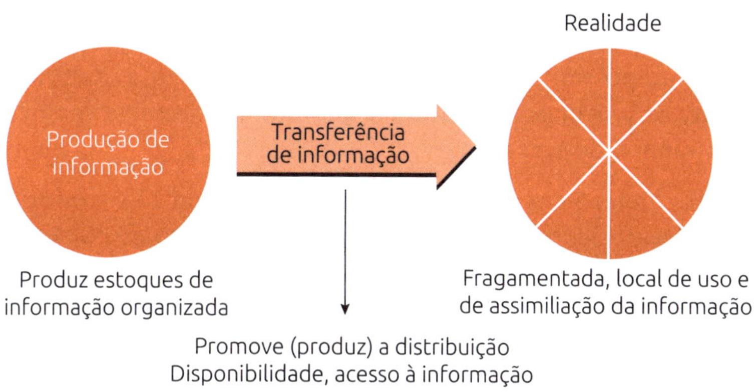

Os produtores de informação estão limitados, então, pelas competências do contexto e pelas condições cognitivas dos habitantes de realidades diferenciadas e necessitam, assim, adotar estratégias de distribuição, que viabilizem a aceitação de seu produto.

Na acumulação da informação estocada, os produtores são pressionados a aumentar, continuamente, o *quantum* de documentos armazenados para atender a requisitos de novidade, qualidade e abrangência de seus estoques. O resultado desta política de formação de estoques apresenta um crescimento contínuo e cumulativo da quantidade de informação produzida.

Considerando, portanto, o volume e a estrutura dos estoques de informações disponíveis, a transferência de informação poderia ser efetuada, do ponto de vista do gerente dos acervos, de acordo com três estratégias que considerassem os aspectos do contexto e de assimilação do receptor: a) uma estratégia que procure atingir e criar grandes grupos homogêneos de receptores; b) uma estratégia que procure identificar interesses e necessidades comuns para grupos diferenciados; e c) finalmente, uma estratégia em que a disseminação da informação privilegie uma elite informacional.

A primeira estratégia tenta associar a produtividade dos estoques à produtividade na transferência da informação. Ao pretender atingir um público homogêneo quanto a sua competência de assimilação, transfere dos estoques a informação de interesse de um menor conhecimento comum, mas acessível ao maior público de receptores.

Na segunda, a transferência de informação é direcionada a grupos de receptores com um perfil de interesses e necessidades comuns. A transferência é diferenciada para atender a um público selecionado, com competência para reelaborar a informação recebida e realimentar os estoques com informação nova. Este público conhece o fluxo de informação na sociedade, participa deste fluxo e o utiliza para sedimentar suas posições no espaço social e almejar novas posições.

Já na terceira estratégia, a transferência se elitiza para um pequeno número de receptores com acesso à informação restrita aos demais grupos, até porque este grupo de elite possui, além das competências dos grupos anteriores, características políticas e econômicas que lhe permite assegurar e manter o poder político e econômico de acesso.

Dentro deste quadro em que foi colocada a distribuição da informação, foram radicalizadas posições para um melhor entendimento de como se pretende harmonizar a produção e o consumo de informação. Vale lembrar que, em uma realidade fragmentada por desajustes sociais e econômicos, a disponibilidade ou a possibilidade de acesso à informação não implica, necessariamente, uso efetivo e conhecimento.

Democratizar a informação não pode, portanto, envolver unicamente programas para facilitar e aumentar o acesso e a disponibilidade à informação. É necessário que o indivíduo tenha condições de elaborar o insumo recebido, transformando-o em conhecimento esclarecedor e libertador em benefício próprio e da sociedade em que vive.

A democratização também não se limita a uma reprodução consentida de um estágio de desenvolvimento informacional já homogeneizado dentro de um menor conhecimento comum, que só traz benefício para a eficácia dos produtores e dos estoques de informação.

A estrutura da demanda e dos estoques de informação

A hierarquia das necessidades humanas, que determina o comportamento dos indivíduos, foi mapeada por A. Maslow (1970) para indicar os fatores determinantes da motivação, desempenho e satisfação no trabalho. Em seu estudo empírico, Maslow (1970) apresenta uma pirâmide das necessidades humanas e o comportamento associado a cada nível desta pirâmide. Adaptamos este esquema para, em uma tentativa intuitiva, relacionarmos o que seria a demanda e a oferta de informação em sua estrutura básica.

Figura 1.2 • Pirâmide das Necessidades Humanas

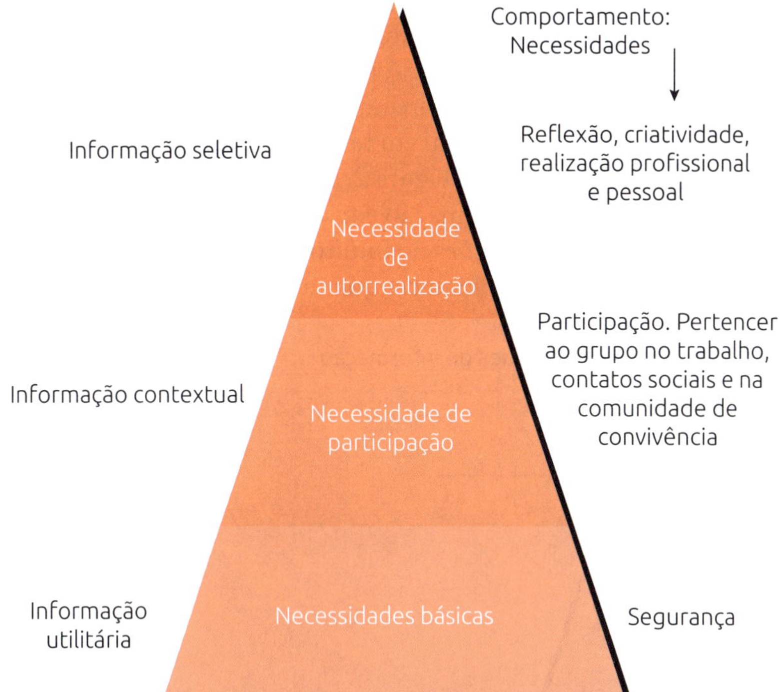

Na pirâmide das necessidades humanas (Figura 1.2), o indivíduo se movimentaria da base para o topo, passando de um estágio para o outro somente quando todas as suas necessidades, naquele estágio, estivessem satisfeitas. A configuração piramidal procura indicar um maior número de pessoas na base que no topo. Na base da pirâmide, estariam as pessoas que procuram satisfazer suas necessidades básicas como: alimentação, habitação, vestuário, saúde, educação, sendo que seu comportamento é o de perseguir e satisfazer estas necessidades, que representam a segurança de existir em um determinado espaço.

Desta forma, demandariam, prioritariamente, informação de utilidade para sua necessidade de segurança, ordem e liberdade do medo e da ameaça.

No estágio acima, estariam os indivíduos que, tendo suprido suas necessidades básicas, já têm um comportamento participativo, uma premência de permanecer nos grupos de que participam, seja no trabalho, na comunidade, afetivos ou profissionais. Demandam, então, informação que lhes garanta a permanência nos diversos contextos que habitam e em que desejam permanecer. Elaboram a informação em proveito próprio e das instituições de que participam.

No topo da pirâmide, seriam encontrados os indivíduos que, tendo satisfeito as necessidades anteriores, são estimulados por sentimentos de realização pessoal e utilizam a informação para reflexão, criatividade e concretização de seu potencial intelectual.

Ao se configurar a demanda neste formato, intuímos que o fluxo de informações agrega qualidade da base para o topo. A oferta de informação, ou seja, a estrutura dos estoques se relaciona com a demanda potencial como em uma pirâmide invertida, contrariamente proporcional em termos quantitativos e qualitativos às posições da informação demandada (Figura 2.3). Aparece, então, a situação de racionamento ou de excedente de informação em seus extremos. Vale colocar que o modelo apresentado radicaliza posições no intuito de tornar clara a explanação, e deve ser visto com flexibilidade e tolerância quanto a seus exemplos.

Figura 1.3 • As necessidades e os estoques de informação

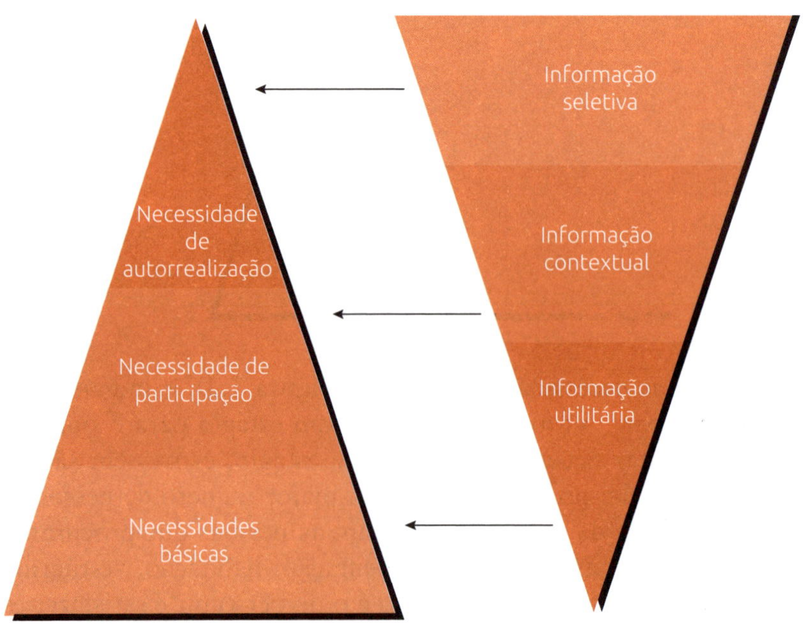

O tempo dos estoques e da assimilação da informação

Em uma relação temporal, a informação é como uma partícula que forma estoque e se agrega no tempo linear das coisas ocorridas cronologicamente. A informação se acumula em estoques de formação contínua, em um repositório fixo. O volume e o crescimento destes estoques são diretamente proporcionais ao tempo contínuo.

Contudo, estes estoques devem atuar em ondas de informação para atingir o receptor e cumprir sua missão de transformar partículas de informação em ondas de conhecimento. O tempo em que se opera a reflexão consciente para a assimilação da informação não é o tempo linear da formação dos estoques de informação. O homem que reflete como ser consciente está posicionado entre o passado e o futuro, em um tempo que se repete circular e quotidianamente. Ele se coloca em um ponto imaginário de uma linha que une passado e futuro.

Esta posição de assimilação da informação não é simplesmente um ponto no presente, mas, sim, um ponto na consciência cognitiva influenciada pela vivência do passado e pela expectativa do futuro, sem ter um começo ou um fim absoluto (Arendt, 1991). A região do espírito que aceita a informação como conhecimento poderia ser representada pela Figura 1.4, adaptada de Arendt (1991)[2].

Grandes estoques crescentes de informação, que se acumulam em um tempo ilimitado, degeneram, contudo, a vivência cotidiana do conhecimento que quer que o indivíduo realize. A sintonia do sujeito consciente se dispersa em um mundo de informações irrelevantes, imprecisas e ultrapassadas e com uma distribuição inadequada.

O conhecimento potencialmente armazenado nos estoques acumula-se exponencialmente nestes repositórios. Mesmo ao se colocar um filtro de entrada para limitar qualitativamente o crescimento dos estoques, a coisa toda tenderá a ruir, devido a seu próprio peso, a menos que sejam modificadas as proporções relativas da estrutura com relação a seu conteúdo físico (THOMPSON, 1961).

Há mais de 350 anos, Galileu (BELL, 1973) formulou, em seu princípio da similitude, que nenhum organismo biológico ou instituição humana que receba uma mudança de tamanho e uma consequente mudança de escala passa por isso sem modificar sua forma ou conformação. Seria como o "conceito do quadrado e do cubo"; isto é, se o volume (informação) cresce em razão cúbica e a superfície que o contém (estoques) aumenta apenas em razão quadrada,

---

[2] A Figura 1.4 foi adaptada de diagrama apresentado por Hanna Arendt (1991), bem como grande parte das reflexões sobre o tempo da informação foi buscada em seus conceitos.

haverá um momento de diferenciação estrutural, por meio do qual a organização se transforma em duas, que, juntas, são funcionalmente equivalentes à organização anterior.

Figura 1.4 • Entre o passado e o futuro: o ponto de assimilação da informação

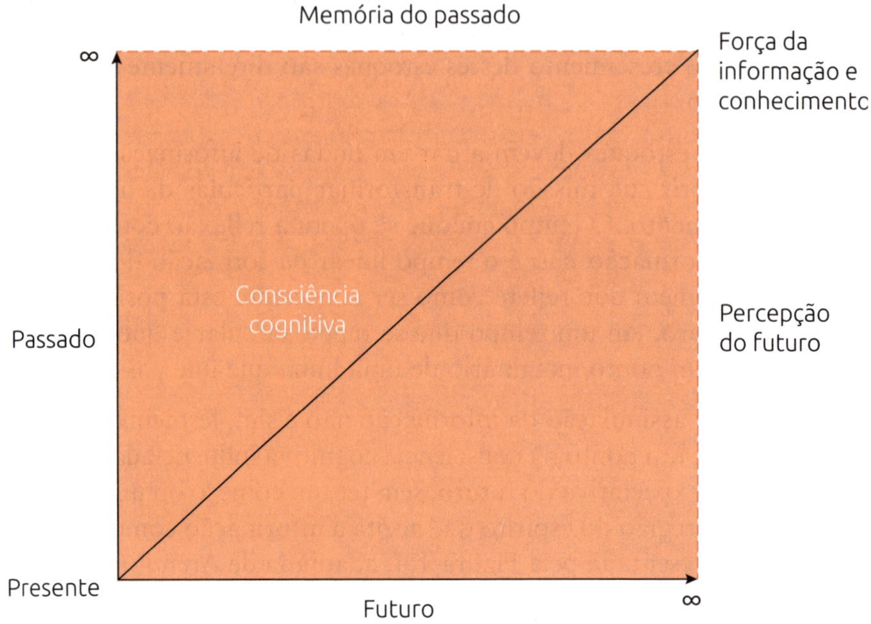

A analogia destes conceitos ao crescimento linear e exponencial dos estoques de informação leva a crer que estas estruturas de armazenagem tenderão a "quebrar-se" em estruturas especializadas e distintas, que possibilitem tratar o problema da acumulação e distribuição de informação de maneira mais adequada. Surgirão infraestruturas de informação menores e orientadas para o interesse e a necessidade de grupos especiais de usuários, nas quais as funções de produção e de circulação da informação possam ser dirigidas para promover, de uma forma adequada, um efeito inovador na assimilação do conhecimento.

Considerações finais

Vale ressaltar algumas indicações para finalizar esta reflexão. É importante colocar que, no setor de informação, a oferta e a demanda não se equilibram da mesma forma que nos mercados tradicionais. No âmbito das trocas de informação, é a oferta que cria a demanda por informação[3]. No contexto de um possível mercado, os produtos de informação são responsáveis pela oferta global de informação que modelará a demanda em seus diferentes níveis. A demanda de informação é fragilizada e fragmentada em microrganismos sociais diferenciados até mesmo em sua competência para decodificar o discurso da informação.

O produtor de acervos de informação decide sobre quais itens de informação devem ser estocados e sobre as estratégias para sua distribuição à sociedade. Decide, ainda, sobre o "empacotamento tecnológico" para esta distribuição. Alguns destes pacotes, ou canais de distribuição, são tão intensivos em tecnologias emergentes que se confundem com o conteúdo transferido, no qual o canal é mais valorizado que a mensagem, como acontece nas redes eletrônicas de transmissão de conteúdos.

O produtor de informação tem condições de manipular a disponibilidade e o acesso à informação. Contudo, não pode determinar seu uso e, principalmente, a assimilação que produz o conhecimento. No mundo da produção e distribuição da informação, a oferta pode criar demanda, mas não pode transformar esta demanda na ação dinâmica e diferenciadora, que, por meio da assimilação, gera conhecimento e promove o desenvolvimento, destino final da informação como fenômeno cognoscível.

Assim, grande parte dos estoques estáticos de informação transforma-se meramente em discursos de informação, apenas em uma manifestação da vontade textualmente elaborada. Um discurso da informação, independente de sua vestimenta tecnológica, utiliza um código comum e um canal de comunicação adequado e, apesar de seu poder de convencimento e de suas promessas, ele somente particulariza determinada informação. Esta só possui o poder de ação quando adquire a condição de uma mensagem, com intenção destinada e assimilação possível. Como ação, a informação se transforma em atitude com vigor dinâmico, que se realiza, de fato, ao modificar esta realidade de acordo com a intenção.

Discursos de informação não traduzidos e assimilados pelo receptor formam os excedentes nos estoques em poder dos produtores, excedentes que não criam riqueza em forma de conhecimento e que acarretam apenas um elevado custo social.

---

3 URQUART, D. J. Economic Analysis of Information Services. In: *Journal of Documentation*, v. 32, n. 2, p.123-125, jun. 1976.

Questões para reflexão e aprendizagem

1. Como serão os documentos de amanhã? Textos ou hipertextos?
2. Uma nova tecnologia é a mesma coisa que uma inovação?
3. A sociedade da informação é uma possibilidade e a sociedade do conhecimento uma potencialidade?
4. A informação é a mediadora do conhecimento? Só existe conhecimento se houver uma base de informação?
5. A escrita é só uma interface da linguagem? A escrita dos grupos em convivência pode modificar a linguagem?

Referências

ARENDT, H. A Lacuna entre o Passado e o Futuro. In: ______. *A Vida do Espírito*. Rio de Janeiro: UFRJ, 1991. cap. 4.

BAGDIKIAN, B. H. *O monopólio da Mídia*. São Paulo: Scritta, 1994.

BELL, D. O. As Dimensões do Conhecimento. In: ______. O *Advento da Sociedade Pós-Industrial*. São Paulo: Cultrix, 1973. cap. 3.

MAFFESOLI, M. A. *A Conquista do Presente*. Rio de Janeiro: Rocco, 1984.

MASLOW, A. H. *Motivation and Personality*. Nova York: Harper, 1970.

THOMPSON, D'Arcy. On Magnitude. In: ______. *On Growth and Form*. Abridged Edition. Cambrige University Press, Inglaterra, 1961. cap. 1.

WERSIG, G.; NEVELING, U. The phenomena of interest to information science. In: *The information Scientist*. v. 9, n. 4, 1995.

Capítulo 2

Barreiras na Comunicação da Informação

Isa Maria Freire*

Resumo

Na sociedade pós-industrial, a transferência de tecnologia implica na comunicação de informação científica e tecnológica relevante para a produção de bens e serviços. Nesse processo comunicativo, diversos fatores se colocam como barreiras à transmissão e correta interpretação da mensagem pelo usuário final da informação. São apresentados resultados de pesquisas e de estratégias para superação de barreiras na comunicação da informação. Um caso especial é representado pelos produtores rurais, que participam desigualmente do sistema de comunicação e do acesso à informação disponível na sociedade.

Introdução

A Ciência da Informação parece ter emergido como campo científico a partir da necessidade de socializar a informação científica e tecnológica[1] entre grupos de cientistas e pesquisadores tecnológicos. Nesse sentido, ocupou-se em estudar os problemas existentes no processo de comunicação dos resultados da pesquisa científica e tecnológica entre pesquisadores e as estratégias possíveis para superá-los, contribuindo para fazer a informação chegar em tempo hábil a seus usuários em unidades de pesquisa científica e laboratórios de pesquisa e desenvolvimento. Nesta perspectiva, foram as necessidades de comunicação dos trabalhadores científicos que criaram as condições para a emergência dos trabalhadores científicos informativos[2], por meio de um processo de divisão social das atividades no campo científico. Em decorrência de sua própria dinâmica profissional, esses trabalhadores criaram as condições para a emergência de

* **Isa Maria Freire** é Doutora em Ciência da Informação (IBICT – UFRJ) e professora do Programa de pós-graduação em Ciência da Informação da UFPB.

1 Tipo de Informação de interesse direto para a produção de novos conhecimentos científicos e tecnológicos.

2 Termo usado por Guilarevski, pesquisador do VINITI (Vserossiisky Institut Nauchnoi i Tekhnicheskoi Informatsii, vinculado à Academia de Ciências da Rússia), em sua palestra sobre atividade científica informativa proferida por ocasião da instalação de curso de informação industrial em Havana, 1971.

uma atividade científica autônoma que, por um lado, representa o processo de reflexão sobre sua prática social e, por outro, a agregação de valor ao trabalho científico informativo.

Entretanto, logo as atividades de informação científica e tecnológica se expandiram para além do campo científico e tecnológico, passando a se interessar também pelo estudo de problemas de comunicação da informação em todos os níveis do setor produtivo na sociedade. Neste caso, à informação científica e tecnológica propriamente dita, juntaram-se outros tipos de informação tecnológica que representam relevantes insumos à produção de bens e serviços, como informações mercadológicas, legais, comerciais, gerenciais, estatísticas e outras.

Desse modo, a comunicação da informação coloca-se como processo de troca de mensagens que possuem valor econômico, político, social e cultural, representando a objetivação das ideias de racionalização e eficiência predominantes na visão de mundo da sociedade industrial. Por um lado, a efetiva comunicação dessas informações para usuários potenciais na sociedade representa oportunidades de incremento à produção de bens e serviços, criando novas possibilidades de expansão e competitividade para as organizações. Por outro, sua comunicação representa um desafio para os profissionais da informação, aos quais caberia a responsabilidade social definir estratégias para que a informação possa superar as barreiras que se colocam entre emissores e receptores, no processo de comunicação da informação.[3] É desse desafio que trata o presente texto.

Contexto

Na sociedade contemporânea, o sucesso do desempenho econômico tem sido caracterizado pela busca das melhores práticas técnicas e dados específicos, pelas linhas de comunicação com fontes de conhecimento especificamente relevante, pela manutenção das capacidades e práticas para avaliação de informações. Nesse contexto, cada vez mais se reconhece que a informação e sua efetiva comunicação representam o recurso mais importante para a eficiência de qualquer indústria, processo de produção ou comércio. Dessa forma, em sua relação com o desenvolvimento das forças produtivas, a informação tornou-se e é tratada como mercadoria, transformando-se em elemento-chave no processo de produção social e na transferência de tecnologia. O Export Administration Act de 1979, aprovado pelo Congresso dos Estados Unidos em 1985, confirma

[3] Ver Freire, 2001. Produção científica. Disponível em: <www.isafreire.pro.br>. Acesso em: 11 jun. 2012.

essa relação intrínseca entre tecnologia e informação na sociedade industrial, quando define tecnologia como sendo

> [...] a informação e conhecimento (seja em forma tangível, tal como modelos, protótipos, desenhos, esquemas, diagramas, cartões ou manuais, ou em forma intangível, tal como serviços técnicos ou de treinamento) que podem ser usados para desenho, produção, manufatura, utilização ou reconstrução de bens, incluindo programas de computador e dados técnicos, mas não os bens, eles mesmos. (GOULD, 1985 apud FREIRE, 1987)

Por sua vez, inserido no sistema de trocas econômicas e simbólicas da sociedade, o processo de transferência de tecnologia inclui necessariamente a comunicação da informação, uma vez que tecnologia representa conhecimento científico, técnico, econômico e cultural que torna possível a concepção, planejamento, desenvolvimento, produção e distribuição de bens e serviços, na sociedade contemporânea.[4] Esse conhecimento 'voa nas asas da informação'[5], e sua aplicação ocorre, principalmente, por meio de profissionais que tanto têm acesso a estoques de informação quanto conhecem os problemas, necessidades e limitações das pessoas (usuários) às quais esses estoques interessariam.

Assim, a importância dos profissionais da informação para o desenvolvimento das forças produtivas na sociedade contemporânea é decorrente de seu papel de mediador entre estoques e usuários de informação. Esse papel se realiza, concretamente, por meio da interação com muitos outros canais pelos quais a informação pode ser transferida, particularmente os contatos pessoais.[6] Entretanto, parte do valor atribuído aos canais pessoais de comunicação e à interação de um usuário com uma fonte de informação relevante para a solução de um problema decorre da eficácia em superar, ou não, as barreiras que dificultam o processo de comunicação da informação. No esforço para compreender as atuais e potenciais relações entre os numerosos *media* e as barreiras na comunicação da informação, antropólogos, sociólogos, administradores, bibliotecários e cientistas da informação, entre outros, têm desenvolvido modelos que abordam o processo de transferência da informação como processo de comunicação social.[7]

---

[4] Cf. Freire, 1984 e 1991.

[5] Uma metáfora que criei para exemplificar o conceito de informação como "representação do conhecimento" proposto por Farradane, 1980.

[6] Cf. Araujo, 1978.

[7] Ver: Wersig, 1975 e 1993; Araujo, 1978 e 1994; Freire, 1987, 1995 e 2001; Freire, 2000 e 2004.

Quadro de referência conceitual

Da perspectiva da comunicação, no processo de transmissão de uma *informação,* destaca-se a interação entre um *texto e sua estrutura* (organizados por um emissor com o propósito de alterar *estruturas de conhecimento*) e as *estruturas cognitivas* do receptor a quem a informação se destina. Nesse sentido, o emissor deve produzir a informação de modo a assegurar a compreensão do sentido da mensagem pelo receptor (usuário), sem perder de vista que é no contexto social que os seres humanos tecem as categorias e formas de expressão da cultura (FREIRE, 1995).

Vista por esse prisma, conforme Freire (2001), a informação contém a "possibilidade" de conhecimento necessário à ação dos indivíduos e grupos na sociedade. Nas palavras de Barreto (1996), "deixa de ser, unicamente, uma medida de organização por redução de incerteza, para ser a própria organização em si". Mas a informação

> [...] só possui poder de ação quando adquire a condição de mensagem, com intenção específica e assimilação possível.
>
> [...]
>
> Discursos de informação não traduzidos e não assimilados formam excedentes nos estoques em poder dos produtores, excedentes estes que não criam riqueza em forma de conhecimento e conduzem apenas a um elevado custo social. (BARRETO, 1994)

A propósito da comunicação da informação, Goldmann (1970) coloca que existem efetivamente informações cuja compreensão é incompatível com as características fundamentais deste ou daquele grupo social: é o caso em que o conteúdo da informação ultrapassa o máximo de consciência possível do grupo e resulta na incompreensão da mensagem comunicada.

> Trata-se [...] do fato de que, em uma conversação, ou [...] em uma transmissão de informações, não existe apenas um homem ou aparelho emissor das informações e um mecanismo transmissor, mas, em alguma parte, existe também um ser humano que as recebe [...] e sabemos que sua consciência não pode 'deixar passar' qualquer coisa de qualquer modo.
>
> Esta consciência receptora é opaca a toda uma série de informações que não passam, devido a sua própria estrutura, ao passo que outras informações passam e outras ainda passam, mas de maneira deformada. (GOLDMANN, 1970)

Para Goldmann (1970), todo grupo social tende a conhecer, de maneira adequada, a realidade objetiva, mas seu conhecimento não pode ir além de um limite estabelecido por suas condições reais de existência. Além desse limite, ou "consciência possível", as informações somente serão compreendidas se a estrutura sociocultural do grupo for transformada, pois a prática social de cada um dos receptores estabelece os limites do campo de consciência.

Partindo do pressuposto de que uma determinada informação pode não ser compreendida pelo usuário ao qual se destina, coloca-se a possibilidade da existência de três tipos de problemas na comunicação:

> a) necessidade de informação prévia da parte do usuário, isto é, de conhecimentos anteriores e indispensáveis à compreensão da mensagem;
> b) biografia do usuário, isto é, sua estrutura psicossocial, como se observa no caso do preconceito contra a mudança derivado do tradicionalismo ou de experiências negativas;
> c) resistências coletivas, quando a informação é percebida como ameaça à existência do grupo. (FREIRE, 1987)

Dessa forma, a informação somente seria efetivamente comunicada, sendo absorvida e incorporada pelo usuário em seu processo existencial, nos casos em que sua mensagem não ultrapasse os limites da "consciência possível" do grupo social no qual ele se insere. Destaca-se, então, a importância do profissional da informação, no sentido de descobrir o limite máximo da consciência possível para a comunicação da informação, o qual é resultante da experiência acumulada pelo usuário e determinada por sua prática social, que está inserida em uma prática mais ampla, a do grupo social no qual o usuário se insere e que, por sua vez, relaciona-se a uma dada situação de classe existente na sociedade, pois o acesso diferenciado a informações e a organizações responsáveis pela distribuição de recursos materiais, culturais e políticos na sociedade contemporânea promove uma utilização desigual do material simbólico produzido, não só no sentido de expressar as peculiaridades das condições reais de existência como também no de formular interesses divergentes nos grupos sociais.

Nesse sentido, Wersig (1970) apresentou uma visão fundada no valor social da informação por seus efeitos na sociedade industrial à qual a atividade de informação está inexoravelmente ligada, colocando as barreiras na comunicação como problema básico para o uso eficiente dos recursos de informação disponíveis. Essas barreiras ocorreriam tanto com relação à criação de uma ampla consciência da informação, em todos os níveis da sociedade e não apenas no campo científico e tecnológico, quanto com relação à organização de fontes de informação que possam atender satisfatoriamente as necessidades decorrentes dessa conscientização; e, principalmente, na situação de comunicação indireta, quando a mensagem do emissor não alcança imediatamente o receptor, como ocorre na comunicação direta, mas é transformada em outros sinais e transportada por outros meios. Nesses casos, os canais de comunicação entre o emissor original da mensagem e o receptor podem vir a sofrer interferência não somente nos sinais como também no conteúdo da mensagem original, levando uma "nova" mensagem para o usuário.

Da perspectiva das atividades de informação, a situação se coloca como uma exigência de adaptação dos serviços e produtos às necessidades dos usuários, que não precisam ser explícitas. Isto implica a adoção de técnicas e práticas de avaliação, controle e difusão da informação, de modo a permitir uma análise das condições do mercado para a produção e o consumo da informação (recursos e tecnologias existentes, perfil da demanda). Significa que, mesmo inserido no processo de comunicação indireta, o profissional da informação deve procurar agir como um comunicador, procurando adequar a informação (texto e estrutura) às condições de compreensão do receptor ao qual ela se destina, isto é, ao usuário final. Adotando o papel de comunicador, os profissionais da informação devem fazer o que todo emissor faz na comunicação pessoal: controlar os efeitos da ação comunicativa no receptor. E, para tanto, devem, necessariamente, conhecer os receptores/usuários aos quais a informação se destina, bem como os meios de comunicação mais adequados para sua transmissão.

Esta tem sido uma área de interesse da Ciência da Informação desde sua emergência como campo científico, em meados do século 20. Em 1970, durante um Congresso Internacional da Federação Internacional de Documentação, Wersig (1970) propôs uma abordagem da informação a partir de um modelo geral de comunicação, ressaltando que

> [...] na comunicação humana somente [podemos aceitar] um processo de transmissão de sinais como processo de comunicação se o receptor decodifica a mensagem com os mesmos, ou quase os mesmos, conceitos que o comunicador utilizou na codificação. (WERSIG, 1970)

É neste quadro de referência conceitual que os profissionais da informação podem ser vistos como mediadores no processo de comunicação social, em especial nas situações de comunicação do conhecimento representado pela informação. Naturalmente, a presença de mediadores humanos ou tecnológicos no processo de comunicação aumenta a possibilidade de ruídos ou barreiras na transmissão de uma informação, diminuindo a chance do usuário receber uma mensagem completa. Nesse sentido, em 1970, Wersig propôs a abordagem do problema a partir da classificação das barreiras na comunicação da informação, como segue:

- **ideológicas**, em dois níveis:
  - entre países com formas diferentes de ordem social, onde diferentes ideologias orientam a vida social;

  - entre grupos sociais em uma mesma sociedade, mas que possuem ideologias diferentes;
- **econômicas**, baseadas no fato de o conhecimento ter adquirido **valor de propriedade privada** para seu produtor, e sua publicação e uso dependerem do poder ou da negociação com o produtor;
- **legais**, representadas pelas restrições estabelecidas ao acesso e uso da informação, especialmente a **informação tecnológica** (aplicável à produção de bens e serviços);
- **de tempo**, em dois aspectos:
  - pelo fato de a informação "envelhecer", tornar-se obsoleta como bem cultural ou de produção, o que obriga o usuário a estar atento à oferta de conhecimento, de modo a encontrar novos dados que complementem seu conjunto de informações;
  - pelo fato de que, frequentemente, muito tempo é gasto entre a produção da informação e sua disseminação por um meio de comunicação eficiente;
- **de eficiência**, de dois lados:
  - do ponto de vista do agente que transfere a informação (comunicador), que pode ser identificada na relação entre *esforço para informar* e *usos/efeitos da informação*;
  - do ponto de vista do usuário, na medida dos esforços empreendidos para usar os serviços de informação (custos financeiros, tempo, estratégias de busca e outros esforços);
- **financeiras**, considerando que, enquanto mercadoria, a informação tem um preço relativo aos seus custos e à demanda do mercado;
- **terminológicas**, pois nem sempre usuários e agentes de informação usam o mesmo código de linguagem no processo de recuperação do conhecimento, podendo ocorrer, especialmente na transferência de informação para o setor produtivo, que a terminologia utilizada dificulte a compreensão da mensagem pelos usuários finais;
- **de idioma**, que pode ser facilmente superada pela tradução para língua compreendida pelo usuário;
- **de capacidade de leitura**, que diz respeito à capacidade de o usuário selecionar o material informativo relevante para atender sua necessidade de informação, podendo ser superada pelo treinamento;
- **de consciência e conhecimento da informação**, o que significa para o agente atender à demanda apenas com informação conhecida ou ampliar suas fontes no limite da exaustividade;

- **de responsabilidade**, pois o uso da informação depende da atividade do usuário e de sua capacidade para fazer uso ativo do conhecimento técnicocientífico em seu trabalho.

Para Wersig (1970), em cada caso no qual há uma necessidade de informação específica e deve ser feita alguma ação que implique sua comunicação direta ou indireta, pode existir um conjunto de barreiras. Por isso mesmo, como ressaltado, os mediadores na comunicação da informação devem procurar adequá-la às reais condições de compreensão do receptor ao qual se ela destina, ao mesmo tempo que tentam controlar os efeitos da ação comunicativa. Na comunicação direta, isto é possível, desde que ambos compartilhem a mesma linguagem, porque emissor e receptor podem esclarecer, de imediato, as dúvidas sobre a correta decodificação da mensagem. Mas, na comunicação indireta, situação em que se coloca a comunicação da informação, as chances de o receptor compreender a mensagem de modo apropriado são menores, porque:

> a) mensagem deve ser transformada e podem ocorrer ruídos decorrentes da codificação ou dos meios de transmissão (canais de comunicação) e o receptor pode... ter [dificuldade] para [compreender] a mensagem original;
> b) o receptor pode pensar que decodificou adequadamente a mensagem e não tê-lo feito;
> c) o receptor deseja obter informação do comunicador para esclarecer suas dúvidas com relação à completa compreensão da mensagem, e não o pode fazer situação em que se colocam as atividades de informação, pois toda agência de informação [indivíduo ou instituição] é parte dos inúmeros processos de comunicação indireta. (FREIRE, 1987)

Assim, os mediadores da informação (agências e agentes da informação) devem procurar se antecipar às várias situações nas quais surgem barreiras de comunicação que dificultam a correta recepção da informação pelos usuários. Dessa forma, podem vir a ser criadas oportunidades para a comunicação efetiva da informação, começando pela identificação das necessidades existentes nos diversos grupos de usuários, as fontes de informação mais relevantes para atender a essas demandas e os tipos de barreiras de comunicação existentes.

A prática da teoria

Em estudo pioneiro na utilização do modelo de comunicação da informação de Wersig, Freire aborda as barreiras na comunicação da informação tecnológica para produtores rurais no Nordeste brasileiro, considerando um contexto em que:

> As peculiaridades da atividade agrícola trazem dificuldades na disseminação da informação para produtores rurais e sua utilização nas unidades de produção, por isso existem serviços de extensão, ou intermediação, geralmente sob a responsabilidade do governo. Esses serviços são importantes no fluxo da informação do produtor para o consumidor, no caso das atividades agrícolas, especialmente na interpretação e adaptação da mensagem às circunstâncias locais, e seu papel pode ser definido como de integrar e promover o uso do conhecimento para resolução de problemas técnicos e gerenciais de produtores rurais. (FREIRE, 1987)

Entretanto, entrevistando uma amostra significativa de agentes e usuários da informação, Freire identificou os seguintes tipos de barreiras na comunicação:

- **ideológica**, considerando que agentes e usuários da informação participavam desigualmente da dinâmica socioeconômica e cultural da sociedade;
- **de eficiência**, pois a relação entre o *esforço para informar* e os *usos/efeitos da informação* estava prejudicada pela existência de fatores estruturais, como estrutura agrária e baixa capacidade de correr riscos na atividade produtiva;
- **terminológica**, uma vez que agentes e usuários não utilizavam o mesmo código de comunicação para recuperação de informações relevantes, embora essa barreira fosse diminuída no processo de comunicação direta;
- **de consciência e conhecimento da informação**, considerando que, para atender à demanda de seus usuários, o agente extensionista deveria não somente conhecer a informação disponível para atender à necessidade do usuário, mas também estar especialmente atento à dinâmica sociocultural do meio rural;
- **de responsabilidade**, uma vez que o uso da informação tecnológica depende da capacidade do usuário final para utilizar a informação como insumo no processo produtivo;
- **de capacidade de leitura**, pois os usuários finais (produtores rurais) apresentam baixo índice de escolarização, o que ocasiona dificuldades na decodificação da linguagem escrita utilizada pelos agentes extensionistas.

Analisando esta situação específica, Freire (1987) agregou as barreiras classificadas por Wersig (1970) em três níveis:

- **estrutural**, definido como o nível das barreiras relacionadas a processos sociais (ideológicas e de eficiência);
- **institucional**, definido como o nível das barreiras relacionadas a agências e agentes de informação (terminológicas, de consciência e conhecimento da informação e de responsabilidade);

- **pessoal**, definido como o nível das barreiras relacionadas a características dos usuários finais (capacidade de leitura). (FREIRE, 1987)

No final do século 20, um estudo realizado por Araujo (1999) em organizações não governamentais brasileiras, identificou alguns dos tipos de barreiras classificados por Wersig (1970) e observados por Freire (1987):

- **ideológicas**, uma vez que "a comunicação de ideias e o desenvolvimento de ações conjuntas das ONG com órgãos governamentais é um processo muito difícil devido às diferentes posições políticas sobre a dinâmica socioeconômica e cultural";
- **de eficiência**, que "sob o ponto de vista dos componentes das ONG[...] ocorre devido à dificuldade em avaliar o nível de utilidade da informação transferida";
- **de idioma**, pelas dificuldades dos usuários com línguas estrangeiras;
- **terminológica**, "decorrente de limites na interface homem/tecnologias de informação";
- **de capacidade de leitura**, "pois a maioria dos beneficiários dos serviços das ONG tem baixo nível de escolaridade, apresentando dificuldades na decodificação da linguagem escrita". (ARAUJO, 1999)

E Starec (2003), estudando o processo de comunicação da informação para a tomada de decisão na universidade, encontrou novas categorias de barreiras:

- **má comunicação**, quando "tentativas para aumentar [o] fluxo de informação [são] pouco eficazes";
- **miopia da cultura organizacional,** "uma das [barreiras] mais difíceis de se transpor";
- **falta de competência**, que "é a mais delicada e requer um cuidado especial"; e
- **dependência tecnológica,** pois as "tecnologias de informação e de comunicação surgiram para facilitar, mas, por vezes, o que percebemos é que elas acabam dificultando o dia a dia nas organizações." (STAREC, 2003).

O quadro a seguir apresenta alguns dos tipos de barreiras identificadas na literatura, de 1970 até 2003:

Quadro 2.1 • Abordagens teóricas das barreiras na comunicação da informação

WERSIG (1970)	**FREIRE** (1987)	**FIGUEIREDO** (1991)	**G.; MENOU** (1994)	**ARAUJO** (1998)	**STAREC** (2003)
	Institucionais		Institucionais	Intraorganizativas	
Recursos financeiros			Financeiros	Financeiras	
	Pessoais		Psicológicos	Interpessoais	
De idioma		Língua estrangeira	Linguísticos	De idioma	
Ideológicas				Ideológicas	
Terminológicas		Terminologia	Técnicos	Terminológicas	
		Isolamento geográfico		Geográficas	
Econômicas				Econômicas	
Legais		Restrições à informação		Legais	
De tempo		Restrições de tempo		De tempo	
De eficiência		Estratégias de busca fracas		De eficiência	
De capacidade de leitura				De capacidade de leitura	
De consciência e conhecimento da informação				De consciência e conhecimento da informação	
De responsabilidade				De responsabilidade	
	Estruturais				
		Atraso na biblioteca			
		Demora na publicação			
		Excesso de informação			
		Desconhecimento da informação			
		Dispersão da informação em diferentes canais			
		Literatura não convencional			
					Miopia da Cultura Organizacional
					Má comunicação
					Falta de competência
					Dependência tecnológica

Fonte: Adaptado de Silva et al., 2007.

Em 2003, os modelos de Wersig (1970) e Freire (1987) foram retomados por Nathansohn (2003) em seu estudo de usuários de um *website* de notícias.[8] Utilizando as categorias propostas por Freire, ele agregou as barreiras conforme seus níveis:

- **estrutural**: "A sociedade brasileira ainda não está habituada ao *modus operandi da Internet*. [...] O que se revela como um problema de adaptação tecnológica, política e social do usuário em relação ao novo meio";
- **institucional**: "O sítio não está preparado para atender à demanda dos usuários por falta de infra-estrutura, que envolve: recursos financeiros, recursos humanos e recursos tecnológicos"; e
- **pessoal**: "[...] o usuário não está habituado à leitura na tela do computador". (NATHANSOHN, 2003)

Certamente, a principal barreira na comunicação da informação é constituída pela linguagem, que deve ser vista como "um problema básico, relacionado à otimização de todo recurso de informação disponível", como observado por Araújo (1978). Todavia, as barreiras na comunicação da informação identificadas nos estudos citados podem vir a ser superadas em decorrência de mudanças, tanto no comportamento dos usuários — por meio do processo de socialização ou do treinamento específico — quanto no comportamento do mediador da informação.

O primeiro tipo de mudança de comportamento foi observado por Araujo et al., em sua análise comparativa dos resultados de dois estudos de usuários no intervalo de 25 anos:

> Com relação ao produto/serviço de informação que parece **menos relevante** para o setor produtivo na pesquisa de 1996, ou seja, a tradução de documentos técnicos, é provável que os recursos humanos atuando no setor industrial tenham, como exigência do mercado de trabalho, o conhecimento de idiomas, o que lhes permite consultar documentos originais. (ARAUJO et al., 1997). [Grifo meu]

Na pesquisa original, com usuários do Centro de Informações Tecnológicas do Instituto Nacional de Tecnologia, em 1971, o serviço de tradução de documentos era demandado por 61% das indústrias consultadas, e, mesmo naquelas com elevada percentagem de técnicos com nível superior, ele era colocado como "imprescindível". No segundo momento do estudo, tornara-se o "menos relevante" dentre os serviços demandados por usuários da informação tecnológica, em uma amostra significativa do setor industrial brasileiro.

[8] O site estudado foi o <www.clippirata.com.br>.

O segundo tipo de mudança, a do mediador, foi adotado por Freire em sua pesquisa para construção de um instrumento de socialização da informação, com a participação de um grupo de usuários potenciais, de modo a criar

> Um produto de informação a partir do conhecimento próprio das pessoas que poderão vir a usá-lo, na sociedade. E construí-lo mediante uma troca efetiva entre produtor e usuário da informação nas várias etapas em que [a informação] é produzida e distribuída [...]. (FREIRE, 2000)

O processo de produção adotado por Freire envolveu contato direto com os usuários (professores e alunos da Escola Politécnica de Saúde Joaquim Venâncio, da Fundação Oswaldo Cruz), "para um primeiro conhecimento da sua realidade, estabelecendo um nível de comunicação que Goldmann chama de 'informação prévia'" (FREIRE, 2000). O instrumento de socialização da informação resultante da pesquisa (um hipertexto digital) foi disponibilizado em um provedor de acesso gratuito à internet, contabilizando em dois anos quase 60 mil visitas.[9] É importante ressaltar que a maioria dos visitantes/usuários que, espontaneamente, enviaram mensagens eletrônicas fez questão de comentar, direta ou indiretamente, sobre a facilidade de leitura e compreensão dos conteúdos disponibilizados. A estratégia de Freire transformou a barreira básica da linguagem em possibilidade de comunicação da informação.

Deste modo, mesmo em ambientes onde a informação é vista como geradora de conhecimento, como apontam Gonçalves e Freire (2007, p. 25) em sua pesquisa sobre a comunicação da informação das empresas de uma incubadora tecnológica, podem ser observadas barreiras dos tipos classificados na literatura: "identificamos no campo da pesquisa aquelas que se referem ao tempo e à terminologia, bem como as de capacidade de leitura, de responsabilidade, e de consciência e conhecimento da informação".

Uma experiência com as abordagens de Wersig (1970) e Freire (1987) para as barreiras na comunicação da informação foi realizada por Freire et al. (2010), no âmbito do Programa de Cooperação Acadêmica entre Grupos de Pesquisa dos Programas de Pós-Graduação em Ciência da Informação das Universidades Federal da Paraíba e Estadual Paulista Julio de Mesquita Filho (campus de Marília). Além da reflexão conceitual sobre o problema, a experiência propiciou oportunidades de comunicação interpessoal, contribuindo para o conhecimento do grupo sobre si mesmo e para o reconhecimento das barreiras a serem enfrentadas no decorrer dos respectivos projetos de pesquisa. Como resultado do exercício metodológico, um amplo mural sobre o tema foi construído a partir das informações e vivências de cada participante em suas

[9] Endereço atual: <http://ghafreire.sites.uol.com.br>. Acesso em: 11 jun. 2012.

pesquisas e compartilhado pelo grupo, além disso foi criado um mapa conceitual, que possibilitou visualizar a significação da experiência coletiva.

Após a discussão das abordagens e respectivos modelos aplicados às barreiras na comunicação da informação, a teoria foi aplicada na prática, e foram identificadas, no processo de pesquisa para dissertação ou tese dos participantes, as barreiras já descritas na literatura por Wersig (1970) e Freire (1987, 1991), como:

- **ideológica**, sendo que, no contexto do exercício, não se aplicariam as barreiras entre diferentes países, mas entre grupos sociais de uma mesma sociedade que possuem ideologias diferentes;
- **econômica**, pois a informação adquiriu valor de mercado, o que vem a restringir o acesso à informação, especialmente na área tecnológica, e, inclusive, à tecnologias digitais de informação e comunicação (TIC);
- **legais** e **financeiras**, que complementam a restrição ao acesso e uso da informação;
- **de eficiência**, especialmente do ponto de vista de recuperação da informação, pois, embora tenham sido utilizados os serviços disponíveis para essa finalidade, não foi possível recuperar os textos de referência de Wersig (1970, 1976);
- **terminológica**, que se refere ao uso do quadro de referência conceitual da pesquisa;
- **de capacidade de leitura**, pois o exercício de reflexão teórica e prática foi realizado em duas semanas, o que exigiu do grupo maior rapidez na leitura dos textos recomendados;
- **de consciência e conhecimento da informação**, que significou, no caso de nossa experiência, ler e identificar, na literatura, elementos conceituais a serem trazidos à discussão no fórum dos participantes, à luz da experiência crítica de cada um no processo de desenvolvimento da pesquisa;
- **de responsabilidade**, pois o exercício representou a oportunidade de compartilhar conhecimentos;
- **pessoais**, quando os indivíduos lutam na tentativa de permanecerem isentos de sentimentos com relação à informação que é ferramenta de pesquisa. Também é importante destacar a ética profissional, em que os direitos e deveres de quem recebe e usa a informação devem ser respeitados.

Com relação ao objetivo do exercício propriamente dito, no processo de pesquisa, outras categorias de barreiras foram identificadas e discutidas pelo grupo, a saber:

- **epistemológica**, que reflete os limites do próprio conhecimento humano, do uso de paradigmas de diferentes ramos do saber científico;
- **conceitual**, relativa a definições utilizadas, a compreensão de uma ideia ou concepção no interior de diferentes teorias;
- **psicológica**, que se desenvolve em três níveis: (i) situações de estresse e desânimo no decorrer da pesquisa; (ii) exercício da autocrítica enfrentada pelo pesquisador ao reconhecer as qualidades e defeitos da pesquisa, assim como os erros e acertos de suas ações; e (iii) existencial: referente ao modo de ser de cada um, sua realidade subjetiva e particular. (FREIRE et al., 2010)

Entretanto, seja qual for a abordagem adotada para o estudo de uma situação de comunicação indireta, é importante considerar a complexidade do processo de comunicação da informação na sociedade contemporânea, que envolve processos psicológicos, sociais, econômicos e culturais, bem como as características dos usuários para os quais se deseja transmitir informação relevante. O desenho desse perfil será o mapa do território onde os agentes de informação poderão atuar com eficiência e eficácia, transformando as barreiras em possibilidades de comunicação.

Nossa expectativa foi mostrar como o mediador da informação precisa conhecer seus usuários finais, os receptores e decodificadores das mensagens que serão transmitidas, identificando as barreiras na comunicação e as possibilidades de superá-las; pois, ao estudar o perfil e as necessidades de seus usuários, bem como a disponibilidade de mecanismos de busca, o mediador pode criar condições para uma comunicação efetiva da informação, utilizando-se dos instrumentos de planejamento, análise e avaliação de necessidades de informação disponíveis na literatura sobre estudos de usuários. Nesta perspectiva, parece que, na sociedade da informação e do conhecimento, caberá aos trabalhadores da informação o papel de facilitadores da comunicação de informação, aproximando produtores/emissores e usuários/receptores da informação, de modo que os recursos disponíveis sejam utilizados por todos que deles necessitam.

Essa visão pode significar não somente um novo olhar sobre conceitos e tecnologias disponíveis no campo científico, mas também traduzir-se no desenvolvimento de estratégias para uma prática profissional que nos aproxime, o máximo possível, das pessoas e grupos nos quais a informação que produzimos se manifesta como possibilidade de conhecimento.

ASPECTOS RELEVANTES DESTA ABORDAGEM

- A inserção do processo de transferência de tecnologia no sistema de trocas econômicas e simbólicas da sociedade, incluindo necessariamente a comunicação da informação, uma vez que tecnologia representa conhecimento científico, técnico, econômico e cultural que torna possível a concepção, planejamento, desenvolvimento, produção e distribuição de bens e serviços, na sociedade contemporânea.
- A colocação de Goldmann (1970) a propósito da comunicação da informação, de que existem, efetivamente, tipos de informação cuja compreensão seria incompatível com as características fundamentais deste ou daquele grupo social. É o caso em que o conteúdo da informação ultrapassa o máximo de consciência possível do grupo, resultando na incompreensão da mensagem comunicada.
- A afirmação de Wersig (1970) de que em cada caso no qual deve ser feita alguma ação que implique comunicação, direta ou indireta de informação, pode existir um conjunto de barreiras. Por isso mesmo, os mediadores na comunicação da informação devem procurar adequar a informação às reais condições de compreensão do receptor ao qual ela se destina, ao mesmo tempo que tentam controlar os efeitos da ação comunicativa.
- Os níveis de agregação das barreiras de Freire:
  - estrutural, definido como nível o das barreiras relacionadas a processos sociais (*ideológicas* e *de eficiência*);
  - institucional, definido como o nível das barreiras relacionadas a agências e agentes de informação (*terminológicas, de consciência e conhecimento da informação* e *de responsabilidade*);
  - pessoal, definido como o nível das barreiras relacionadas a características dos usuários finais (*de capacidade de leitura*).
- A proposição de que, ao estudar o perfil e as necessidades de informação de seus usuários, bem como a disponibilidade de fontes e mecanismos de busca, o mediador pode criar condições para uma comunicação efetiva da informação, utilizando-se dos instrumentos de planejamento, análise e avaliação de necessidades de informação disponíveis na literatura sobre estudos de usuários.

Questões para reflexão e aprendizagem

1. Apresente os principais pontos da argumentação de Goldmann sobre a "consciência possível para comunicação da informação".
2. Wersig diz que, para cada caso em que há a necessidade de informação e deve ser feita alguma ação que implique sua comunicação direta ou indireta, pode existir um conjunto de barreiras na comunicação. Dentre as barreiras enumeradas, quais você considera mais problemáticas e como poderiam ser superadas?
3. Usando o texto, explique porque as chances de compreensão da mensagem são menores na comunicação indireta.
4. Argumente sobre a responsabilidade social dos profissionais da informação como facilitadores do conhecimento para quem necessita dele na sociedade.
5. Você identifica barreiras de comunicação da informação em sua atividade produtiva atual? Quais?
6. E como superá-las, transformando-as em "possibilidades" de comunicação?

Referências

ARAUJO, E. A. de. Informação, sociedade e cidadania: gestão da informação no contexto de organizações não-governamentais (ONGs) brasileiras. *Ciência da Informação*. Brasília, v. 28, n. 2, 1999.

ARAUJO, V. M. R. H. de. *Sistemas de recuperação da informação*: nova abordagem teórico-conceitual. 1994. Tese (Doutorado em Comunicação e Cultura) – ECO/UFRJ, Rio de Janeiro, 1994.

______. *Estudo dos canais informais de comunicação técnica:* seu papel na inovação tecnológica, na transferência de tecnologia e na administração de pesquisa. 1978. Dissertação (Mestrado em Ciência da Informação) – IBICIT – UFRJ, 1978.

ARAUJO, V. M. R. H. de; FREIRE, I. M.; MENDES, T. C. M. Demanda de informação pelo setor industrial: dois estudos no intervalo de 25 anos. *Ciência da Informação*. Brasília, v. 26, n. 3, 1997.

BARRETO, A. de A. A eficiência técnica e econômica e a viabilidade de produtos e serviços de informação. *Ciência da Informação*. Brasília, v. 25, n. 3, set./dez.1996.

______. A questão da informação. In: *São Paulo em Perspectiva*. São Paulo, v. 8, n. 4, 1994.

FARRADANE, J. Knowledge, information and information science. *Journal of Information Science*. v. 2, p. 75-80, 1980.

FREIRE. G. H. de A. *Comunicação da informação em redes virtuais de aprendizagem*. 2004. Tese (Doutorado em Ciências da Informação) – IBICT – UFRJ, Rio de Janeiro, 2004.

______. Construindo um hipertexto com o usuário. *Ciência da Informação*. Brasília, v. 29, n. 3, 2000. Disponível em: <http://revista.ibict.br/ciinf/index.php/ciinf/article/view/232>. Acesso em: 06 jun. 2012.

FREIRE, I. M. et al. A comunicação da experiência: a disciplina barreiras na comunicação da informação e sua contribuição para o desenvolvimento de pesquisas científicas. In: XVI SEMINÁRIO NACIONAL DE BIBLIOTECAS UNIVERSITÁRIAS, 16, 17 e 22 out., 2010, Rio de Janeiro. **Anais**... Rio de Janeiro: UFRJ / SIBI, p. 1-12, 2010.

______. *A responsabilidade social da ciência da informação e/ou o olhar da consciência possível sobre o campo científico*. 2001. Tese (Doutorado em Ciências da Informação) – IBICT – UFRJ, Rio de Janeiro, 2001.

______. Informação; consciência possível; campo. Um exercício com construtos teóricos. *Ciência da Informação*. Brasília, v. 24, n.1, 1995.

______. Barreiras na comunicação da informação tecnológica. *Ciência da Informação*. Brasília, v. 20, n. 1, 1991.

______. *Transferência da informação tecnológica para produtores rurais*: estudo de caso no Rio Grande do Norte. 1987. Dissertação (Mestrado em Ciências da Informação) – IBICT – UFRJ, Rio de Janeiro, 1987.

______. Comunicação de informações tecnológicas para o meio rural. *Ciência da Informação*. Brasília, v. 13, n. 1, 1984.

GOLDMANN, L. Importância do conceito de consciência possível para a comunicação. In: *Colóquios Filosóficos de Royaumont*: O conceito de informação na ciência contemporânea. Rio de Janeiro: Paz e Terra, 1970.

GONÇALVES, M.; FREIRE, I. M. Processo de comunicação da informação em empresas de uma incubadora tecnológica. *Ciência da Informação*. Brasília, v. 36, n. 2, p. 16-26, 2007.

GOULD, S. B. Secrecy: its role in National Scientific and Technical Information Policy. *Library Trends*. v. 35, n. 1, Summer, 1985.

GUILAREVSKI, R. S. *Actividad cientifica informativa objeto y método de la informática*. Moscou: Havana: UNIDO; UNESCO; FID; VINITI, 1971.

NATHANSOHN, B. M. *Estudo de usuários on line*: barreiras no processo de interatividade. 2003. Dissertação (Mestrado em Ciências da Informação) – IBICIT – UFRJ, Rio de Janeiro, 2003.

SALES, E. P. de. *Análise das barreiras na comunicação da informação para tomada de decisão:* o caso do Instituto de Metrologia e Qualidade Industrial da Paraíba. 2010. Dissertação (Mestrado em Ciências da Informação) – UFPB, João Pessoa, 2010.

STAREC, C. *A Questão da Informação Estratégica no Ensino Superior:* os pecados informacionais e barreiras na comunicação da informação para a tomada de decisão na universidade. 2003. Dissertação (Mestrado em Ciências da Informação) – IBICT – UFRJ, Rio de Janeiro, 2003.

SILVA, A. C. P. da. et al. Déficit informacional: obstáculos no uso de canais (in)formacionais por docentes do Programa de Pós-Graduação em Economia – PPGE/UFPB. *Informação & Sociedade*: *Estudos*. v. 17, n. 3, set./dez., p. 107-117, 2007.

WERSIG, G. Information science: the study of postmodern knowledge usage. *Information Processing & Management*. v. 29, n. 2, 1993.

________. Sociology of information and information sciences: implications for research and scientific training. In: *Information science, its scope, objects of research and problems*. Moscou: VINITI, 1975. FID 830.

________. Information consciousness and Information propaganda. In: FID/ET - TECHNICAL MEETING, 1976, Madri. **Anais...** Madri: FID/ET, 1976.

________. Communication theory and user analysis: the communication theory frame of reference. In: CONGRESSO INTERNACIONAL DE DOCUMENTAÇÃO, 1970, Buenos Aires. **Anais...** Buenos Aires: FID, 1970.

Capítulo 3

A Mandala da Informação no Universo Corporativo

Claudio Starec*

Resumo

Em um mercado cada dia mais competitivo, organizações e instituições públicas e privadas só irão sobreviver se tiverem a habilidade de processar dados para transformá-los em informação que poderá gerar conhecimentos para a tomada de decisão. Informação, para ser estratégica, precisa ser coerente e útil, isto é, precisa ser relevante para o planejamento estratégico e, principalmente, estar disponível a tempo ou em tempo real. Sem uma política de informação definida, o resultado imediato é uma sobrecarga de dados. Acredito que informação é um bem perecível que tem seu tempo de vida útil determinado pelo conhecimento e pelas decisões que a própria informação pode gerar. Ao mesmo tempo que a informação impulsiona o mundo atual, gera uma série de contrastes: acredita-se que a riqueza da informação gera a pobreza da informação; mais que em qualquer outra era, é preciso conhecer a relevância da informação e as barreiras que impedem a comunicação da informação nas organizações. É impossível tomar boas decisões sem boas informações. Nosso desafio é levar a informação certa, para a pessoa certa, no momento certo e no formato mais adequado.

---

* **Claudio Starec** é Doutor em Ciência da Informação UFF-IBICT, Mestre em Ciência da Informação pela Universidade Federal do Rio de Janeiro, em parceria com o IBICT, Especialista em Marketing pela FGV, em Inteligência Competitiva pela UFRJ/IBICT/Universidade Marseille III e em Administração Escolar pelo Senac Rio e jornalista, graduado em Comunicação Social pela UniverCidade. É professor dos programas de pós-graduação do IBMEC e da Fundação Getúlio Vargas. Idealizador e coordenador do livro Gestão Estratégica da Informação e Inteligência Competitiva. Diretor de marketing e de campi da universidade Estácio de Sá. Coordenador geral dos livros de pós-graduação na área de Gestão da Estácio. Organizador e coautor do livro *Gestão da Informação e Inteligência Competitiva* (Editora Saraiva, 2005), coautor do livro *Gestão da Educação Corporativa* (Editora Pearson, 2006) e autor de *Educação Corporativa em Xeque – até que ponto treinamento é um bom negócio para as organizações* (Editora Senac Rio, 2011). Também é consultor de empresas, diretor geral da Faculdade de Tecnologia Senac Rio e gerente geral do grupo de produtos educacionais em Gestão, Tecnologia da Informação e da Comunicação e Petróleo e Gás do Senac Rio. Ocupou o cargo de Diretor Regional, Comercial e de Novos negócios da Unigranrio. Atualmente é CEO da Comunicare Educação Corporativa.

Introdução

O admirável mundo em que vivemos traz uma série de novos desafios. O maior de todos, sem dúvida, ainda é: como lidar com a informação de forma estratégica? Como separar realmente o que é relevante do lixo informacional? Como recuperar a informação relevante em um oceano de informações e no meio de um monte de dados? E tudo isso a tempo de tomar decisões cada dia mais complexas.

Para o gestor moderno, nada provoca maior angústia que não ter a informação necessária quando precisa tomar decisões e saber que, muitas vezes, estas mesmas informações estão dentro da própria organização, mas não são compartilhadas a tempo de minimizar os riscos do processo de tomada de decisão[1].

A informação, algumas vezes, é considerada uma "commodity"; outras, um artigo de luxo e valiosíssima. Na prática, ela se transformou na matéria-prima mais cobiçada da Sociedade do Conhecimento. Já existe um consenso acerca do fato de que não basta ter informações sobre o mercado, sobre o ambiente competitivo ou sobre os concorrentes sem antes conhecer a própria organização, seus pontos fortes e fracos, suas oportunidades e ameaças. Na prática, o que se pode perceber é que são pouquíssimas as organizações que realmente se conhecem.

Em um mercado cada dia mais competitivo, organizações e instituições públicas e privadas só irão sobreviver se tiverem a habilidade de processar dados para transformá-los em informação que poderá gerar conhecimentos para a tomada de decisão. Davenport (2001) lista os motivos para pensar a informação estrategicamente:

1. os ambientes informacionais, na maioria das empresas, são um desastre;
2. os recursos informacionais sempre podem ser melhor alocados;
3. as estratégias de informação ajudam as empresas a se adaptarem às mudanças e auxiliam na recuperação da informação relevante e prioritária.

E, justamente para evitar surpresas indesejáveis por parte da concorrência, as organizações precisam gerenciar estrategicamente a informação. Quanto maior

[1] Shapiro e Varian (1999) argumentam que a Riqueza da Informação gera a Pobreza da Atenção ao classificar os aspectos econômicos da atenção. A frase é atribuída ao prêmio Nobel de Economia, Herbert Simon. A questão central para os autores não é o acesso à informação, mas sua sobrecarga. O valor produzido por um fornecedor de informação estaria em localizar, filtrar e comunicar o que é útil para o consumidor. Albagli (2001) visualiza uma nova ordem informacional que contribui para moldar um novo padrão sócio-técnico-econômico.

for a concorrência, maior a necessidade de buscar diferenciais competitivos. Esta competitividade está diretamente ligada à qualidade da informação disponível.

Acreditamos que informação é um bem perecível que tem seu tempo de vida útil determinado pelo conhecimento e pelas decisões que a própria informação pode gerar. Ao mesmo tempo, a informação impulsiona o mundo atual e gera uma série de contrastes: como suas maiores riquezas — a abundância e o acesso — podem gerar, por mais inacreditável que possa parecer, a pobreza da informação.

Defino informação como uma espécie de mola-mestra do fenômeno que sustenta, organiza, rege e é regido pela sociedade da informação, do conhecimento e do aprendizado. Está em constante movimento e altera as estruturas do saber. Informação é percepção, um ponto de vista, uma perspectiva individual ou coletiva, que agrega valor à forma como se interage com o mundo. Informação seria algo capaz de modificar estruturas cognitivas e mentais.

A Figura 3.1 ilustra, com um modelo do final da década de 1960, mas que ainda se mostra bastante atual, a dificuldade de se recuperar a informação relevante. No universo informacional das organizações, o gestor consegue recuperar, de fato, apenas uma pequena parte da informação necessária para a tomada de decisão.

Figura 3.1 • Informação e tomada de decisão

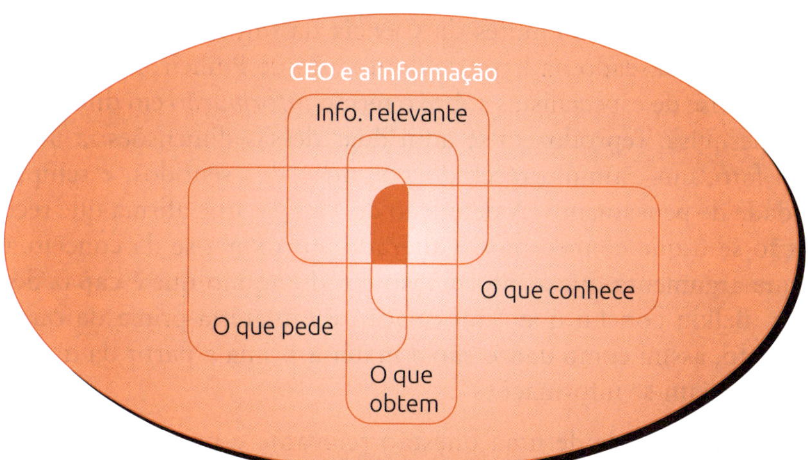

Fonte: Adaptado de AGUILLAR, J. F. *Scanning The Business*. Nova York: Macmillan, 1967.

No mundo dos negócios, não existe resposta certa para pergunta errada. Isso quer dizer, simplesmente, que, sem boas informações, é impossível tomar boas decisões. Este é um ponto central quando se analisa a transferência da informação para o conhecimento com o objetivo de alcançar a inteligência organizacional. É o que chamamos de princípio do gotejamento informacional: levar a informação certa, para a pessoa certa, no momento certo e no formato mais adequado, sem esquecer dos custos envolvidos neste processo. Este é um dos maiores desafios do profissional da informação.

Ainda, para que a informação esteja disponível, para que flua naturalmente, é necessária uma cultura organizacional que valorize seu compartilhamento, e não o armazenamento e o controle, como é mais comum.

Já que informação é a matéria-prima que faz mover negócios, é necessário buscar algumas definições, pois se trata de um termo com muitas e divergentes definições. Estima-se que existam mais de 400 definições em diferentes campos e culturas[2].

Na Arqueologia da Informação, a palavra informação vem do latim *informatio,* o que lembra uma representação, um esboço, e de *informare,* que significa dar forma, por em ordem. No contexto da Ciência da Informação, que tem a informação como objeto de estudo primário, vários autores se dedicaram a buscar definições e a construir conceitos sobre o tema. Wersig argumenta que "informação é o conhecimento em ação; seria produzida para reduzir incertezas". No mundo dos negócios, a redução de incertezas é um dos pontos que precisam ser avaliados com maior cuidado, pois impacta diretamente no processo de tomada de decisão.

No artigo "Traçados e Limites da Ciência da Informação", de Pinheiro & Loureiro (1995), baseado na livro de doutorado de Pinheiro, encontra-se uma síntese da análise de especialistas sobre o termo *informação* em diferentes áreas. Para essa pesquisa, reproduzem-se aqui duas dessas dimensões: a informação como um fato, um estímulo recebido por meio dos sentidos, e sempre como uma unidade de pensamento. A definição de McKay, que afirma que recebemos informação se o que conhecemos é alterado, aproxima-se da conceituação de Belkin, que argumenta que a informação é tudo aquilo que é capaz de alterar estruturas. Belkin conclui que "informação é a matéria-prima da qual deriva conhecimento, assim como dados são a matéria-prima a partir da qual estruturam-se ou baseiam-se informações".

Sem dúvida, trata-se de uma questão relevante e prioritária quando buscamos a redução de incertezas sobre um determinado estado de coisas por intermédio de uma mensagem, ou seja, quando se busca um determinado

---

[2] A estimativa foi feita por Yuexiao (1988), em um artigo sobre as definições sobre Ciência da Informação e pode ser encontrada também na dissertação de Vânia Lúcia da Cunha Pereira, apresentada ao Programa de Pós-Graduação em Ciência da Informação, convênio CNPq/IBICT-UFRJ/ECO, 1994, p. 37.

conhecimento, uma comunicação, um informe, uma interação a respeito de algo que agregue valor e para ajudar no processo de tomada de decisões.

Por esta razão, antes de entrarmos na questão do mapa informacional, é preciso definir, ou melhor, contextualizar as diferenças entre dados, informação, conhecimento e inteligência. A Figura 3.2 nos permite ter uma clara dimensão da produção de informação na sociedade do conhecimento.

Figura 3.2 • Dados, Informação e Conhecimento

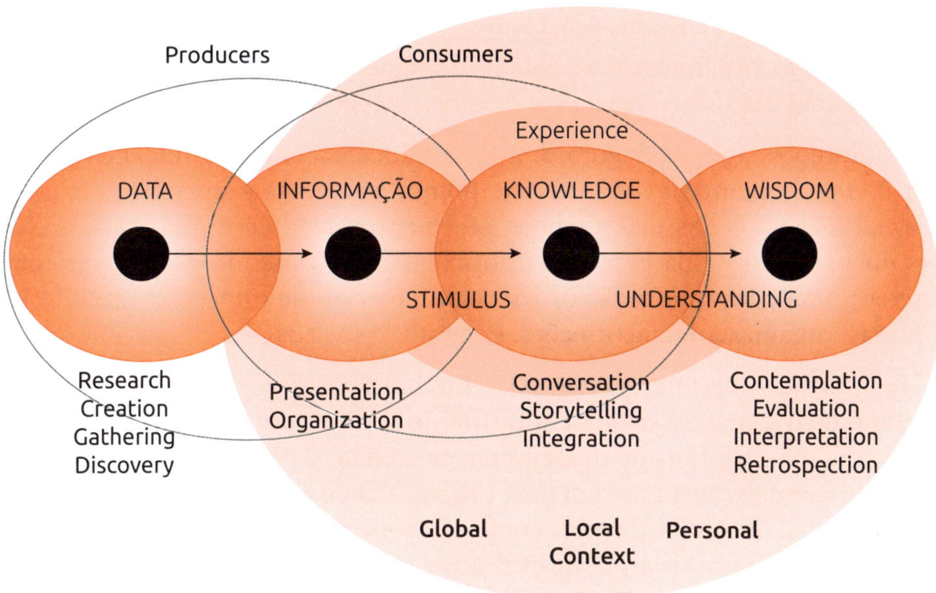

Fonte: Adaptado de Nathan Shedroff.

Para Davenport (2001), dados seriam "[...] observações sobre o estado do mundo. Fatos brutos ou entidades quantificáveis. Da perspectiva do melhor gerenciamento da informação, é fácil capturar, comunicar e armazenar os dados."

A informação, ao contrário dos dados, exige análise e poderia, segundo o autor, ser classificada como "dados dotados de relevância e propósito". Outra característica da informação é ser muito mais difícil de ser transferida com absoluta fidelidade. A imagem utilizada por Davenport (2001) é a brincadeira infantil do telefone sem fio ou, no âmbito empresarial, os boatos e rumores da 'rádio corredor'. Esse ponto será abordado na Seção "da Má Comunicação".

Barreto (1999) enfatiza que o conhecimento está ligado à assimilação da informação pelo indivíduo e, por ser um processo mental, é impossível de se gerenciar, mas passível de ser compartilhado pela convivência. O autor diz que:

> [...] conhecimento é uma alteração provocada no estado cognitivo do indivíduo. É organizado em estruturas mentais por meio das quais o sujeito assimila o meio. Conhecer é um ato de interpretação, uma assimilação da informação pelas estruturas mentais do sujeito que percebe o meio. A Produção ou geração de conhecimento é uma reconstrução das estruturas mentais do indivíduo através de sua competência cognitiva, ou seja, uma modificação em seu estoque mental de saber acumulado. Em nossa argumentação, conhecimento é um processo, um fluxo de informação que se potencializa. Assim, o fluxo de conhecimento se completa ou se realiza, com a assimilação da informação pelo receptor como um destino final do acontecimento do fenômeno da informação[3].

Já para Nonaka (1997),[4] conhecimento, muitas vezes, é tácito, existe simbolicamente na mente humana e é difícil de explicitar. O conhecimento pode ser incorporado a máquinas, mas seria de difícil categorização e localização.

No último estágio da Figura 3.3, deveríamos encontrar a **inteligência**, que seria o conhecimento em ação. Neste ponto, levanta-se a questão de como a informação é vital nos dias de hoje, seja para reduzir incertezas no meio do caos documentário e da explosão informacional, ou mesmo para servir como matéria-prima para minimizar os riscos do processo de tomada de decisão nas empresas, organizações, instituições, governos e sociedades.

Hoje, um dos maiores problemas enfrentados pelos administradores está em como lidar com o excesso de informação, como usar as fontes de informação tácitas ou informais de maneira eficaz e como priorizar o fluxo da informação buscando relevância[5] em uma organização que precisa aprender a cada momento; mais especificamente, como a informação pode ser estratégica em uma organização, seja ela pública ou privada?

Um método milenar que permite mapear a informação em qualquer ambiente é a mandala tântrica tibetana usada por Paul Caro no livro *A Roda da Ciência*. É importante salientar que não houve a pretensão de copiar a Mandala da Divulgação Científica do autor, mas de adaptá-la sob o viés da informação corporativa, para que nos forneça uma visão holística do fluxo de informação nas empresas com todas as áreas, forças, barreiras e inibidores

[3] Essa definição pode ser encontrada no texto "A Transferência da Informação para o Conhecimento". Disponível em: <http://extralibris.org/ci/2008/artigos-sobre-ciencia-da-informacao/>. Acesso em: 06 jan. 2009.

[4] Davenport usou o argumento de Nonaka para ressaltar a dificuldade de se transferir conhecimento entre pessoas ou grupos. Nonaka define agentes e propõe modelos de criação do conhecimento no livro *Criação de Conhecimento na Empresa* – como as empresas japonesas geram a dinâmica da inovação, Ed. Campus, 1997.

[5] Por **relevância**, entendemos a informação que agrega valor, de grande conveniência ou interesse, que está inserida no contexto da tomada de decisão como um fator decisivo. No Novo Dicionário Aurélio, "relevante" é aquilo que importa ou é necessário; é o que ressalta, sobressai, que é saliente ou proeminente. Na definição de Barreto, "relevância" é tudo aquilo que possui a condição de utilidade, que é a qualidade das coisas materiais e imateriais em satisfazer necessidades.

desse fluxo por meio de um único diagrama que tem a vantagem de poder ser captado em um só lance de olhar,[6] como mostra a Figura.

Paul Caro (1993)[7] define uma mandala como uma figura geométrica formada por quadrados e círculos que se desdobram de um centro para uma periferia em uma disposição concêntrica que explora também a simbologia do número por meio de uma divisão em quatro setores. Segundo Caro, pode-se entender uma mandala como uma espécie de carta geográfica, um plano de cidade ou um esquema de fortaleza no qual se reconheceria um norte, um sul, um leste e um oeste. É importante ressaltar que esse "mapa espacial ou holístico" precisa ser olhado e entendido como um modelo aberto e dinâmico, uma poderosa metáfora usada para nos ajudar a formar uma nova dimensão organizacional da informação.

Figura 3.3 • A Mandala da Divulgação Científica de Paul Caro

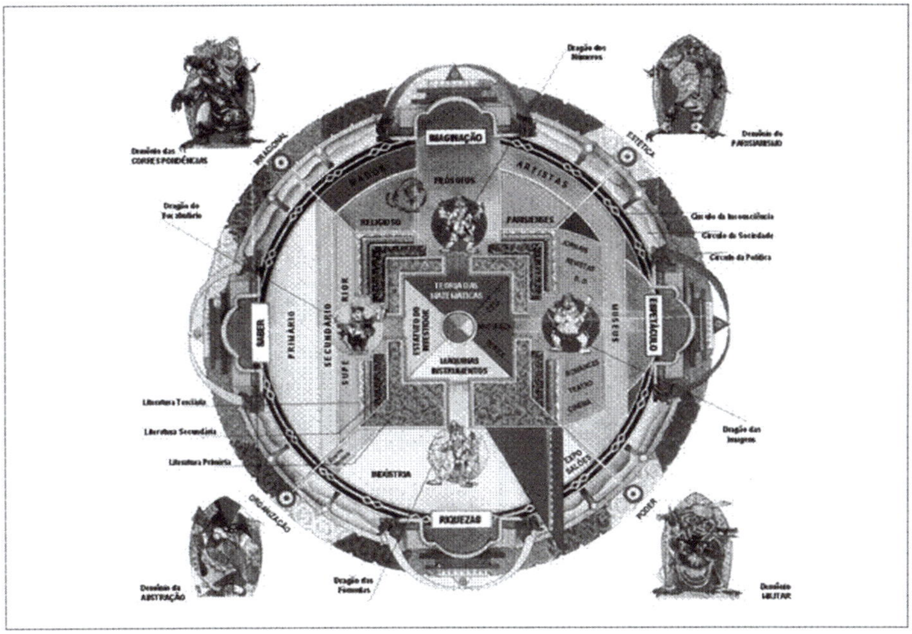

Fonte: CARO, P. *A Roda das Ciências*. Portugal: Instituto Piaget, 1993.

---

6 Ver em CARO, P. *A Roda das Ciências*. Portugal: Instituto Piaget, 1993. p. 20.

7 Ver em Caro (1993).

A mandala da informação

A partir do trabalho de Paul Caro, foi feito um exercício prático para verificar se era possível adaptar ou construir uma **mandala da informação corporativa** que fosse aberta, pois, em uma organização que precisa aprender que, a cada instante, as mudanças vão e vem a galope, a questão da informação não deve ser encarada de forma estanque, fixa ou imutável, muito pelo contrário.

Figura 3.4 • A mandala da informação

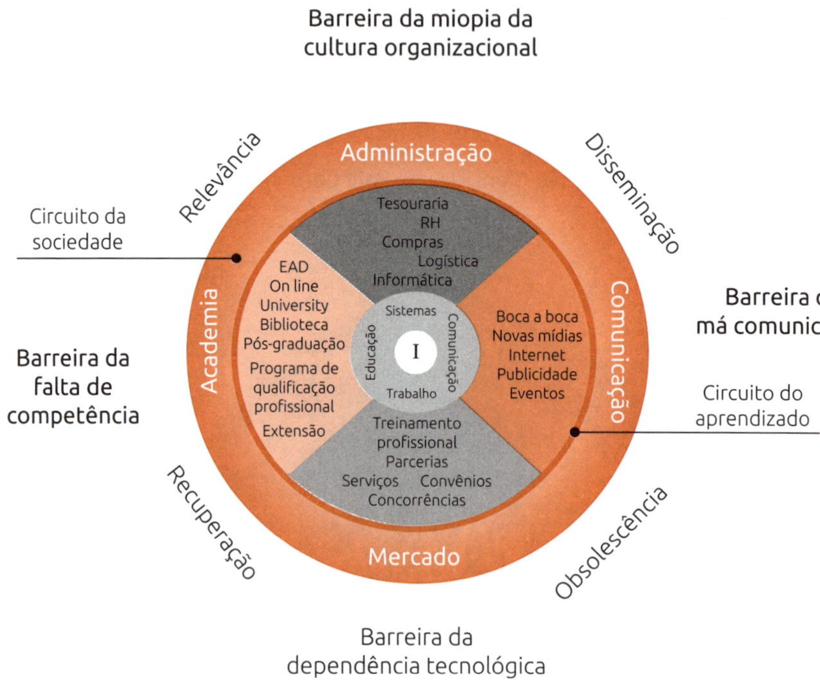

Fonte: STAREC, 2009.

Centro

O centro da **mandala da informação** reflete o maior objetivo da sociedade da informação, do conhecimento e do aprendizado, que é a busca pela informação relevante, otimizada para a tomada de decisão. Como mostra a Figura 3.4, esse é o foco, a mira, é o maior desafio encontrado nos dias de hoje em uma organização empresarial, que, além da preocupação com a redução de custos e com o aumento da rentabilidade, precisa direcionar esforços para a formação de recursos humanos para satisfazer seus clientes. A informação é a base de todo o processo organizacional.

As áreas

A mandala é dividida em quatro grandes áreas geradoras e difusoras de informação: acadêmica, administração, comunicação e mercado de trabalho. É importante registrar que esse é um modelo aberto, experimental, que pode ser reinventado para ser adequado à realidade de cada organização.

Acadêmica

O *core business*, a competência essencial, a razão da existência de qualquer organização, passou a ser o aprendizado contínuo. Esta é uma das áreas mais importantes, pois abrange a necessidade organizacional de aprender a cada instante, para se recriar, reinventar-se em função das novas dinâmicas do mercado cada dia mais competitivo e incerto.

Administração

A área administrativa pode não ser a atividade final, mas é uma área-chave em qualquer organização. Por ela, circulam as tecnologias de informação e comunicação, recursos humanos, compras, telemarketing, operações, a logística e todos os setores administrativos, hoje, denominados serviços compartilhados. Os funcionários possuem informações relevantes que podem ser importantes para a tomada de decisão, mas ainda não foi adotado nenhum critério para recuperar essas informações, muito menos qualquer estímulo para que eles participem do processo decisório.

Comunicação

A **comunicação** é uma via de mão dupla, pois é a área responsável por levar e trazer as mensagens da organização para o mercado, comunidade, imprensa, concorrentes, governo e para a sociedade. A comunicação é um mecanismo básico por meio do qual se constroem ou se destroem relações. A comunicação é mais que uma simples forma de contato, de ligação, transmissão de ideias, valores ou aspirações.

A área engloba a comunicação interna e externa, a divulgação, a publicidade, os canais atendimento ao cliente, a internet, a intranet, a extranet (liga a empresa a outras organizações parceiras) e o marketing. O maior desafio de qualquer organização é trabalhar o processo de comunicação de forma integrada para divulgar as ações e as mensagens por meio de um ou mais canais entre a empresa e seus *stakeholders* (influenciadores ou partes interessadas). Na prática, comunica-se demais e informa-se de menos sobre o que ocorre na empresa. Das 33 práticas educativas estudadas na pesquisa que deu origem a este livro, em todas ficou evidente algum tipo de problema comunicacional.

Esta comunicação corporativa chega ao público-alvo por meio de um formato híbrido de comunicação que inclui: a internet ou intranet, a propaganda e a publicidade institucional; papelaria (cartazes, *folders*, *flyers)*; internamente, nos jornais murais (que são colocados em locais de acesso), Serviços de Atendimento ao Cliente (SAC); pelo site da empresa, pela propaganda boca a boca e até pelos boletos bancários ou carnês de pagamentos que podem levar mensagens. O maior desafio da área de comunicação é justamente trabalhar a qualidade da comunicação, é tornar comum as mensagens e informes institucionais, evitando, assim, os ruídos na comunicação da informação. No dia a dia organizacional, qualquer ação sem a devida explicação gera um ruído na comunicação.

Mercado — ambiente de negócios

Uma grande área geradora de informação é o **mercado** (ambiente de negócios). Na realidade, este é o objetivo máximo de qualquer organização. No termo "ambiente" inclui-se o mercado competitivo, a concorrência, os fornecedores, os clientes, os competidores, os novos entrantes, os produtos substitutos e as normatizações ou regulamentações específicas de cada área de atuação.

Os Círculos

As áreas da informação universitária são circundadas por dois grandes círculos: o primeiro e mais externo é o círculo da sociedade, das políticas econômicas e governamentais que refletem as informações passadas pela sociedade como um todo ou repassadas para ela; e o segundo é o da recuperação da informação e do aprendizado contínuo. Este funciona como uma espécie de filtro de tudo o que chega e o que sai em termos de informação da organização.

As barreiras na comunicação da informação

As barreiras são problemas estruturais ou organizacionais que dificultam ou mesmo impedem o fluxo de informação. É importante salientar que as barreiras da comunicação da informação não são estáticas ou fixas. Na verdade, são dinâmicas, móveis, perpassam todas as áreas da mandala e podem ser encontradas de forma separada ou simultânea.

Má comunicação

A primeira das barreiras é a da **má comunicação.** É importante registrar que não existe falta de comunicação nas organizações, e, sim, má comunicação. Acredita-se que a comunicação se confunde com a própria vida, o ato de comunicar, que vem do latim *comunicare*, tornar comum, passa a ser uma necessidade básica do homem e das empresas como regra geral, por ligar as equipes funcionais aos valores, objetivos e estratégias com a cultura organizacional.

Em *O Corpo Fala*, Weil e Tompakow[8] (1998) argumentam que é impossível não se comunicar. Os autores alertam que o homem se comunica o tempo todo, principalmente, por meio da comunicação não verbal, que seria responsável por mais de 90% da comunicação interpessoal. O processo de comunicação seria formado por três momentos simultâneos: o que você diz, ou seja, as palavras correspondem a 7% do impacto que você causa; como você diz, a maneira como fala — seu tom de voz e sua inflexão, têm 38% de impacto; e os 55% do impacto restante da comunicação estão ligados à postura comunicacional, isso é, o corpo fala. Se isso vale para pessoas, acredita-se que possa valer também para organizações.

Um fator importante é a deficiência encontrada pelas empresas para se comunicar internamente. A má comunicação interna é apontada como uma das principais falhas que ocorrem nas organizações. O maior problema é que, quando a comunicação falha, a primeira vítima é o comprometimento do funcionário, afinal, como ele pode "vestir a camisa" de uma organização e ajudá-la a alcançar suas metas e objetivos sem saber onde ela quer chegar? Três pesquisas reforçam essa tese. A primeira, feita pelo Harris Interative[9] com 23 mil empregados em tempo integral de empresas americanas, nas mais diversas áreas, constatou o seguinte:

---

8 Ver em: WEIL, P.; TOMPAKOW, R. *O Corpo Fala*. Petrópolis: Ed. Vozes, 1998.

9 Esta pesquisa foi recuperada do livro *O Oitavo Hábito*, de Sthephen Covey, p. 4 e 5.

1. apenas 37% dos empregados disseram entender claramente o que sua organização está tentando atingir e por quê;
2. apenas um em cada cinco estava entusiasmado com as metas de sua equipe e de sua organização, pois tinha uma visão clara sobre suas metas e as da empresa;
3. apenas 13% deles diziam ter relações de grande confiança e intensa colaboração entre os departamentos;
4. apenas 17% sentiam que suas organizações promoviam comunicações diretas, objetivas, transparentes e abriam espaço para o diálogo;
5. apenas 20% dos funcionários confiavam plenamente na organização em que trabalhavam.

A consequência disso é que os funcionários simplesmente não entendem as estratégias das empresas.

E como alcançar resultados se a equipe não sabe para onde a empresa está indo e por quê?

A segunda pesquisa feita pelo Instituto ISMA com mais de 200 empresas brasileiras revelou que as consequências do processo de má comunicação nas organizações, além de afetar o desempenho das equipes, pode causar efeitos sobre a saúde dos funcionários, como revelam os Gráficos 3.1 e 3.2:

Gráfico 3.1 • Pesquisa ISMA sobre as consequências da má comunicação

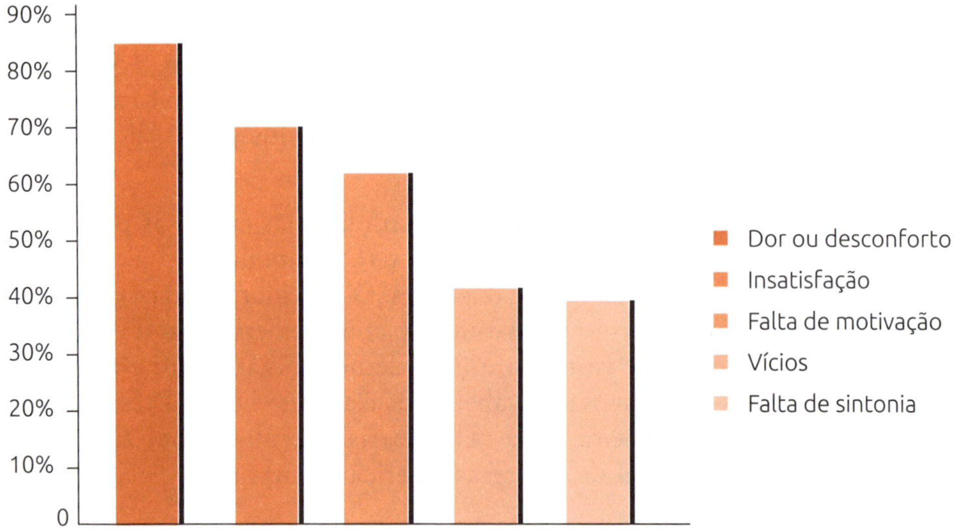

Gráfico 3.2 • Pesquisa ISMA sobre o efeito da má comunicação nas empresas

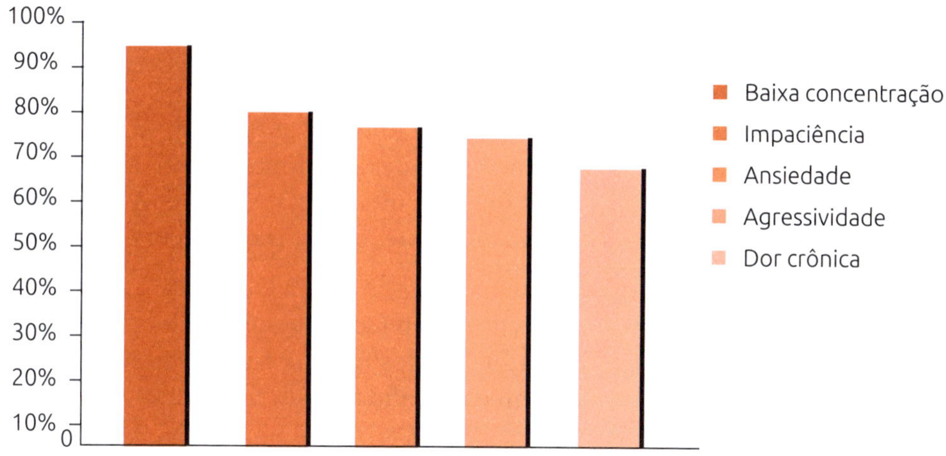

Fonte: Jornal *O Globo*, Caderno Boa Chance, 21/01/2007.

Tentativas para melhorar a comunicação da informação são feitas por meio de comunicados por e-mail, da implantação da intranet e de reuniões periódicas com as equipes funcionais, mas são pouco eficazes em termos de melhoria na comunicação interna, possivelmente pelo modelo de comunicação *Top Down* (de cima para baixo) adotado pela maioria das empresas modernas. Este tipo de comunicação não estimula o diálogo; na prática, promove um monólogo ao divulgar um informe do que ocorre na organização. O que se percebe é uma grande lacuna entre o que a alta gerência quer comunicar e que o chão de fábrica precisa receber de informação, como demonstra a Figura 3.5.

Figura 3.5 • O Processo de comunicação nas organizações

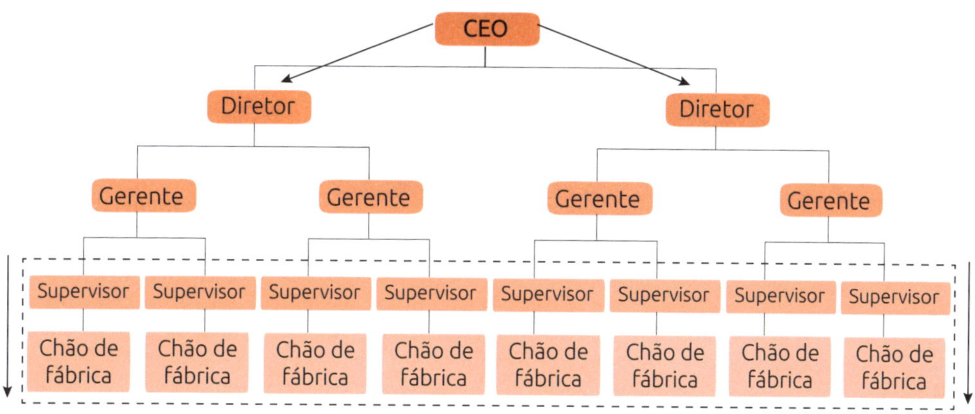

Fonte: STAREC, 2007.

O que se percebe é que o líder se comunica basicamente com seus colaboradores mais próximos e a informação raramente chega à linha de frente ou ao chão de fábrica.

A falta de um diálogo constante pode ser considerada um dos mais graves problemas enfrentados pelas organizações de uma maneira geral. A empresa só comunica o que quer, deixando as necessidades dos funcionários em segundo plano. A linguagem, que deveria ser única, muitas vezes, não o é. A mensagem interna que deveria ser clara, objetiva, coerente, exata, transparente e ter credibilidade fica bastante prejudicada.

O Gráfico 3.3 revela os resultados de uma terceira pesquisa feita pela agência Reuters com 3.500 gerentes nos Estados Unidos[10]. A má comunicação é apontada como o segundo item que mais inibe a qualidade nas empresas.

Gráfico 3.3 • Pesquisa Reuters sobre barreiras na qualidade organizacional

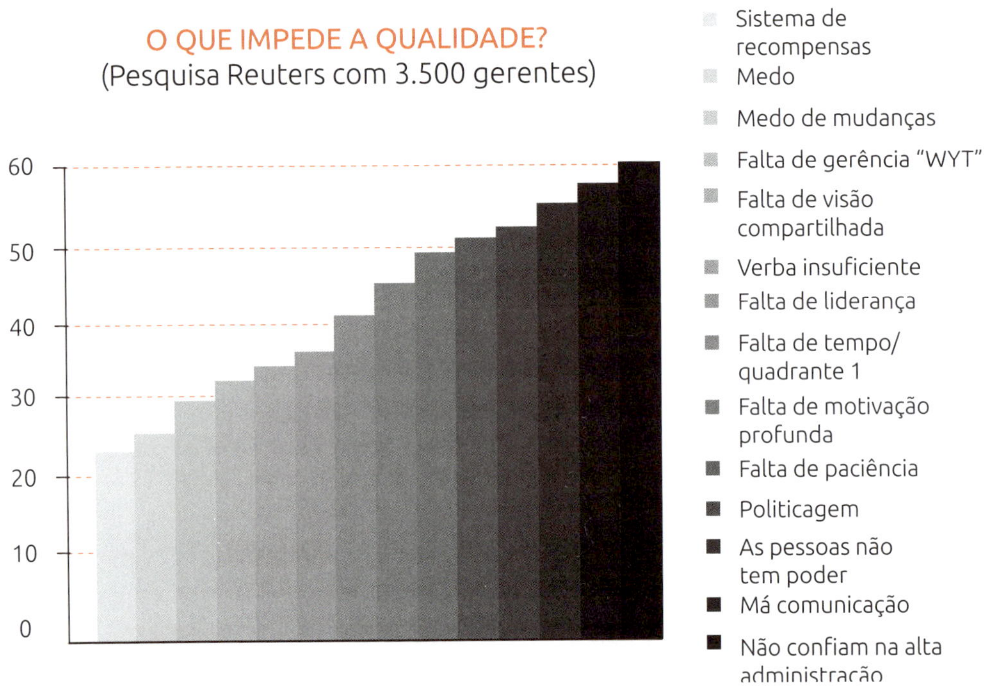

Fonte: ExpoManagement, 2001.

[10] A Pesquisa foi divulgada no Congresso Internacional de Marketing realizado junto com a I ExpoManagement em São Paulo, entre 03 e 05 de novembro de 2001.

Miopia da cultura organizacional

A segunda barreira é a da **miopia da cultura organizacional**. Em um mundo hipercomunicativo, o conhecimento estratégico leva a um comportamento estratégico que passa a fazer parte da cultura organizacional, essencial para a sobrevivência nos dias da Era do Conhecimento. Esse ponto parece básico, mas é um dos que apresenta maiores complicações. Se a cultura da organização não respaldar o fluxo informacional proposto, não estimular o compartilhamento das informações, essa barreira, que representa os paradigmas organizacionais, será intransponível.

A barreira da **miopia da cultura organizacional** pode ser facilmente identificada por meio de expressões como, "sempre foi assim" ou "tem que ser assim porque o gestor quer desta forma" (e o pior é que, na maioria das vezes, o gestor não queria nada do que foi pedido; na verdade, não tinha ideia do que era preciso).

Falta de competência

A barreira da **falta de competência** é a mais delicada e requer um cuidado especial. Como foi exposto anteriormente, acredita-se que as pessoas são o principal ativo, o recurso mais importante de qualquer organização: como diz o sociólogo Domenico de Masi, é a mente de obra que faz a diferença[11]. Não há negócio sem pessoas. Qualquer empresa precisa, como foi discutido anteriormente, lidar com a questão dos Recursos Humanos. Não são os objetivos, nem as estratégias que devem levar as organizações para onde elas precisam ir, e, sim, as pessoas. Se não houver comprometimento do pessoal envolvido, poucas são as chances de se atingir os objetivos organizacionais. Não há possibilidade de fluxo informacional sem as redes interpessoais, interdepartamentais e interdisciplinares.

Informação e conhecimento são criações humanas e o homem não será capaz de administrá-los se não for levado em consideração o fato de que as pessoas desempenham um papel fundamental nesse processo. Não basta ter hardware ou software; é preciso ter "*peopleware*", o que, na Ecologia da Informação proposta por Davenport, seria uma espécie de administração informacional centrada no ser humano. "O ponto essencial é que essa abordagem devolve o homem ao centro do mundo da informação, banindo a tecnologia para o seu devido lugar, a periferia".

[11] Domenico de Masi faz essa analogia no livro *Ócio Criativo*, 1999. Peter Drucker foi o primeiro a cunhar o termo "trabalhador do conhecimento" em artigos publicados em 1966.

A barreira da falta de competência existe também por falhas nos processos de comunicação e pode ser agravada pela miopia da cultura da organização, se esta deixar de valorizar seu pessoal. O que precisa ser deixado claro é que a barreira da falta de competência acontece, basicamente, pela necessidade de adequar os cargos e funções aos recursos humanos disponíveis na organização. É a velha história da pessoa errada para o lugar errado.

Dependência tecnológica

A quarta e última barreira é a da **dependência tecnológica**. A logística da organização tem que ser pensada para que a informação possa fluir por todos os setores envolvidos. É preciso criar uma dinâmica para que as informações circulem livremente pela organização, para que não haja concentração da informação e do conhecimento. É importante avaliar se a informação informal está colocada no mesmo nível que a informação formal.

As tecnologias de informação e de comunicação surgiram para facilitar, mas, por vezes, o que se percebe é que elas acabam dificultando o dia a dia nas organizações. O valor da tecnologia da informação depende, acima de tudo, da informação e do papel desempenhado por ela nas organizações. As tecnologias de informação e comunicação (TIC) criam uma dependência tal que fica difícil trabalhar sem elas. O problema aqui é que nenhum sistema está imune a falhas e a defeitos e, quando o sistema fica fora do ar, para muitos, é impossível trabalhar. Esse fenômeno pode ser classificado como **dependência tecnológica**.

A tecnologia precisa ser encarada como uma ferramenta, um dos componentes do ambiente informacional. Nos Estados Unidos, mais de 50% do capital vai para a tecnologia da informação. O gasto norte-americano em tecnologia da informação, estimado em três trilhões de dólares, foi responsável por mais de um terço do crescimento da economia dos Estados Unidos nos últimos quatro anos. Mas a informação relevante ou seu uso não cresceu na mesma proporção. Charles Wang[12], diretor-presidente da *Computer Associates*, afirma que um terço desses gastos com tecnologia — a impressionante quantia de um trilhão de dólares, equivalente ao PIB brasileiro — acabou sendo desperdiçada por utilização inadequada ou pura e simples falta de uso. O verdadeiro problema é supor que a tecnologia, em si, pode resolver todos os problemas.

É importante salientar que as barreiras da comunicação da informação nas organizações não são estáticas, fixas. Na verdade, como este é um modelo aberto e em constante atualização, a ideia é que cada organização tenha sua mandala.

[12] Essas referências podem ser encontradas em: DAVENPORT, T. H. *Ecologia da Informação*. São Paulo: Futura, 2001.

Quanto mais customizado for o mapa informacional, maiores serão as chances de se entender e analisar os problemas organizacionais que afetam o fluxo de informação.

Essas quatro barreiras podem ser superadas, segundo Wersig[13], no processo de socialização dos usuários: no comportamento das agências de informação, que devem criar oportunidades para a transferência efetiva da informação, seja por meio da identificação das necessidades existentes nos grupos de usuários e das fontes de informação capazes de atendê-las, seja por meio do reconhecimento da análise das barreiras existentes e das estratégias capazes de superar essas barreiras.

Os pecados informacionais

Em torno de cada uma das grandes áreas da **mandala informação**, que estão em constante movimento, circulam os sete pecados capitais: avareza, gula, inveja, ira, luxúria, preguiça e soberba. Na mandala da informação, de agora em diante, os pecados capitais ganham a denominação de pecados informacionais.

A opção pela associação aos sete pecados capitais foi feita para facilitar a compreensão e levar a uma reflexão sobre os problemas comportamentais mais comuns enfrentados no dia a dia das empresas. Esse modelo traz um olhar específico de alguém que tem a missão e o desafio de transformar esses pecados em virtudes informacionais.

A ideia de usar essa metáfora foi debater e pensar transdiciplinarmente problemas que, dentro da própria organização, são trabalhados simultânea ou isoladamente. É importante ressaltar que os pecados devem ser encarados como questões pessoais, individuais, comportamentos ligados à intimidade de cada ser humano e de seu grupo social.

Não se pretende montar um confessionário nem propor penitências, ou assumir um *mea culpa* sobre esses pecados informacionais. Na analogia que é feita, não se objetiva entrar na discussão religiosa dos pecados, e, sim, adotar um conceito mais abrangente e laico para o termo. A metáfora é chamar de "pecado" ações ou falhas processuais, de conduta, atitudes negativas, desejos exacerbados, excessos coletivos ou individuais, no sentido de serem barreiras ao fluxo de informação.

---

13 Ver Freire, p.12-13.

Avareza: *os czares da informação* — simboliza a concentração da informação

Avareza, do latim *avere/avaritia*, retrata o apego exagerado à matéria, objetos e bens que se possui. A avareza, de acordo com a psicanálise, pode ser vista como um traço universal do ser humano. Está intimamente ligada à cobiça, que significa a sede de possuir, de ter sempre mais. Juntas, as duas palavras conjugam o impulso de obter, conquistar, trazer para si bens de todo o tipo e a inclinação para guardá-los, preservá-los e retê-los. Em termos de informação, é justamente essa a falha comportamental e cultural que precisamos evitar.

O principal problema, ou melhor, o maior desafio enfrentado, hoje, pelas organizações, pode ser resumido no seguinte pensamento de um cientista do Instituto de Tecnologia de Massachusetts: "[...] a tarefa de tornar acessível em grande escala um desordenado estoque de conhecimento".[14]

O pecado da avareza informacional é um pouco disso tudo. Quando um setor, departamento ou pessoa concentra as informações, independente do motivo, sem repassá-las ou disseminando-as tarde demais, eis um grave problema que precisa ser resolvido. A questão que se levanta é que a informação não pode, nem deve ser armazenada em silos informacionais e guardada sem ser compartilhada pelos tomadores de decisão. A informação não deve ser encarada simplesmente como poder, mas, sim, como poder fazer.

Pois é exatamente este o problema do pecado da avareza informacional sob a ótica da informação: a concentração de informação nas "mãos" de determinados departamentos e ou pessoas que não repassam a informação e que abusam do poder de reter a informação. A esses personagens daremos o nome de *czares informacionais*.

Gula — excesso de informação que gera o *caos informacional*

"Um dos males destes tempos é a multiplicidade de livros; eles, de fato, sobrecarregam de tal modo a gente que não conseguimos digerir a abundância de matéria inútil que, todos os dias, é gerada e despejada no mundo".[15] Esta declaração, feita em 1613 por um autor atormentado pelo excesso de informação existente na época, reflete um dos maiores problemas enfrentados pela

[14] Ver Bush — *As we may think* (Como nós pensamos), apontando os problemas decorrentes do volume e do valor e da informação liberada após a Segunda Guerra Mundial. Ver também o conceito em Barreto (1999).

[15] Meadows faz uma interessante análise da história da comunicação científica.

organização moderna — o **caos informacional**, que dificulta a recuperação da informação relevante. Se nos primórdios da comunicação científica, a explosão documentária era uma questão preocupante, hoje, devemos dar uma atenção redobrada a essa questão.

Com o surgimento da internet, estima-se que a humanidade tenha gerado a mesma quantidade de informação nos últimos 50 anos do que nos cinco mil anos anteriores. É possível olhar para essa estimativa não como verdade absoluta, mas como uma tendência de que os estoques de informação crescerão cada vez mais em menos tempo.

Ira — insatisfação com a falta de informação correta, precisa, eficaz

Em qualquer organização, nada gera maior insatisfação que informações truncadas, erradas. A analogia que se faz com o pecado da ira, na verdade, se deve ao fato de que este é o sentimento daqueles que ficam sujeitos às informações equivocadas. Boa parte dos dados que chegam às empresas não pode ser transformada em informação devido a uma série de fatores como duplicidade, pouca confiabilidade, obsolescência, utilização de diferentes tecnologias de informação e de comunicação, falta de interatividade entre os sistemas e assim por diante.

Inveja — problemas com a ética informacional

Tecnologias de Informação e de Comunicação, Sistema de Informação Gerencial, Sistema de Informação Administrativa, Sistema de Gerenciamento de Informações, Sistema de Informações para Marketing, Sistema de Relatórios de Acompanhamento Financeiro, Sistemas de Recursos Humanos, Sistema de Orçamento... São tantos e tão variados os sistemas geridos e utilizados hoje em dia que, por vezes, fica difícil até enumerá-los sem esquecer algum; e, com tantos sistemas "independentes", é certo que boa parte deles não é nem um pouco amigável, isto é, literalmente não falam a mesma língua informacional.

E como fica a informação? Esta é a questão por trás do pecado da inveja. Existe uma materialidade por trás da informação. Esta materialidade se expressa por meio dos sistemas encarregados da recuperação, análise e difusão da informação pela organização. Além da questão da materialidade dos sistemas de informação, é preciso cuidar da ética informacional, que é um tema importantíssimo, tão pouco discutido nas organizações e, também, na academia.

Luxúria — problemas na estética da comunicação

A comunicação está presente em todas as relações humanas. Passou a ser encarada como divisora temporal da sociedade, como prega Negroponte. É o "sistema nervoso" de qualquer grupo organizado, oferecendo as informações necessárias para o bom funcionamento de sua atividade primária. Não existe organização e nem sociedade sem comunicação. A comunicação pode ser encarada como o "carro-chefe" no processo informacional.

O pecado da luxúria se dá quando há falhas na estética, quer dizer, quando há falta de clareza e transparência na comunicação da informação. Não vamos tratar aqui das barreiras, mas, sim, dos problemas e ruídos inerentes e existentes no fluxo da informação. É preciso identificar os obstáculos que impedem a comunicação da informação, pois, como diria o Velho Guerreiro[16]: "Quem não se comunica... se trumbica".

Preguiça — a obsolescência da informação

A sociedade do conhecimento anda rápido, extremamente rápido. Nela, as transformações e inovações se sucedem a cada instante, quase à velocidade da luz, ou ainda mais rápido. Essa sociedade pós-moderna, pós-capitalista ou digital vive no ritmo dos nanossegundos — bilionésimos de segundos —, um tempo tão pequeno que Alvin Toffler[17] definiu como uma compressão de tempo quase inimaginável, algo como, se toda a vida útil de um profissional de, digamos, 80 mil horas pagas — duas mil horas por ano durante 40 anos —, pudesse ser comprimida em menos de 4,8 minutos.

Uma questão crucial é que, muitas vezes, informações importantes chegam tarde demais. A obsolescência da informação é um dos problemas, ou melhor, é um dos pecados que precisam ser tratados com todo o cuidado. O que é relevante agora pode não o ser mais daqui a alguns instantes. A quantidade de barreiras impedindo o fluxo de informação é enorme. Não basta ter a informação certa, é preciso tê-la na hora certa para que possa ser usada no momento certo, pela pessoa certa.

Soberba — dificuldades culturais em usar determinadas fontes de informação

É justamente o poder de possuir a informação que leva ao pecado informacional da soberba. Este orgulho excessivo pode causar sérios danos ao fluxo

16 Essa frase é atribuída a Chacrinha, um dos maiores comunicadores da televisão brasileira.
17 Alvin Tofler é um dos mais respeitados "gurus" da administração nos Estados Unidos.

informacional na empresa. Não se precisa de um esforço muito grande para que isso aconteça; basta que diretor, gerente ou supervisor do departamento seja contaminado pelo vírus da arrogância. Informações informais essenciais podem ser deixadas de lado enquanto informações formais não tão importantes são idolatradas. A presunção desmedida leva a exageros ou mesmo a erros grosseiros na avaliação da relevância e da prioridade da informação que pode ser sub ou superdimensionada. Não importa, neste estágio, o estrago já feito e que pode ser irreversível para a tomada de decisão. Se o objetivo é lidar com informação relevante, a soberba tem que ser queimada na fogueira das vaidades dos pecados informacionais.

Questões para reflexão e aprendizagem

1. O que é gestão da informação?
2. É possível trabalhar a gestão da informação sem a definição de uma política de informação?
3. Quais são as principais barreiras da comunicação da informação na sua empresa/organização?
4. Quais são os pecados informacionais que mais afetam a sua organização?
5. O que você faria para mitigar ou minimizar as barreiras e pecados informacionais na sua empresa?

Referências

BARRETO, A. O Rumor do conhecimento. *Revista São Paulo em Perspectiva,* São Paulo: Fundação Seade, v. 12, n. 4, p. 69-77, 1999.

CARO, P. *A Roda das Ciências*: do Cientista à Sociedade, os Itinerários do Conhecimento. Lisboa: Instituto Piaget, 1993.

COVEY, S. R. *O Oitavo Hábito*: da Eficácia à Grandeza. São Paulo: Campus, 2005.

DAVENPORT, T. H. *Ecologia da informação.* São Paulo: Futura, 2001.

DRUCKER, P. F. O Advento da nova organização. In: Harvard Business Review (Org.) *Gestão do Conhecimento.* Rio de Janeiro: Campus, 2000.

LÉVY, P. *As Árvores de conhecimentos*. São Paulo: Escuta, 1995.

NONAKA, I.; TAKEUCHI, S. *Criação de conhecimento na empresa*. Rio de Janeiro: Campus, 1998.

PINHEIRO, L. V. R.; LOUREIRO, J. M. Traçados e limites da Ciência da Informação. *Ciências da Informação*. Brasília, v. 24, n. 1. 1995. Disponível em: <http://revista.ibict.br/ciinf/index.php/ciinf/article/view/531>. Acesso em: 08 jun. 2012.

SARACEVIC, T. Information science: origin, evolution and relations. In: ______. *Conference on concepts of library and information science*. Los Angeles: Taylor Graham, p. 71-95, 1992.

SHAPIRO, C.; VARIAN, H. R. *A Economia da Informação*. Rio de Janeiro: Campus, 1999.

STAREC, C.; *A questão da informação estratégica no ensino superior:* os pecados informacionais e barreiras na comunicação da informação para a tomada de decisão na universidade. 2003. Dissertação (Mestrado em Ciência Informação) — Convênio CNPq/IBICT — UFRJ/ECO, Rio de Janeiro, 2003.

STAREC, C.; GOMES, E; BEZERRA, J. *A Gestão Estratégica da Informação e Inteligência Competitiva*. São Paulo: Saraiva, 2005.

STAREC, C.; GOMES, E. Conhecimento tem prazo de validade? In: RICARDO, E. J. (org). *Gestão da Educação Corporativa*. São Paulo: Pearson, 2006.

SVEIBY, K. E. *A Nova riqueza das organizações*: gerenciando e avaliando os patrimônios de conhecimento. Rio de Janeiro: Campus, 1998.

WEIL, P.; TOMPAKOW, R. *O Corpo Fala*. Petrópolis: Vozes 1998.

WERSIG, G. Information science: the study of postmodern knowledge usage. *Information Processing & M anagement*. v. 29, n. 2, p. 229-39, 1993.

Parte 2

Inovação, Tecnologia e Sustentabilidade

Capítulo 4

Inteligência Competitiva e Inovação Estratégica: a IC acompanhando a evolução mundial

Miguel R. Trigo, Bruno Soares e Luc Marie Quoniam*

Resumo

Em um mundo como o em que vivemos hoje, marcado por mudanças constantes e cada vez mais aceleradas, a inovação estratégica representa o único caminho possível para garantir a sustentabilidade das organizações. Por se tratar de uma área do saber centrada na competitividade das organizações (por meio de um trabalho intensivo de pesquisa no terreno), a inteligência competitiva desempenha papel essencial para dotar os tomadores de decisão de informação que lhes permita preparar e organizar suas instituições de acordo com essa nova realidade.

Introdução

A inteligência competitiva (IC) é um sistema operacional de coleta, tratamento e encaminhamento da informação tácita e explícita para os tomadores de decisões. Assim sendo, a IC gera conhecimento para a tomada de decisão estratégica, pois a informação que fornece permite obter respostas em tempo real.

---

* **Miguel Trigo** é doutor em Ciências da Informação e da Comunicação pela Université du Sud, Toulon-Var (França). Diretor de Projetos Estratégicos, Coordenador do Mestrado em Inteligência Competitiva e membro do Conselho de Estratégia da Universidade Fernando Pessoa (Porto-Portugal). Professor de inteligência competitiva, inovação e estratégia. Fundador e Diretor Estratégico da empresa IC21 (empresa spin-off da UFP). Membro/pesquisador do Lab4U. Membro de Direções Executivas de Universidades Corporativas em Portugal. Membro do Observatório de Estudos Estratégicos da União Mediterrânea. Membro da Comunidade Portuguesa de Inteligência Competitiva. Partilha seus pensamentos e conhecimentos no blog "Miguel Trigo Information Network" (Disponível em: http://migueltrigo.info/).
Bruno Soares possui M.B.A. em Gestão Empresarial da Universidade Fernando Pessoa (UFP), tem uma formação em *lean maintenance* do Lean Maintenance Institut e licenciatura em Análises Clínicas e Saúde Pública. Atualmente, é aluno do Doutorado em Ciências da Informação e Comunicação.É consultor do ProjEst-Q (Gabinete de Projetos Estratégicos), Membro do Conselho de Estratégia da UFP, Diretor executivo do ServICE (Serviço de fomento à inovação e competitividade empresarial) e é presidente do

Simultaneamente, o sistema de inteligência competitiva dinamiza o aprendizado contínuo[1] sobre o ambiente competitivo em que a organização opera (concorrentes, clientes, fornecedores e fatos relevantes que estejam acontecendo no mercado), com o objetivo de fornecer a informação certa, no momento certo, da forma certa, à pessoa certa, para que esta possa tomar a decisão certa.

Se, para ser a correta, a informação tem que ser o mais atualizada e precisa possível, quando falamos de IC no século 21, devemos estar cientes que uma parte importante de seu trabalho deve estar orientada para perceber quais são as principais tendências mundiais, com o intuito de fazer chegar aos tomadores de decisão um olhar crítico sobre os principais desafios e necessidades de mudança que se apresentam à organização.

Assim, se olharmos estrategicamente para o ambiente competitivo que envolve as organizações de nosso tempo, o cenário que avistamos apresenta-nos inúmeros desafios, dentre eles, destacamos os seguintes:

- a concorrência, que é cada vez maior e de paradeiro desconhecido;
- os mercados, que mudam de forma constante;
- a fugacidade das estratégias e vantagens competitivas das organizações;
- as novas tendências sociais, tecnológicas, econômicas, demográficas, políticas e organizacionais a que, forçosamente, precisamos nos adaptar.

Este cenário indica com clareza o fato de se não existir, por parte das organizações, uma nova mentalidade estratégica, será muito difícil para elas garantirem sua competitividade, ou mesmo, sua sobrevivência. É fundamental assumir, de forma inequívoca e consciente, que a única forma de assegurarmos a sustentabilidade de nossas organizações é estarmos (pelo menos) sempre um passo à frente, de todos os outros concorrentes, com relação à resposta para as necessidades de nossos clientes.

Assim, teremos que viver (continuamente) tentando antecipar as necessidades de nossos consumidores, buscando o máximo de oportunidades, para que nossos conhecimentos, habilidades e parcerias possam nos garantir vantagens

---

Clube dos Antigos Alunos da UFP. Adicionalmente, é fundador e CEO da IC21(empresa spin-off da UFP) e fundador e CEO da empresa Poemas&Frases.

Luc Quoniam é graduado em Química Analítica e Proteção do Ambiente e em Oceanologia (Université Aix Marseille III). Mestre em Oceanologia (Université Aix Marseille II). Doutor em Ciências da Informação e da Comunicação (Université Aix Marseille III), tendo obtido a livre docência na mesma instituição. Foi professor visitante da Universidade de São Paulo e da Universidade Fernando Pessoa (Portugal). Atualmente, é Professor Titular da Université Du Sud Toulon Var (França). É especialista na área de inteligência competitiva, área na qual orientou mais de 30 trabalhos de doutorado.

[1] Fuld (2006) defende que a inteligência competitiva pode ser ensinada e que todos os membros de uma organização podem fazer uso dela para melhorar seus resultados.

competitivas. Na atualidade, a obtenção dessas vantagens competitivas está intimamente ligada à capacidade de garantirmos que a inovação é uma competência que é parte integrante de nossa cultura organizacional.

Para que tal situação possa acontecer, devem ser seguidas algumas etapas.[2] E temos profunda convicção de que a IC e a inovação radical devem caminhar lado a lado no trabalho cotidiano, focalizadas em fazer acontecer, nas organizações, as mudanças que os novos tempos exigem. Nossa tarefa, ao longo do presente capítulo, será tentar demonstrar, aos prezados leitores, essa necessidade. Tomara que consigamos!

Inovação Estratégica: novos tempos exigem novos costumes

A inovação — que permeia toda a organização, que se alimenta de aprendizado (ao longo da vida), que se desenvolve por meio de ferramentas e metodologias específicas, que utiliza racionalmente tecnologias, que se valida por indicadores próprios, que persegue novos valores e é potencializada por meio dos novos processos gerenciais — deve ser vista como a principal alavanca do crescimento sustentável de uma organização.

Para que a inovação como estratégia abra caminho, é fundamental deixarmos de pensar nela como um simples chavão e passarmos a incorporá-la (estrategicamente) em todos os níveis de nossa organização e em todos os aspectos de nosso trabalho e de nossos comportamentos e atitudes. Seguindo boas práticas defendidas por autores como Skarzynski e Gibson (2008), ao colocarmos em ação um plano para a inovação estratégica, devemos nos preocupar com características fundamentais como:

1. desafiar as ortodoxias, "rompendo" dogmas relativos à relação de causalidade singular, entre o *modus operandi* e o sucesso das empresas que atuam em nosso mercado;
2. aproveitar descontinuidades, estando atentos e procurando antecipar diversos padrões de mudança;
3. perceber a empresa como um portfólio de habilidades e qualidades a serem utilizadas para responder a desafios e oportunidades do mercado;
4. entender necessidades, "vestindo a pele do cliente", e perceber quais são suas necessidades reais e seus desejos mais profundos.

[2] Sendo que a primeira deve ser a implementação de processos inovadores de administração da organização. Diante da realidade que vivenciamos no século 21, os principais conceitos e práticas de administração não podem continuar a ter mais de 100 anos.

Uma das empresas que melhor tem incorporado a inovação como estratégia de crescimento sustentado se chama Procter & Gamble (P&G). Após a nomeação de A. G. Lafley como seu CEO[3], a P&G implementou uma série de ações que inverteram o rumo que estava sendo traçado[4] para a organização. Dentre as medidas tomadas pela empresa, destacamos as seguintes:

- o cliente foi definido como o verdadeiro CEO da empresa; portanto, as ações e os produtos P&G devem ser de seu agrado;
- no espaço de uma década, 50% das inovações da empresa teriam que ser provenientes do exterior;
- a inovação é um trabalho de todas as pessoas e não de um diretor de inovação ou de um departamento de pesquisa e desenvolvimento.

Estas mudanças fizeram com que a inovação se tornasse um dos componentes da cultura da P&G, materializado em um modelo de inovação para o dia a dia.

Figura 4.1 • Modelo de inovação da Procter & Gamble.

Fonte: Adaptado de Lafley e Charan (2009).

[3] Lafley foi CEO da P&G entre 2000 e julho de 2009.

[4] Quando Lafley assumiu o comando da P&G, as ações da empresa estavam caindo de forma vertiginosa.

O caso da P&G é um excelente exemplo de como um processo que envolve mudanças na cultura organizacional só tem condições para se concretizar se existir um comprometimento total da gestão de topo. Esse envolvimento é materializado por meio da comunicação interna (nas mensagens formais e informais que são transmitidas pela diretoria), por meio da premiação e do reconhecimento público do trabalho realizado por quem tenta fazer diferente, ou ainda, por meio da aplicação de medidas como as seguintes:

- dar tempo e espaço à inovação. Neste modelo, está contemplada a obrigatoriedade dos colaboradores dedicarem parte de seu tempo de trabalho a pensar em áreas distintas daquelas em que trabalham e, inclusive, em modelos de negócio diferentes do praticado pela organização. As empresas[5] que vêm apostando neste modelo têm conseguido gerar novas ideias que têm se materializado em inovações disruptivas;
- maximizar a diversidade. As organizações devem procurar refletir em suas equipes (principalmente naquelas com influência para fazer que as mudanças aconteçam) a realidade da sociedade em termos de gênero, etnias e gerações; só assim terão condições para sentir as reais necessidades das pessoas que irão comprar seus produtos ou serviços;
- criar locais e eventos que estimulem o contato e as conversas entre colaboradores e destes com terceiros. Ampliar sua abrangência para além do "cantinho do café"! No entanto, mais importante que o local é fazer que todos saibam que a gestão de topo vê com bons olhos que a "galera" se junte para trocar ideias sobre seus projetos;
- promover mercados de ideias. Uma boa ideia (vinda de qualquer setor da organização) tem que encontrar a "incubadora" certa para se desenvolver, amparada pelos recursos humanos e financeiros necessários e sujeita às avaliações apropriadas.

De acordo com Skarzynski e Gibson (2008), a necessidade de atingir metas de crescimento cada vez mais ambiciosas (que a acirrada competição exige) não pode continuar se apoiando em inovações incrementais de processos, produtos ou serviços. Os autores defendem que só por meio da inovação radical é que as organizações vão conseguir atingir melhores resultados, uma vez que vão atingir novos clientes, satisfazer diferentes necessidades dos consumidores (atuais ou novos) e fazer que o próprio modelo de negócio se torne mais eficaz e eficiente.

[5] Alguns exemplos podem ser encontrados em empresas como a 3M (15 a 20% do tempo), a W.L Gore (10%) e a Google (10%).

Mas, afinal, o que é a inovação radical? Para os autores[6], falamos de uma inovação radical, quando uma ideia, produto ou serviço atinge, pelo menos, um dos seguintes patamares:

1. ter o poder de redefinir drasticamente as expectativas e o comportamento do cliente;
2. ter o poder de mudar a base de vantagem competitiva;
3. ter o poder de mudar a economia do setor.

Um esclarecimento se torna necessário nesse momento. Ao falarmos de inovação radical, não estamos sugerindo o lançamento de ideias loucas e descontextualizadas da realidade, colocando em risco tudo o que foi construído até então. O termo radical é usado em função do grau de profundidade com que uma organização consegue assegurar seu crescimento por conseguir transformar um número elevado de ideias inovadoras em resultados de negócio.

Como, ao praticar IC, estamos abrindo as portas para a inovação estratégica?

Mas de que forma a IC pode desempenhar um importante papel, alimentando os modelos de inovação definidos por Skarzynski e Gibson (2008) e Lafley e Charan (2008)? Eis algumas propostas.

Desafiar as ortodoxias

> "Estão todos a prestar atenção às mesmas coisas e estão a descurar as mesmas coisas."
> (Hamel, 2000)

São casos como o da DPR Constructions que melhor podem exemplificar o que significa desafiar ortodoxias no mundo dos negócios. Um dos fundadores da empresa, Doug Woods[7], citado por Taylor e LaBarre (2007), enfatiza que "Nunca quisemos ser como os outros... Não quero que a DPR seja como os restantes. Quisemos criar uma nova cultura, uma nova forma de fazer negócio nesta indústria". E, foi assim que, depois de um cuidado processo de *benchmarking* realizado (imagine!!) em Silicon Valley, surgiu um novo modelo de negócio na área da construção civil, fundamentado em cumprir prazos de execução, cumprir orçamentos e com total preocupação com a satisfação do cliente.

6 São bons exemplos de inovações radicais o iPod e o iTunes ou as viagens aéreas *low-cost*.

7 CEO de uma conceituada empresa de construção civil norte-americana – a DPR Constructions.

Do mesmo modo, a P&G (empresa que se orgulhava de ser autossuficiente em termos de trabalho de P&D e inovação) mudou as regras do jogo. Como argumenta seu antigo vice-presidente, Huston (2007): "A inovação tem tudo a ver com redes...Tem a ver com fazer ligações, conjugar elementos, mover as coisas de um domínio para outro"; e complementa, afirmando que o segredo para tornar uma organização mais competitiva passa por maximizar "... as oportunidades de colaborar com o maior número possível de pessoas inteligentes de fora da sua empresa". Foi exatamente esse o modelo adotado pela P&G.

> [...] em vez de formar uma equipa com pesquisadores da P&G para resolver os desafios técnicos da empresa a Procter & Gamble recorreu a uma das redes tecnológicas ...alguém, algures, que já tivesse feito algo parecido com aquilo que a P&G queria. (TAYLOR; LABARRE, 2007)

Nesse contexto, foi criado o programa "Relacionar e Desenvolver" da P&G, e que foram nomeados vários "Empreendedores da Tecnologia"[8]. Um Empreendedor de Tecnologia tem como principais funções: relacionar-se com pesquisadores pertencentes a empresas e universidades espalhadas por todo o mundo; garantir que os colaboradores da P&G tenham conhecimento dessas ligações; fazendo uso de ferramentas de pequisa avançada, ser um "caçador ávido" por descobrir informação relevante na web, em bases de patentes e na literatura científica.

> Somos defensores internos das ideias do exterior. A nossa função é olhar lá para fora, descobrir tecnologias e produtos disruptivos e trazê-los para a empresa. Estamos a inovar na forma como inovamos. Trata-se de uma verdadeira mudança do jogo para nós. (GETTY, 2007)[9]

Por meio dos dois exemplos abordados, percebemos a importância que o profissional de IC pode ter na busca que sua organização precisa empreender para desafiar as ortodoxias.

Utilizando uma das práticas mais correntes de IC — a análise do ambiente competitivo e concorrencial da organização — poderemos obter informações relevantes que nos ajudem a desafiar as crenças enraizadas no mercado de que só é possível ter sucesso se seguirmos exatamente os caminhos que todos os demais *players* seguiram.

[8] Um Empreendedor de Tecnologia "...olha à volta do mundo e é agnóstico no que diz respeito à proveniência da resposta, desde que seja a melhor resposta, ao mais baixo custo, no mais curto período de tempo". (HUSTON, 2007)

[9] Ed Getty – Empreendedor da Tecnologia na P&G.

Assim, realizando um trabalho profundo de coleta de informações sobre a evolução dos mercados e dos modelos de negócios dos concorrentes[10], poderemos encontrar oportunidades que nos levem a inovar o modelo empresarial e, por meio dessa transformação, conseguir: atender clientes que ainda não tinham suas necessidades correspondidas; oferecer ao cliente mais-valias, até aí, inexploradas; agregar ou obter valor de novas maneiras.

> "O Relacionar & Desenvolver exige uma "info-estrutura" que guia a informação certa para as pessoas certas na altura certa, e a P&G continua a investir nele." (LAFLEY; CHARAN, 2008)

Aproveitar descontinuidades

Uma das áreas de análise obrigatória para uma boa equipe de IC é o estudo de tendências (sejam elas tecnológicas, sociais, econômicas ou demográficas) que podem, de algum modo, afetar nosso negócio. Em um mundo em constante mudança, qualquer pequena distração pode levar ao fechamento de organizações ou até mesmo ao desaparecimento de setores inteiros, como o que ocorreu com a indústria discográfica tradicional.

Apresentamos, a seguir, nosso relatório de IC, no que diz respeito às principais tendências tecnológicas e sociais, como demonstração do contributo que um profissional de IC pode dar para que sua organização inove aproveitando as descontinuidades.

Tendências tecnológicas

A evolução da tecnologia ligada aos semicondutores é descrita em termos técnicos pela lei de Moore, que nos elucida que a capacidade dos semicondutores dobra a cada dois anos (KAKO, 1999). Paralelamente, a lei econômica de Machrone nos explica que o preço do aparelho (computador) que precisamos nunca ultrapassará um preço determinado pelo usuário (DUCH; MAŃDZIUK, 2007). A consideração em conjunto destas duas leis leva-nos a acreditar que as capacidades dos dispositivos à disposição do público serão cada vez maiores, enquanto seu custo será, tendencialmente, cada vez menor, democratizando sua utilização em níveis nunca antes imaginados.

No entanto, ao contrário do que possivelmente se esperaria, está aumentando o "gap" entre "os que usam e aprendem a usar" a tecnologia e seus dispositivos

[10] Procurando perceber quem são seus clientes, o que oferecem, como fornecem, como ganham dinheiro, os diferenciais que possuem e que lhes garantem vantagens competitivas.

e o restante da população mundial. Em uma primeira fase, estas tecnologias foram trazendo consigo inovações que estávamos certos que iriam mudar muita coisa no mundo (ainda que não soubéssemos exatamente o quê); foi o caso das interfaces gráficas (qualquer que seja o sistema operacional), da navegação hipertextual (independente do sistema utilizado) e da internet.

Estas inovações fizeram com que, em 1994, quando se falasse da velocidade da internet, se dissesse que era igual à idade do cachorro (BELGRAD; RAYNER, 2004) e (MOSCHOVITIS GROUP et al., 2005), ou seja, na internet, tudo se passava tão rapidamente que a um ano civil correspondiam a sete anos de evolução na internet[11]. Esta realidade é, hoje, ainda mais complexa, uma vez que passamos para níveis de velocidade aos quais um ano na internet corresponde a 10, 15 ou, até mesmo, 20 anos civis.

Esta evolução é perceptível em vários aspectos, sendo talvez o mais relevante aquele que diz respeito à quantidade de informação produzida anualmente na web. Existem várias estimativas, e todas nos mostram números assustadores — na ordem de grandeza de vários exabytes (10^{18} bytes) — de nova informação que todos os anos é colocada na web, representando uma taxa de crescimento acima dos 20% anuais. Isto significa que, mesmo se considerarmos a divisão em disciplinas do conhecimento, a quantidade de informação nova disponível em cada segmento do conhecimento ultrapassa as capacidades de absorção do cérebro humano[12].

Não existe, hoje, discussão possível sobre o fato de a tecnologia ser um dos fatores determinantes das mudanças que ocorrem no mundo e, consequentemente, na vida das pessoas. Pouco a pouco, foi sendo possível substituir mais e mais tarefas "manuais" e, ao mesmo tempo, foram aparecendo novas tarefas que, até há muito pouco tempo, eram inimagináveis. Listar exaustivamente todas as novas funcionalidades é uma tarefa impossível, mas, apesar de a world wide web já ter sido inventada em 1989, por Tim Berners-Lee, as principais inovações tecnológicas que vivenciamos continuam ligadas à internet (a seu uso intensivo e abrangente), aumentadas pela portabilidade cada vez maior dos dispositivos (computadores portáteis, tablets e smartphones nos quais podemos acessá-la), o que nos permite estar sempre conectados.

Estas duas realidades podem ser mais facilmente percebidas quando observamos gráficos que demonstram a evolução do número de usuários de internet e de telefones celulares no Brasil.

11 À semelhança do procedimento de contagem da idade dos cachorros.

12 Se consideramos que o volume de informação contida em um livro de 500 páginas representa um megabyte (10^6 bytes) de informação, podemos facilmente medir a diferença que existe entre a informação que se encontra disponível e aquela que é absorvível pelo cérebro humano.

Gráfico 4.1 • Pessoas (com 16 anos ou mais de idade) com acesso à internet em qualquer ambiente. Brasil: 4º trimestre de 2009 e 4º trimestre de 2010 — Total de brasileiros

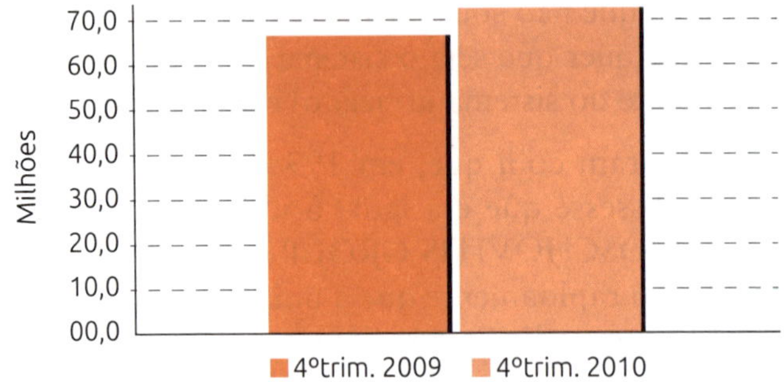

Fonte: IBOPE, Nielsen On-line (2011).

Gráfico 4.2 • Posse individual de celular, percentual sobre o total da população – Total Brasil

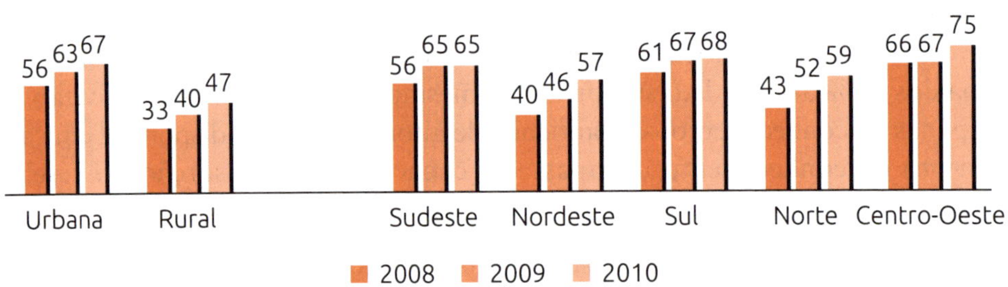

Fonte: BARBOSA et al. (2011).

Claro, não poderíamos terminar uma análise de tendências tecnológicas, no início do século 21, sem abordar o fenômeno da Web 2.0. Termo usado pela primeira vez pela pesquisadora DiNucci (1999), a "Web 2.0" é uma expressão que se refere a uma segunda geração de desenvolvimento e design da web. Em 2004, Tim O'Reilly introduziu os conceitos de mudanças cumulativas de desenvolvimento na web e da maneira como os usuários finais usam a web (WIKIPEDIA, s/d). Não nos parece fazer qualquer sentido listar os aplicativos que são 2.0 ou não. O que acreditamos fazer sentido é descrever as características gerais da Web 2.0 quanto a seus aplicativos.

- "Conteúdos gerados pelo usuário". Em junho de 2009 (NETCRAFT, 2009), existiam quase 240 milhões de websites com conteúdos gerados pelos próprios usuários.

- O mais importante meio de comunicação. Com a convergência das mídias, a internet se transformou no mais importante meio de comunicação.
- Aplicativos de colaboração. Em 17 de novembro de 2008, Robin Good conseguiu mobilizar uma centena de pessoas, em um único evento, com o objetivo de realizar o levantamento de ferramentas colaborativas disponíveis gratuitamente na web. Foram identificadas cerca de 150 (GOOD, 2008).
- Reutilização da informação. Esta é uma realidade cada vez mais generalizada, muito por culpa do uso de "widgets", que vieram simplificar o processo de inclusão de informação proveniente de outros sites.
- Modelos de comunicação. Com a Web 2.0 e seus aplicativos, passamos de um modelo de comunicação para vários, para um modelo de comunicação democrática, em que todos podemos nos comunicar. Já não é necessária a existência de um "chefe" da comunicação.
- A evolução continua. Começa a ganhar cada vez mais adeptos a previsão de que, após a Web 2.0, vamos ver a aparição da Web 3.0 e da Web 4.0, com o formato que nos apresenta o Gráfico 4.3. Ainda são cenários, mas não temos dúvidas em afirmar que novos aplicativos vão aparecer e criar novas possibilidades. Bons exemplos daquilo que defendemos são as possibilidades de tradução automatizada que ferramentas como o tradutor da Google ou o site da Propriedade Intelectual de Singapura já oferecem.

Gráfico 4.3 • Evolução da web

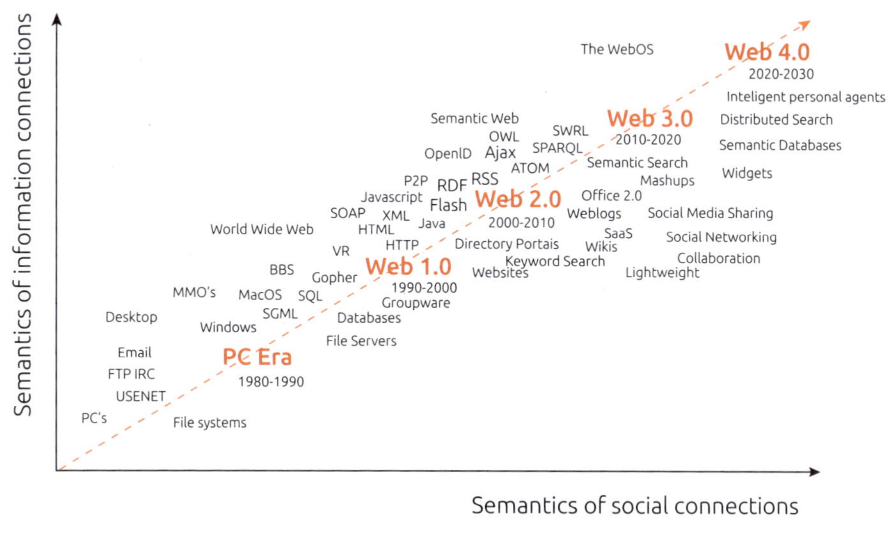

Fonte: Radar Networks & Nova Spivack (2007).

Tendências sociais

Quando abordamos a questão das tendências sociais, a nosso ver, devemos começar tentando conhecer a realidade de nossa população, pois só assim conseguiremos adequar nosso modelo de negócio e aumentar nossas chances de êxito. Observando a previsão da Pirâmide da População do Brasil em 2010, destaca-se a elevada quantidade populacional de cidadãos com idades compreendidas entre 34 e 14 anos, a chamada "Geração Net".

Figura 4.2 • Previsão para Pirâmide da População (em milhões) do Brasil em 2010

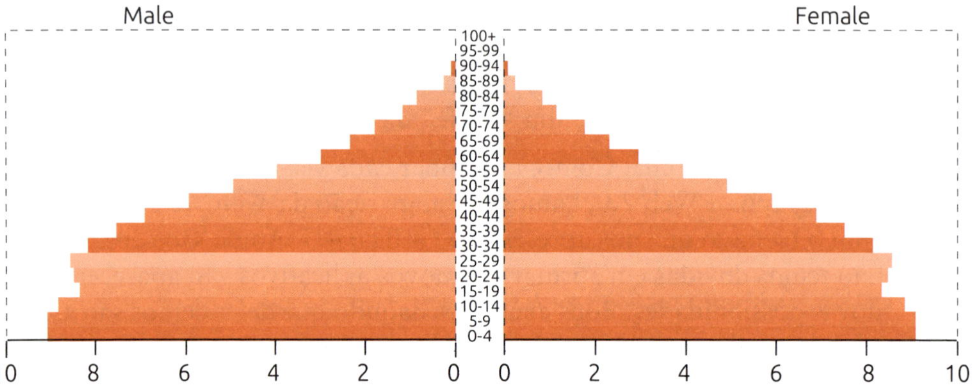

Fonte: U.S. Census Bureau, International Data Base.

A Geração Net

Considerando a Geração Net, a primeira que cresceu em contato permanente com a internet, um estudo elaborado por Tapscott (2008) demonstra que, pela primeira vez na história da humanidade, uma geração está mais bem preparada, detém maior conhecimento e se sente mais confortável com uma inovação central para a sociedade (a internet) do que a geração de seus pais.

Por estarem permanentemente "ligados" à internet, os novos usuários são ótimos pesquisadores (ao procurar a informação que necessitam), desenvolvem competências de raciocínio e de investigação extraordinárias e se tornam extremamente analíticos com relação à informação a que têm acesso. O fato de dominarem as tecnologias digitais faz que aprendam, brinquem, comuniquem, trabalhem e criem comunidades de um modo completamente diferente das gerações anteriores.

Igualmente interessante é a constatação de que, graças à internet, as diferenças culturais e comportamentais que caracterizavam os povos — de acordo com a localização geográfica, educação e vivências experienciadas — estão esmorecendo. Este fato faz que, pela primeira vez, estejamos falando de uma verdadeira geração global, com hábitos e comportamentos muito semelhantes.

Mas, afinal, quais são os hábitos e comportamentos característicos da Geração Net?

Tapscott (2008) nos diz que são os seguintes:

1. liberdade;
2. personalização;
3. escrutínio;
4. integridade;
5. colaboração;
6. entretenimento;
7. velocidade;
8. inovação.

Estas oito normas vão afetar a vida das organizações, pois a relação com os membros da Geração Net (enquanto colaboradores e consumidores) tem obrigatoriamente que ser abordada sob o prisma da necessidade de mudanças de paradigmas organizacionais. O relacionamento entre gerações deve estar baseado no respeito mútuo e na construção conjunta, caso contrário, algumas consequências menos positivas poderão atingir algumas instituições.

O novo "sexo forte"

Outro dos fatos que não podemos deixar de mencionar quando apresentamos dados relativos às tendências sociais é o da preponderância que as mulheres estão ganhando em áreas em que anteriormente não atuavam (por exemplo: medicina, tecnologia, advocacia e ensino superior).

De acordo com Peters (2008), o fenômeno encontra explicação nas três regras fundamentais que regem a nova economia: "Diga adeus ao comando e controle... Diga adeus ao saber qual é o seu lugar... Diga adeus à hierarquia". Segundo o autor, "as necessidades organizacionais das novas empresas estão cada vez mais em consonância com o lado feminino..." que se consubstancia nos seguintes atributos:

- as mulheres praticam as capacidades de improviso com mais facilidade que os homens;
- as mulheres são mais autodeterminadas e mais sensíveis à verdade que os homens;

- as mulheres apreciam e dependem de sua intuição mais que os homens;
- as mulheres, ao contrário dos homens, focam o acesso ao poder com naturalidade (em vez do poder hierárquico);
- as mulheres compreendem e desenvolvem relações com mais facilidade que os homens.

Penn e Zalesne (2007) falam de alterações no comportamento e vivências das mulheres que tornaram possíveis algumas mudanças que hoje vivenciamos no mundo. Assim, é cada vez mais aceito socialmente[13] o fato de que as mulheres fiquem solteiras o tempo que bem entenderem, que apostem em carreiras profissionais exigentes e casem com homens mais novos e com menos ambições profissionais. Por outro lado, o fato de ser cada vez mais comum o fenômeno dos casais *part-time*[14] permite que as mulheres ganhem maior autonomia na forma como administram suas vidas.

Tendências tecnológicas + Tendências sociais

Analisadas as principais tendências tecnológicas e sociais, é chegado o momento de prestarmos atenção nos acontecimentos que resultam da combinação de ambas e que, por um lado, provocam mudanças na forma como as instituições devem se organizar e executar o trabalho do dia a dia e, por outro, abrem novos campos para o trabalho da inteligência competitiva.

> [...] os líderes mais inteligentes vêem que a palavra lucrativa que deve ser realçada, quando se trata de redes sociais [social networking] é working — trabalho...está a nascer nada mais, nada menos do que um novo modo de produção [...]
>
> [...] Neste novo mundo de colaborações, é normal os pares juntarem-se para criar valor, frequentemente fora das paredes das empresas tradicionais [...]
>
> [...] Com mais de mil milhões de indivíduos no mundo inteiro ligados [...] a colaboração e o trabalho de equipe tornaram-se os grandes motores do mundo dos negócios. (TAPSCOTT, 2009)

A internet viabilizou a mudança do paradigma comunicacional e empresarial e tem modificado a forma como pensamos os modelos de negócio, sendo que os

[13] Consequentemente, mais simples para as mulheres não sentirem qualquer tipo de preconceito em apostar em sua individualidade.

[14] Em que, em função de suas carreiras profissionais, homem e mulher vivem separados fisicamente e se encontram apenas no final de semana.

Gastam mais em tecnologia que os homens em uma margem de três para dois; são decisivas em quase 57% das compras de tecnologia; em 2006, foram responsáveis por cerca de 90 bilhões de dólares em vendas de produtos eletrônicos de consumo.

"profissionais do futuro"[15] trazem uma forma totalmente diferente de encarar o trabalho.

Nesse sentido, as organizações que quiserem prolongar sua existência terão que montar todo um processo interno de adoção de um modelo de organização que acompanhe as mudanças que vão ocorrendo em seu entorno. Assim, vai ser necessário trabalhar de forma a mudar paradigmas organizacionais enraizados há muito nas instituições.

Será preciso conseguir ajudar cada um dos membros da organização, por um lado, a perceber como envolver os melhores e lhes dar condições para atingir resultados e, por outro lado, a entender que, apesar de determinada tarefa já ser feita da mesma forma há vários anos, hoje em dia, essa pode já não ser a maneira mais eficaz e eficiente de atingir os resultados ambicionados.

Entre outras atividades, terá que ser dedicado cada vez mais tempo a pensar, aprender e implementar:

- a organização do trabalho por projetos, que serão da responsabilidade de uma equipe marcada pela diversidade e avaliada pelos resultados alcançados;
- práticas cotidianas de trabalho que, até então, eram desenvolvidas internamente e que possam ser realizadas fazendo uso da inteligência coletiva, por meio do *crowdsourcing* e da inovação aberta;
- processos de educação corporativa, que permitam dotar as pessoas de novas técnicas e saberes que possibilitem implementar novas formas de realizar o trabalho cotidiano, como:
    - aproveitar as ferramentas de videoconferência para a realização de reuniões, evitando gastos (em tempo e dinheiro) com deslocamentos e aumentando, exponencialmente, as condições de realização de um maior número de reuniões em locais cada vez mais dispersos geograficamente;
    - conseguir utilizar as diferentes ferramentas 2.0 que a internet coloca à disposição dos trabalhadores do século 21, fazendo a transição para uma empresa 2.0;
    - trabalhar de forma colaborativa;
    - a geração net no local de trabalho:
        - do recrutamento para o envolvimento: repensar como recrutamos, recompensamos, desenvolvemos e supervisionamos o talento;

[15] De acordo com a definição dos "cérebros do futuro" de Daniel Pink (2007): "...criadores em geral e pessoas empáticas, leitores de padrões e produtores de sentido. Essas pessoas — artistas, inventores, designers, contadores de histórias, profissionais e voluntários das áreas social, espiritual e de saúde e pensadores sistêmicos — colherão as melhores recompensas proporcionadas pela sociedade e dividirão suas maiores alegrias."

- a geração net no mercado:
  - conhecer o prosumidor;
  - coinovação e cocriação de produtos e serviços.

Em campos normalmente mais associados com a prática da inteligência competitiva, esta nova organização do mundo dos negócios também já está demonstrando sua importância. Veja, por exemplo, estes dois casos relatados por Libert e Spector (2009).

1. Pesquisa realizada em 2007 pela Forrester Research com 119 gestores de topo encarregados das informações sobre a concorrência "... 89% usavam pelo menos uma entre seis tecnologias para as informações obtidas na coletividade, incluindo ferramentas tão improváveis como os *podcasts, wikis*, blogs e redes sociais."
2. Pesquisa mundial realizada pela McKinsey & Company com 280 gestores de topo "descobriu que o país mais à frente nesta tendência era a Índia, com 80% das suas empresas a prever um aumento das despesas com comunidades on-line nos três anos seguintes. A América do Norte, com uma previsão de aumento em 65% das empresas, ficou em terceiro lugar, logo atrás das empresas da região Ásia-Pacífico."

Estas são práticas que, se quisermos, podem (e devem) ser implementadas, amanhã mesmo! É fundamental encararmos as mudanças, de forma positiva e proativa, tentando identificar as oportunidades que elas podem nos trazer e cuidando para que os perigos que elas possam trazer sejam devidamente evitados. Colaboradores e organizações que possuam estas novas habilidades e competências (pessoais e coletivas) ganharão em produtividade (na realização de tarefas) e podem atuar em novos nichos de mercado impensáveis no "mundo 1.0".

Empresa como portfólio de habilidades e qualidades

De acordo com Skarzynski e Gibson (2008), as organizações atuais podem fazer a diferença pela forma como fazem uso de suas competências essenciais que, para serem assim consideradas, devem possuir as seguintes características:

1. agregar valor para o cliente;
2. serem exclusivas ou raras;
3. serem sustentáveis por um período razoável;
4. serem importantes para a posição atual da empresa;
5. poderem ser aproveitadas em novos produtos, mercados ou negócios.

Lafley e Charan (2009) também abordam esta temática, devido ao fato de ser fundamental para a organização saber "em que é que sua empresa é melhor", pois é nas marcas, tecnologias e negócios que sabemos trabalhar com maestria que deve ser depositada a maior aposta estratégica da empresa no sentido de alavancar seu crescimento estratégico. Segundo os autores, o ciclo de excelência se fecha quando, após identificarmos em que somos melhores, conseguimos criar combinações que permitam oferecer mais valor e entrar em novos mercados, novas categorias e novos segmentos.

O profissional de IC será, certamente, um dos perfis mais habilitados para atuar neste nível. Por formação, ele tem uma preocupação constante em conhecer as forças de sua organização e, nos trabalhos de pesquisa que faz, está sempre alerta para fazer convergir oportunidades identificadas no mercado com o portfólio de competências e habilidades da organização.

Entender necessidades

Hoje em dia, para poder lançar qualquer produto ou serviço, é fundamental entender quais são as reais necessidades dos potenciais clientes. Esta afirmação parece um lugar comum. Mas quantos casos conhecemos de produtos e serviços fenomenais que não vingaram no mercado? Talvez muitos, por não terem quem deles necessitasse ou conseguisse perceber uma grande ligação com um desejo seu que ainda não tivesse sido atendido.

Na atualidade, quando a concorrência assume proporções enormes e o consumidor deseja ser envolvido e é cada vez mais exigente e esclarecido, as organizações têm que encarar o fato de precisarem conhecer a fundo seu cliente para poderem continuar a disputar o mercado.

Também neste nível, a P&G vem ensinando a maior parte das organizações como se deve fazer. A P&G é, há muitos anos, a empresa que mais investe (em todos os setores nos quais está representada) em estudos do consumidor. Com a entrada em atividade da equipe de gestão de topo liderada por A.G. Lafley, o setor dos estudos do consumidor ganhou ainda mais relevância[16] no modelo de negócio da Procter.

Ao definir o consumidor como seu CEO, a P&G atribuiu um papel estratégico-chave ao conhecimento a fundo do consumidor pois, como sabemos, é fundamental atender as necessidades do "chefe" para nos darmos bem em uma organização.

> Esta imersão total conduz a conhecimentos mais ricos sobre o consumidor, que ajudam a identificar oportunidades...que não são muitas vezes compreendidas pela investigação tradicional. (LAFLEY; CHARAN, 2008)

[16] De acordo com Lafley e Charan (2008), entre 2002 e 2007, a P&G investiu mais de mil milhões de dólares para transformar um departamento tradicional de estudos de mercado em um centro de compreensão do consumidor, gerador de conhecimentos provenientes de mais de quatro milhões de consumidores por ano.

Assim, a P&G passou literalmente a:

- ouvir o cliente — antes de lançar, modificar, acrescentar algo a um produto ou serviço, a empresa realiza várias iniciativas em que conversa com os clientes e procura entender quais são suas reais necessidades e, até mesmo, seus desejos mais profundos (que nem sempre são repassados de forma clara aos funcionários da P&G);
- observar o cliente — a companhia montou, junto de seus edifícios, laboratórios que simulam corredores de supermercado e costuma ter permanentemente consumidores simulando processos de compra verdadeiros, para que seus pesquisadores possam perceber como a embalagem, a colocação do produto na prateleira e sua cor influenciam a decisão de compra;
- viver com o cliente — os dois processos anteriores não são suficientes para uma empresa na qual a inovação faz parte da cultura, então, as pessoas (incluindo a alta gestão) passam dias nas casas dos consumidores para perceberem como eles vivem e como usam os produtos da P&G.

O profissional de IC está habituado a ter que correr atrás da informação, seja ela obtida por meio da observação direta, da coleta de dados de fontes primárias ou secundárias ou, ainda, da conversa com pessoas que podem deter determinados conhecimentos que poderão ser úteis. Nesta fase, espera-se que o profissional de IC junte às competências que já detém os altos padrões de pesquisa sobre o cliente (como os que relatamos anteriormente), para se tornar um ótimo observador do cliente e um excepcional coletor dos dados que dispomos nos diversos serviços que estão em contato com o cliente.

Conclusão

Como constatamos diariamente, nossa vida e a das organizações tem se tornado mais complexa. No entanto, exemplos de empresas que, por meio de uma nova atitude perante os negócios, têm conseguido excelentes níveis de desempenho nos mostram que precisamos reinventar, todos os dias, a forma como nos organizamos e como atendemos as necessidades de nossos clientes. O mesmo será verdade para qualquer área do saber que tenha como seu objetivo primordial a criação de valor para o cliente, como é o caso da inteligência competitiva.

Com este trabalho, pretendemos demonstrar que a inteligência competitiva é um aliado fundamental para qualquer organização, desde que ela, como disciplina, e seus profissionais saibam se reinventar todos os dias, oferecendo o trabalho de qualidade que as organizações necessitam.

Questões para reflexão e aprendizagem

1. No século 21, as instituições precisam efetivamente mudar ou devem ser mantidos os modelos de negócio e de organização tradicionais?
2. O cliente deve passar a ser nosso "chefe"?
3. A inteligência competitiva pode, na realidade, desempenhar um papel importante na identificação das necessidades e na implementação de mudanças de modelos de negócio e de organização?
4. Sem o efetivo envolvimento da gestão de topo, é possível fazer diferente?

Referências

BELGARD W.; RAYNER, S. R. *Shaping the future*. New York: AMACOM, Division of American Management Association, 2004.

BARBOSA, A.; CAPPI, J.; JEREISSATI, T. *Pesquisa TIC Domicílios 2010*: coletiva de imprensa. Disponível em: <http://cetic.br/usuarios/tic/2010/apresentacao-tic-domicilios-2010.pdf>. Acesso em: 11 jun. 2012.

DINUCCI, D. *Fragmented Future*. Print 53, n. 4, 1999.

DUCH, W.; MAŃDZIUK, J. *Challenges for Computational Intelligence*. Berlim: Springer, 2007.

GOOD, R. *Best Online Collaboration Tools 2008:* The Collaborative Map. Disponível em: <http://www.masternewmedia.org/best-online-collaboration-tools-2008-the-collaborative/>. Acesso em: 11 jun. 2012.

HAMEL, G. *Leading the Revolution*. Boston: Harvard Business School Press, 2000.

HUSTON, L. In: Mavericks no trabalho. Lisboa: Actual Editora, 2007.

IBOPE. *Pessoas com acesso em qualquer ambiente, Brasil 4° trimestre de 2009 e 4° trimestre de 2010.*

KAKU, M. *Visions*. New York: Oxford University Press, 1999.

LABARRE, P.; TAYLOR, W. C. *Mavericks no trabalho*. Lisboa: Actual Editora, 2007.

LAFLEY, A. G.; CHARAN, R. *Controle as Regras do Jogo*. Lisboa: Actual Editora, 2008.

LIBERT, B.; SPECTOR, J. *Muitas Cabeças Pensam Melhor*. Alfragide: Lua de Papel, 2009.

MOSCHOVITIS GROUP et al. *The Internet*. ABC-Clio, 2005.

NETCRAFT. *Web Server Survey Archives*. Disponível em: <http://news.netcraft.com/archives/web_server_survey.html>. Acesso em: 29 jun. 2009.

PINK, D. H. *O cérebro do futuro*: a revolução do lado direito do cérebro. Rio de Janeiro: Elsevier, 2007.

SKARZYNSKI, P.; GIBSON, R. *Innovation to the Core*. Boston: Harvard Business School Publishing, 2008.

TAPSCOTT, D. *Grown Up Digital*. Nova York: McGraw-Hill, 2008.

UNEP/GRID-ARENDAL. *Mobile phone subscribers*. UNEP/GRID-Arendal Maps and Graphics Library, 2006. Disponível em: <http://www.grida.no/graphicslib/detail/mobile-phone-subscribers_1178>. Acesso em: 11 jun. 2012.

U.S. CENSUS BUREAU – INTERNATIONAL DATA BASE. *Pirâmide Populacional do Brasil em 2010*. Disponível em: <http://www.census.gov>. Acesso em: 11 jun. 2012.

WIKIPEDIA, THE FREE ENCYCLOPEDIA. *Web 2.0*. Disponível em: <http://en.wikipedia.org/wiki/Web_2.0>. Acesso em: 11 jun. 2012.

Capítulo 5

A Inovação e o Aprendizado Coletivo: interação e cooperação de empresas de base tecnológica em incubadoras de empresas

Durval Corrêa Meirelles*

Resumo

O estudo procura identificar o processo de inovação por meio do aprendizado coletivo e os resultados obtidos por nove empresas de base tecnológica, instaladas em três incubadoras localizadas no Rio de Janeiro. O estudo envolveu pesquisa de campo, com aplicação de questionário junto às empresas incubadoras, ressaltando os aspectos ligados à inovação, cooperação e aprendizado. O questionário utilizado buscou identificar os desenhos institucionais, as formas de aprendizado, interação e cooperação entre os diferentes atores integrantes da incubadora, a relação destes com a universidade e o resultado apresentado sob a forma de produtos e serviços inovadores. O referencial teórico foi elaborado com base em bibliografia nacional e internacional, especialmente nos autores considerados neo-schumpeterianos, que estão analisando o momento empresarial à luz dos novos paradigmas tecnológicos e seus impactos nas organizações. Destacam-se autores que trabalham os aspectos ligados à parceria universidade/empresa, à inovação tecnológica, ao empreendedorismo, à aprendizagem coletiva por interação, aos arranjos produtivos, às redes de conhecimento e às incubadoras de empresas.

* **Durval Meirelles** é Doutor em Ciências Sociais pelo CPDA/ UFRRJ (2007); Mestre em Administração pela EBAP/FGV — RJ (1995); Bacharel em Ciências Econômicas pela UNESA/RJ (1985). Coordenou o Curso de Graduação em Ciências Econômicas da Universidade Estácio de Sá de 2002 a 2009. É professor da Universidade Estácio de Sá em disciplinas na Área de Gestão na Graduação e no Mestrado em Administração e Desenvolvimento Empresarial. Em 2010, assumiu toda a área de Gestão na Vice-Reitoria Acadêmica da Universidade Estácio de Sá no Rio de Janeiro. É pesquisador, coautor de livros e de vários artigos nas seguintes áreas temáticas: Inovação Tecnológica, Empreendedorismo e Incubadoras de Empresas.

Introdução

A palavra inovação, de forma semelhante a outros conceitos como globalização e desregulamentação dos mercados, tem aparecido ultimamente na literatura nacional e estrangeira normalmente associada à resolução de todos os problemas ligados ao atraso tecnológico e ao desenvolvimento econômico.

Desde o início do século passado, as elaborações de Joseph Schumpeter tiveram um impacto considerável no debate sobre transformações tecnológicas e desenvolvimento econômico. De acordo com o autor, o comportamento empreendedor, com a introdução e a ampliação de inovações tecnológicas e organizacionais nas empresas, constitui um fator essencial para as transformações na esfera econômica e seu desenvolvimento em longo prazo (SCHUMPETER, 1984).

Apesar da valiosa contribuição de Schumpeter, de acordo com Andrade (2005), desde os anos 1970 do século 20, outras visões como o pensamento sociológico começaram a adentrar no debate sobre inovação, trazendo novas perspectivas de análise.

De acordo com Andrade (2005),

> "Uma das grandes críticas dos cientistas sociais à tradição schumpeteriana reside no determinismo e na abstração dos modelos de inovação, que precisam dar lugar a uma abordagem circunstancial e multilinear, que não aceitam como autossuficientes os parâmetros das escolhas racionais".

Dentre os autores citados por Andrade, pode-ser-ia destacar os trabalhos de Bruno Latour, Maria Lúcia Maciel e Manuel Castells. Apesar de as especificidades de cada um, suas contribuições são relevantes para se estabelecer uma agenda sociológica para o tema da inovação.

Segundo Latour (2000), toda inovação deveria se construir a partir daquilo que ele denomina ação estratégica dos inovadores. Nessa ação estratégica, o inovador precisa, ao mesmo tempo, controlar o contexto social em que se desenrola a prática inovadora e se adaptar a ele.

Diferentemente da perspectiva de Latour, Maciel (2001), aborda o tema ao se referir ao ambiente de inovação percebendo aspectos tradicionais construídos a partir da sociedade como os rearranjos institucionais e administrativos que foram construídos a partir da omissão do Estado.

Para a autora, empresas, órgãos governamentais, trabalhadores, universidades, associações familiares, partidos e institutos de pesquisa conformaram uma grande rede, disforme e cambiante, que possibilitou a construção de um modelo específico, fruto de arranjos interdisciplinares e interinstitucionais propícios ao incremento das inovações tecnológicas, muitas delas já presentes anteriormente.

Análise semelhante à de Maciel tem sido conduzida por Manuel Castells (2003) sobre tecnologias de informação e redes sociais. Ambos apontam para caminhos instigantes de análise das ciências sociais sobre avanço tecnológico e arranjos institucionais.

Em função desse debate, a partir dos anos 1980 do século 20, os países da Organização para Cooperação e Desenvolvimento Econômico (OCDE) vêm alterando o padrão de apoio à indústria, incorporando novas medidas de inovação que integram as políticas de comércio internacional, industrial, ciência e tecnologia.

Em vez de subvencionarem empresas por meio de contratos de Pesquisa e Desenvolvimento (P&D) específicos e pontuais, os governos desses países passaram a criar condições para que a atividade produtiva se organizasse de forma sistêmica e integrativa (CASSIOLATO; LASTRES, 2000).

Essa ação estratégica da OCDE ocorreu com o objetivo de promover uma interação mais efetiva entre o setor produtivo e as áreas de pesquisa e conhecimento. Isso aconteceu no momento em que a abertura de mercados e o aumento da competitividade internacional incitaram empresas e governos a estabelecerem sinergias envolvendo pesquisa tecnológica e política industrial, para a manutenção das taxas de crescimento econômico.

No Brasil, assistiu-se, a partir de meados dos anos 1990, a um investimento crescente em políticas de inovação. A criação dos fundos setoriais para financiamento de pesquisas, a formulação da Lei de Inovação e o crescimento na importância das Incubadoras de Empresas apontam para a tendência de se integrar experiências e práticas de inovação tecnológica (LEMOS, 2000).

De acordo com a autora, a trajetória dessa discussão é extremamente fecunda por diversos aspectos: tem possibilitado uma reflexão sobre mudanças nos comportamentos corporativos; a articulação de setores públicos de pesquisa com a iniciativa privada; a formulação de redes de pesquisa e desenvolvimento; e outras contribuições nas áreas de contato entre empresas, centros de pesquisa, universidades e setor público.

O tema da inovação tem se mantido estreitamente ligado a preocupações de ordem econômica, como competitividade e pressões da demanda e investimento. Alguns autores chamam a atenção para o desafio premente de incluir variáveis socioculturais nas avaliações e nos estudos sobre a implementação da inovação em contextos locais e nacionais.

A partir dos anos de 1980, os economistas passaram a mudar o enfoque da análise. Os produtos específicos a serem desenvolvidos e os efeitos da oferta de recursos e da demanda de trabalho na indução à inovação deixaram de ser o centro das atenções da prática inovadora. Com a globalização da economia e a flexibilização dos formatos organizacionais envolvendo empresas, agências estatais e centros de pesquisa, a formação e o desenvolvimento de redes passaram a ser um tema central das pesquisas sobre inovação (FREEMAN, 1991).

Nesse contexto, em que a estrutura organizacional assentada nos fluxos de informação passa a ser mais essencial que os próprios produtos desenvolvidos a partir das atividades tecnológicas, é estabelecido um novo conceito, o de sistemas nacionais de inovação (CASSIOLATO; LASTRES, 2000). Esse conceito, que adquiriu grande primazia durante os anos de 1990, advoga que as interações entre os agentes econômicos, as instituições de pesquisa e os organismos governamentais estipulam ações recíprocas que geram a capacidade de desenvolvimento de condições de inovação.

Nesse sentido, políticas locais e setorizadas passaram a ser imprescindíveis para a compreensão do potencial de inovação de uma nação e região, independentemente da atividade específica de cada setor e das oscilações da demanda. A construção de novos formatos organizacionais e a ênfase em atividades de parceria, prestação de serviços, intercâmbios e convênios envolvendo empresas, governos, universidades, incubadoras e centros de pesquisa em regras múltiplas e variáveis passaram a constituir a precondição para qualquer inovação.

Se a princípio essa problemática tinha um foco estritamente econômico, produtivo, atualmente ela precisa incorporar variáveis culturais, sociais e políticas. Torna-se necessário, então, expandir o conceito de inovação de forma a abranger as condições coletivas para a qualificação de profissionais, a inclusão de setores marginalizados, a revitalização do espaço urbano, entre outras.

De fato, o conceito de sistemas nacionais de inovação, formulado por economistas e administradores ao longo dos anos de 1970 e 1980, foi importante, uma vez que ampliou a organização, os formatos institucionais e o financiamento da atividade inovadora. Mas ele não conseguiu alterar significativamente o elenco de agentes envolvidos nas práticas da inovação sobretudo, universidades, empresas e órgãos governamentais.

Voltando à corrente neoshumpeteriana, Nelson (1981) já destacava em sua obra a importância dada ao papel das instituições na dinâmica de inovação no mundo contemporâneo especialmente na análise dos sistemas nacionais e ou sociais de inovação.

Além dele, Freeman (1994) defende que a inovação tecnológica no mundo contemporâneo, decorreria das múltiplas relações externas mantidas por uma firma, seja em seu ambiente externo ou em parcerias com outras empresas. O autor destaca ainda a parceria universidade/empresa como grande estimuladora do desenvolvimento de novos produtos e/ou serviços.

Outra importante contribuição do autor se refere à importância da acumulação de conhecimento pela formação de mão de obra mais especializada nas universidades, bem como a preocupação das estratégias empresariais e das políticas públicas, além do desenvolvimento de redes de relacionamentos entre seus usuários.

Lundvall (1988) destaca que os processos de inovação são desencadeados dentro de um contínuo e interativo aprendizado por parte das firmas em seu relacionamento interno e externo. Também destaca, em sua obra, que os processos de aprendizado dos trabalhadores e a acumulação de conhecimento têm se materializado também nos processos informais de treinamento *learning by doing, learning by using, learning by interactive.*

Para Cooke (1999), as pequenas e médias empresas deveriam explorar o conceito de inovação dentro de um contexto maior de investimento no capital social, definido como um processo coletivo de aprendizado contínuo. Segundo o autor, "a interação de diversos atores e conhecimentos é o que levaria a conjugação de processos inovadores combinados com as novas tecnologias de produtos, processos e serviços".

Já Meirelles (2005), em sua obra, aponta que, neste contexto de elevada incerteza, risco e competição, mas também de oportunidades, as empresas buscam continuamente inovar e acumular informações, por um lado, para a obtenção vantagens competitivas e, por outro, como meio de evolução e/ou de sobrevivência.

De acordo com o autor, a grande empresa procura novos mercados pesquisando os hábitos e costumes em outros países e adequando seus investimentos de P&D ao atendimento das necessidades locais e globais, sobretudo, na produção de bens e serviços que de fato venham a contribuir para o contínuo desenvolvimento tecnológico, cada vez mais necessário na economia contemporânea.

Por sua vez, as pequenas e médias empresas procuram se inserir nos novos mercados buscando soluções criativas, como as iniciativas de aprendizado coletivo e processos associativos, que visam, em última análise, à produção de conhecimentos novos que possam se transformar em novos produtos, processos ou serviços desejados pelos consumidores (MEIRELLES, 2005).

Dentro desse novo contexto de inovação empresarial, tem crescido o movimento das incubadoras. Aumentam as parcerias entre universidades e empresas visando à formação de novos arranjos produtivos, mais fortes e capacitados para este momento. O sucesso de novos empreendimentos torna-se, por conseguinte, uma tarefa cada vez mais difícil e dependente de estudos e pesquisas que propiciem o surgimento de novas ideias, produtos novos e um nível acentuado de inovação tecnológica, além de capacidade empresarial.

No momento, há um grande interesse nos estudos relacionados a uma visão mais coletiva de inovação, uma vez que a associação das pequenas e microempresas, por meio das incubadoras de empresas, ou de arranjos produtivos, ou da formação de redes de conhecimento, torna-se fundamental para o crescimento e desenvolvimento de empresas mais sólidas e capacitadas em qualquer sistema econômico.

O crescimento das incubadoras de empresas em todo o mundo e, em especial no Brasil, serve de exemplo como uma boa estratégia de parceria universidade-empresa, com o objetivo de permitir que novos empreendedores e suas novas ideias ingressem no mercado de forma mais segura e duradoura.

Em função disso, o presente estudo procurou identificar os resultados obtidos por nove empresas de base tecnológica instaladas em três incubadoras (COPPE, BIO-RIO e PUC) de empresas, localizadas no Rio de Janeiro e resultantes desta parceria, destacando o processo de inovação por aprendizagem coletiva da incubadora com as empresas, das inter-relações internas e externas existentes e da cooperação entre elas.

A pesquisa e seus resultados

As nove empresas onde foram realizadas as entrevistas e aplicados os questionários foram escolhidas em comum acordo com a gerência de cada incubadora, em função dos objetivos da pesquisa e do nível de inovação e cooperação com a universidade, além da facilidade de acesso e importância da empresa no contexto inovativo nacional e local.

Resultados qualitativos

Dentre os resultados qualitativos extraídos da pesquisa, é possível destacar os seguintes:

- as empresas podem permanecer na incubadora por um período máximo de cinco anos. Nesse período, os custos operacionais são reduzidos e a empresa dispõe de infraestrutura de alto nível, além de receber orientação e assistência em áreas fundamentais para seu desenvolvimento, como marketing, comunicação, finanças e negócios;
- nas entrevistas realizadas com os empreendedores incubados, foi possível identificar que eles enxergam o processo de incubação, como fundamental para o sucesso de suas empresas e destacam mais fatores positivos do que negativos, como:
    - infraestrutura oferecida pela incubadora;

- a proximidade com relação à universidade, que permite suporte profissional, estagiários e novos clientes;
- a própria universidade é o maior cliente das empresas;
- a marca da universidade;
- o baixo custo de incubação.

Um único item negativo mereceu destaque: a falta de um acompanhamento jurídico, contábil e financeiro, especialmente no início dos negócios. Como vimos, a maior dificuldade decorre do pouco conhecimento acumulado em administração de empresas, pois quase todos os empreendedores têm outras formações;

Apesar do caráter inovador e de tecnologia avançada dos produtos oferecidos pelas empresas, é fácil constatar a grande preocupação dos empresários com as necessidades regionais e locais, intimamente ligadas aos problemas sociais e ambientais do país, conforme pode ser observado nas principais características de algumas empresas incubadas ou já graduadas.

A totalidade dos empreendedores vem de uma ligação com a universidade, são ex-alunos, em sua maioria pós-graduados, com mestrado e doutorado, o que indica o compromisso de suas pesquisas com a atividade inovadora empresarial.

A importância da proximidade, cooperação e transformação dos conhecimentos em produtos pode ser constatada pela criação de produtos e serviços a partir da interação e cooperação das informações entre as empresas que ocorre dentro da incubadora.

Resultados quantitativos

Com base nas respostas do questionário, de todas as empresas pesquisadas, 100% responderam que utilizam os conhecimentos oferecidos e acumulados na universidade; 78% utiliza os cursos oferecidos na incubadora e ou na universidade. Do total pesquisado, 80% declararam ser de alta importância a proximidade das fontes de conhecimento e 63% das respostas mostram que as empresas têm interesse nas pesquisas dos professores realizadas na universidade.

Com relação aos fatores determinantes para manter a competitividade dos produtos das empresas no mercado, merecem destaque a qualidade de mão de obra, a capacidade de introdução de novos produtos e processos e as estratégias de comercialização e qualidade do produto.

As respostas mostram que 79% das empresas indicam ser de grande importância a localização da empresa para promover inovação em seus produtos e/ou processos. As empresas pesquisadas responderam que as atividades que tiveram participação direta da universidade ou da incubadora foram: o P&D

na empresa, com 75% de participação da universidade e 13% da incubadora; a aquisição de máquinas e equipamentos para melhoria de produtos e processos, com 38% de contribuição da universidade e 50% da incubadora; e o treinamento, 38% da universidade e 25% da incubadora.

Quanto aos itens que desempenham um papel importante como fontes de informação para o aprendizado coletivo, destacam-se as respostas sobre a contribuição informal das fontes internas e externas, sobretudo, aquelas oriundas das universidades, institutos de pesquisa, instituições de teste, incubadoras, conferências, seminários com grande percentual de informalidade e de localização importantes.

Há um grande envolvimento das empresas com as atividades cooperativas, formais ou informais, principalmente com outra(s) empresa(s) ou organizações, especialmente com universidades com 67%, institutos de pesquisa (17%) e empresas associadas e clientes (33%). Sobre a importância das formas de cooperação com as outras empresas incubadas, para o desenvolvimento de produtos e processos, as respostas mostraram ser de média importância em 22% dos casos e alta importância em 33%.

Como resultado dos processos de treinamento e aprendizado, formais e informais, 33% dos entrevistados responderam que melhoraram a utilização de técnicas produtivas, equipamentos, insumos e componentes, além de melhorarem a capacitação para desenvolver novos produtos e processos. Os resultados da pesquisa confirmaram a importância do aprendizado coletivo para a inovação de empresas de base tecnológica dentro das incubadoras e sua localização no entorno das universidades.

Conclusão

Não há ainda consenso com relação às recentes discussões ou teorias sobre a melhor forma de produção de tecnologia para as empresas ou de melhores processos que levem à inovação. No entanto, em um mundo cada vez mais complexo, as saídas individualistas não têm se mostrado as mais eficientes para um melhor aproveitamento das potencialidades econômicas e sociais. Assim sendo, as economias menos desenvolvidas poderiam adotar estratégias para se tornarem mais competitivas investindo em setores e áreas que poderiam contribuir para isso em âmbito internacional.

Como pode ser observado no corpo do estudo, os autores neo-schumpeterianos defendem o aprendizado coletivo como forma de acesso de pequenas e médias empresas ao mercado global. Apesar disso, parece-me que essa contribuição teórica seria mais adequada para economias desenvolvidas, pois as pesquisas realizadas por eles que corroboram tais posições normalmente ocorrem em países com alto índice de desenvolvimento.

Nos países mais atrasados, deveria haver uma preocupação inicial na construção de um projeto que permitisse fazer o mapeamento das atividades ligadas à inovação e, em seguida, implementadas políticas de investimento em ciência e tecnologia mais adequadas para permitir as parcerias citadas ao longo do trabalho. Em segundo lugar, deveriam ser incentivadas com financiamento mais pesquisas sobre o assunto, bem como mais recursos deveriam ser alocados pelo Estado e pelas empresas na formação do capital humano necessário à inovação.

Apesar de ainda não ser representativo em termos do Produto Interno Brasileiro, o mercado das incubadoras tem crescido muito nos últimos anos e vem oferecendo novas oportunidades de emprego, sobretudo, nas áreas mais desenvolvidas tecnologicamente, atraindo empreendedores, pesquisadores, professores e profissionais mais qualificados.

Além disso, promovem a pesquisa e o desenvolvimento de produtos mais avançados tecnologicamente, abrindo espaços para inovações no mercado brasileiro. Por meio de práticas cooperativas e interação de empresas, além das parcerias com a universidade, surgem empresas mais capacitadas para enfrentar as adversidades do mundo contemporâneo.

As empresas de base tecnológica representam um novo mercado de trabalho que, aliado a políticas eficientes, poderá trazer resultados importantes para o mercado e empresas brasileiras, no futuro.

As evidências empíricas observadas pela pesquisa de campo, realizada nas incubadoras selecionadas, mostram que o desenvolvimento de produtos ou de processos inovadores nas empresas de base tecnológica ocorre em grande parte pelo processo de aprendizado coletivo, decorrente das relações das empresas com a universidade, da interação e cooperação entre elas e da localização da incubadora nos arredores da universidade.

Ainda há muito a ser pesquisado. Empresas, governos e demais instituições de aprendizado deveriam investir mais, para que a inovação represente um papel importante cada vez mais na construção de bases sustentáveis para a economia brasileira e a sociedade em geral. Apesar de ainda prevalecer a lógica individualista da grande empresa inovadora para o mercado, vem ganhando força, neste momento, outras visões que abordam a inovação dentro de um contexto mais colaborativo e coletivo.

Foi o que tentei aprofundar neste trabalho.

Questões para reflexão e aprendizagem

1. Por que as empresas buscam inovar constantemente no mundo de negócios contemporâneo?
2. Qual é a importância para a produção de novos produtos da aproximação empresarial com as universidades?
3. O movimento das incubadoras de empresas tem crescido no mundo moderno. Comente sobre a importância deste movimento para a inovação.
4. Sobre os resultados da pesquisa apresentados no texto, aponte alguns que mostrem a importância da cooperação entre empresas incubadas para o sucesso dos negócios.
5. Qual é a relação entre empreendedorismo e inovação?

Referências

ANDRADE, T. Inovação e Ciências Sociais: em busca de novos referenciais. *Revista Brasileira de Ciências Sociais,* vol. 20, n. 58, jun. 2005.

CASSIOLATO, J. E.; LASTRES, H. Sistemas de inovação: políticas e perspectivas. In: *Parcerias Estratégicas*, n. 8, p. 237-255, 2000.

CASTELLS, M. *A Sociedade Em Rede*. 5. ed. São Paulo: Paz e Terra, 1999. (Coleção A Era da Informação: Economia, Sociedade e Cultura.)

COOKE, P; WILLS, D. Small Firms, Social Capital and the Enhancement of Business Performance through Innovation programmes. *Small Business Economics*, n. 13, p. 219-234, 1999.

FREEMAN, C. Networks of Innovators: a synthesis of research issues. *Research Policy*, n. 20, p. 499-514, 1991.

FREEMAN, C. The Economics of technical change. *Cambridge Journal of Economics*, v. 18, p. 463-514, 1994.

LEMOS, C. Inovação na era do conhecimento. *Parcerias Estratégicas,* n. 8, p. 157-179, 2000.

LATOUR, B. *Ciência em ação*. Trad. Ivone Benedetti. São Paulo: Editora Unesp, 2000.

LUNDVALL, B. A. Innovation as na Interactive process: from user-producer interaction to the national system of innovation. In: DOSI, G. et al. *Technical Change and Economic Theory*. Londres: Pinter Publishers, 1988. p. 349-369.

MACIEL, M. L. Hélices, sistemas, ambientes e modelos: os desafios à sociologia da inovação. *Sociologias*. Porto Alegre, ano 3, n. 6, p. 18-29, jul./dez. 2001.

MEIRELLES, D. C. Programas de Inovação de Empresas como Aprendizado Coletivo em um Contexto Pós-Moderno. In: STAREC, C.; GOMES, E. B. P.; CHAVES, J. B. L. *Gestão Estratégica da Informação e Inteligência Competitiva*. São Paulo: Saraiva, 2005.

NELSON, R. R. Research on Productivity Growth and Productity Differences: Dead Ends and New Departures. *Journal of Economic Literature*. v. 19, n. 3, p. 1029-1064, set. 1981.

SCHUMPETER, J. A. *Capitalismo, Socialismo e Democracia*. Rio de Janeiro: Zahar Editores, 1984.

Capítulo 6

A Tecnologia no Suporte à Gestão da Informação e aos Processos de Negócios Inteligentes

Claudio Plachta*

Resumo

A procura constante e necessária das organizações pela melhoria da gestão de suas informações e de seus processos de negócio faz que busquem soluções e ferramentas disponibilizadas pela Tecnologia da Informação (TI), que poderão servir de suporte quando bem aplicadas a suas operações e atividades diárias que integram toda a sua cadeia de valor.

Implementar soluções de TI não é uma tarefa simples. Alguns desafios poderão ser encontrados desde a escolha e identificação das soluções que poderão efetivamente atender às necessidades apontadas pelos requisitos de negócios da organização, até a forma como serão conduzidas a gestão e a utilização destas soluções em ambiente de produção. Ao vencer estes desafios, as organizações evitam possíveis eventos indesejáveis que comprometeriam a continuidade de seus negócios e atividades diárias, o que consequentemente geraria impactos negativos na qualidade e entrega de seus produtos e serviços.

A Tecnologia da Informação, por sua vez, encontra-se em constante evolução. Cada vez mais, são disponibilizadas no mercado diversas alternativas e

---

* **Claudio Plachta** é Engenheiro Eletricista e de Sistemas da Computação pela Universidade do Estado do Rio de Janeiro — UERJ, graduado em 1989; pós-graduado em Segurança de Dados e da Informação; possui certificados ITIL, Lead Auditor BS7799, Cobit 4.0, Gestão de Riscos ISO 31.000. É professor da UNESA, desde janeiro de 2000, nos Cursos de Graduação Tecnológica — Gestão Empresarial e Tecnologia da Informação e Gestão da Informação e Marketing Estratégico e na Pós-Graduação da Universidade Estácio de Sá (MBA) alocado no Curso de Gestão de TI e Inteligência Competitiva. Também é professor de pós-graduação do SENAC-RJ (MBA) nos Cursos de Gestão de TI e Inteligência Competitiva e em Governança de TI. Tem mais de 20 anos de experiência profissional, atuando na coordenação, execução, consultoria e auditoria em grandes empresas para os seguintes tipos de projetos: Gestão e Análise de Processos, Tecnologia e Segurança da Informação, implementação de soluções de infraestrutura de TI e Telecomunicações, desenvolvimento de Planejamentos Estratégico de TI, implementação de processos de Gestão da Qualidade em Serviços de TI, implementação de Service Desk e Sistema de Gestão de Segurança da Informação. Foi colaborador da Cia. Souza Cruz, do Banco Nacional, da Unisys do Brasil e da Modulo Security Solutions. Atualmente, também é sócio-diretor da empresa Bluenetworks.

modelos de soluções, que consequentemente resultam em novas dificuldades e dúvidas para as organizações na busca por aquelas que irão melhor atender a suas necessidades.

Neste capítulo, serão abordadas as principais visões e conceitos que servirão para a base do entendimento de como a Tecnologia da Informação poderá auxiliar no suporte à gestão dos processos de uma organização, considerando os modelos de atuação, principais ferramentas e soluções de Sistema de Informação, requisitos para implementação e desafios encontrados.

Introdução

Sabemos que os fatores integração, velocidade e interatividade são apresentados para as organizações como algumas das principais características e benefícios resultantes das contínuas evoluções das soluções suportadas pela Tecnologia da Informação (TI), orientadas atualmente pelo foco no atendimento ao cenário da globalização informacional, no qual barreiras físicas (distâncias) e temporais (horários comerciais) são inexistentes quando pensamos nas inúmeras possibilidades para a troca de informações entre as organizações e os processos de negócio que são disponibilizadas e oferecidos pelos atuais fabricantes e fornecedores de TI no mercado.

Estas evoluções também determinam e configuram dinamicamente novos desafios a serem vencidos, dentro e fora das organizações, ao longo de seus processos de negócio e operações críticas, que interferem diretamente no modo como são executadas as ações de gestão, acesso e tratamento das informações, conduzindo toda a sociedade para uma necessidade obrigatória de adaptação contínua, percebida quase que de forma inconsciente, em que tais adaptações irão definir a sobrevivência ou a morte de uma organização, bem como a empregabilidade de um profissional em sua atividade ou função.

A Tecnologia da Informação permitiu a transposição e a alteração do modo como conduzimos nossas vidas diárias, mudando alguns conceitos e hábitos profissionais, como o horário para a execução de nossas atividades profissionais, uma vez que as ferramentas para a troca de informações e execução destas atividades viabilizadas pelo uso da internet acarretaram a formação de uma nova sociedade que se encontra refém da própria velocidade desta, que faz que sejamos o elo mais fraco na cadeia de processos para o tratamento das informações, ou seja, temporalidades — data, horários etc. — passam a ser, na maioria das vezes, insuficientes ou quase que inexistentes para que seja possível finalizar nossas tarefas, que são avaliadas também nas organizações por outros indicadores como prazos, metas, produtos entregues, qualidade, performance etc.

Estas possibilidades para novos tipos e modalidades de negócios surgiram por meio de um mundo inteiramente novo, virtual, digitalizado, sem fronteiras e com inúmeras soluções que a Tecnologia da Informação e seus sistemas puderam viabilizar em uma velocidade quase incontrolável.

Esta batalha, entre a velocidade do acesso às informações *versus* a capacidade das organizações em assimilar e tratar estas informações em seus processos de negócio, deverá ser vencida pela implementação de um ou mais "Processos de Gestão" estruturados e conhecidos e, principalmente, pelo alinhamento da TI com um Planejamento Estratégico, sendo que este é o maior desafio quando pensamos em TI como suporte aos Processos de Negócios.

A informação, em sua essência, ainda permanece inalterada, ou seja, um valor numérico, uma data, um conjunto de dados sobre um processo financeiro etc. não mudaram em seu conceito absoluto. Porém, o modo e o meio utilizados para manipular estes dados ou informações mudaram drasticamente nestes últimos anos, fazendo que as novas e futuras gerações apresentem hábitos e aspectos muito diferentes daqueles que eram percebidos pelas gerações de 10 ou 20 anos atrás.

Por isso, cada vez mais nos deparamos com importantes questões: quando e como a Tecnologia da Informação poderá atuar em nosso favor?

Quando implementamos as soluções de Tecnologia da Informação para dar suporte à Gestão dos Processos de Negócios de forma planejada, eficiente e eficaz, ou seja, quando a resposta parece ser simples, mas é complexa em sua natureza, quando identificamos os desafios para que esta implementação seja concretizada.

Vivemos em um mundo onde a dependência para o tratamento das informações está totalmente ligada à evolução da Tecnologia da Informação, que, quando bem explorada e utilizada, passa a ser nossa aliada, porém, quando utilizada indevidamente, faz que fiquemos totalmente dependentes ou escravizados por sua velocidade e facilidades.

A TI como solução de suporte e integração nas organizações

A evolução da Tecnologia da Informação nestes últimos 30 anos foi determinante para o crescimento exponencial dos ambientes informatizados, envolvendo centenas de novos fornecedores e fabricantes de tecnologias e/ou soluções que possibilitaram a construção e o desenvolvimento de diversos tipos de Soluções de TI e seus Sistemas de Informações, que podem estar, por exemplo, orientados para desde um simples atendimento a pequenas tarefas internas das organizações até evoluírem para uma solução de integração de toda a cadeia de valor da empresa, bem como para a integração com o ambiente externo (filiais, clientes, fornecedores, bancos, outras empresas etc.), utilizando cada vez mais a web (internet) como veículo de disseminação e captura de suas informações e dados, integrando-se cada vez mais ao mercado globalizado de negócios, alterando suas fronteiras organizacionais e, muitas vezes, tornando-se uma ferramenta poderosa para a contribuição para o sucesso da organização ou, quando mal implementada, contribuir também para seu fracasso.

Estas evoluções tecnológicas, com suas respectivas estruturas, levaram todas as informações e processos críticos das empresas para o formato digital; os Sistemas de Informação que antes eram evidenciados somente por meio de um modelo ou metodologia aplicada a um fluxo de informações, torna-se hoje uma solução apresentada e apoiada pela tecnologia, associado a um ambiente totalmente globalizado, no qual as empresas enfrentam novos desafios e novos formatos de atuação junto ao mercado.

Diversas empresas migraram para o mundo virtual em novos tipos de negócio: comércio eletrônico, bancos virtuais, os "e-serviços", reservas de passagens, consulta a banco de dados, consulta em sistemas do governo, *e-business, e-procurement* etc. Com isso, novas questões surgiram: como integrar toda esta nova forma de tratamento e gestão da informação neste novo cenário? Como manter as funcionalidades com tantas plataformas, fabricantes, sistemas, fornecedores, modelos, equipamentos, aplicações, linguagens, versões e tudo mais?

A Tecnologia da Informação esteve, durante muito tempo, associada a equipamentos (hardware) e aplicações (softwares) que eram vistos somente como produtos inovadores que seduziam aqueles que visualizavam sua utilização superficialmente, sem se preocupar detalhadamente com sua participação estratégica no contexto organizacional, ou seja, não era bem aplicada como um fator de aumento de lucratividade ou redução dos custos; a TI ainda era, para algumas empresas, somente um símbolo de avanço tecnológico, status, aparência em seu possível "crescimento empresarial".

Para as empresas e organizações de hoje, os Sistemas de Informação e a Tecnologia da Informação representam uma "infraestrutura de suporte, gestão e apoio obrigatória" para todos os seus processos de negócio, sendo que esta infraestrutura é uma das principais responsáveis pela continuidade da cadeia produtiva e pela integração das empresas com seus fornecedores e clientes, que permite sua sobrevivência e crescimento.

A TI e seus Sistemas de Informação adquirem importância estratégica para uma empresa a partir do momento em que comprovadamente possibilitam um aumento na eficiência e eficácia nas atividades que integram os processos da cadeia de valor e suportam de forma adequada as necessidades de sua operação, reduzindo o risco de interrupção no negócio e permitindo real aplicabilidade (custo x benefício) em sua utilização pelos usuários, sejam estes funcionários, clientes ou demais colaboradores.

Para que possamos entender um pouco melhor a estrutura de suporte da Tecnologia da Informação nas organizações, vamos dividi-la em duas grandes áreas de atuação:

- A primeira área pode ser denominada como a de infraestrutura de suporte tecnológico operacional e tem como objetivo fornecer toda a estrutura fundamental de tecnologia e comunicação para a operação funcional da empresa, ou seja, os equipamentos compostos pelos computadores (*desktops, notebooks*, servidores de arquivos, servidores de aplicações e de banco de dados etc.), impressoras, equipamentos e elementos de comunicação e de rede interna e externa, rede *wireless*, centrais telefônicas, *link* de comunicação de voz e dados, sistemas de vídeo conferência, sistemas operacionais, planilhas eletrônicas, aplicações de edição de texto e imagem etc.
- A segunda área pode ser denominada como a de infraestrutura de aplicações (softwares ou sistemas) que atuam no âmbito operacional, gerencial e estratégico dentro de uma visão de tratamento e consolidação da informação, em que podemos encontrar os sistemas internos da organização, como: intranet, sistemas de operação e controle (estoque, RH, financeiro, vendas, contas a pagar ou receber, logística, relacionamento com o cliente), ou aqueles que atuam de forma integrada em todos os processos de organização, que também são conhecidos como Soluções de Sistemas de Informações Gerenciais ou Corporativos.

Figura 6.1 • A cadeia de valor e a TI com sua estrutura de suporte e gestão para os processos de negócio

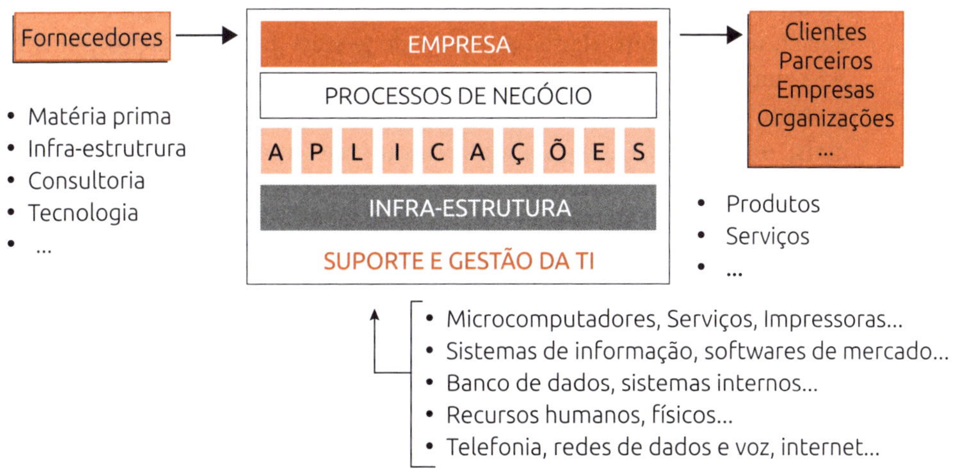

A Tecnologia da Informação está permitindo que as organizações possam coordenar suas atividades em conjunto com as de seus clientes e fornecedores, objetivando otimizar a cadeia de fornecimento. Com a consolidação da utilização comercial da internet como ferramenta de integração, esta coordenação tem ocupado um lugar de destaque importante no planejamento da TI das organizações.

Toda a aplicação da Tecnologia da Informação e seus Sistemas de Informações devem possuir os seguintes objetivos: apoiar os processos de negócio, garantindo sua continuidade; auxiliar na tomada de decisões; aumentar a produtividade; otimizar a troca de informações internas e externas; garantir a segurança das informações; buscar novos negócios; e muito mais, ou seja, "maximizar o negócio" é a expressão-chave para a aplicação de todas as soluções que envolvem a TI e seus Sistemas de Informações.

Podemos afirmar que a Tecnologia da Informação é a interseção fundamental de suporte entre a estrutura de Processos de Negócios e os modelos ou melhores práticas de Gestão da Informação, que proporcionam maior eficácia e eficiência das atividades da organização. Então, vejamos.

- Gestão da Informação e Processos de Negócios:
    - quando uma empresa possui uma estrutura bem dimensionada e definida de seus processos de negócio e aplica de forma eficaz os conceitos de modelo de gestão (operacional, tático e estratégico) em sua operação, observamos como resultado um alto nível de maturidade no controle eficaz de suas atividades internas e a empresa consequentemente sendo reconhecida pelo mercado e seus clientes por sua qualidade e excelência em seus serviços e aspectos profissionais.
- Gestão da Informação e Tecnologia da Informação:
    - quando uma empresa ou organização consegue implementar, de forma eficaz, um conjunto de ferramentas de gestão da informação por meio de soluções baseadas em Tecnologia da Informação, que permitem a consolidação, o tratamento e a disponibilização de relatórios gerenciais, observamos um melhor resultado no apoio das atividades que exigem maior atendimento a requisitos de controle orientados por indicadores e consequentemente aumento da produtividade e redução de erros e riscos na operação.
- Processos de Negócio e Tecnologia da Informação:
    - imaginemos uma organização que possua, como foco de seu Planejamento Estratégico, a expansão de sua atuação em novos mercados por meio da internet, ou seja, que deseja atuar no segmento de vendas de seus produtos pela internet — comércio eletrônico. A Tecnologia da

Informação poderá apoiar a transposição e o suporte de seus processos de negócios atuais para o mundo virtual por meio do suporte a uma nova infraestrutura e de ferramentas de comunicação e controle da informação, possibilitando, assim, o início de suas atividades em um novo modelo de negócio.

- Interseção e integração — Gestão, Processos de Negócio e Tecnologia da Informação:
  - quando uma organização consegue, de forma clara e objetiva, reunir todos os elementos e conceitos anteriormente mencionados, ou seja:
    - mapear e implementar seus Processos de Negócios de forma eficiente e eficaz;
    - implementar e aplicar as melhores práticas e metodologias no processo de gestão de suas informações;
    - dimensionar, estruturar e implementar corretamente soluções baseadas em Tecnologia da Informação (infraestrutura e aplicações).

A resposta é demonstrada pela maximização de seus resultados (Figura 6.2), obtidos pela eficiência de seus controles gerenciais, redução de riscos em suas operações, aumento de sua produtividade, redução de custos e perdas na operação, melhor posicionamento em seu segmento de atuação e reconhecimento do mercado pela qualidade de seus serviços.

Figura 6.2 • A Tecnologia da Informação maximizando resultados

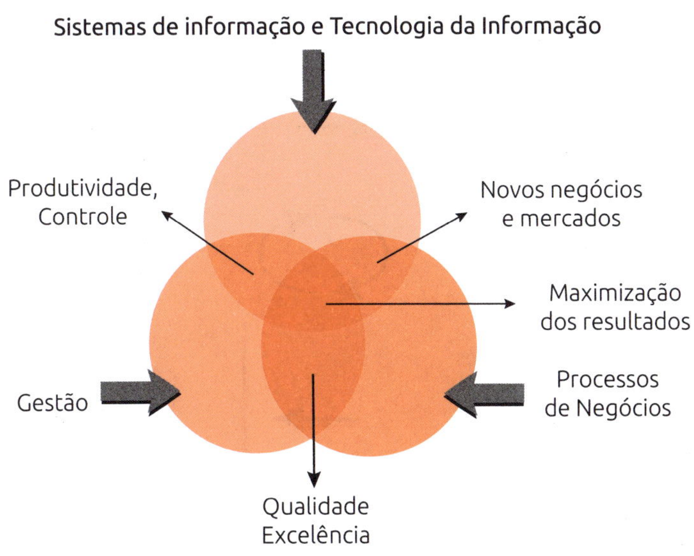

Implementando a Tecnologia da Informação nas organizações

A implementação de uma ou mais soluções que envolvem a Tecnologia da Informação e seus Sistemas de Informações deve sempre estar de acordo com os objetivos, missão, visão e necessidades da organização, ou seja, deve seguir e apoiar as orientações descritas em seu Planejamento Estratégico, caso contrário, a ela trará indevidamente diversos tipos de problemas, impactos e retrabalhos, acarretando custos adicionais, prejuízos, falhas em controles de processos e até a possível paralisação parcial ou total do negócio da organização, distanciando-se cada vez mais do objetivo definido pelo plano.

Por meio do Planejamento Estratégico (Figura 6.3), podemos tirar diversas informações de como devem ser implementadas as solução baseadas em Tecnologia da Informação e seus Sistemas de Informações, ou seja:

- conhecer e estruturar como o Sistema de Informações Corporativo deverá atuar entre os departamentos, como serão as comunicações com os clientes, como serão implementadas as soluções de tecnologia para a operação da empresa e suas funcionalidades etc.;
- definir modelos de Sistemas Internos, Corporativos, de Gestão, de Interface com os Clientes e Fornecedores, os modelos de Base de Dados etc.;
- definir soluções tecnológicas (modelos, fornecedores, tipos de equipamentos etc.) para atender os modelos definidos acima.

Figura 6.3 • O Planejamento Estratégico no suporte às soluções de TI

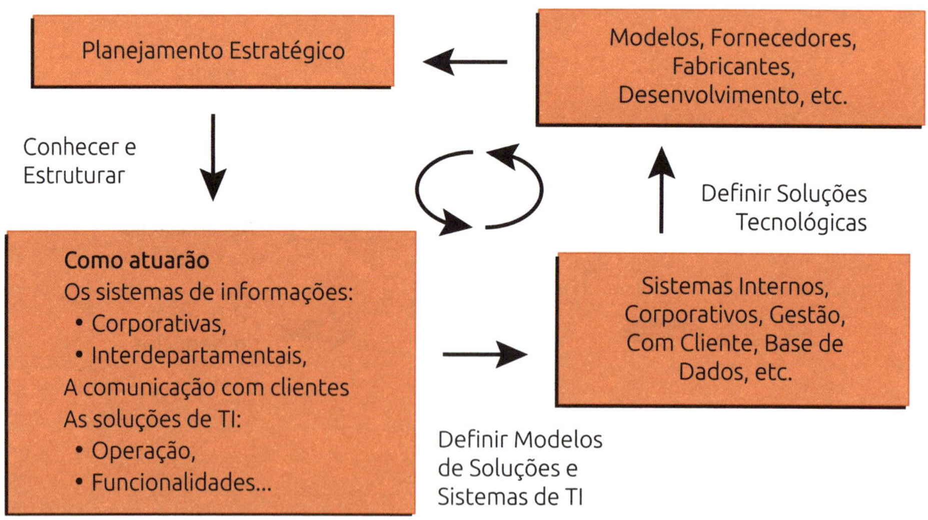

O Planejamento Estratégico determina os princípios e objetivos que deverão ser aplicados aos processos de negócio para que se obtenha o sucesso requerido nas operações empresariais. Além disso, o Planejamento Estratégico atua como uma ferramenta de gestão, auxiliando os planejamentos futuros, a Administração Estratégica, o Modelo de Negócio, a busca pela inovação e competitividade e a Gestão de Mudanças. Por meio dele, podemos, então, obter algumas definições e orientações para desenvolvimento e implementação de um Sistema de Informação apoiado pela Tecnologia da Informação para atender a organização.

A Figura 6.4 ilustra a integração da Tecnologia da Informação e seus Sistemas de Informação com o Planejamento Estratégico e suas necessidades e atividades.

Figura 6.4 • Integração da TI e seus Sistemas de Informação com o Planejamento Estratégico

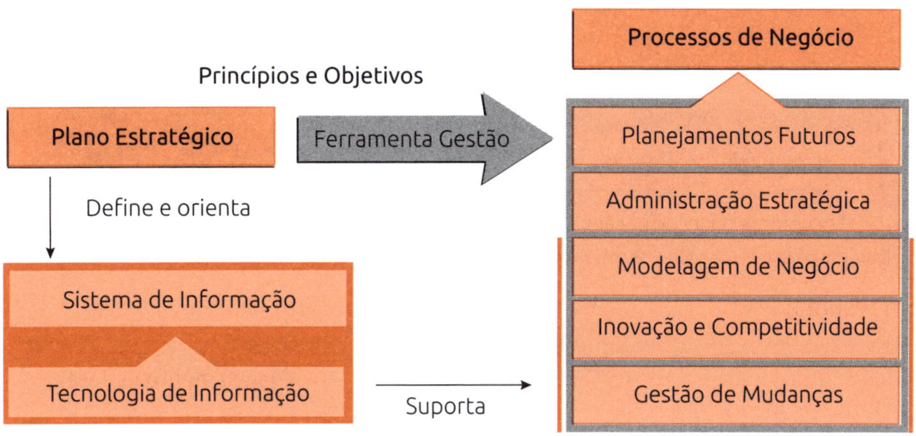

Sistemas de Informação e de Gestão Empresariais são exemplos de ferramentas para o apoio aos processos de negócio e à administração estratégica da organização, provendo suporte para:

- Inteligência Competitiva, auxiliando na captação das informações externas e do mercado, contribuindo na consolidação, tratamento e comparação destas informações de forma sistemática e gerando relatórios estratégicos para a organização;
- Inteligência Empresarial e Organizacional — a infraestrutura da Tecnologia da Informação em conjunto com seus Sistemas de Informações poderão atuar na construção e consolidação de uma base de conhecimento informacional que poderá ser utilizada por ferramentas para a extração de informações, como relatórios analíticos de vendas, relatórios financeiros, indicadores de performance e de metas, relatórios de produção, informações sobre clientes, resultados e metas de funcionários, estatísticas de

crescimento etc., dando suporte e subsídios para ações de Gestão da Operação e condução da empresa (Figura 6.5).

Figura 6.5 • A TI e seus Sistemas de Informação no suporte à inteligência organizacional

Em resumo:

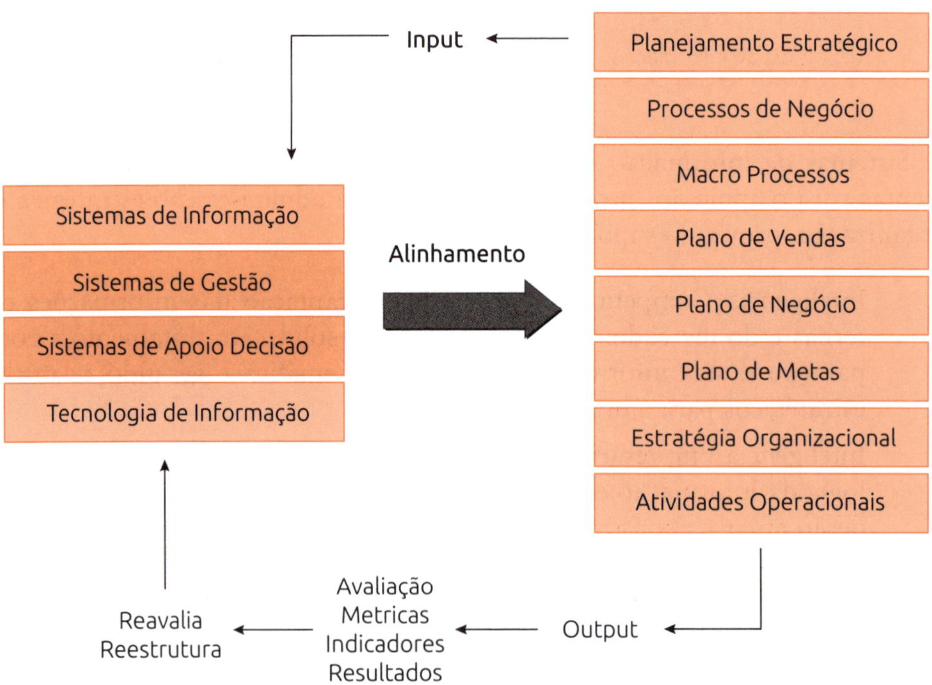

A Tecnologia da Informação como fator de sobrevivência e vantagem competitiva

Os principais motivos pelos quais as empresas e organizações devem buscar as soluções e ferramentas oferecidas pela TI são: maximizar seus resultados e associar fatores de vantagens competitivas a seus produtos e serviços. Desde o princípio da utilização da TI pelas empresas, buscava-se obter essa vantagem somente pela redução de custos por meio da automação e aumento da eficiência de processos. Posteriormente, com a evolução das soluções oferecidas pela TI, novas ferramentas permitiram melhores acessos e tratamento da qualidade das informações gerenciais disponibilizadas para todos os níveis da organização, de forma que estes pudessem controlar melhor a operação e seus processos, contribuindo efetivamente para o aumento da competitividade e da produtividade e atuando diretamente em suas atividades e operações.

Para entendermos como a TI poderá ser utilizada e como ela evoluiu no atendimento aos processos de negócio de uma organização, veremos sua atuação direta sobre os conceitos formulados por Porter e Millar (1986), que seriam aplicados na estruturação dos processos de negócios de uma organização: os conceitos de cadeia de valor (*value chain*) e de sistema de valor (*value system*).

- A cadeia de valor (*value chain*) representa um conjunto de atividades que estariam divididas em duas categorias:
  - as atividades primárias, que colaboram para agregar valor ao produto, como: atividades de logística de entrada (recebimento e estocagem de matéria-prima), produção, logística de saída (distribuição), marketing e vendas e pós-venda;
  - as atividades de apoio, que seriam os suprimentos de serviços (compra de insumos), desenvolvimentos tecnológicos para a melhoria dos produtos, gestão dos recursos humanos etc.
- O sistema de valores (*supply chain*), também conhecido como cadeia de suprimento, é composto pela união das cadeias de valor de diversas empresas clientes e fornecedores, formando uma cadeia completa da matéria-prima até o consumidor final em uma dada indústria.

Para apoiar estes conceitos associados à cadeia de valor, atualmente, as empresas utilizam soluções de "Sistemas de Informações", desenvolvidas especificamente para a integração e otimização de seus processos de negócios, em que poderemos encontrar soluções adquiridas ou desenvolvidas, como o SCM (*Supply Chain Management*), o CRM (*Customer Relationship Management*), o ERP (*Enterprise Resource Planning*), o SIM (Sistema de Informação de Marketing) e o BI (*Business Inteligence*), que é uma ferramenta desenvolvida para o apoio e análise para a tomada de decisão a partir dos dados gerados em todos esses sistemas, que veremos detalhadamente mais adiante.

Em meados da década de 1990, as empresas já buscavam utilizar a TI para gerar uma diferenciação competitiva, melhorando seus processos, o contato com os clientes, novas ofertas de serviços apoiados pela TI (como internet banking, consultas automáticas etc.), a redução de custos, a melhoria no controle dos processos e as utilizações de sistemas de informação estratégicos, buscando um melhor tratamento de suas informações e melhoria de sua competitividade junto ao mercado.

Neste cenário atual em que a globalização, o aumento da competitividade e a interligação de clientes e fornecedores em cadeias de suprimento são preponderantes, a utilização de TI pode ser considerada praticamente um fator de sobrevivência, e não mais de luxo ou uma tecnologia opcional.

Atualmente, mesmo com todas estas soluções e ferramentas disponibilizadas pela TI, algumas empresas ainda utilizam os Sistemas de Informação de forma ineficaz ou, muitas das vezes, incompatíveis com seus processos de negócios; tratam e manipulam de maneira inadequada os dados importantes e vitais que garantirão sua sobrevivência; não possuem ou utilizam corretamente todos os mecanismos de busca para estes dados; e, por fim, não conseguem eficiência na interligação com seus ambientes de negócio externos (clientes, fornecedores, usuários, filiais, outras empresas etc.).

Outro problema foi a proliferação inadequada do uso de Sistemas de Informações que criou os seguintes cenários dentro das empresas: a fragmentação das informações (o principal problema dessa fragmentação é a dificuldade de obtenção de informações consolidadas) e a inconsistência de dados redundantes armazenados em mais de um destes Sistemas de Informações.

Integrar Sistemas de Informações de forma adequada promove a qualidade e a agilidade com que as informações são trocadas dentro das organizações, integrando de forma eficaz todos os seus processos e atividades da operação na cadeia de valor, desde a matéria-prima até a venda ou entrega de seus produtos e serviços.

Figura 6.6 • A TI e seus Sistemas de Informação integrando organizações

A obtenção de informações que possam ser efetivamente funcionais para os níveis estratégicos e gerenciais da organização (possibilitar tomada de decisões) é também um desafio da integração dos Sistemas de Informação (Figura 6.7).

Figura 6.7 • Transformação das informações

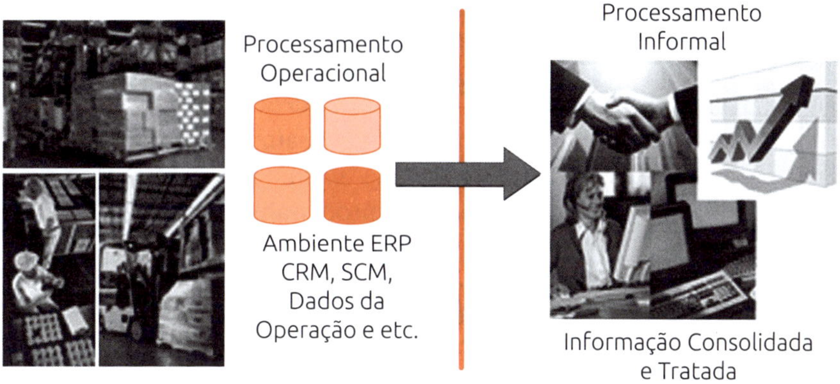

Sistemas de Informação atuando no apoio à Gestão dos Processos de Negócios

Os Sistemas de Informação podem ser definidos como um conjunto de elementos ou componentes inter-relacionados que coletam, armazenam, processam e distribuem dados e informações com a finalidade de dar suporte às atividades de uma organização (planejamento, direção, execução e controle).

Quando falamos de "Sistemas de Informação", devemos entender que a palavra "sistema" remete a uma estrutura de encadeamento "sistêmico" de elementos que irão conduzir as informações por um fluxo dimensionado e estruturado, cujo foco é o atendimento e suporte a um ou mais processos de negócios e seus usuários, sejam estes "pessoas" ou até mesmo outros "sistemas".

Os componentes fundamentais de um Sistema de Informação são: as pessoas que participam da informação da empresa; as estruturas da organização; o fluxo e o ciclo da informação (visão sistêmica — entradas, saídas); e as respectivas soluções de Tecnologias de Informação e de comunicação que suportam seu funcionamento e operação.

As principais vantagens dos Sistemas de Informação, quando bem aplicados, são: suporte à tomada de decisão; valor agregado e aumento da qualidade dos produtos e serviços entregues (eficiência e controle); viabilidade da identificação de oportunidade de negócios (consolidação de dados, disponibilização de informações estratégicas e gerenciais); redução da operação manual e de erros; controle das operações etc.

Em um Sistema de Informação, várias partes devem trabalhar conectadas, visando garantir um fluxo mais confiável e menos burocrático das informações. Os Sistemas de Informações devem sempre permitir acesso rápido a informações; integridade e veracidade das informações; garantia de segurança de acesso às informações.

Resumidamente, os Sistemas de Informação podem ser definidos como elementos ou componentes que coletam (entrada), processam e disseminam (saída) dados e informações e que possuem também um mecanismo para a avaliação e melhoria no tratamento de suas ações e atividades de processamento das informações.

A Figura 6.8 apresenta algumas das funcionalidades que podem ser realizadas por um Sistema de Informação no apoio aos Processos de Negócios e Gestão das Informações, como: coleta, armazenamento, organização, manipulação, classificação de dados, envio de informações para consulta (publicação) etc.

Figura 6.8 • Funcionalidades dos Sistemas de Informação

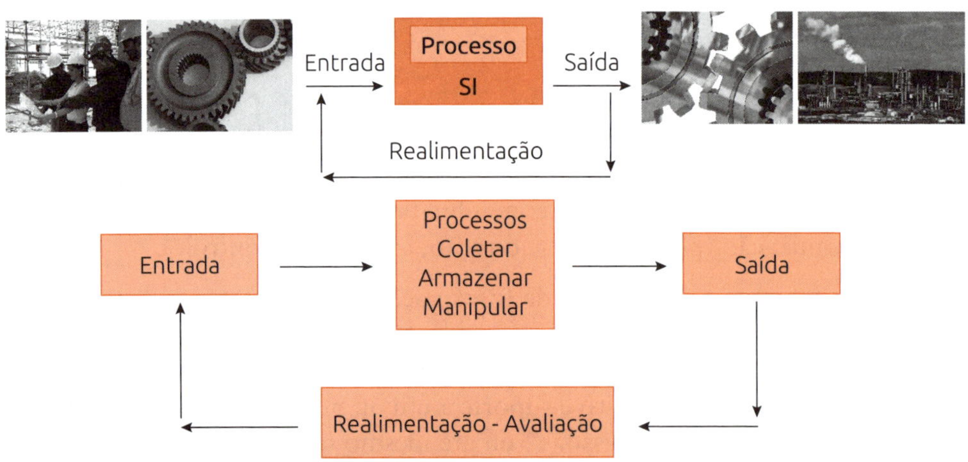

Níveis de atuação dos Sistemas de Informação

Para melhor compreender o papel dos Sistemas de Informação nas empresas, é interessante classificar suas especializações, de acordo com suas características de atuação e suporte dentro das estruturas e níveis hierárquicos das organizações, ou seja, classificá-los como sistemas de informação para *suporte operacional, gerencial* ou *estratégico*.

- Os Sistemas de Informação que suportam os níveis operacionais estão associados às transações e operações cotidianas da organização, conhecidas como atividades de processamento transacionais, focadas nas atividades primárias da cadeia de valor, como cadastro de pedidos de vendas, emissão de notas fiscais, entrada de material de estoque, solicitação de compra de produtos etc. Estes sistemas também são conhecidos como Sistemas de Processamento Transacionais (SPT).
- Os Sistemas de Informação que suportam os níveis gerenciais atuam na consolidação, monitoramento e controle dos dados e informações provenientes das atividades realizadas no nível operacional, ou seja, a entrada deste Sistema poderá ser alimentada pela saída ou resultados dos Sistemas de Informação dos níveis operacionais. Existem dois tipos de Sistemas de Informação que atuam neste nível:
    - os Sistemas de Informações Gerenciais (SIG), cujo foco é o de apresentar consolidação de relatórios ou resumos das informações provenientes da operação e das atividades; e
    - os Sistemas de Apoio à Decisão (SAD) diferem do SIG por possuírem, em sua estrutura, ferramentas analíticas para a simulação de cenários (ordenação, filtragem, agrupamentos etc.) para as informações provenientes da operação e atividades primárias, permitindo visualizações gerenciais mais apuradas e direcionadas para a tomada de decisão sobre o controle da operação.
- Os Sistemas de Informação Estratégicos, ou Sistemas de Apoio aos Executivos, consolidam os resultados provenientes dos SIG ou SAD, e apresentam, em suas saídas, relatórios ou resumo das informações que deverão atender aos requisitos de disponibilização de informações e indicadores, conforme as necessidades apontadas pelos Planejamentos Estratégicos, Plano de Negócio etc., com foco na apresentação de informações consolidadas de maneira simples e em uma visão analítica de resultados para que a direção, ou o grupo executivo, possa conduzir corretamente as ações de posicionamentos estratégicos da organização.

Especializações e funcionalidades dos Sistemas de Informação

As organizações buscam soluções de Tecnologia da Informação normalmente motivadas pela necessidade da resolução de problemas (motivação reativa) ou pela busca de um diferencial ou vantagem competitiva em seus processos, produtos e serviços (motivação proativa).

A implementação destas soluções poderá ser efetuada por meio de ações pontuais direcionadas para determinadas áreas e processos da organização (sistemas internos, sistemas especializados, sistemas de controles de estoque, sistemas contábeis, sistemas de RH etc.) ou por meio de ações institucionais planejadas, que poderão abranger mais de uma ou todas as área e diversas estruturas de processos da organização, interligando e integrando toda a sua cadeia de valor e suprimento.

Neste caso, em que o foco é a integração total, a ideia é utilizar os Sistemas de Informação para a realização de suporte e apoio em suas atividades, contemplando praticamente todos os processos que permeiam o relacionamento (entradas e saídas) entre a organização e seus parceiros, clientes, funcionários, colaboradores, contratados, prestadores de serviços e outras organizações.

Algumas especializações destes relacionamentos evoluíram dentro dos Sistemas de Informações, originando soluções específicas, que acabaram por denominar alguns tipos de Sistemas de Informação com estruturas aplicadas e especializadas em suas funcionalidades.

Vejamos uma breve descrição de algumas delas:

CRM – *Customer Relationship Management*

Sistemas de Informação especializados para a Gestão do Relacionamento com o Cliente (CRM — *Customer Relationship Management*), cujo objetivo é o de auxiliar na gestão das atividades relacionadas com vendas, marketing e serviços de pós-venda. Os sistemas CRM também dão apoio aos processos diários (entradas) de solicitação de informação, reclamação, sugestão, dúvidas etc.

O CRM também poderá ser utilizado como excelente ferramenta de entrada e coleta de informações que possibilitarão aferir e estudar as falhas e respectivas causas em processos internos que, por ventura, possam estar gerando as possíveis insatisfações dos clientes, fornecendo subsídios para que a organização construa seu plano de ações e de estratégias de implementação das medidas corretivas. Neste ponto, podemos afirmar que o CRM é um Sistema Estratégico.

Além das informações coletadas nas interfaces de entrada, implementadas para o funcionamento do Sistema CRM, este também utiliza as demais informações operacionais da organização relacionadas a seus produtos e serviços, para que seja possível a construção de um cenário completo de informações e indicadores sobre a condução do processo de venda e pós-venda, ações de marketing ativo/receptivo e suporte aos clientes.

As possíveis interfaces e aplicabilidades identificadas que podem ser implementadas para uma solução baseada em um Sistema de CRM são:

- Interfaces de entrada e saída — Central de Relacionamento (Call Center), SAC, Fale Conosco via interface web, E-mails, Central de Atendimento via telefone (0800 e outras), Postos de Atendimento etc.;
- Aplicabilidades — canal de comunicação e suporte a clientes para consulta, compra de produtos e serviços; organização da base de conhecimento para a gestão e administração de clientes; histórico e informação sobre vendas de produtos e serviços; segmentação de perfis e análise de histórico de clientes; consolidação e ferramentas para pesquisa e análise, com relatórios de interação (filtros) nos itens de cadastros, clientes, produtos, serviços, satisfação, reclamações, solicitações, datas, períodos etc.; informações consolidadas sobre atendimento pós-venda; ferramentas de administração de campanha de marketing e base para a fidelização de clientes.

Os Sistemas de CRM possuem um alto grau de interatividade e dependência do suporte junto às soluções de interface humana disponibilizadas pela infraestrutura de TI, como centrais telefônicas, *links* de comunicação de dados e voz, estações de trabalho, websites com aplicações de integração canal-cliente ou de comércio eletrônico, além da necessidade técnica da utilização de uma estrutura de banco de dados bem dimensionado e da integração com as ferramentas de apoio às decisões gerenciais e estratégicas.

Os Sistemas de CRM ainda podem ser classificados como:

- CRM operacionais — atuam em processos de relacionamento automatizados, como aplicações para vendas e atendimento em campo, vendas por meio de websites, SAC e call centers;
- CRM colaborativos — atuam em processos de interação com o cliente por meio de voz, conferências via website, e-mail, interação direta com clientes em quiosques, lojas físicas, lojas virtuais;
- CRM analíticos — possuem ferramentas e funcionalidades para a captação e análise dos negócios da organização, utilizando as informações oriundas de outros sistemas de informação e permitindo, assim, a criação de relatórios e indicadores gerenciais e estratégicos de desempenho.

SCM — *Supply Chain Management*

Sistemas de Informação especializados para a Gestão da Cadeia de Suprimento e Planejamento da Capacidade Produtiva (SCM — Supply Chain Management) que atuam no auxílio da previsão e gerenciamento de demanda e da alocação da capacidade produtiva da organização.

O SCM possui, em sua estrutura funcional, um conjunto de ferramentas e técnicas que possibilitam integrar e consolidar as informações de sua produção, ou processo produtivo, com as de seus vários parceiros de negócio em uma aplicação de controle, gerenciamento e planejamento de rotinas e operações para a Gestão de Capacidade, Previsão e Demanda e para Distribuição de Recursos e Produtos.

Por meio destas ferramentas, a organização consegue melhor eficácia em seu planejamento de capacidade produtiva, controle de produção e gestão de sua previsão de demanda, permitindo um controle maior sobre as atividades de suprimento/produção e distribuição em função da integração e melhor coordenação dos diversos elementos da cadeia de fornecimento (distribuidores, fabricantes, fornecedores etc.).

Sistemas ERP — *Enterprise Resource Planning*

O principal conceito relacionado aos Sistemas ERP é o da integração e suporte da maioria de toda a estrutura de processos operacionais da organização associado à disponibilização de informação estruturada para os demais sistemas que irão atuar no foco gerencial e estratégico. Os Sistemas ERP são, na verdade, considerados um conjunto de Sistemas Integrados, observando-se que alguns modelos contemplam todos os demais (CRM, SCM etc.) em uma única solução, denominando-os como módulos funcionais do Sistema ERP, pois, na verdade, a especialização e a evolução destes módulos e suas respectivas funcionalidades caracterizou a nomenclatura comercial e a possibilidade da implementação segmentada dos mesmos.

Ao tomar a decisão pela utilização de sistemas ERP, as empresas esperam obter diversos benefícios. Entre eles, estão a integração entre as diversas atividades da cadeia de valor, o incremento das possibilidades de controle sobre os processos da empresa, a atualização tecnológica, a redução de custos de informática e o acesso a informações de qualidade em tempo real, para a tomada de decisões sobre toda a cadeia produtiva. Por outro lado, também há problemas a considerar, como dependência do fornecedor, tempo de aprendizagem, resistência a mudanças, custos e prazos de implementação, entre outros.

BI — *Business Intelligence*

O termo *Business Intelligence* (BI) está associado a uma ferramenta que é desenvolvida de forma customizada para cada caso ou organização, por meio do estudo das necessidades dos requisitos das informações estratégicas e dos processos da organização, e cujo objetivo principal é a utilização de aplicações e tecnologias para coletar, fornecer acesso e analisar dados e informações sobre as operações das empresas ou de seu ambiente operacional, como métricas ou resultados de vendas, quantidade em estoque, números da produção, operações internas etc., de modo a permitir que estas consolidem um conhecimento mais abrangente sobre todos os fatores que afetam ou poderão afetar seus negócios e sua cadeia de valor, contribuindo de forma eficaz para as ações que envolvam tomadas de decisões.

O ambiente de BI é planejado e construído utilizando-se os componentes dos outros Sistemas de Informação como o CRM, o SCM e o ERP. Atualmente, todos estes Sistemas Especializados — ou módulos especializados — podem ser encontrados em um único fornecedor, fabricante ou solução, em que o BI torna-se um módulo voltado para o ambiente estratégico da organização. Por meio da solução de BI, as organizações poderão buscar a análise dos seguintes fatores:

- resultados de vendas, canais e programas de marketing;
- rentabilidade de clientes e produtos;
- tendências do mercado;
- integração de bases de dados de clientes;
- comportamento dos clientes e padrões de consumo;
- preferências de produtos;
- identificação de novos clientes;
- análise de padrões de comportamento.

O BI também é amplamente utilizado para auxiliar as organizações no fornecimento e análise de indicadores financeiros por meio de cenários de simulações apoiados por históricos e previsões futuras.

Desafios da Tecnologia da Informação nas organizações

Neste tópico, serão apresentados alguns dos principais desafios que poderão ser encontrados pelas organizações quando utilizam a Tecnologia da Informação em suas estruturas internas e processos de negócios.

Integração com os Processos de Negócio

Um dos desafios mais importantes para as organizações é a construção de uma estrutura de Tecnologia da Informação que possa realmente integrar os processos de negócios e permitir a implementação de um sistema ou de sistemas de gestão empresarial e demais infraestruturas tecnológicas que possibilitem:

- o suporte à tomada de decisões;
- valor agregado aos produtos, bens ou serviços;
- vantagens competitivas;
- produtos de melhor qualidade (atendimento etc.);
- novas oportunidades de negócio;
- aumento da rentabilidade (lucratividade ou redução custos);
- segurança nas informações;
- redução da carga de trabalho (automação ou transferência);
- controle da operação (informação on-line, base de dados).

Ou seja, integração total com o negócio da organização.

Figura 6.9 • Desafios da TI nas organizações

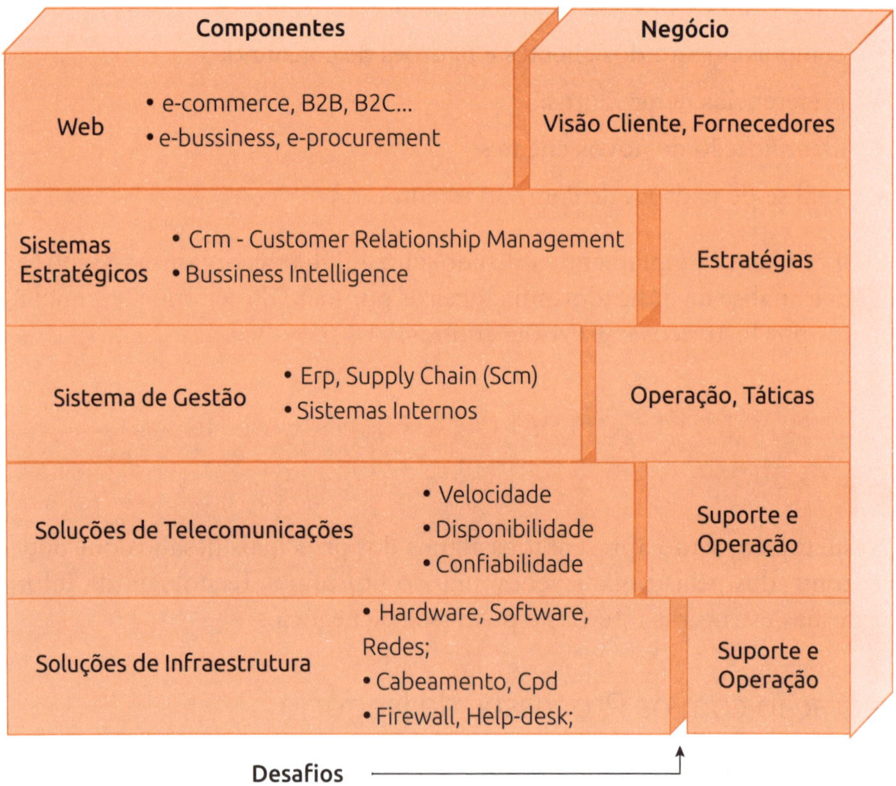

Escolha das soluções de TI

A TI e os Sistemas de Informações poderão fazer parte das respostas e soluções para os problemas das organizações, mas também podem se tornar parte do problema se forem utilizados e implementados indevida e inadequadamente quando:

- a solução de TI não diminui a produtividade após sua implementação;
- não é de fácil uso e manutenção;
- possui controles e requisitos inadequados de Segurança da Informação;
- não permite a integração com o ambiente de TI anteriormente existente;
- não viabiliza todas as suas funcionalidades conforme especificado;
- não se integra com a cadeia produtiva — clientes, fornecedores, outras empresas etc.;
- não possui pessoal técnico disponível e capacitado para efetuar as implementações;
- os usuários não são capacitados (falta de treinamento).

Gestão da TI pelas equipes responsáveis nas organizações

A Tecnologia da Informação e seus sistemas precisam ser implementados e devem possuir uma gestão adequada para que funcionem de acordo com as expectativas da organização.

Possuir uma equipe técnica que demonstre conhecimento e competência para efetuar uma correta gestão da infraestrutura da TI é um dos desafios que faz que as organizações repensem sua operação, visão estratégica, atividades internas, investimentos, estrutura organizacional, cultura e base de conhecimento quando:

- a equipe de TI não demonstrar ter o conhecimento dos processos de negócios da organização;
- a equipe de TI não participar dos resultados dos negócios da organização;
- não atuar com qualidade em seus serviços prestados;
- não for reconhecida como parte dos lucros (metas e indicadores);
- não identificar ou fornecer soluções que possuam real aplicabilidade para a organização;
- conviver com a grande rotatividade do pessoal (perda de conhecimento);
- dimensionamento e implementação das soluções de TI.

Os Sistemas de Informação e a TI devem ser construídos e dimensionados por meio de estudos e modelos baseados nos processos de negócio e na cadeia produtiva, em que são considerados todos os fluxos das informações (ciclo da informação), tecnologias envolvidas no processamento, na comunicação e no armazenamento, para as aplicações específicas, para os usuários, clientes etc.

Os Processos de Negócio são formados por diversas atividades que atuam dentro da organização. Estas atividades normalmente são suportadas por Aplicações (Sistemas de Informação ou infraestruturas de TI) que possuem funcionalidades específicas desenhadas para cada uma destas atividades. Estas Aplicações, por sua vez, são modeladas ou construídas a partir da *Estrutura de Dados e Informações* necessária para as operações diárias da empresa.

Exemplo: O Processo de Negócio de Venda possui algumas atividades como: geração de propostas, emissão de fatura, gerenciamento do estoque etc. A atividade *geração de proposta* pode estar sendo suportada por uma Aplicação ou Solução de TI (software + hardware) específica para o controle de preços e cadastro de clientes. Esta aplicação possui uma Estrutura de Dados (dados do cliente, preços, custos, impostos etc.) que é necessária para a operação da organização neste e nos demais processos de negócio.

Figura 6.10 • Estrutura de Dados no apoio as atividades dos processos de negócios

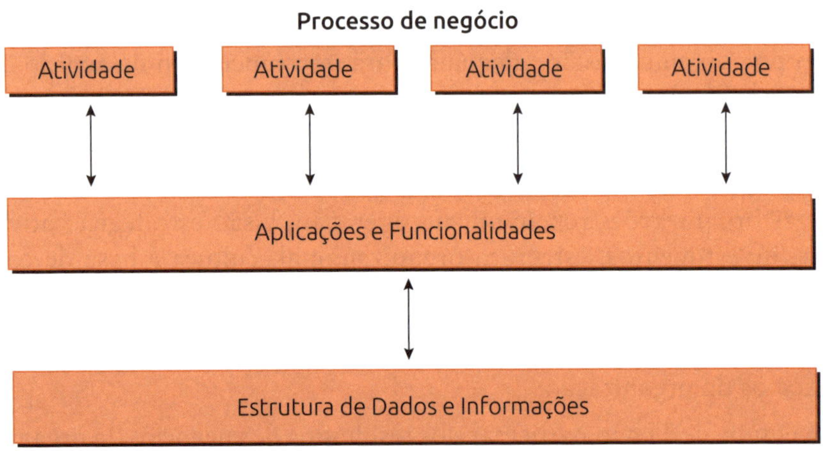

Observamos, então, que toda Estrutura de Dados e Informações que irá ser utilizada nos processos de negócios torna-se um componente fundamental para o correto dimensionamento de todos os elementos que irão compor a Solução de Tecnologia da Informação e seus Sistemas de Informação e suportar suas atividades e processos de negócio.

Ou seja, com as informações obtidas por meio do levantamento da Estrutura de Dados e Informações, será possível identificar, planejar, dimensionar quais modelos seriam mais aplicáveis e funcionais para, por exemplo, dimensionar os Sistemas de Informação, banco de dados, aplicações internas e de gestão empresarial, softwares e ferramentas para a operação, infraestruturas tecnológicas, equipamentos e ativos de rede, computadores, servidores de arquivos, dimensionamento dos *links* de comunicação, *desktops* etc.

Durante o trabalho de dimensionamento e o planejamento dos Sistemas de Informações, alguns fatores importantes devem ser considerados.

- Aplicações e Funcionalidades:

  Determinam como devem ser definidas e estruturadas as soluções de TI de forma a atender corretamente as atividades da empresa, ou seja, como as aplicações devem ser modeladas e implementadas nas áreas de acordo com suas utilizações, objetivando a eficácia, a eficiência e o atendimento aos requisitos do negócio.

- Entradas e Saídas:

  As Entradas e Saídas dos Sistemas de Informação devem ser consideradas, assim como os demais itens de Tecnologia da Informação, pois são importantes para definir a gestão de capacidade, dimensionamento das soluções, estudo de integração e inter-relacionamento entre as áreas e aos possíveis sistemas existentes e futuros da organização, e para o desenvolvimento de soluções e ferramentas de gestão, definição e forma para o acesso à interfaces com os usuários, clientes internos e externos, modelagem da estrutura do banco de dados etc.

- Estratégias e reais necessidades:

  Quaisquer que sejam as soluções de Tecnologia da Informação adotadas pela organização, elas deverão estar alinhadas com o Planejamento Estratégico e, consequentemente, com as reais necessidades da empresa. Tais soluções devem ser dimensionadas e adquiridas adequadamente para serem utilizadas conforme as necessidades das atividades e processos de negócio e também respeitando os custos e investimentos definidos pelas organizações.

- Tolerância a falhas (Suporte aos Processos Críticos):

  As organizações devem conhecer e mapear todos os seus processos, e identificar os mais críticos, ou seja, aqueles que são imprescindíveis ao funcionamento e continuidade de seus negócios. Negócios estes que podem ocasionar grandes impactos para a organização quando são paralisados ou atingidos por algum tipo de problema, por exemplo, para uma empresa que trabalha na área de comércio, seu processo principal é o de "Vendas", que engloba a estrutura de atendimento, faturamento e entrega. Se algum(ns) destes itens falhar(em) ou apresentar(em) algum tipo de problema, todo o processo será comprometido e a empresa poderá perder mercado ou ficar inoperante por algum tempo, ocasionando impactos financeiros, legais, operacionais, de imagem etc.

Sendo assim, todos os Sistemas de Informações e de Tecnologia da Informação, que serão modelados e implementados para suportar os processos mais críticos das empresas, deverão ser estruturados e dimensionados com níveis de tolerância a falhas e permitir seu funcionamento em cenários de contingência, ou não impactar nestes processos quando estiverem inoperantes, possibilitando que as empresas adotem outras medidas (planos de contingência) enquanto estes são recolocados em sua forma de operação normal.

A Figura abaixo exemplifica o relacionamento da Estrutura de Dados com fatores que irão definir a solução de Tecnologia da Informação para o apoio aos processos de negócios.

Figura 6.11 • Relacionamento da Estrutura de Dados com as soluções de TI

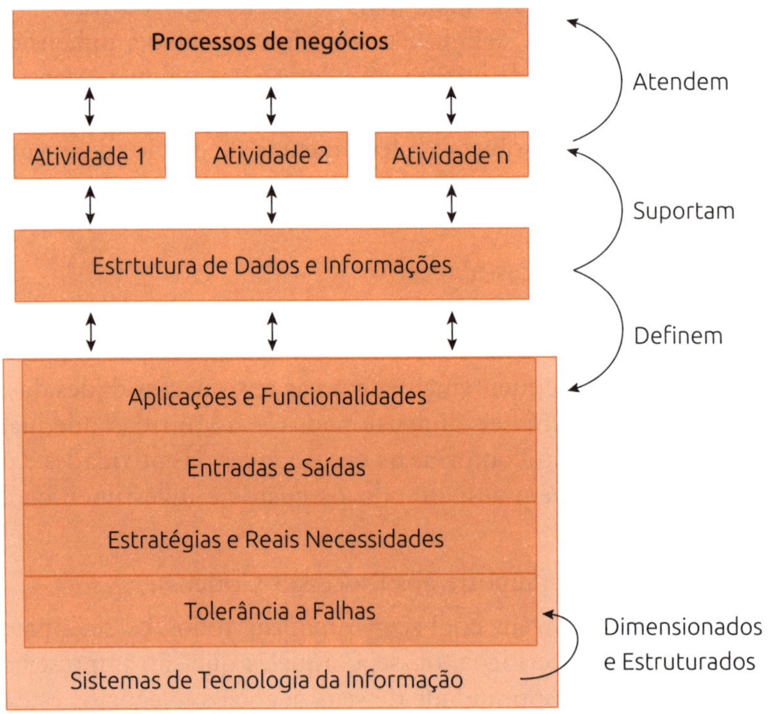

Requisitos funcionais para os Sistemas de Informação

Os Requisitos Funcionais podem ser definidos como funções ou atividades que são executadas pelos Sistemas de Informações após serem implementados. Estas funções devem atender às necessidades e expectativas para as quais foram designadas no suporte aos processos da organização.

Há que se ressaltar que os Requisitos Funcionais não só devem atender às expectativas operacionais da organização como também as necessidades demonstradas com base no relato dos usuários ou de uma equipe de projeto que está especificando ou desenvolvendo as funções, interface, restrições etc. de um Sistema de Informações conforme as fases e subfases de uma metodologia de desenvolvimento de sistemas ou software.

Os Requisitos Funcionais de um sistema ou um software também devem ser contemplados para resolver um problema ou alcançar um objetivo que geralmente é uma necessidade do cliente e/ou usuário(s).

Considerações finais

Saber utilizar a Tecnologia da Informação no suporte às atividades e processos de negócio não é uma tarefa simples para as organizações. As inúmeras alternativas disponíveis para a implementação de soluções e ferramentas de TI geram dúvidas quanto a quais destas devem ser escolhidas e aplicadas para garantir o melhor resultado, conforme as expectativas e objetivos desejados.

Antes de buscar a TI, as organizações devem mapear seus processos internos, entender quais são seus objetivos estratégicos e identificar o fluxo de tratamento de suas informações críticas, ou seja, conhecer e implementar uma estrutura funcional de gestão de processos e informações deve ser considerado como uma premissa inicial dentro das organizações para que estas consigam buscar de forma adequada as soluções de TI que efetivamente poderão auxiliá-las em suas operações de forma eficiente e eficaz.

As complexidades e dificuldades que poderão ser encontradas durante as implementações das soluções são também grandes desafios a serem superados, tanto pelos colaboradores e responsáveis pelas equipes de TI, como pelos executivos e gestores das organizações. Estas equipes devem buscar conhecer mais detalhadamente os processos da organização, pois todas as soluções de TI deverão ser fundamentadas no atendimento a estes processos e seus pontos críticos. Os executivos e gestores devem, por sua vez, colaborar para que as informações referentes aos processos estejam disponíveis para as equipes que irão estudar, definir e implementar as soluções de TI.

Algumas organizações ainda possuem dificuldades em reconhecer a TI como um fator de vantagem competitiva ou como um investimento necessário para a melhoria de alguns de seus processos de negócios. O alinhamento da TI com o Planejamento Estratégico da organização é fundamental para garantir o sucesso de sua implementação. As soluções de TI adotadas devem, quando possível, estar vinculadas aos indicadores de negócios, para que seja possível avaliar suas contribuições com a maximização dos resultados e o retorno sobre o investimento empreendido.

Os Sistemas de Informações, com suas especializações, são ferramentas poderosas para a integração dos processos e atividades da organização e para a consolidação e tratamento das informações estratégicas e de operação. Contudo, eles também poderão atuar como grandes inimigos da otimização e produtividade das tarefas diárias da organização e gerar dados e informações não aplicáveis ou funcionais. As organizações devem entender que os Sistemas de Informações concretizam os modelos e requisitos funcionais de sua operação e de seus usuários, sendo estes a representação da automatização de seus processos efetuados por componentes de TI que devem estar bem estruturados e dimensionados.

Vimos, por fim, que diversos desafios precisam ser identificados como fatores de risco e tratados de forma direta e de acordo com as melhores práticas de gestão, para que a TI não se transforme em mais um problema para as organizações.

A Tecnologia da Informação, assim como processos, conhecimento, modelos, produtos e serviços, deve evoluir de forma integrada, seguindo o dinamismo do mercado e sempre suportada por uma gestão eficiente que garanta o tratamento adequado das informações das organizações.

Questões para reflexão e aprendizagem

1. O que a Tecnologia da Informação representa hoje para as empresas e organizações?
2. Como as soluções e ferramentas de TI podem atuar no apoio e gestão dos processos de negócios de uma organização?
3. De que forma a TI poderá ser percebida pelas organizações como um fator de vantagem competitiva?
4. Que tipo de informações poderá ser obtido por meio de um Planejamento Estratégico para ser utilizado na orientação da escolha e implementação de uma solução de TI e de Sistemas de Informações?

5. Por que a "Estrutura de Dados e Informações", que será utilizada nos processos de negócios de uma organização, torna-se um componente fundamental para a construção das soluções de TI?
6. Que tipo de desafios poderá ser encontrado pelas organizações durante um processo de implementação de uma infraestrutura de Tecnologia da Informação e o planejamento de seus Sistemas de Informação?

Referências

BARBIERI, C. *BI — Business Intelligence*: modelagem & tecnologia. Rio de Janeiro: Axcel Books, 2001.

BROWN, S.A. *CRM — Customer Relationship Management*: uma ferramenta para o mundo E-business. São Paulo: Makron Books, 2001.

BOGHI, C.; SHITSUKA, R. *Sistemas de Informação:* Um Enfoque Dinâmico. São Paulo: Editora Érica, 2002.

LAUDON, K. C.; LAUDON, J. P. *Management Information Systems.* 7. ed. Upper Saddle River: Prentice Hall, 2001.

PORTER, M. E. *Vantagem Competitiva:* criando e sustentando um desempenho superior. Trad. Elizabeth Maria de Pinto Braga. Rio de Janeiro: Editora Campus, 1989.

PORTER, M. E.; MILLAR, V. E. How information gives you competitive advantage. *Harvard Business Review*, v. 63, n. 4., p.149-160, jul./ago 1985.

REZENDE, D. A. *Planejamento de Sistemas de Informação e Informática.* São Paulo: Editora Atlas, 2003.

Capítulo 7

Inteligência para uma Competitividade Sustentável

Daniel Roedel*

Resumo

Com o acirramento da competição na globalização de mercados de orientação neoliberal, a obtenção de vantagens competitivas tem sido o foco predominante da gestão empresarial. Empresas definem suas estratégias utilizando-se da informação e da Inteligência Competitiva, entendida como ferramenta fundamental de prospecção dos mercados e da tendência geral dos negócios. No entanto, a busca pelo sucesso eminentemente econômico está comprometendo a qualidade de vida no planeta, inclusive para as gerações futuras. Buscar a obtenção de vantagens competitivas sem desconsiderar os aspectos sociais e ambientais da atividade empresarial é fator crítico de sucesso para os próximos anos.

Introdução

A denominada globalização dos mercados tem produzido profundas alterações econômicas, sociais, culturais e políticas nos países, nas organizações empresariais e na sociedade. Dada como inexorável, seu receituário de implementação de mudanças alcançou a todos de um modo geral, produzindo uma aceleração na criação de empresas transnacionais e no acirramento da concorrência, inclusive entre países.

Embora essa globalização não seja inédita, nos movimentos atuais de mercados globais de orientação neoliberal, destacam-se uma acelerada internacionalização

* **Daniel Roedel**, Administrador formado pela Universidade Federal do Rio de Janeiro em 1982. Doutorando em Políticas Públicas e Formação Humana pela Universidade do Estado do Rio de Janeiro, MSc em Bens Culturais e Projetos Sociais pela FGV-RJ em 2009, DEA em Inteligência Competitiva pela Université Aix-Marseille em 2000 e pós-graduado em Gerência de Recursos Humanos pela Universidade Estácio de Sá em 1984. Ex-diretor de Educação e Tecnologia do SENAI-CETIQT e ex-coordenador nacional de Administração Estratégica do SENAI. Possui experiência em Gestão Estratégica e de Recursos Humanos em empresas nacionais. É professor no Ensino Superior, sócio da Plurimus Consultoria em Educação e Projetos Sociais Ltda., editor da Plurimus Cultura e Desenvolvimento em Revista e membro da Comissão de Desenvolvimento Sustentável do Conselho Regional de Administração do Rio de Janeiro.

do capital em intensidade e generalidade sem precedentes e o aumento da interdependência entre as nações, fato altamente dinamizado desde o fim da Guerra Fria em 1989 (IANNI, 1999).

Apoiada pela rápida disseminação das tecnologias de informação e comunicação, a globalização, atualmente, alcança praticamente todos os países e submete governos e empresas a permanentes adaptações, sob pena de perderem competitividade e verem seus mercados migrarem para concorrentes oriundos de diversas partes do mundo.

No Brasil, a abertura comercial e a venda de empresas estatais nos anos 1990 foram outros fatores que alteraram a gestão dos negócios. Pressionadas por maior competitividade, as empresas buscaram iniciar ou intensificar processos de mudanças, desde os mais incrementais, do tipo dos programas de qualidade total, até alguns mais radicais, como a reengenharia. A racionalização de processos, a redução de custos e a introdução de novas tecnologias predominaram na busca por uma maior eficiência e competitividade.

Nesse contexto, o planejamento estratégico foi resgatado como instrumento de gestão. Conhecer variáveis do ambiente externo que poderão impactar a atuação da empresa, identificar fontes de vantagem competitiva sustentável (ou economicamente sustentada) em uma perspectiva de longo prazo e possuir um direcionamento estratégico têm sido ações entendidas como essenciais na gestão empresarial.

Por se caracterizar pelo monitoramento permanente do ambiente externo e das tendências dos negócios, visando subsidiar a tomada de decisão, a Inteligência Competitiva (IC) amplia sua inserção nas empresas e se aproxima da construção da estratégia empresarial, pela possibilidade que seus princípios e ferramentas possuem para identificar potenciais ganhos econômicos imediatos e futuros.

No entanto, o modo de produção para o consumo nos mercados globais e a concorrência fortemente estabelecida, embora tenha proporcionado ganhos específicos a algumas empresas e países, está provocando o agravamento dos problemas ambientais e sociais e a eclosão de crises periódicas. O aumento da pressão da sociedade, que frequentemente se posiciona de forma contrária à busca da sustentabilidade sob a perspectiva eminentemente econômica e as crises daí decorrentes, tem obrigado governos a se reposicionarem com relação aos preceitos e práticas adotados por essa orientação neoliberal.

Atualmente, diversas instâncias de governo, iniciativa privada e da sociedade civil organizada promovem discussões acerca da possibilidade de se manter a produção para o mercado, sem comprometer a qualidade de vida e o planeta, inclusive para as gerações futuras.

Construir estratégias de negócio que viabilizem os resultados econômicos sem, contudo, desconsiderar esses impactos negativos do processo produtivo pode fazer a diferença para o sucesso empresarial. E a Inteligência Competitiva tem como contribuir para isso, identificando tendências e demandas sociais e ambientais que balizem essas estratégias, desde que assuma uma competitividade sustentável, ou seja, dentro de uma perspectiva econômica, social e ambiental mais ampla, considerando aspectos além do fator estritamente econômico.

Estratégia e competitividade — algumas considerações

Um breve levantamento acerca da estratégia estudada e praticada no final do século 20 e ainda adotada atualmente é útil para um entendimento da relevância que o tema possui para a competitividade. Ansoff (1993) entende estratégia como um conjunto de regras de tomada de decisão que orientam o comportamento de uma organização, sendo que seu processo de formulação deve estipular as direções gerais nas quais a posição da empresa crescerá e se desenvolverá. Em sua abordagem, Ansoff destaca que a criação de novas estratégias torna-se necessária quando novas exigências impostas pela sociedade mudam drasticamente os objetivos de uma organização.

Michael Porter (1986) destaca a importância de se formular estratégias competitivas, ou seja, ações ofensivas ou defensivas adotadas pelas empresas, visando criar uma posição que enfrente, com sucesso, as forças competitivas.

Shona L. Brown e Kathleen M. Eisenhardt (1998) destacam que estratégia significa decidir para onde os negócios de uma empresa devem ir e como fazer para chegar lá. Essa abordagem entende que, tradicionalmente, a definição de estratégias concentrou-se em identificar para onde as empresas deveriam ir. Pouca ênfase foi dada a como fazer para implementar as estratégias. Porém, com a instabilidade das mudanças no ambiente das organizações, a questão central para a definição de estratégias é gerenciar mudanças permanentemente de modo a tornar a organização dinâmica e flexível e adotar estratégias que lhe permitam antecipar ações que aproveitem as oportunidades identificadas, reagir diante de ameaças já visíveis e até mesmo conduzir o comportamento do mercado.

Definido o significado e a importância das estratégias para o ambiente de negócios, cabe abordar como as estratégias são formuladas. Geralmente, são adotados processos estruturados de planejamento, nos quais são estudadas, debatidas e analisadas as perspectivas da empresa e identificadas tendências, oportunidades e ameaças. Tais processos, conduzidos por especialistas, podem ser mais ou menos participativos, conforme as características da cultura organizacional.

Ansoff (1993) destaca inicialmente o planejamento e, posteriormente, a administração estratégica como processos estruturados para a formulação de estratégias, sendo que o planejamento parte de uma análise das perspectivas da empresa de modo a identificar aspectos que possam alterar as tendências históricas, bem como novas áreas de negócio compatíveis com as capacidades da empresa. Por sua vez, a administração estratégica preocupa-se em ir além, acrescentando novos ingredientes ao planejamento estratégico e incorporando as potencialidades determinadas por cinco componentes (ANSOFF, 1993):

- qualificações e mentalidade dos principais administradores;
- clima social (cultura) da empresa;
- estrutura interna de poder;
- sistemas e estrutura gerencial; e
- capacidade da administração geral para o trabalho de gestão.

Para Michael Porter (1999), na busca por maior competitividade, muitas organizações incorporaram diversas ferramentas e técnicas gerenciais que aumentaram de forma considerável a eficácia operacional, sem, no entanto, garantir uma rentabilidade sustentada — foco da estratégia. É o caso dos programas de Qualidade Total e de Reengenharia adotados nos anos 1980 e 1990.

O modelo de análise de forças competitivas proposto por Porter busca servir de base para a definição de diversas estratégias competitivas. Nesse caso, a ênfase da construção da estratégia *é ser diferente com relação aos concorrentes*. Para tanto, devem ser feitas *opções excludentes*. Segundo Porter, tentar "ser tudo para todos" é uma receita para a mediocridade estratégica e para um desempenho abaixo da média.

A operacionalização, o acompanhamento e o controle eficazes do Planejamento Estratégico visam possibilitar que a empresa alcance seus objetivos e otimize seus resultados futuros. Essas etapas vêm merecendo especial atenção nos últimos anos, para garantir a coerência entre planejamento e ação, uma vez que o cotidiano tende a predominar em detrimento de iniciativas inovadoras prospectadas no processo de planejamento. Além disso, é na operacionalização das estratégias que a cultura organizacional costuma se manifestar de modo mais decisivo, buscando manter o controle organizacional. A crença é de que o processo de mudanças embutido nas estratégias é considerado fundamentalmente político, o que significa que novas estratégias implementadas fatalmente acarretarão alterações nas relações de poder vigentes. Daí uma forte resistência às mudanças, de modo proclamado ou subterrâneo.

Visando instrumentos que possibilitem às empresas a garantia da excelência empresarial na prática, Kaplan & Norton (1997) desenvolveram o *Balanced Scorecard* (BSC), sistema gerencial derivado da visão e da estratégia da empresa, adotado para medir seu desempenho, traduzindo a estratégia em termos operacionais.

Os objetivos e medidas do BSC focalizam as perspectivas do cliente (financeira), dos processos internos e de aprendizado e crescimento. Entendido como um sistema inovador por incorporar indicadores de desempenho além da perspectiva financeira, o BSC se apresenta como um sistema orientado para a administração estratégica no longo prazo. Sua implementação busca, mais do que ser um sistema de controle, ser um sistema de comunicação, informação e aprendizado, monitorando a incorporação das estratégias nas ações cotidianas e, desse modo, preenchendo uma das lacunas da formulação estratégica: sua operacionalização. Por sua amplitude, o BSC ainda é um instrumento largamente utilizado na estratégia das empresas.

A evolução ou a ruptura com as abordagens tradicionais de planejamento e de administração estratégica buscou aumentar a sintonia das ações das empresas com a aceleração das transformações no ambiente externo.

Teece, Pisano e Schuen (1997)[1] associam a flexibilidade, a inovação e a resposta rápida, aliadas a uma gestão eficaz na coordenação e desenvolvimento das competências internas e externas, como vantagens competitivas no mercado global. Os autores denominam essa condição de "capacidades dinâmicas", nas quais se renovam competências em sintonia com a evolução do ambiente externo, com foco na inovação e na gestão estratégica.

Em sua crítica aos processos formais e deliberados de formulação de estratégias, Henry Mintzberg (2004) ressalta que as opções estratégicas das empresas surgem de ações intencionais juntamente a ações não planejadas, decorrentes da interação com o ambiente externo. A ênfase para a criação de estratégias é um processo permanente de aprendizagem organizacional, no qual convivem erros e acertos.

Gary Hamel e C. K. Prahalad (1995) apontam a regeneração de estratégias como aspecto prioritário para o aumento da competitividade. Para tanto, deve-se ir além do aumento da eficiência e da reestruturação, desenvolvendo a capacidade de ser diferente. No entanto, os livros sobre estratégias tradicionalmente têm o foco no estabelecimento de estratégias para a competição dentro dos mercados existentes claramente definidos. Porém, a competição pelo futuro significa a participação em novas oportunidades que se encontram além dos

---

[1] Conforme *Strategic Management Journal*, ano 7, v. 18, p. 509–533, 1997. Disponível em: <http://onlinelibrary.wiley.com/doi/10.1002/(SICI)1097-0266(199708)18:7%3C509::AID-SMJ882%3E3.0.CO;2-Z/pdf>. Acesso em: 14 jun. 2012.

mercados tradicionais já estruturados. O aproveitamento dessas oportunidades potenciais requer priorizar as competências essenciais[2] existentes e, também, enfocar as competências que precisam ser desenvolvidas, consideradas como fontes de vantagens competitivas. A premissa é de que a competição entre as empresas é, cada vez mais, uma corrida pelo domínio da competência que possibilita posição e poder nos mercados futuros.

Entre as abordagens de formação da estratégia que se destacaram a partir dos anos 1990, a *Administração Estratégica em Tempo Real* e a *Definição de Estratégias como um Processo de Aprendizado* merecem destaque por possuírem características bastante diferenciadas dos processos formais. Tais abordagens enfatizam o alto grau de participação coletiva e a ação cotidiana como instrumentos essenciais para a formação da estratégia.

Administração estratégica em tempo real

Essa abordagem parte da constatação de que a obtenção de vantagem competitiva tem se acirrado, juntamente com a concorrência estabelecida em nível mundial. Desse modo, a necessidade de rapidamente se identificar as tendências do mercado e formular estratégias eficazes faz que os processos tradicionais de planejamento e de administração estratégica tenham em seus ciclos, considerados muito longos e excessivamente formais, um obstáculo para a agilidade e o dinamismo necessários. Nesse sentido, formular estratégias em tempo real tem sido identificado como uma opção ágil e dinâmica para responder prontamente às mudanças nas demandas e no ambiente de negócios das empresas.

A administração estratégica em tempo real enfatiza a importância de se utilizar a ação como base para a formulação estratégica, relacionando diretamente o pensamento e a ação estratégica. Segundo Perry (1993), as diferenças fundamentais da administração estratégica em tempo real com relação aos processos formais de formulação de estratégia, considerados *top-down*, são:

- formulação participativa de estratégias a partir da formação de times autogerenciados em todos os níveis da organização, que assumem responsabilidades pelo processo;
- alta frequência e baixo impacto, ou seja, contínua criação de estratégias que proporcionem pequenas e rápidas vitórias; e
- estratégias em tempo real, em que a ação antecede o planejamento, uma vez que ela identifica informações que orientam o pensamento estratégico.

---

2 Conjunto de habilidades e tecnologias que possuem alto valor percebido pelos clientes. São diferenciadas com relação aos concorrentes e à capacidade de expansão para mercados futuros.

Embora questione os métodos tradicionais de planejamento estratégico, Perry admite a importância de um *direcionamento estratégico* que funcione como um guia básico para onde seguir na condução dos negócios, preservando espaço para a improvisação criativa na definição de como chegar e na formulação e implementação de novas estratégias, a partir da prática.

Dentro desse enfoque, também Mintzberg (2000) observa que o sucesso da formulação de estratégias está diretamente associado à eliminação da dicotomia entre pensamento e ação, formulação e implementação. Do mesmo modo que processos estruturados podem ser úteis à formulação de estratégias, as ações cotidianas, principalmente em períodos de grandes mudanças, possibilitam a realização de estratégias emergentes, não previstas nos processos formais. Assim, a eficácia da formulação de estratégias está mais associada a uma forte imersão crítica no cotidiano do que a um afastamento e abstração da realidade diária, opção comum nos planejadores tradicionais. É essa imersão que possibilita o desenvolvimento do pensamento estratégico.

Questionando a trajetória da administração estratégica, especialmente os processos prescritivos e estruturados de formulação de estratégia, Mintzberg (2000) apresenta diversos modos de formulação estratégica, aos quais denominou de "escolas de pensamento". Um dos destaques é a escola de aprendizado, que tem assumido grande relevância nos últimos anos, por enfatizar a importância do conhecimento como nova fonte de vantagem competitiva para as organizações.

Dentre as premissas da escola de aprendizado citadas por Mintzberg (2000), destacam-se:

- a natureza complexa e imprevisível do ambiente da organização, muitas vezes associada à difusão de bases de conhecimento necessárias à estratégia, impede o controle deliberado;
- a formação de estratégia precisa, acima de tudo, assumir a forma de um processo de aprendizado ao longo do tempo, no qual, no limite, formulação e implementação tornam-se indistinguíveis;
- embora o líder também deva aprender e, às vezes, poder ser o principal aprendiz, em geral, é o sistema coletivo que aprende — na maior parte das organizações, há muitos estrategistas em potencial;
- este aprendizado procede de forma emergente, por meio do comportamento que estimula o pensamento retrospectivo para que se possa compreender a ação. As iniciativas estratégicas são tomadas por quem quer que tenha capacidade e recursos para poder aprender;

- o papel da liderança passa a ser de não preconceber estratégias deliberadas, mas de gerenciar o processo de aprendizado estratégico, pelo qual novas estratégias podem emergir.

A despeito de um possível conflito entre os processos estruturados que definem e executam estratégias e os processos dinâmicos que permanentemente monitoram o ambiente externo e criam e recriam estratégias, ambos são campos de atuação da Inteligência Competitiva.

Estratégia e Inteligência Competitiva

A base da formulação ou da construção da estratégia é a informação. Identificar as necessidades de informação e as fontes adequadas faz a diferença no direcionamento estratégico. Para Davenport & Prusak (1998), a informação é entendida como dados que fazem diferença, a partir do momento em que são dotados de significado, organizados e comunicados. Nonaka e Takeuchi (1995) entendem que, por proporcionar a possibilidade de adquirir novos pontos de vista para a interpretação de eventos ou situações, a informação é também considerada um meio para se extrair e construir conhecimento.

Nas últimas décadas, a informação vem assumindo grande relevância, devido à condição que sua utilização possui de alavancar novas vantagens competitivas. Castells (1999) denomina de economia informacional a nova economia, cuja produtividade e competitividade dependem da capacidade de gerar, processar e aplicar a informação baseada em conhecimentos. Sua evidência deve-se ao impacto provocado pela tecnologia da informação que cria um novo sistema econômico distinto, no qual a informação é um produto do processo produtivo.

Stewart (1998) denomina de Era da Informação a nova realidade em que as fontes de riqueza são o conhecimento e a comunicação que assumem precedência com relação aos recursos naturais e ao trabalho físico.

Ao ser considerada importante fonte de vantagem competitiva, a informação formal e informal[3] passa a ser relevante para a formulação de estratégias pelas empresas. Desse modo, a tecnologia de informação é mobilizada para atuar no sentido de apoiar a incorporação de informações que agreguem valor à formação da estratégia. Este uso estratégico da informação está presente em diversas abordagens de estratégias (PORTER, 1986 e 1989; ANSOFF, 1993; PERRY, 1993; MINTZBERG, 2000).

---

[3] Entende-se por informação formal toda informação pública e publicada presente em textos, artigos, livros etc. Por informação informal entende-se toda informação adquirida em reuniões, conversas...

Porter cita a necessidade de se possuir um Sistema de Informações sobre os concorrentes (1986), de utilizar da informação como instrumento de diferenciação do produto, aumentando seu valor agregado[4], e de ter a tecnologia dos sistemas de informação atuando como instrumento penetrante na cadeia de valor[5] e impactando nas vantagens competitivas.

Ansoff (1993) aponta a necessidade essencial de um Sistema de Informações sobre os concorrentes como forma de identificar antecipadamente possíveis manobras e introduzir novos produtos ou atuar em novos mercados. Quanto mais rápido e mais eficiente for o sistema de informações, melhor as oportunidades poderão ser aproveitadas, proporcionando maiores margens de lucro. Este monitoramento do ambiente externo deve filtrar as informações de modo a permitir uma adequada análise ambiental. No entanto, são bastante comuns movimentos tardios em direção ao aproveitamento de uma oportunidade, o que fatalmente significará menores margens de lucro. Ansoff (1993) destaca ainda que, em empresas grandes e maduras, os sistemas internos consomem um grande tempo na observação, organização e transmissão de informações que respondam ao impacto provocado pelas descontinuidades.

Dentro do processo de administração estratégica em tempo real, a técnica de identificação de sinais fracos consiste em coletar informações julgadas relevantes para os futuros negócios da empresa. A partir de fóruns de discussão, os diversos entendimentos do conteúdo da informação são debatidos e transformados em relevantes conteúdos acerca do ambiente de negócios (PERRY, 1993).

Como a formulação de estratégias em tempo real requer a utilização de informações também em tempo real, o engajamento dos times na formulação de estratégias é precedido do acesso aos meios para a obtenção da informação em tempo real (PERRY, 1993).

Do mesmo modo, embora questione fortemente a eficácia dos Sistemas de Informações e de Inteligência, Mintzberg (2000) reconhece a importância da informação informal obtida "na ponta" por aqueles que conduzem as ações do dia a dia e defende que os estrategistas devem ser pessoas que, atuando imersos no cotidiano, extraem mensagens relevantes e injetam informações úteis ao processo de criação de estratégias. Ao defender esta prática como um processo de aprendizagem para a formação de estratégia, Mintzberg cita a importância de se levar informações relevantes sobre a situação vivenciada ao lugar onde as estratégias são formuladas.

[4] Porter (1989), em termos competitivos, define valor como o montante que os compradores estão dispostos a pagar por aquilo que uma empresa lhes fornece.

[5] Cadeia de valores é o conjunto de atividades interdependentes executadas para projetar, produzir, comercializar, entregar e sustentar o produto de uma empresa (PORTER, 1989).

Entre as críticas de Mintzberg aos sistemas estruturados de informação, destaca-se a que afirma que as informações são muito agregadas para serem usadas eficazmente na formulação de estratégias, que as informações factuais são limitadas em seu escopo e que chegam tarde demais para serem usadas na formulação de estratégias.

Contudo, as diversas abordagens apresentadas apontam para a necessidade de serem ofertados sistemas de informações que possibilitem o monitoramento de ambientes e o acesso a aspectos relevantes para a formulação de estratégias permanentemente.

Nesse sentido, a partir da adoção de sistemas de informações em rede on-line, pode-se dispor de informações formais e informais que, por exemplo, auxiliem a reflexão sobre o ambiente externo, a construção e atualização de cenários, a formulação de estratégias e o monitoramento dos fatores críticos de sucesso.[6] O fato de funcionar em rede permite que se corte o fluxo tradicional da hierarquia, acelerando sua chegada aos destinatários. Ressalte-se ainda que, para esse processo, as informações informais costumam ser consideradas mais valiosas do que as formais, mesmo estando sujeitas a se constituírem de meros boatos. Outro aspecto importante é a necessidade da criação de uma cultura gerencial que se utilize da informação no processo decisório. Isso porque a cultura organizacional interfere na definição do modo como a informação circula pela empresa.

No entanto, embora seja reconhecido o valor da informação para o processo estratégico e para a tomada de decisões, o rápido avanço em sua circulação e disseminação, apoiada pelas diversas tecnologias, faz que a informação seja facilmente disponível e acessada, o que diminui seu impacto na identificação de vantagens competitivas. Nesse sentido, a Inteligência Competitiva (IC), técnica oriunda dos meios militares e políticos, largamente utilizada em períodos de conflitos, incorpora-se ao ambiente de negócios.

No campo empresarial, a Inteligência é entendida como um processo sistemático de coleta, tratamento, análise e disseminação da informação sobre atividades dos concorrentes, fornecedores, clientes, tecnologias e tendências gerais dos negócios, visando subsidiar a tomada de decisões e atingir as metas estratégicas da empresa. É conduzida, a partir de uma orientação estratégica, para a obtenção de vantagem competitiva.

Um sistema de Inteligência Competitiva deve buscar a simplicidade, valorizando mais os resultados que a infraestrutura. Desse modo, a ênfase está na

[6] São características, condições ou variáveis que, devidamente gerenciadas, mantidas ou sustentadas, podem apresentar um significativo impacto para o sucesso dos negócios de uma empresa ou indústria em particular (LEIDECKER; BRUNO, 1997).

busca de informações que agreguem valor ao processo de tomada de decisões. A tecnologia da informação é utilizada para apoiar todo o processo, garantindo a acessibilidade, o armazenamento e a disseminação das informações.

Na defesa da utilização da Inteligência Competitiva, Kahaner (1996), enfatiza que, em virtude de diversos eventos de mudanças ocorridos nas últimas décadas, hoje, mais do que em outras épocas, Inteligência Competitiva é um imperativo. Como exemplos, destacam-se:

- o ritmo dos negócios que está aumentando rapidamente;
- a sobrecarga de informações;
- o aumento de novos competidores na competição global;
- a competição está se tornando mais agressiva;
- as mudanças políticas afetam as empresas depressa e vigorosamente; e
- as rápidas mudanças tecnológicas.

Kahaner argumenta que existem diferenças fundamentais entre informação e inteligência. Enquanto nos anos 1980 a tecnologia da informação foi decisiva para que a informação fosse idolatrada, a rápida proliferação de bases de dados, a facilidade de acesso e os baixos preços tornaram-na *commodity*. Por outro lado, a inteligência, entendida como um conjunto de informações filtrada, destilada e analisada, foi se transformado em algo a partir do que se pode agir. E é dessa inteligência que os gestores necessitam para tomar decisões competitivas. Desse modo, a informação é utilizada como insumo fundamental para a criação da inteligência, e não como mais um produto.

Bryant (apud PRESCOTT e MILLER, 2002) destaca que a Inteligência Competitiva é composta pela inteligência técnica e a inteligência empresarial, que se combinam e complementam. Conforme o escopo requerido de inteligência, poderá haver a predominância de necessidades de informação técnica ou de negócios. Por exemplo, atividades empresariais mais intensivas em tecnologia requerem a atividade de inteligência técnica. Se a demanda de inteligência estiver no âmbito do mercado, predomina a inteligência empresarial.

Tyson (1997) cita que a associação entre a informação, a inteligência e o conceito de estratégia permanente dominará a prática de negócios no século 21. E esse processo necessita ocorrer continuamente por meio da utilização de ferramentas de inteligência de negócios[7] e de estratégias permanentes que

[7] Tyson entende inteligência de negócios (*business intelligence*) como um processo que envolve a seleção de informação sobre competidores, clientes, provedores, candidatos de aquisição potenciais, alianças estratégicas — virtualmente toda entidade e evento no ambiente externo à companhia que posteriormente é transformado em conhecimento estratégico.

permitam que a empresa supere os demais competidores nos mercados atuais e emergentes.

A importância da vinculação da Inteligência Competitiva à formulação de estratégias pode também ser identificada em Prescott e Gibbons (1993), que vinculam os programas de Inteligência Competitiva à construção, avaliação e modificação de estratégias. Nesse processo são continuamente avaliados a evolução do ambiente industrial, as capacidades e os comportamentos dos competidores atuais e potenciais. As estratégias são formuladas visando a obtenção permanente de vantagens competitivas.

A utilização da informação orientada para a Inteligência Competitiva visa permitir às empresas o aprendizado e o entendimento sobre a rapidez das mudanças no ambiente de negócios em tempo real, disseminando-se uma informação de alto valor agregado para a tomada de decisões, comprometida com a construção do futuro dos negócios. Essa característica difere radicalmente dos métodos tradicionais de fornecimento de informações, que são dotados de conteúdos sobre fatos e situações históricas, fornecidas, muitas vezes, quando o curso da ação já não pode ser alterado. Novamente, a prática requer a criação de uma cultura dotada de padrões que favoreçam a circulação e utilização de informações que orientem as ações.

A sustentabilidade como requisito para a competitividade

A intensificação da orientação neoliberal na economia e na vida das pessoas nas décadas recentes tem impulsionado a gestão empresarial (e a Inteligência Competitiva) na busca por resultados imediatos no curto prazo. Nesse caso, a perspectiva predominante tem sido por resultados eminentemente econômicos, fato que tem comprometido a qualidade de vida no planeta, inclusive para as gerações futuras, bem como agravado os problemas sociais. Essas são algumas graves consequências desse modo de produzir e de consumir que exaure rapidamente o planeta. Assim, o entendimento que emerge é o de que a obtenção de vantagens competitivas não pode desconsiderar os aspectos sociais e ambientais da atividade empresarial.

O aumento da consciência ambiental e da necessidade de equacionamento dos graves problemas sociais tem provocado reações de grupos organizados da sociedade civil, que denunciam e se mobilizam para evitar que o viés estritamente econômico, numa sociedade marcada pelo consumo ditado no mercado, predomine acima da sociedade.

Essas pressões impõem rapidamente uma nova agenda na formulação de políticas públicas e na própria gestão privada de empresas que enfatiza o compromisso com uma gestão voltada para a sustentabilidade, ou seja, uma gestão que compatibilize a eficiência econômica com a ambiental e a social, dentro de uma perspectiva de construção do futuro para as empresas e a sociedade em geral. Essa articulação é denominada visão *triple bottom line*.

Defendendo um desenvolvimento sustentável, Sachs (apud VEIGA, 2006) considera que a harmonização entre os objetivos sociais, ambientais e econômicos deve nortear "a busca por soluções que eliminem o crescimento selvagem obtido ao custo de externalidades negativas, tanto sociais quanto ambientais". A crise dos mercados globais que eclodiu em 2008 reforça essa necessidade.

Embora a sustentabilidade tenha alcançado maior repercussão nos anos recentes, o tema está inserido na agenda dos países desde a década de 1960. A partir dessa época, têm sido diversos os movimentos no sentido de torná-la prioridade de governos e de empresas. Como exemplo de iniciativas para uma sociedade sustentável, temos:

- o estudo denominado *Limites do Crescimento*, do Clube de Roma;
- a I Conferência das Nações Unidas sobre o Meio Ambiente e Desenvolvimento Humano, realizada em Estocolmo em 1972;
- o relatório *Nosso Futuro Comum*, lançado pela Comissão Brundtland, da ONU, na década de 1980;
- a realização da Conferência das Nações Unidas sobre o Meio Ambiente e Desenvolvimento, no Rio de Janeiro em 1992;
- a proposição do Protocolo de Kyoto em 1997; e
- o *Global Reporting Initiative* – GRI, rede de ação global, com uma governança que colabora no desenvolvimento de normas globais para a elaboração de relatórios de sustentabilidade, que tem sido adotado por diversas empresas no mundo.

Esses são alguns dos movimentos mundiais que hoje podem ser considerados marcos importantes na criação de uma nova consciência global na proposição de ações efetivas para o desenvolvimento sustentável, conforme ratificado pelo Instituto Ethos de Empresas e Responsabilidade Social, organização não governamental que possui empresas associadas, que correspondem a cerca de 35% do PIB nacional e atua na difusão das práticas de responsabilidade social empresarial.

Na gestão de empresas, o tema não é novo. Ele se apresenta como a evolução da responsabilidade social empresarial, iniciativa emergente como decorrência do *New Deal* nos Estados Unidos a partir da década de 1930. A responsabilidade social da empresa parte do entendimento de que

> as companhias estão inseridas em ambiente complexo, onde suas atividades influenciam ou têm impacto sobre diversos agentes sociais, comunidade e sociedade. Consequentemente, a orientação do negócio visando atender apenas aos interesses dos acionistas torna-se insuficiente, sendo necessária a incorporação de objetivos sociais no plano de negócios, como forma de integrar as companhias à sociedade. (TENÓRIO, 2006).

Atualmente, a orientação de estratégias empresariais para uma ação social e ambiental responsável tem sido inclusive recomendada por estudiosos do tema. Michael E. Porter e Mark R Kramer, em artigo publicado em 2006 na *Harvard Business Review*[8] consideram que hoje a responsabilidade social empresarial é "uma prioridade inevitável para dirigentes de empresa de qualquer país". Os autores destacam a importância das empresas identificarem as consequências sociais de seus atos, determinarem que problemas abordarem e descobrirem o meio mais eficaz de enfrentá-los e, ao mesmo tempo, fortalecerem o contexto competitivo no qual atuam. Argumentam ainda que a análise de oportunidades de responsabilidade social empresarial realizada com o emprego de diretrizes idênticas às que norteiam as decisões de negócios das empresas poderá ser uma incrível fonte de inovação e de vantagem competitiva.

Se de fato considerarmos a sustentabilidade uma trajetória essencial para a gestão de empresas e requisito fundamental da decisão de compra de consumidores e cidadãos, a Inteligência Competitiva necessitará ampliar seu escopo de atuação. Desse modo, *ao prospectar e monitorar o ambiente externo, a atividade de inteligência deverá considerar as perspectivas econômicas, sociais e ambientais, desde o momento do planejamento, em que as necessidades de inteligência e informação são levantadas*. A figura a seguir demonstra a correlação entre a Inteligência Competitiva e a sustentabilidade.

Figura 7.1 • Inteligência Competitiva sustentável

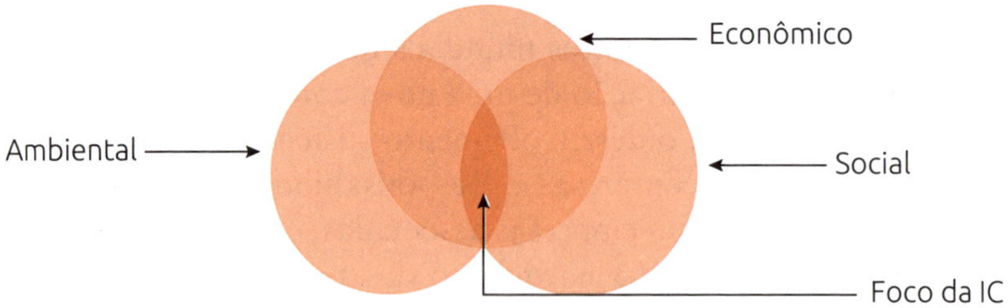

[8] Disponível em: <http://hbr.org/2006/12/strategy-and-society-the-link-between-competitive-advantage--and-corporate-social-responsibility/ar/1>. Acesso em: 14 jun. 2012.

Assim, uma possibilidade de vantagem competitiva econômica somente deve ser assim entendida se também valorizar o ambiente e atender a demandas sociais ou, pelo menos, não degradar tais aspectos. Focalizar apenas os resultados econômicos, por mais promissores que se apresentem, pode significar o desmoronamento de uma estratégia por encontrar forte rejeição na sociedade. Portanto, identificar tecnologias limpas, utilizar insumos que não degradem o meio ambiente, construir relações de trabalho que garantam a melhoria da qualidade de vida e fortalecer o papel social da empresa são alguns ingredientes que deverão estar presentes nesse novo modo de competição, no qual a sustentabilidade fará a diferença.

Considerações finais

A obtenção de vantagens competitivas economicamente sustentáveis tem conduzido a gestão empresarial, impondo velocidade, agilidade e inovação permanente. Identificar as oportunidades e implementar soluções que atendam aos mercados atuais ou criem novos mercados, antes dos demais competidores, é um desafio que tem recolocado o direcionamento estratégico como importante foco de atuação.

No entanto, não se pode desconsiderar que o ambiente global de negócios tem se caracterizado pela instabilidade e pela adoção de um modo de produção e consumo acelerados que impactam diretamente na vida no planeta, com consequências imprevisíveis para o futuro. E os gestores de empresas, fortemente pautados pela busca da eficácia, têm contribuído para esse quadro. Na literatura e na atuação gerencial tem sido reconhecido e estimulado o sucesso imediato nos negócios. Mas os meios de se alcançar esse sucesso são pouco questionados.

Se o modo atual de produção e gestão está contribuindo para o aumento dos problemas sociais e ambientais deve-se repensar e reorientar a atuação política e empresarial. Neste sentido, o caso da *British Petroleum* pode ser um importante exemplo. Protagonista do grave acidente do Golfo do México, a empresa recebeu uma multa recorde de 50,6 milhões de dólares pelo acidente ocorrido na refinaria *Texas City* em 2005. A causa apontada foi a violação à segurança. No acidente, morreram 15 funcionários e 180 ficaram feridos.[9] No acidente no Golfo do México, nem mesmo a identificação das causas e a apuração de responsabilidade serão suficientes para atenuar as graves proporções para o fu-

[9] Disponível em: < http://oglobo.globo.com/economia/bp-vai-pagar-multa-recorde-por-violar-seguranca-no--texas-em-2005-2966877 >. Acesso em: 13 ago. 2010.

turo.[10] Vale ressaltar que nos, Estados Unidos, a questão da segurança em uma atividade de alto risco é de responsabilidade da própria empresa.[11]

A crise dos mercados globais que eclodiu em 2008 é outra evidência dos riscos envolvidos no atual modo predominante de se conduzir ações empresariais.

Portanto, avaliar os possíveis desdobramentos das decisões gerenciais e projetar uma nova relação socioambiental em longo prazo pode ser fator crítico de sucesso para um direcionamento estratégico que se renove permanentemente e se sustente tanto na perspectiva econômica como nas perspectivas sociais e ambientais.

Para tanto, a adoção dos princípios e instrumentos de Inteligência Competitiva pode ter importante contribuição, uma vez que a IC se caracteriza pelo foco na identificação de vantagens competitivas potenciais, pela velocidade e pela objetividade de sua utilização e pela simplicidade de seu funcionamento. A capacitação de uma empresa na utilização da IC possibilita que as equipes de trabalho utilizem a informação relevante como insumo fundamental para a proposição de estratégias e para a tomada de decisão.

Porém, essa informação relevante necessita ser prospectada além da perspectiva econômica em mercados atuais e futuros. Deve necessariamente incluir os aspectos sociais e ambientais decorrentes da atividade empresarial. Ou seja, uma vantagem competitiva entendida apenas pelos resultados econômicos que pode auferir tende a não ser mais suficiente para se sustentar. No processo de prospecção e monitoramento, a IC deve analisar simultaneamente a relação *triple bottom line*. Desse modo, a IC reforça seu caráter ético de prospecção de informação para a tomada de decisões estratégicas de negócios e contribui para a preservação da qualidade de vida no planeta para as gerações atuais e futuras.

Mas não se trata somente de utilizar a Inteligência Competitiva para identificar oportunidades de negócio no âmbito socioambiental. *Trata-se de incluir na avaliação estratégica da empresa as tendências e os potenciais impactos socioambientais decorrentes da atividade econômica a ser adotada e direcionar estratégias que minimizem ou anulem esses impactos.*

O entendimento que começa a se delinear é de que as empresas podem obter bons resultados econômicos, sem precarizar as condições socioambientais. E isso se reflete na preferência de investidores. Os denominados "investimentos socialmente responsáveis" consideram que as empresas que se conduzem

[10] Disponível em: <http://infopetro.wordpress.com/2010/06/21/acidente-em-plataforma-operada-pela-bp-e-iniciativas-de-contencao-do-vazamento/>. Acesso em: 13 ago. 2010.

[11] Disponível em: <http://www.estadao.com.br/noticias/vidae,acidente-da-bp-seria-evitado-no-brasil-diz-governo,592531,0.htm>. Acesso em: 13 ago. 2010.

por essa orientação têm maior capacidade de sustentar vantagens competitivas e gerar valor para o acionista no longo prazo, por estarem mais preparadas para enfrentar riscos econômicos, sociais e ambientais. Essa demanda veio se fortalecendo ao longo do tempo e hoje é amplamente atendida por vários instrumentos financeiros no mercado internacional[12]. Nesse caso, há uma expectativa de resultados no longo prazo, o que contraria a prática dominante de retorno imediato.

Ademais, o avanço da democracia, cada vez mais entendida como um valor universal, e os novos modos de participação política, inclusive virtuais, têm induzido novas relações e padrões de comportamento e requisitos na produção e prestação de serviços. Como exemplo, empresas que priorizam tecnologias limpas no processo produtivo e se orientam por princípios de responsabilidade social têm se destacado na aceitação da sociedade e alcançado resultados superiores.

Nesse sentido, vale resgatar o entendimento de Gadotti (2008), que destaca o componente educativo na construção de uma sociedade sustentável, pois a formação de uma consciência ecológica depende da educação para a cultura de uma vida sustentável. Do contrário, o planeta continuará sendo percebido apenas como um instrumento para o sustento de um modo de vida predatório.

Concluindo, o entendimento de que a definição de estratégias é um processo excludente, no qual se define o que fazer e o que não se fazer, remete à compreensão de que as questões socioambientais não contempladas pelas estratégias irão carecer de outro tipo de encaminhamento para a sua superação, o que poderá ser objeto de atenção de políticas públicas e de iniciativas protagonizadas pela sociedade civil organizada. No entanto, no campo empresarial, construir estratégias baseadas na compatibilização entre a eficiência econômica, eficiência ambiental e eficiência social pode ser um passo importante para o desenvolvimento sustentável. E isso poderá ser um diferencial competitivo. Assim, a gestão empresarial pode contribuir de fato para a sustentabilidade do planeta e para a constatação de que outro mundo é possível.

Questões para reflexão e aprendizagem

1. Considerando que, no atual ambiente de negócios, as vantagens competitivas se esgotam rapidamente, a definição de estratégias deve ser um

[12] Disponível em: <http://www.bmfbovespa.com.br/indices/ResumoIndice.aspx?Indice=ISE&idioma=pt-br>. Acesso em: 10 ago. 2010.

processo participativo, de responsabilidade coletiva ou reservado aos principais tomadores de decisão, para não se perderem posições para os demais competidores?

2. Como a IC pode apoiar a definição de estratégias de negócio?
3. É possível compatibilizar resultados econômicos com desenvolvimento social e mitigação de aspectos ambientais? Por quê?
4. Que principais aspectos do ambiente externo podem condicionar a gestão dos negócios nos próximos anos?
5. Que acontecimentos recentes decorrentes da participação da sociedade civil você reconhece que alteraram o modo de atuação das empresas?

Referências

ANSOFF, H. I.; MCDONNELL, E. J. *Implantando a Administração Estratégica*. 2. ed. São Paulo: Atlas, 1993.

ASSIS, L. E. *Gazeta Mercantil*. São Paulo, 21 mar. 2000.

BEINHOCKER, Eric D. *HSM Management*. São Paulo, jul./ago. 2000.

BROWN, S. L.; EISENHARDT, K. M. *Competing on the Edge:* strategy as structured chaos. 1. ed. Boston: Havard Business School Press, 1998.

CASTELLS, M. *A Sociedade Em Rede*. São Paulo: Paz e Terra, 1999. (Coleção A Era da Informação: Economia, Sociedade e Cultura.)

DAVENPORT, T. H.; PRUSAK, L. *Conhecimento Empresarial:* como as organizações gerenciam o seu capital intelectual. Rio de Janeiro: Campus, 1998.

EDVINSSON, L.; MALONE, M. S. *Capital Intelectual:* descobrindo o valor real de sua empresa pela identificação de seus valores internos. São Paulo: Makron Books, 1998.

FAYOL, H. *Administração Industrial e Geral*. 9. ed. São Paulo: Atlas, 1981.

GADOTTI, M. *Educar para a sustentabilidade*. São Paulo: Paulo Freire, 2008.

GEUS, A. de. *A Empresa Viva:* como as organizações aprendem a prosperar e se perpetuar. Rio de Janeiro: Campus, 1998.

FRIEDMAN, T. L. *O mundo é plano:* uma breve história do século XXI. Rio de Janeiro: Objetiva, 2005.

HAMMEL, G.; PRAHALAD, C. K. *Competindo pelo Futuro:* estratégias inovadoras para obter o controle do seu setor e criar os mercados de amanhã. Rio de Janeiro: Campus, 1995.

HARVEY, D. *O Neoliberalismo:* história e implicações. São Paulo: Edições Loyola, 2005.

IANNI, O. *Teorias da Globalização.* 5. ed. Rio de Janeiro: Civilização Brasileira, 1999.

KAHANER, L. *Competitive Intelligence:* how to gather, analyze, and use information to move your business to the top. Nova York: Touchstone, 1997.

KAPLAN, R. S.; NORTON, D. P. *A Estratégia em Ação:* balanced scorecard. Rio de Janeiro: Campus, 1997.

LAZZARATO, M; NEGRI, A. *Trabalho imaterial.* Rio de Janeiro: DP&A, 2001.

LEIDECKER, J.; BRUNO, A. Identifying and Using the Critical Success Factors. *Long Rang Planning.* Estados Unidos, v. 17, n. 1, p. 23-32, 1984.

LEITÃO, D. M. *Administração Estratégica:* abordagem conceitual e atitudinal. Rio de Janeiro: SENAI/DN, PETROBRAS, 1996.

LÉVY, P. *A inteligência coletiva:* por uma antropologia do ciberespaço. São Paulo: Loyola, 2000.

________; AUTHIER, M. *As Árvores de Conhecimentos.* São Paulo: Escuta, 1995.

MACEDO, T. M. B. Redes informais nas organizações: a co-gestão do conhecimento. *Revista Ciência da Informação,* v. 28, n. 1, 1999.

MINTZBERG, H. *Ascensão e queda do planejamento estratégico.* Porto Alegre: Bookman, 2004.

________ et al. *O processo da estratégia.* Porto Alegre: Bookman, 2001.

________; AHLSTRAND, B.; LAMPEL, J. *Safári de Estratégia:* um roteiro para a selva do planejamento estratégico. Porto Alegre: Bookman, 2000.

MOTTA, F. C. P. *Teoria Geral da Administração:* uma introdução. 10. ed. São Paulo: Pioneira, 1982.

NONAKA, I; TAKEUCHI, H. *Criação de Conhecimento na Empresa:* como as empresas japonesas geram a dinâmica da inovação. Rio de Janeiro: Campus, 1997.

PERRY, L. T. *Real-Time Strategy*: improvising team-based planning for a fast-changing world. Estados Unidos, Portable MBA – Wiley, 1993.

PORTER, M. E. *Competição.* 1. ed. Rio de Janeiro: Campus, 1999.

_______. *Estratégia Competitiva:* técnicas para análise de indústrias e concorrência. 16. ed. Rio de Janeiro: Campus, 1986.

PRESCOTT, J. E.; GIBBONS, P. T. *Global Perspectives on Competitive Intelligence*. EUA: SCIP, 1993.

_______. MILLER, S. H. *Inteligência Competitiva na prática*. Rio de Janeiro: Campus, 2002.

STEWART, T. A. *Capital Intelectual:* a nova vantagem competitiva das empresas. 4. ed. Rio de Janeiro: Campus, 1998.

TENORIO, F. G. (Org.). *Responsabilidade Social Empresarial:* teoria e prática. Rio de Janeiro: Editora FGV, 2006.

TYSON, K. *Competition in the 21st Centure*. Flórida: St. Lucie Press, 1997.

VEIGA, J. E. da. *Desenvolvimento sustentável:* o desafio do século XXI. 2. ed. Rio de Janeiro: Garamond, 2006.

Parte 3

Gestão Estratégica de Pessoas e Inteligência Competitiva

Capítulo 8

Os Desafios do Profissional de Inteligência: uma atividade em evolução

Elaine Marcial*

Resumo

A atividade de Inteligência Competitiva (IC) vem se desenvolvendo ao longo dos últimos 20 anos em todo o mundo. As organizações investem nessa área para aumentar sua competitividade. Apesar de apresentar trajetória diferente de outros países, essa atividade também cresce no Brasil. Para desempenhar bem suas atividades, esse profissional necessita de: formação adequada, habilidade e experiência. É responsabilidade de toda a comunidade de IC brasileira trabalhar para consolidação da atividade e para seu reconhecimento pela sociedade como alavancadora da competitividade das organizações que atuam no Brasil.

Introdução

A história da atividade de Inteligência Competitiva e seu significado estão intimamente ligados à história e ao significado da atividade de Inteligência praticada pelos órgãos de Inteligência Militar e de Estado. Essa vinculação, ao longo da história, trouxe alguns problemas para a atividade de Inteligência Competitiva, pois era, e algumas vezes ainda é, confundida com atividades de espionagem, que, ao contrário da atividade de Inteligência, caracterizam-se por práticas antiéticas e ilegais (MARCIAL, 2007).

---

* **Elaine Marcial** é Bacharel em Estatística, especialista em Cenários Prospectivos e Inteligência Competitiva, e possui DEA em Informação Científica e Tecnológica pela Universidade de Marseille (FR), Mestrado em Ciência da Informação (UnB) e é doutoranda na mesma área. Atua na área de estudos de futuro e Inteligência Competitiva desde 1996 e já elaborou e coordenou a elaboração de mais de 10 cenários prospectivos e diversos estudos de tendências e previsões. Coordenou a elaboração do projeto de implantação do Sistema de Inteligência Competitiva em instituição financeira e realizou e coordenou diversos relatórios de Inteligência. Coautora de diversos livros, dentre eles, "Cenários Prospectivos: como construir um futuro melhor", 5.ed., em 2008, pela editora da FGV. Possui diversos artigos publicados em congressos nacionais e internacionais. Exerce o cargo de coordenadora do Comitê Editorial da Editora Thesaurus em Inteligência Competitiva. É associada fundadora e conselheira da Associação Brasileira dos Analistas.

Outro aspecto que contribui para essa confusão são os relatos e análise da própria evolução da atividade de produção de informações estratégicas para o Estado e para as Forças Armadas em que sempre são encontradas referências à atividade de espionagem. Imagina-se que essas constatações sejam o cerne da confusão existente entre atividades distintas, como é o caso das atividades de Inteligência e de espionagem (MARCIAL, 2007).

Apesar de as duas atividades estarem voltadas para a busca de dados e informações não disponíveis, a grande diferença se dá nos métodos de obtenção dessa informação. A espionagem restringe-se à coleta de dados protegidos por meio da utilização de práticas antiéticas e ilegais, por exemplo, o "grampo" das telecomunicações, interceptação postal, de e-mails ou telefônica, infiltração, intrusão, dentre outras, para o benefício de um país, uma organização ou de uma pessoa (MARCIAL, 2007).

A atividade de Inteligência refere-se a um processo intelectual de produção de informação, cujos métodos de coleta e monitoramento restringem-se a atividades éticas e legais, como a entrevista sem a utilização de falsa identidade, o *benchmarking*, a busca em bases de dados, a participação em evento, a coleta de dados no material publicitário do ator, e junto a especialistas, dentre outros (MARCIAL, 2007).

A informação sempre foi insumo fundamental para o processo de tomada de decisão, principalmente as decisões estratégias, como relatado por Sun Tzu:

> Se conhecemos o inimigo e a nós mesmos, não precisamos temer o resultado de uma centena de combates. Se nos conhecemos, mas não ao inimigo, para cada vitória sofreremos uma derrota. Se não nos conhecermos nem ao inimigo, sucumbiremos em todas as batalhas (SUN TZU, 1993, p.28).

Entretanto, desde aquela época até a Segunda Guerra Mundial, a única forma de obtenção daquelas informações críticas que os decisores necessitavam, e que não estavam facilmente disponíveis, era por meio da utilização de espiões (MARCIAL, 2007). Sun Tzu dedica um capítulo de seu livro *A arte da Guerra* para comentar o emprego de espiões. Segundo Sun Tzu (1993, p. 111), os espiões eram os "elementos mais importantes de uma guerra, porque neles repousava a capacidade de movimentação de um exército".

Diversos registros remetem à origem da atividade de Inteligência — como a conhecemos atualmente — ao período da II Guerra Mundial. Platt (1974, p. 20) argumenta que o uso das informações de combate é tão antigo quanto a luta humana organizada. "Entretanto, a produção de Inteligência, em uma escala mais abrangente e numa base sistemática, na paz e na guerra, não é mais antiga que a Segunda Guerra Mundial". Durante a II Guerra Mundial, era necessária a constante produção de Inteligência e "não houve tempo para a criação de uma doutrina comum, nem para a montagem de uma sólida organização de Inteligência, e nem para a instrução e o aperfeiçoamento dos métodos" (PLATT, 1974, p. 20).

Em 1957, ano da publicação da primeira edição de seu livro nos Estados Unidos, Platt (1974) argumentava que "havia chegado a hora do estabelecimento de princípios básicos da produção de Inteligência", e apresenta tal doutrina nessa publicação, traduzida no Brasil apenas em 1974. Essa publicação, segundo esse autor, "constitui o resultado de quase dez anos de experiência em Inteligência estratégica e de combate".

Para Platt (1974), a produção de Inteligência fundamenta-se nos nove princípios de Inteligência, nas principais fases do método científico, nos quatro estágios do pensamento criador e nos cinco fatores principais da previsão. Ele define Inteligência como:

> [...] um termo específico e significativo, derivado da informação, informe, fato ou dado que foi selecionado, avaliado, interpretado e, finalmente, expresso de forma tal que evidencie sua importância para determinado problema de política nacional corrente (PLATT, 1974, p. 30).

A Inteligência encerra um tríplice significado: um tipo de conhecimento, um tipo de organização e uma atividade. Ou seja, a organização que produz Inteligência também recebe esse nome, o que essa organização faz também é chamado Inteligência e o produto dessa atividade também é denominado Inteligência (KENT, 1967). Além de seu caráter especializado, a área que conduz as atividades de Inteligência tem como principal característica o sigilo com o qual conduz suas rotinas.

Com relação à Inteligência Competitiva, não foram encontrados relatos que definam quando especificamente tais práticas se iniciaram. Entretanto, imagina-se que o surgimento dessa atividade tenha tido origem na Europa e no Japão após a II Guerra Mundial. A atividade de Inteligência Competitiva é fruto de uma adaptação das técnicas utilizadas pelas agências de inteligência política e militar durante o período da Guerra Fria (KAHANER, 1996).

Os relatos mais antigos encontrados com relação a essa atividade foram os de Larry Kahaner ao afirmar que, como as economias da Europa e do Japão encontravam-se devastadas após a II Guerra Mundial, havia necessidade de se tomar medidas para reconstrução de suas economias. "Da mesma forma que os japoneses, os alemães usaram a Inteligência Competitiva como um meio de parar a reconstrução da economia deles depois da devastação de seus países pela II Guerra Mundial" (KAHANER, 1996, p. 193).

No caso dos Estados Unidos, os casos mais antigos encontrados foram os das empresas Marion Merrell Dow e Motorola. Em 1982, a empresa farmacêutica Marion iniciou seu programa. Logo em seguida, em 1983, o *chairman* da Motorola, Bob Galvin, ex-membro do *Foreign Intelligence Advisory Board*, convidou Jan Herring, ex-agente da CIA[1], para montar a área de Inteligência Competitiva da Motorola (KAHANER, 1996, p. 211).

Outro registro histórico a ser considerado é a fundação, em 1979, da *Fuld and Company*[2], uma das maiores empresas de consultoria e capacitação na área de Inteligência Competitiva. Não se pode afirmar que essa empresa trabalhe com Inteligência Competitiva desde 1979. Entretanto, segundo declaração de seu fundador em seu livro *The secret language of Competitive Intelligence*, Leonard Fuld conta que seu pai foi oficial da área de Contra-Inteligência das Forças Armadas americanas (FULD, 2005, p. 1). Este fato pode ser um indício de que suas atividades estavam voltadas para a IC desde sua fundação.

É importante destacar que todos os exemplos mencionados referem-se ao período da Guerra Fria. Em 1986, a *Society of Competitive Intelligence Professional* (SCIP) foi fundada reunindo profissionais de Inteligência Competitiva do mundo inteiro e tendo como objetivo o apoio ao trabalho desenvolvido por seus membros por meio da formação de uma rede mundial de troca de conhecimentos. Seu grande crescimento iniciou-se na década de 1990. Como exemplo desse crescimento, a SCIP, em abril de 2007, possuía cerca de sete mil associados espalhados em 55 países ao redor do mundo (SCIP, 2007).

Outros autores que confirmam a afirmação de Kahaner quanto à origem da atividade de Inteligência Competitiva são Shaker e Gembicki (1999, p. 4), que afirmam que o mesmo processo utilizado pela atividade de Inteligência de Estado pode gerar grande benefício para os negócios. Os autores definem Inteligência Competitiva como a atividade de Inteligência especificamente adaptada para o mundo dos negócios, como pode ser conferido a seguir.

No Brasil, a atividade de Inteligência Competitiva teve início durante a década de 1990. O marco inicial foi o Curso de Especialização em Inteligência Competitiva (Ceic), cuja primeira versão ocorreu em 1997, no Rio de Janeiro. De lá para cá, essa atividade vem crescendo, principalmente após a fundação da Associação Brasileira dos Analistas de Inteligência Competitiva (Abraic), em 2000. Pesquisa desenvolvida pela GIA — *Global Intelligence Agency* —, em 2005, mostra as empresas brasileiras bem colocadas quanto à avaliação de desempenho das práticas da atividade de Inteligência Competitiva frente ao mercado mundial (GIA, 2005).

1 CIA — *Central Intelligence Agency*.

2 http://www.fuld.com/Company/HomePage.html

Apesar de todo esse avanço, um estudo prospectivo desenvolvido no âmbito da Abraic, em 2003, demonstra que a atividade de Inteligência Competitiva ainda é instável no Brasil (MARCIAL, 2004). Tal instabilidade pode tanto ser fruto da pouca experiência dos profissionais que atuam nessa área — atividade relativamente recente no Brasil — quanto dos problemas conceituais e de comunicação existentes por conta da falta de pesquisa e de bibliografia disponível em língua portuguesa, e também da definição de terminologia própria adaptada à língua portuguesa. Esses problemas, até o momento, ainda não foram solucionados. Há a necessidade de construção de uma base ontológica e epistemológica para a Inteligência Competitiva (MARCIAL, 2007).

A Inteligência Competitiva constitui atividade especializada que demanda profissionais com treinamento e perfil adequados para seu bom desempenho. Por se tratar de atividade de produção de Inteligência, ou seja, produção de informação acionável para a tomada de decisões, o profissional que a exerce necessita estar bem preparado para atender às demandas de sua organização, para que a atividade produza o retorno esperado.

Apesar de completar 15 anos de existência no Brasil em 2012, essa atividade ainda encontra-se em fase de implementação e apresenta uma evolução completamente diferente da ocorrida em outros países. Sua trajetória criou um ambiente de grande incerteza com relação ao futuro. Questões ligadas à cultura das empresas, à nossa história recente e até mesmo à nossa língua influenciam o curso dessa atividade no país, bem como a formação do profissional que a exerce.

Neste capítulo, abordamos dois relevantes temas da área que estão em debate atualmente: o perfil desejado para o profissional de Inteligência Competitiva e o futuro dessa atividade no Brasil.

O que é Inteligência Competitiva

São diversas as definições de Inteligência Competitiva encontradas na literatura. Inteligência Competitiva pode ser entendia como "um programa sistemático de reunião e análise de informações sobre as atividades de seus concorrentes e tendências gerais dos negócios para apoiar a definição das metas da sua empresa" (KAHANER, 1996, p. 16).

A Inteligência Competitiva tem como objetivo apoiar a tomada de decisão estratégica. É utilizada para que a empresa obtenha um desempenho melhor que o de seus concorrentes por meio do aprendizado do comportamento dos fornecedores, clientes, reguladores e, naturalmente, concorrentes, e também por meio da antecipação de movimentos no ambiente competitivo e no macroambiente (COOK; COOK, 2000).

Pode também ser entendida como a atitude assumida por uma organização que a leva a estar atenta a todos os aspectos que afetam a organização, procurando compreender e responder aos sinais provenientes do ambiente que a envolve (TABORDA; FERREIRA, 2002).

A Inteligência Competitiva é uma atividade: (1) analítica; (2) voltada para o futuro; (3) sistemática e pertencente ao processo de negócio; e (4) ética e legal de reunião de dados (SHAKER; GEMBICKI, 1999).

A autora considera como definição de Inteligência Competitiva a atividade de Inteligência, definida por Platt (1974) e Kent (1967), com o objetivo de aumentar ou manter a competitividade de uma organização. Constitui-se atividade especializada, permanentemente exercida com o objetivo de produzir informação acionável (*Inteligência*) de interesse de um determinado ator e da salvaguarda desta informação contra ações adversas de qualquer natureza. Baseia-se em um processo informacional proativo que apoia a tomada de decisões, seja ela estratégica, quando voltada para questões ligadas ao futuro, ou negocial, relacionadas às decisões de marketing.

A Inteligência Competitiva é um processo sistemático e ético que visa descobrir as forças que regem os negócios, reduzir o risco e conduzir o tomador de decisão a agir proativamente, bem como a proteger o conhecimento sensível produzido. Caracteriza-se pela produção de informações acionáveis (ou seja, Inteligência) que não são facilmente obtidas, por estarem ocultas e/ou desconexas, camufladas ou mesmo distorcidas por interesse de quem as produziu (MARCIAL, 2007).

As definições acima mostram que esses autores não estão se referindo à definição de "inteligência" conforme a encontrada nos dicionários de língua portuguesa publicados no Brasil. Até o presente momento, o vocábulo "intelligence", de origem inglesa, não encontra tradução nos dicionários de língua portuguesa. Os professores portugueses Taborda e Ferreira, em seu livro *Competitive Intelligence: conceitos, práticas e benefícios*, publicado em 2002, não traduziram o termo inglês. Esse termo foi adotado como estrangeirismo em Portugal em virtude da falta de expressão similar em língua portuguesa que encerrasse o conceito de *Competitive Intelligence* — explicação fornecida por Ferreira durante sua palestra no evento GECIC 2006, ocorrido em Curitiba, em agosto de 2006. Em Portugal, artigos e dissertações também mantêm o termo em inglês, como é o caso da dissertação defendida por Freitas (2005) na Universidade Técnica de Lisboa (MARCIAL, 2007).

Como nos dicionários de língua portuguesa do Brasil é encontrada apenas a definição cognitiva da palavra "inteligência", e o termo *Competitive Intelligenc*" foi traduzido como "Inteligência Competitiva", é comum a utilização de "Inteligência" como sinônimo de inteligência cognitiva — conforme consta no dicionário —, o que gera ruído de comunicação e de entendimento quanto à função Inteligência (MARCIAL, 2007).

Diversas empresas no Brasil enfrentaram dificuldades com o termo "Inteligência Competitiva", sendo que a principal delas é a cultural. O mal-estar gerado vinha do fato de os funcionários que trabalhavam na área serem questionados se eram mais "inteligentes" que os demais.

Outro grande mal-estar causado na comunidade de Inteligência aconteceu na abertura de um evento de Inteligência Competitiva, em que o reitor de uma renomada universidade federal do país afirmou que havia uma dissonância cognitiva com relação à expressão "Inteligência Competitiva", pois a inteligência não deveria ser competitiva, mas, sim, a competitividade deveria ser inteligente (MARCIAL, 2007).

Além da confusão que esta questão semântica acarreta e dos equívocos que ela gera, existem outros problemas enfrentados pela atividade, que também necessitam ser esclarecidos. Uma dessas questões refere-se à definição do Sistema de Inteligência Competitiva. Não foi encontrada na literatura pesquisada uma definição clara para Sistema de Inteligência Competitiva (SIC). Essa falta de definição conduz, muitas vezes, as pessoas, principalmente as leigas no assunto, a confundirem o SIC com os sistemas computacionais que geram informações gerenciais ou de marketing (MARCIAL, 2007).

Como já foi definido, a Inteligência Competitiva refere-se a uma atividade permanentemente exercida para a produção de um tipo de "informação acionável" — que recebe o nome de Inteligência — referente a um objetivo específico pré-determinado e às atividades de Contra-Inteligência Competitiva, cujo objetivo é a proteção do conhecimento sensível da organização. A Inteligência Competitiva pode ser considerada um macroprocesso formado por diversos processos (MENDES; MARCIAL; FERNANDES, 2010). São eles:

- mapeamento de necessidades informacionais;
- monitoramento ambiental;
- produção de Inteligência Competitiva;
- Contra-Inteligência Competitiva;
- avaliação e mensuração dos resultados da atividade de IC;
- mapeamento e gestão de redes sociais.

O processo de produção de Inteligência Competitiva é representado pelo Ciclo de Produção de Inteligência que tem como objetivo produzir Inteligência para a tomada de decisões. Esse Ciclo de Produção de Inteligência engloba basicamente as etapas de planejamento, coleta, análise e difusão, como mostra a Figura 8.1.

Figura 8.1 • Ciclo da Produção de Inteligência

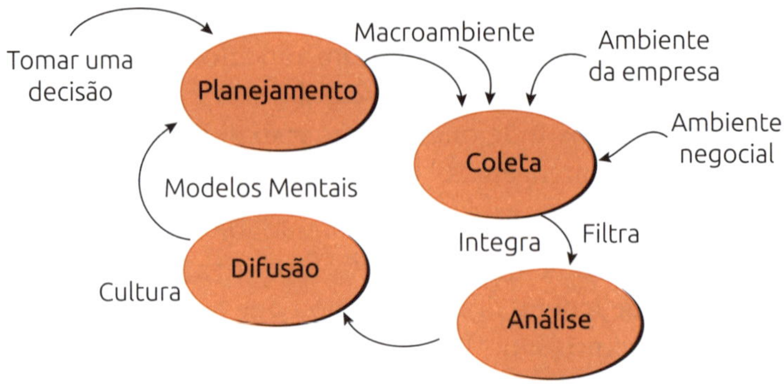

Fonte: adaptado de Kahaner (1996).

Ciclo da produção de Inteligência

O **planejamento** é primeira fase do processo de Inteligência, etapa de estudo preliminar e geral do problema na qual são estabelecidos os procedimentos necessários para o cumprimento da missão. A segunda fase, a **coleta,** é o processo de obtenção de dados que serão transformados em informação, e estes em Inteligência. A terceira fase é da **análise,** etapa em que a Inteligência é gerada. A **difusão** é a última fase do ciclo: consiste na remessa de Inteligência formalizada, apresentada de forma lógica e de fácil absorção para o respectivo usuário das questões originalmente formuladas.

A produção de Inteligência deve obedecer a determinados princípios que norteiam essa atividade. Observa-se definições de princípios para a atividade de Inteligência descritos pela Marinha Americana, pela ABRAIC, por Vaitsman (2001) e por Platt (1974). Esta autora define sete princípios elaborados com base na análise dos propostos pelos autores citados.

- **Finalidade:** a Inteligência produzida é útil ao tomador de decisão, pois apoia o processo de decisão estratégico e negocial. É o princípio fundamental da Inteligência, todos os demais derivam dele.
- **Oportunidade:** a Inteligência produzida é oportuna, está pronta e disponível no tempo certo para apoiar o processo de decisão estratégico e negocial.
- **Relevância:** a Inteligência produzida agrega valor ao processo decisório, pois apresenta informações que atendem a amplitude desse processo, é profunda e concisa e apresenta o que é realmente relevante para o processo de decisão estratégico e negocial.
- **Clareza:** a Inteligência produzida é simples, clara e de fácil absorção, apresenta definições e entendimento dos fatos e das relações de causa e efeito entre os fatos analisados, considerando o modelo mental dos atores envolvidos.
- **Precisão:** a Inteligência produzida explicita o grau de confiabilidade de suas informações, por meio da exploração e classificação das fontes, da

checagem dos dados em fontes distintas, da imparcialidade de sua redação, eliminando o viés do analista, e do registro do grau de certeza dos dados e fatos apresentados.

- **Visão de futuro:** a produção de Inteligência é focada em movimentos futuros, baseada na análise de tendências e cenários relacionados ao problema em questão, facilitando a identificação de oportunidade e ameaças advindas do ambiente.
- **Conclusões:** a Inteligência produzida apresenta conclusões úteis que orientam o processo decisório. As conclusões devem ser relevantes, claras, oportunas, precisas e antecipativas, de modo a evitarem que a organização seja surpreendida e contribuírem para a construção de um futuro melhor para a organização e seus *stakeholders*.

Há também princípios que norteiam a atividade de Inteligência Competitiva como um todo e, por conseguinte, também permeiam a produção de Inteligência: Segurança, Controle, Simplicidade e Ética. Toda a atividade de Inteligência deve ser segura, garantindo a proteção do conhecimento sensível da organização; deve ser controlada; deve ser simples, evitando custos desnecessários; e deve se pautar por princípios éticos, evitando a exposição da organização a riscos legais e de imagem.

Outra questão que merece destaque é a da Contra-Inteligência Competitiva, vertente da área de Inteligência focada na proteção do conhecimento sensível e das atividades de produção de Inteligência Competitiva. Segundo Miller (2000), o processo de produção de Inteligência deve ser protegido pelo processo de Contra-Inteligência Competitiva, que tem como objetivo neutralizar as ações de Inteligência Competitiva ou de espionagem da concorrência ou de qualquer outro ator. A Contra-Inteligência busca detectar o invasor, neutralizar sua atuação, recuperar, ou mesmo contra-atacar, por meio da produção de desinformação. Tem por objetivo promover a segurança do homem, das instalações, dos documentos e materiais e dos sistemas de comunicação e de informações (MARCIAL, 2007).

Todo profissional de Inteligência sabe que, quanto mais se reúne e analisa informações competitivas, mais percebe-se que os outros podem estar fazendo o mesmo com relação à organização para a qual trabalham. Ao mesmo tempo, as organizações sabem que não podem tornar tudo secreto, simplesmente pelo fato de que necessitam realizar negócios. Essa constatação torna premente a necessidade de investimentos na atividade de Contra-Inteligência Competitiva (FULD, 1995).

A interdependência entre o processo de produção de Inteligência e de Contra-Inteligência Competitiva é destacada por Miller (2000, p. 229-250) e por Taborda e Ferreira (2002, p. 179-193). Miller apresenta o ciclo da produção de Inteligência entrelaçado com o da Contra-Inteligência e girando em sentido contrário, conforme a Figura 8.2 (MARCIAL, 2007).

Figura 8.2 • O modelo integrado da Inteligência de Negócio MR

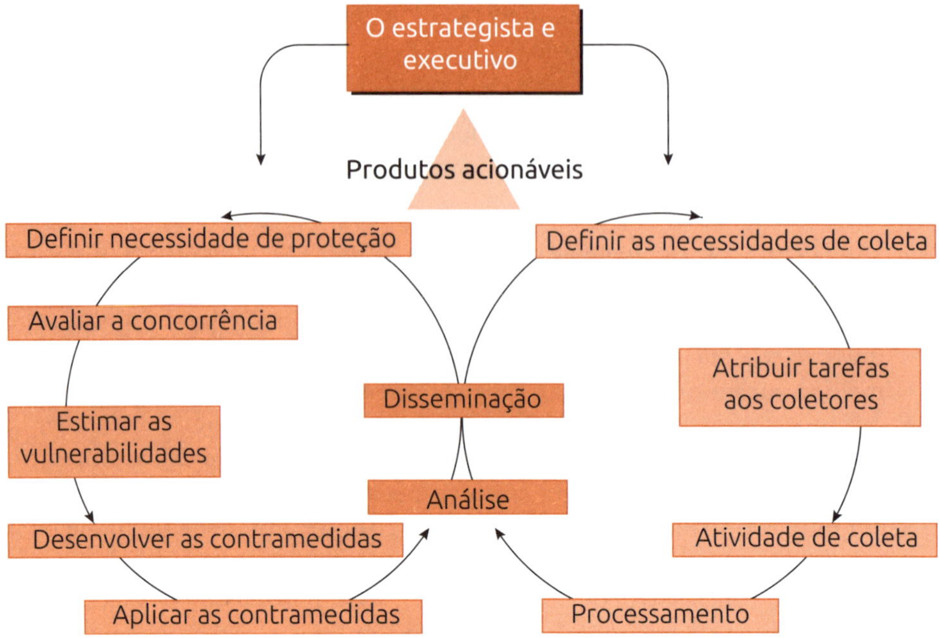

Fonte: (MILLER, 2000, p. 239.)

Em geral, as áreas responsáveis por desempenhar as atividades de Inteligência são compostas por três elementos que possuem características distintas: gerente, analista e coletor.

O gerente

Tem como principais responsabilidades: desenvolver e coordenar o processo de Inteligência Competitiva; entender as necessidades dos tomadores de decisão; interagir com os tomadores de decisão; manter a qualidade da Inteligência produzida; entregar o produto aos tomadores de decisão; garantir a segurança das informações sensíveis; e divulgar o sistema de Inteligência Competitiva, caso já exista um na organização.

O analista

É responsável por elaborar o planejamento para a produção de Inteligência; solicitar coleta de dados não disponíveis; analisar os dados coletados, filtrando-os e integrando-os; produzir Inteligência segundo o modelo mental dos tomadores de decisão e a cultura da organização; produzir informes sobre questões estratégicas e atores; produzir alertas antecipados; e elaborar estudos de futuro.

O coletor

É responsável por coletar dados e informações solicitadas, sejam de fontes humanas ou ostensivas; monitorar o ambiente — questões estratégicas, movimento de atores, novas tecnologias, novos entrantes, produtos substitutos, entre outros; elaborar entrevistas — coleta primária —; e manter bases de dados atualizadas.

O perfil do profissional de Inteligência Competitiva

Produzir Inteligência Competitiva com o objetivo de contribuir significativamente para o sucesso de qualquer organização requer um profissional que detenha alguns pré-requisitos para o exercício dessa atividade. Embora existam pessoas com instinto natural para exercer a Inteligência, a experiência e a capacitação, como em qualquer outra disciplina, estes são fatores essenciais indispensáveis para que os profissionais dessa área possam desempenhar a contento suas atividades.

Tanto no Brasil quanto nos Estados Unidos, poucas são as universidades que oferecem cursos para a formação em Inteligência Competitiva, uma vez que muitas ainda não consideram a Inteligência como merecedora de *status* de disciplina acadêmica.

Entretanto, os profissionais de Inteligência devem possuir habilidades e formação específicas para executar efetivamente as diversas fases do processo de Inteligência. Esses futuros profissionais podem obter essas habilidades de quatro formas (MILLER, 2002):

- características pessoais;
- treinamento e desenvolvimento;
- experiência;
- mentores.

Entende-se por *características pessoais* aquelas inatas como: criatividade, persistência, habilidades de comunicação oral e escrita, mente analítica, astúcia para o negócio e capacidade de aprender independentemente.

Treinamento e desenvolvimento referem-se às habilidades adquiridas por intermédio de cursos que devem proporcionar o desenvolvimento do conhecimento necessário, tanto para exercer as diversas fases do ciclo de produção de Inteligência e Contra-Inteligência como para garantir o bom desempenho do profissional no cargo que estiver ocupando na área de Inteligência — seja de gerente, analista ou coletor.

A *experiência* diz respeito ao tempo que o profissional de Inteligência necessita para acumular qualificações e sabedoria.

Os *mentores* têm a função de ajudar os profissionais mais jovens a enfrentarem e superarem os obstáculos do trabalho de Inteligência.

Em geral, as habilidades e conhecimentos necessários para o bom exercício da atividade de Inteligência Competitiva são os seguintes:

- conhecer: fontes de dados e informações; métodos de acesso a dados e informações; métodos e ferramentas analíticas; a estrutura de poder e os processos de tomada de decisão; o ambiente, a estrutura e a cultura organizacional; o setor industrial e sua terminologia específica;

- ter capacidade: de identificar e extrair (ou deduzir) as necessidades exatas de Inteligência dos decisores; investigativa, tal como um jornalista; de filtrar e integrar os dados coletados; de autoaprendizado;
- possuir: mente analítica, criativa e intuitiva; habilidade de desenvolver hipóteses e formular perguntas; fluência oral e escrita e capacidade de síntese; conhecimentos de Segurança da Informação e questões de Contra-Inteligência Competitiva; persistência; comportamento ético.

Vale ressaltar a importância da obtenção de conhecimentos sobre conduta ética desse profissional, porque a conduta não ética poderá colocar em risco a imagem da organização a qual trabalha ou mesmo sua própria empregabilidade. Como as virtudes éticas são adquiridas e fazem parte da formação de um indivíduo[3], entendemos que os profissionais de Inteligência Competitiva devam conhecer tais orientações, de forma a guiar sua tomada de decisão. Segundo Flesher e Blenkhorn (2001), a importância da ética para a comunidade de Inteligência Competitiva pauta-se na crença de que deslizes éticos na prática de Inteligência frequentemente resultam da ignorância em vez da intenção.

O conhecimento, pelos profissionais de Inteligência Competitiva, tanto do código de ética quanto do de conduta, constitui necessidade prioritária, principalmente pelo fato de constituir prática ainda imatura no Brasil. O código de ética fornece os valores a serem seguidos pelos profissionais, entretanto, não garante que tais valores sejam seguidos ou cumpridos. Esses valores devem ser disciplinados pelo código de conduta. Os dois códigos orientam a formação desses profissionais e podem evitar o cometimento de ações de espionagem. Tais princípios e valores devem guiar e orientar a atuação desses profissionais e precisam ser adquiridos e cultivados (MARCIAL et al., 2002).

O que basicamente difere a atividade de Inteligência Competitiva da espionagem são as práticas legais e éticas de obtenção de dados e partes de informação utilizadas para a produção de Inteligência. São considerados, por exemplo, métodos não éticos e ilegais: o grampo telefônico e de e-mail, a compra ou roubo de informações e documentos sigilosos de uma organização, a mentira a respeito de sua identidade, a infiltração de pessoas nas organizações concorrentes, entre outros. As práticas de espionagem levam às organizações a correrem dois tipos de risco: o legal e o de imagem.

O risco legal está associado a ações de espionagem em que os dados e porções de informações são obtidos por meio ilegal, como o roubo de documentos,

[3] "As virtudes éticas descendem das teorias propostas por Platão e Aristóteles. As pessoas adquirem virtudes do mesmo modo que adquirem habilidades como cozinhar ou para exercer qualquer profissão. Aristóteles acreditava que a virtude era cultivada e fazia parte de uma pessoa como a linguagem e a cultura. As virtudes éticas propõem que as pessoas são criadas e educadas para tornarem-se virtuosas em caráter e podem escolher entre o certo e o errado pela natureza de sua índole." (MARCIAL et al., 2002, p. 24.)

o grampo telefônico ou de e-mail, a infiltração, entre outros. As penalidades são as mais diversas possíveis.

Marcial et al. (2002) também abordam a questão sobre o ponto de vista do risco de imagem mesmo com a adoção de práticas consideradas lícitas. A crescente cobrança por parte da sociedade quanto à transparência e conduta "politicamente correta" ou "socialmente responsável" das organizações explica essa situação. Por exemplo, quando o presidente de Oracle admitiu ter contratado detetives privados para bisbilhotar o lixo da rival Microsoft, o fato ocupou as primeiras páginas dos jornais no mundo inteiro, comprometendo a imagem da Oracle aos olhos de seus *stakeholders*. Segundo consultor americano da área de Inteligência Competitiva, tal fato ocorreu, pois "quem anda pelo lixo são os ratos".

Tais exemplos mostram a importância da conduta ética e as implicações que seu não cumprimento podem acarretar. Para enfatizar tal questão destacamos o episódio contado por Marcial et al. (2002), que nos mostra como, por outro lado, práticas legais de Inteligência Competitiva podem livrar as empresa de situações embaraçosas. O exemplo é o caso da Procter & Gamble *versus* Unilever, que se tornou um clássico em termos de exemplo da boa conduta profissional.

No Brasil, a Associação Brasileira dos Analistas de Inteligência Competitiva (Abraic) desenvolveu o Código de Ética e de Conduta (Abraic, 2009) com o objetivo de nortear a conduta ética dos profissionais de Inteligência Competitiva. O Código de Ética da Abraic é composto por valores éticos, respeitados por seus associados, e serve como orientação para todos os profissionais que atuam na área.

Código de Ética da Abraic

- Exercer a profissão com zelo, diligência e honestidade.
- Preservar sua dignidade, prerrogativas e independência profissional.
- Esforçar-se continuamente para aumentar o reconhecimento e o respeito à profissão.
- Cumprir as leis aplicáveis, tanto no País quanto no exterior.
- Manter sigilo sobre o que souber, em função de sua atividade profissional.
- Evitar envolver-se em conflitos de interesse no cumprimento de seus deveres.
- Assegurar as condições mínimas para o desempenho ético-profissional.
- Emitir opinião, dar parecer e sugerir medidas somente depois de estar seguro das informações produzidas e da confiabilidade dos dados.

A ética e a conduta finalizam a formação do profissional de Inteligência Competitiva no Brasil e garantem bons retornos da atividade nas organizações.

Também vale a pena observar algumas orientações contidas no Código de Conduta da Abraic. Apesar de ser um Código voltado para seu associado, ele possui alguns direcionamentos que devem ser seguidos por todos os profissionais da área, conforme é destacado a seguir, em seu Capítulo II, "Dos Deveres".

Capítulo II
Dos Deveres

Art. 2º Como orientação de conduta, são deveres dos Associados da ABRAIC, em complemento ao contido no Estatuto da Associação:

I – utilizar-se dos benefícios da ciência e tecnologia moderna objetivando melhoria do desempenho profissional e consequentemente proporcionar o progresso das Organizações e do País;

II – pleitear a melhor adequação das condições de trabalho, de acordo com os mais elevados padrões de segurança orgânica e Inteligência Competitiva;

III – manter-se continuamente atualizado, participando de encontros de formação profissional, onde possa analisar, criticar, ser criticado e emitir parecer referente à profissão;

......

V – buscar a utilização de técnicas modernas objetivando o controle da qualidade e a excelência da prestação de serviços;

....

IX – pautar-se nas atividades de Inteligência Competitiva pelo que prevê a legislação vigente quando em situação de:

1. espionagem econômica e espionagem comercial;
2. roubo de segredos comerciais;
3. suborno;
4. acesso não autorizado a instalações, documentos, pessoas e sistemas;
5. invasão de privacidade;
6. interceptação postal, telefônica, em transmissão de dados, em comunicação verbal e eletrônica e transferências eletrônicas;
7. fraude, estelionato e falsidade ideológica;
8. contato com documentos classificados quanto ao grau de sigilo.

X – Promover o Código de Ética da ABRAIC e este Código de Conduta Profissional junto às Organizações, terceiros contratantes e outras profissões.

Parágrafo primeiro – Entende-se por acesso: copiar, duplicar, rascunhar, desenhar, fotografar, descarregar, carregar, alterar, destruir, fotocopiar, replicar, transmitir, entregar, enviar, postar, comunicar e conduzir informações.

Parágrafo segundo – Entende-se por informações: dados brutos ou analisados, equipamentos, documentos, instalações e pessoas.

Parágrafo terceiro – Entende-se como documento classificado quanto ao grau de sigilo a mídia que contenha marcação simbolizando ser a informação de acesso restrito a determinado público.

Fonte: Código de Conduta da Abraic.

O futuro da Inteligência Competitiva no Brasil

Falar sobre o futuro implica conhecer o passado, porque são nossas ações de ontem e de hoje que constroem o futuro. O fato de o futuro estar permanentemente sendo construído nos leva a um alerta com relação ao passado: o futuro poderá se configurar completamente diferente do passado. Ao elaborar qualquer estudo de futuro, devemos olhar para o passado, não para procurar refleti-lo no futuro, mas para identificar os fatos que, independentemente de seu tamanho, possam realmente construir ou influenciar na construção do futuro. Partindo da premissa que o "futuro é múltiplo e incerto e que cabe ao homem, agente de mudança, construí-lo" (Godet, 1993), faremos análise retrospectiva antes de indicarmos quais as principais tendências e incertezas ligadas ao futuro da Inteligência Competitiva no Brasil.

Como já mencionado, a atividade de Inteligência Competitiva no Brasil é relativamente recente e ainda encontra-se incipiente e em construção. Ao contrário do que aconteceu em outros países, onde a Inteligência Competitiva foi introduzida pela transferência de conhecimento dos profissionais que atuavam nas áreas de Inteligência de Estado (KAHANER, 1996), no Brasil, tal atividade iniciou-se em meados dos anos 1990, liderado por profissionais da informação que trabalhavam no Instituto Nacional de Tecnologia (INT), ou seja, sem experiência nas áreas empresarial e de Inteligência, uma vez que o INT é órgão público federal da administração direta, pertencente à estrutura do Ministério da Ciência e Tecnologia (MCT). Apesar da importância desse movimento para o Brasil, tal fato histórico gerou trajetória diferente da dos demais países para o curso da Inteligência Competitiva.

A Abraic utiliza como marco do início das atividades de Inteligência Competitiva no Brasil o primeiro Curso de Especialização em Inteligência Competitiva (Ceic), que foi realizado no Rio de Janeiro, em 2007, e implementado por meio de uma parceira firmada entre o INT, o IBICT (Instituto Brasileiro de Informação Científica e Tecnológica), a Universidade Federal do Rio de Janeiro (UFRJ) e a Universidade de Marseille da França. Esse marco foi escolhido, pois os principais avanços ocorridos na atividade de Inteligência Competitiva (IC), incluindo a ampliação do número de empresas investindo em IC, no Brasil, estão ligados à formação de profissionais de IC por esse curso, que nos anos subsequentes atingiu outras regiões do Brasil.

Outro fator histórico que influencia o curso da atividade de Inteligência Competitiva no Brasil diz respeito à nossa própria língua. A palavra Inteligência tem origem no vocábulo inglês *Intelligence*[4] e não do latim *intelligentia*[5]

---

[4] "*... news or information; a) gathering of secret information, as for militar or police purpose, b) the persons or agency employed at this*". (Webster's New Word College Dicionary, 1997.)

[5] "Faculdade de aprender, qualidade ou capacidade de compreender e adaptar-se facilmente, maneira de entender ou interpretar, capacidade de resolver situações problemáticas." (Novo Dicionário Aurélio, 1990.)

como consta em nossos dicionários. Apesar de a origem da palavra *intelligence* ser o vocábulo latino, os ingleses acrescentaram à definição latina a atividade de Inteligência aqui discutida.

Essa diferença linguística trouxe significativa consequência para o estado atual da atividade de Inteligência Competitiva no Brasil e tem causado algumas complicações para sua evolução, porque remete a atividade à faculdade do "ser inteligente". Esse fato ainda cria situações de desconforto e barreira cultural em algumas organizações, o que impede ou gera obstáculos à implantação de sistemas de Inteligência Competitiva. Cabe destacar que em Portugal o termo "Competitive Intelligence" não foi traduzido e entrou no país com estrangeirismo, pelo fato de os portugueses não terem achado palavras em português que traduzissem seu significado. Um exemplo disso é o livro *Competitive Intelligence: Conceitos, práticas e benefícios*, dos professores João Pedro Taborda e Miguel Duarte Ferreira (2002), editado pela editora Pergaminho.

Por sua vez, tratar o termo fazendo a ligação correta com suas origens também esbarra em outro problema cultural brasileiro, pois estaremos nos referindo à atividade de Inteligência de Estado, que remete na mente de muitos brasileiros ao período de repressão militar e ao antigo SNI (Serviço Nacional de Informações).

Essas questões acabam por retardar a evolução da atividade de Inteligência Competitiva nas organizações no Brasil, muitas vezes, impedindo que seja introduzida da mesma forma que em outros países onde não havia tais barreiras culturais e linguísticas. Em consequência, reduz-se a capacidade de produção de Inteligência que realmente garanta vantagem competitiva às organizações que atuam no Brasil frente ao que é produzido pelas organizações com sede no exterior. Além disso, o termo em português remete a funções de aprendizado e conhecimento, como já citado, e gera nova confusão ao induzir muitas organizações a investirem em grandes bancos de dados e gestão do conhecimento empresarial como se equivocadamente se tratasse de atividade da área de Inteligência Competitiva. Tais funções não dizem respeito à atividade de IC, apesar de apoiá-la, como apoiam diversas outras atividades praticadas pela organização.

Outra influência no curso dessa atividade no Brasil diz respeito ao movimento realizado pelas empresas multinacionais. Líderes desse movimento no Brasil, na maioria por determinação da matriz, concentram-se em desenvolver a chamada Inteligência de Marketing — processo voltado para a produção de informações que auxiliem na decisão de marketing. Isso tem causado outro ruído, porque a origem e principal função da Inteligência é auxiliar as decisões estratégias. Ou seja, em sua essência, a Inteligência é função da Estratégia e não do Marketing, apesar de o processo também poder ser utilizado para decisões de marketing ou mesmo decisões operacionais, desde que façam parte da agenda de premência da organização ou referem-se a questões que "tiram o sono" do tomador de decisão.

Nos últimos anos, cresceu o número de cursos e seminários que debatem o tema Inteligência Competitiva. Também tem aumentado o número de empresas que investem em áreas e sistemas de Inteligência Competitiva, bem como o número de consultorias. Entretanto, esse crescimento ocorre sem uma orientação básica e sem delimitação clara das atividades a serem desempenhadas por qualquer profissional da área. Em todas as profissões, esses limites estão bem demarcados, nenhum médico se forma sem estudar anatomia, ou sai engenheiro sem estudar cálculo. Com relação à Inteligência Competitiva, esse currículo básico ainda não havia sido definido até a criação pela Abraic do Programa de Certificação Profissional em Inteligência Competitiva (ProCIC), sistema de autorregulação que visa sanar essa questão.

Para o bom desempenho de suas atividades, o profissional de IC deve saber, além dos fundamentos da Inteligência Competitiva, como produzir Inteligência, os principais métodos de planejamento da atividade, coleta, análise e difusão da Inteligência produzida. Deve conhecer as diversas fontes de informação e as técnicas de Contra-Inteligência. Saber montar um sistema de IC também é fundamental, bem como conhecer os norteadores de uma conduta ética desejável.

Ao longo desses últimos anos de existência da atividade de IC no Brasil, verifica-se que, a cada ano que passa, há o crescimento do interesse pelo assunto, mas também aumentam os casos de espionagem industrial e econômica. Esses casos configuram-se como outro problema enfrentado pela área, pois, muitas vezes, a mídia atribui, equivocadamente, essa atividade às áreas de IC ou as denomina com atividades de Inteligência.

O macroambiente e suas tendências também criam momento propício para se investir no processo de Inteligência Competitiva. Podemos citar como exemplo o ambiente de hiperinformação, hipercompetição, acirramento da concorrência, globalização e formação de blocos econômicos, busca constante por inovação tecnológica e redução do ciclo de vida dos produtos e dos clientes.

O crescimento da espionagem industrial e econômica também influi de forma significativa. O Governo, por intermédio do Programa Nacional de Proteção do Conhecimento (PNPC), tenta preparar as organizações para se protegerem contra tais ameaças. Entretanto, além de enfrentar várias barreiras culturais, depara-se com alguns movimentos que estabelecem que devemos compartilhar informações, uma vez que o conhecimento se multiplica quando compartilhado.

Apesar de constituir premissa verdadeira o fato de o conhecimento se multiplicar quando compartilhado, quando falamos de informação estratégica ou de Inteligência, é importante lembrar os princípios da Contra-Inteligência que nos remete às seguintes questões: compartilhar quais informações? Com quem? Onde? Quando? Como? Para que fins?

A análise desses fatos e tendências nos levam a discutir alguns pontos com relação ao futuro. Imagina-se que, nos próximos anos, haverá crescimento do número de empresas que investirão em Inteligência Competitiva e, por conseguinte, aumento do mercado de trabalho para profissionais de Inteligência.

Espera-se também crescimento no número de cursos que oferecem capacitação para o profissional de Inteligência, para atender a demanda crescente por parte das organizações por profissionais que exigem formação específica. Além disso, a necessidade de aprendizado constante levará também muitos profissionais já formados a buscar reciclagem, inclusive para a incorporação de novos métodos que apoiem o processo de produção de Inteligência. O número de consultorias para a área também deve aumentar, seguindo o movimento ocorrido nas organizações. Acredita-se que um grande impulsionador desse processo com a qualidade necessária para consolidação da atividade no Brasil será o ProCIC, dado o empenho que a Abraic está empregando para atingir esse objetivo: consolidar a Inteligência Competitiva no Brasil.

A preocupação constante com custos e retorno dos investimentos levará as organizações a cobrar o retorno dos investimentos realizados para implantação de áreas e sistemas de Inteligência Competitiva. As áreas que não conseguirem mostrar sua importância para as organizações estão fadadas a desaparecer no próximo movimento de redução de custos.

Essa possibilidade levará as organizações a buscarem profissionais cada vez mais qualificados e a identificarem métodos que permitam a mensuração do retorno da atividade de Inteligência. Sendo assim, os investimentos em capacitação devem aumentar, para garantir melhoria constante no processo de produção de Inteligência, com o objetivo de garantir maior credibilidade da área e maior importância de seus produtos no apoio ao processo decisório das organizações. A valorização desse profissional poderá levar à maior remuneração da atividade de Inteligência, a exemplo do que já ocorre nos Estados Unidos.

Também tende a crescer a quantidade de métodos e ferramentas que auxiliem na atividade de Inteligência e propiciem a produção com melhor qualidade e em menor tempo.

Outro ator que deverá ganhar destaque nesse ambiente são os provedores de informação. Apesar da falta de cultura das empresas brasileiras no que diz respeito ao pagamento de acesso à informação, provedores como Factiva, Dialog, Gartner, Plugar — único provedor brasileiro — e outros tendem a ganhar espaço como fornecedores de informação para áreas de Inteligência Competitiva.

O crescimento da espionagem industrial e econômica também poderá levar as organizações a se preocupar com a Contra-Inteligência Competitiva — atividade praticamente inexistente hoje em dia nas organizações brasileiras, pois ainda é confundida com a atividade de segurança.

Esse movimento poderá também levar à criação de lei específica que puna infrações, a exemplo de outros países, como a Lei de Espionagem Econômica, aprovada pelo Congresso Americano, em 1996.

Outra questão importante ligada ao futuro está relacionada ao desenvolvimento no Brasil da atividade chamada Inteligência Econômica. Refere-se à atividade de Inteligência voltada para o desenvolvimento econômico do Brasil. Desenvolvida por órgãos do Estado, visa, em geral, à produção de Inteligência destinada ao desenvolvimento científico e tecnológico, bem como à inserção das empresas nacionais no mercado internacional. O governo brasileiro tem desenvolvido algumas dessas iniciativas em órgãos como o Instituto Nacional de Tecnologia (INT), a Embrapa, o Ministério do Desenvolvimento, Indústria e Comércio Exterior, o Ministério das Relações Exteriores, entre outros. Falta, entretanto, a integração de todas essas iniciativas em um único sistema Econômico de Inteligência para aumentar a competitividade das empresas brasileira.

Mesmo tendo decorrido mais de 10 anos de existência no Brasil e 5 anos da construção dos cenários para a IC pela Abraic (MARCIAL, 2004), ainda existe grande incerteza quanto ao futuro da Inteligência Competitiva no Brasil. A mesma pergunta fundamental que estava presente em 2003, quando os cenários foram construídos, ainda paira no ar: a atividade conseguirá se firmar e haverá reconhecimento e utilização do processo e do produto de Inteligência Competitiva no apoio à decisão nas organizações no Brasil — principalmente, no apoio às decisões estratégicas —, ou não passará de modismo, apresentando crescimento em um primeiro momento para, logo depois, entrar em decadência?

Tudo indica que estamos nos afastando cada vez mais do cenário modismo, pois, apesar de a atividade ainda não ter atingido o grau de maturidade que desejávamos, pode ser verificado sua evolução e, a cada dia, mais organizações investem nesse processo. Estudo desenvolvido pela GIA (Global Intelligence Alliance) em 2005 coloca o Brasil entre os mais desenvolvidos na utilização das práticas de IC, juntamente com outros países desenvolvidos (GIA, 2005). Além disso, trata-se de uma atividade que vem sendo exercida no mundo desde a década de 1950 e, desde então, vem evoluindo de forma constante e cada vez mais se justifica nessa nova sociedade chamada de Sociedade da Informação.

Outra questão refere-se à forma como o profissional de Inteligência Competitiva irá comprovar sua qualificação. Será por meio de certificação — como vem ocorrendo com outras profissões semelhantes —, por formação específica em nível de pós-graduação, ou por cursos de curta duração específicos? Ou será que o fato de possuir experiência na área bastará? Como até o momento essa questão também ainda não foi resolvida e o movimento de certificação profissional cresce em todo o mundo, imaginamos que o programa de certificação profissional que a Abraic criou em 2008 seja o caminho.

O tamanho do mercado para a atividade de Inteligência Competitiva no Brasil nos próximos anos também é incerto. Em pesquisa realizada pela Associação Brasileira dos Analistas de Inteligência Competitiva, em 2003, especialistas acreditavam que até 2008:

- a mentalidade de Inteligência Competitiva estaria disseminada em, pelo menos, 50% das grandes e médias organizações no Brasil;
- que, pelo menos, 50% das grandes e médias organizações no Brasil estariam investindo em áreas específicas de Inteligência Competitiva em suas estruturas; e
- que mais de 50% das médias e grandes organizações brasileiras estariam utilizando as técnicas de Contra-Inteligência Competitiva como barreira às ações de espionagem e Inteligência Competitiva adversa.

Entretanto, isso não aconteceu. No início de 2008, apesar de todo o avanço observado, apenas cerca de 25% das 500 maiores empresas que atuam no Brasil possuíam a atividade de IC estruturada em suas organizações. Entre as médias empresas, esse número é muito menor. As atividades de Contra-Inteligência encontram-se em condições mais precárias. Confundida com segurança empresarial, poucas são as organizações que realmente possuem a atividade de Contra-Inteligência Competitiva.

Ainda persistem dúvidas sobre a visibilidade que a atividade de Inteligência Competitiva terá junto à sociedade brasileira. Acreditamos que a mídia poderá ser ator importante, porque, como formadora de opinião, tanto poderá mostrar à sociedade brasileira a importância de tal atividade, seus conceitos, desmistificando tal processo, como associá-la à atividade de espionagem. Apesar de existir essa última possibilidade, acreditamos que isso não ocorrerá, principalmente pelo fato de que, caso as empresas brasileiras não invistam em Inteligência Competitiva, só terão a perder, em termos de competitividade, para as empresas estrangeiras que já exercem e continuarão a exercer essa atividade, sem influência cultural negativa.

A falta de preocupação com a proteção da informação sensível também cria ambiente de incerteza quanto ao investimento em Contra-Inteligência Competitiva e, por conseguinte, quanto à sua utilização sistemática, em atividades como a classificação da informação quanto ao grau de sigilo e a definição de procedimentos de guarda e descarte desses documentos em organizações públicas e privadas. Acredita-se que o ProCIC contribua para a construção dessa cultura, visto que tais conhecimentos farão parte da formação básica desse profissional.

Apesar das iniciativas no sentido de desenvolvimento da Inteligência Econômica, ainda não podemos afirmar se os órgãos de Estado no Brasil irão produzir e desenvolver Inteligência Econômica, também não podemos afirmar se haverá contribuição da Inteligência de Estado, como ocorreu em outros países, para o desenvolvimento tanto da Inteligência Econômica quanto da Inteligência Competitiva no Brasil, a exemplo do que já ocorre em outros países.

Destaca-se que, hoje em dia, a participação da Inteligência de Estado nessa transferência de conhecimento não é mais tão importante quanto se apresentava há alguns anos atrás. Isso porque outros caminhos foram buscados pelas organizações, principalmente, a capacitação no exterior, como foi apontado que ocorreria no cenário “Carreira solo” desenvolvido pela Abraic em 2003 (MARCIAL, 2004). Os eventos internacionais voltados para a Inteligência Competitiva ocorridos nos últimos anos no Brasil também facilitaram a transferência de conhecimento, principalmente, para as organizações privadas.

São muitos, portanto, os questionamentos em relação ao futuro da IC, mas o ambiente mostra-se propício para o desenvolvimento da atividade no Brasil. Acreditamos em sua consolidação, bem como na criação de uma comunidade de Inteligência Competitiva forte no Brasil, porque essas principais questões já foram identificadas no âmbito da Abraic, e muitas ações vêm sendo adotadas para minimizar os pontos negativos e amplificar os positivos.

Podemos citar como ações desenvolvidas no âmbito da Associação que contribuem para essa consolidação o “Prêmio de Inovação em Inteligência Competitiva”, que já se encontra em sua terceira edição, e não só incentiva as organizações no Brasil a investir em pesquisa, mas também a motivar os pesquisadores que vêm se interessando por essa nova área de conhecimento a ampliar suas pesquisas. Outra iniciativa é o “Prêmio de Excelência em IC”, criado em 2008, que valoriza as iniciativas organizacionais que exercem as melhores práticas em Inteligência Competitiva. Além do reconhecimento, é uma forma de divulgação dessas melhores práticas em IC. Outra iniciativa que segue no mesmo sentido de consolidação da atividade de IC no Brasil refere-se ao “Programa de Certificação em Inteligência Competitiva”, já citado anteriormente. Esse programa não somente proporcionará uma formação básica em IC, como reciclagem, aprimoramento profissional, mas também a orientação para a aquisição de produtos e serviços para o desempenho da atividade nas organizações.

Conclusão

A criação e manutenção de uma área de Inteligência Competitiva vêm se tornando quesito obrigatório para as empresas atuarem de forma competitiva. As instituições de visão, inovadoras e conscientes podem encontrar terreno fértil para saírem na frente e criarem vantagens competitivas no mercado.

Apesar de a evolução da IC no Brasil estar seguindo trajetória diferente da ocorrida em outros países — se analisarmos a forma como foi introduzida no país e os problemas históricos e culturais —, podemos identificar vários fatos portadores de futuro que indicam o crescimento e consolidação da área e por sua vez do profissional que a exerce conforme ocorreu nos outros países. Destaca-se a pesquisa realizada pela GIA em 2005, que coloca o Brasil como referência juntamente com alguns países desenvolvidos.

Como em toda profissão, para que o profissional de Inteligência Competitiva possa desempenhar bem suas atividades, ele necessita tanto de formação adequada, quanto de habilidade e experiência no exercício de tais funções. Ressaltamos que o papel do mentor também pode ser útil nessa trajetória de formação profissional.

O futuro é construído por intermédio da ação de atores, que são agentes de mudança. Assim, é responsabilidade de toda a comunidade de Inteligência Competitiva existente no Brasil — além dos novos profissionais que estão por surgir — trabalhar para a construção de uma atividade sólida, consolidada e ética, que seja reconhecida pela sociedade brasileira e produza bons frutos no futuro, contribuindo para o aumento da competitividade das organizações que atuam no Brasil.

Por fim, cabe lembrar que, na guerra, seja ela militar ou competitiva, é aceitável perdermos, pois nos deparamos com profissionais e estratégias melhores que as nossas; entretanto, é inadmissível sermos surpreendidos. Somente um eficiente e eficaz sistema de Inteligência Competitiva possibilita que uma organização e seus decisores não sejam surpreendidos.

Referências

ABRAIC – ASSOCIAÇÃO BRASILEIRA DE INTELIGÊNCIA COMPETITIVA. Disponível em: <http://www.abraic.org.br>. Acesso em: 20 jun. 2009.

COOK, M.; COOK, C. *Competitive Intelligence:* create an intelligent organization and compete to win. Londres: Kogan Page, 2000.

FLEISHER, C. S.; BLENKHORN, D. L. *Managing frontiers in Competitive Intelligence*. Londres: Quorum, 2001.

FULD, L. M. *The new competitor intelligence*: the complete resource for finding, analyzing, and using information about your competitors. New York: John Wiley & Sons, 1995.

Global Intelligence Alliance — GIA. *Competitive Intelligence in large companies*: global study. GIA White Paper, n. 4, 2005.

GODET, M. *Manual de prospectiva estratégica:* da antecipação a acção. Lisboa: Publicações Dom Quixote, 1993.

KAHANER, L. *Competitive Intelligence:* how to gather, analyse, and use information to move your business to the top. New York: Simon & Schuster, 1996.

MARCIAL, E. C.; COSTA, A. J. L.; CURVELLO, J. J. A. Lícito versus Ético: como as ferramentas de inteligência competitiva podem contribuir para a boa imagem corporativa. In: *Revista Inteligência Empresarial.* São Paulo: CRIE/COOPE/UFRJ, n. 12, Edição Especial, p. 23-29, set. 2002.

MARCIAL, E. C. *Estudos de Futuro:* Cenários sobre o futuro da Inteligência Competitiva no Brasil. Brasília: ABRAIC, 2004. (Cadernos ABRAIC, 1.)

MILLER, J. P. *Millennium Intelligence:* understanding and conducting competitive Intelligence in the digital age. New Jersey: CyberAge Books, 2000.

PLATT, W. *A produção de informação estratégica.* Rio de Janeiro: Biblioteca do Exército Editora, 1974.

PORTER, M. E. *Vantagem Competitiva:* criando e sustentando um desempenho superior. 7. ed. Rio de Janeiro: Campus, 1992.

TABORDA, J. P.; FERREIRA, M. D. *Competitive Intelligence:* Conceitos, práticas e benefícios. Cascais: Pergaminho, 2002.

VAITSMAN, H. S. *Inteligência Empresarial*: atacando e defendendo. Rio de Janeiro: Interciência, 2001.

Capítulo 9

O Gestor de Planejamento Estratégico da Informação

Jorge Bezerra*

Resumo

O Planejamento Estratégico da Informação é uma área crítica para a alta administração de uma empresa que pretende alcançar um futuro cada vez mais próximo e rápido, considerando as mudanças que ocorrem sistematicamente em todos os segmentos. O gestor estratégico é o ator principal desse processo, fazendo leituras internas e, ao mesmo tempo, observando as oportunidades e ameaças que o mercado mostra. A estrutura do planejamento estratégico da informação tem etapas básicas, como visão, missão, alvos, estratégias, objetivos e projetos.

Introdução

Um dos maiores impeditivos de sucesso nas organizações chama-se Planejamento Estratégico. Esse fato é facilmente constatado nos índices que alguns órgãos, como o Sebrae, divulgam anualmente, mostrando a alta taxa de mortalidade das empresas brasileiras.

Há várias respostas para tentar explicar o porquê da não aplicação do Planejamento Estratégico no ambiente organizacional, porém, todos eles chegam a uma unanimidade: a figura do gestor é fundamental para capitanear esse longo e lento processo.

A informação, representada hoje como um dos grandes diferenciais competitivos entre as empresas, merece redobrada atenção, desde a sua obtenção até a transformação em conhecimento, materializando dados coletados isoladamente e compactando-os em produtos para que o gestor desenvolva sua principal função dentro da organização: a tomada de decisão.

* **Jorge Bezerra** é graduado em Administração de Empresas pela Universidade Estadual do Ceará (UECE) e Mestre em Administração pela Universidade Estácio de Sá (Unesa-RJ). É professor universitário, consultor organizacional e membro da Comissão de Desenvolvimento Sustentável pelo CRA/RJ.

Este capítulo tem o objetivo de demonstrar a construção e desenvolvimento de um Planejamento Estratégico da Informação, tendo o gestor como ator principal em sua preparação, adequação e ação no mercado.

Preparando o Planejamento Estratégico da Informação

O Planejamento Estratégico faz que a empresa olhe para o futuro e vá a seu encontro sem sofrer os percalços ou dissabores de uma caminhada sem bússola ou mapa. Ele necessita da construção de um processo decisório que ocorrerá antes, durante e depois de sua elaboração e implementação (OLIVEIRA, 2001).

Uma empresa vive de planejamento e não de improvisação. É claro que ela pode improvisar algumas vezes, porém, esta atitude não pode ser rotineira, pois, se ela assim o fizer, irá "quebrar", e terá esta como uma das principais causas de sua mortalidade.

É importante frisar que o planejamento sempre chega a previsões. No entanto, toda previsão tem uma margem de erros. A única forma de minimizar essa margem é aumentar o poder de observação que é seguido pela análise, possibilitando leituras alternativas de um planejamento estratégico.

Nessa preparação, dois estudos devem ser feitos pelo nível estratégico visando um amadurecimento das ideias e uma maior reflexão das decisões que advirão após sua implementação.

Atividades

No ambiente organizacional há, basicamente, dois tipos de atividades: as funcionais e as de projeto. As funcionais estão ligadas diretamente às atividades rotineiras, do dia a dia, aquelas que você faz de "olhos fechados". São consideradas ilimitadas, pois só têm começo, só irão terminar no dia em que você sair daquela rotina, serviço, seção, departamento ou da empresa. As atividades de projetos são limitadas, têm começo, meio e fim. Limitam-se a pessoas, recursos (financeiros, materiais...), tempo, espaço etc. Elas podem ser executadas paralelamente às atividades funcionais, porém, por serem limitadas, momentaneamente sobrecarregam as rotineiras. Mesmo assim, quase todos nós realizamos esses dois tipos de atividades e, normalmente, ambas são concluídas.

O conhecimento dessas atividades por parte do gestor fará com que as leituras organizacionais sejam mais precisas, uma vez que são precedidas de uma visão holística e sistêmica, na qual há uma fotografia setorial ou departamental das atividades da empresa. Este é um dado de suma importância para o gestor, pois as informações coletadas nessa leitura servirão de base para saber até que ponto os objetivos definidos pela alta administração estão sendo alcançados.

A gestão estratégica tem como objetivo identificar as competências internas, reuni-las e direcioná-las para alcançar os alvos pré-estabelecidos estrategicamente pela empresa. É uma tarefa difícil para o gestor, pois ele só terá condições de tal feito se souber localizar os pontos fortes e fracos da organização. Após esta constatação, o gestor, juntamente com o nível estratégico, fará análises das oportunidades e ameaças que o mercado apresenta.

Para o planejamento estratégico da informação, a definição de mercado representa o conjunto de relações que interferem na sociedade. Note que ele não usa o jargão "economês" ou "administrês" da oferta e procura, demanda, escassez, barganha e várias outras. Mercado, neste sentido, representa o estudo das atividades e de suas evoluções, que procura saber até onde as "ondas" do fato ocorrido irão chegar e de que forma a sociedade reagirá.

Problemas

Outro fato que preocupa a preparação do planejamento estratégico da informação é a definição dos problemas organizacionais. A empresa é a morada do problema, sem o qual, não haveria a necessidade de abri-la. O que o cliente traz para a empresa? Problemas. O que o gestor representa? O provedor de soluções para todos os problemas do cliente. Portanto, o problema é bem-vindo, pois, se ele não existisse, não teríamos empresas.

Há, basicamente, três tipos de problemas sobre os quais devem ser feitos leituras diferenciadas visando às soluções dos mesmos. São eles: problemas administrativos, gerenciais e de gestão.

O problema administrativo está ligado à estrutura, e não simplesmente ao organograma. São as condições (equipamentos) que a empresa oferece para que o trabalho seja realizado, atendendo assim os objetivos de seus clientes.

O problema gerencial está ligado ao fator tático e à ação. O gerente é a pessoa que gere ou administra os negócios, os bens ou serviços da empresa. É ele que faz que a "engrenagem" possa rodar. Nesta definição, nada é mencionado sobre prestígio pessoal e aceitação por parte dos dirigidos, ou seja, a liderança não é pré-requisito para ser gerente, porém, ajuda bastante ter um líder que seja também um gerente.

O estudo da liderança é bastante longo, e não iremos fazê-lo agora. No entanto, podemos definir rapidamente que líder é todo aquele que tem seguidores. A liderança é sentida e ouvida pelas pessoas, ela desrespeita a hierarquia, fazendo com que, não obrigatoriamente, o líder tenha uma alta posição hierárquica na organização.

Quando unimos o estudo do gerente e do líder, percebemos que a presença desses atores faz que o clima organizacional sofra alterações, tanto positivas quanto negativas. É comum ouvir trabalhadores que, após terem pedido suas demissões, falam que o principal motivo de suas saídas não foi a empresa, mas, sim, sua gerência. Não queremos dizer com isto que todo gerente é mal e perverso, mas que sua atitude e postura se refletem diretamente no clima organizacional da empresa, fazendo que a produtividade e rentabilidade apareçam como consequências desse *modus operandi*.

O gerente deve fazer que o clima organizacional seja organizado, produtivo e divertido. Esse gerente está sendo chamado não para dar lucro, e, sim, para organizar a empresa, pois, se assim o fizer, a reboque, virá a lucratividade. A empresa só deve produzir aquilo que é útil para a sociedade, caso contrário, sua produção ficará estocada em seus depósitos e ela terá que fechar suas portas. A diversão faz que o ambiente se torne "leve", pois o homem, antropologicamente, é um animal gregário, gosta e vive em grupos sociais, nos quais as situações lúdicas são recebidas com muito prazer e alegria. Perceba que não estamos pregando anarquia na empresa, e, sim, socialização, comunicação e entendimento entre as pessoas. Alguns chefes não gostam desse tipo de discurso, pois ainda acreditam que "lugar de trabalhar é na empresa", então, "deixe seus problemas do lado de fora da empresa" ou no antigo, mas tradicional "manda quem pode e obedece quem tem juízo".

O terceiro tipo de problema está ligado ao gestor. Ele é a pessoa (normalmente gerente) que está presente no momento em que a ação está sendo realizada. Tanto o gerente quanto o gestor podem ter uma atuação híbrida, ou seja, o gerente pode atuar como gestor e vice-versa. É comum a expressão do gerente "durante a minha gestão", na qual ambas as funções podem atuar juntas ou separadas.

Percebe-se uma grande dificuldade na identificação desses três tipos de problemas na empresa. Normalmente, são rotulados como "problemas" e, como tal, devem ser resolvidos o quanto antes, não interessando muito sua tipificação. O pior de tudo é que esse tipo de comportamento visa muito mais procurar o responsável pela falha do que resolvê-las ou minimizá-las.

Há uma expressão muito comum nas empresas competitivas:

→ PROBLEMAS → SOLUÇÕES → MUDANÇAS ↩

Portanto, sabendo que sem problemas não há empresas, e que devemos sempre propor melhorias para as diversas situações, surge, então, uma terceira situação: a mudança.

O filósofo Heráclito de Éfeso (450 a. C.) afirmava, em seu tempo, que "hoje, a única coisa constante é a mudança". A frase de Heráclito nunca esteve tão viva em nossos dias. Note como a velocidade das mudanças está aumentando: antes, tínhamos situações que se alteravam de 50 a 50 anos, enquanto que, hoje, a mesma situação é mudada em meses, ou então em dias. A globalização, como um tom pastel, igualou todos os produtos e serviços: todos os bancos oferecem os mesmos serviços a seus correntistas e não correntistas, os programas de TV são iguais, as universidades, as igrejas, os carros também. Enfim, a mudança trouxe uma mensagem para todos: inovação. Não vivemos mais na era da invenção, e, sim, na era da inovação, porém, para isto, as empresas precisam oferecer diferenciais competitivos, em que a informação seja o grande *imput* desse processo. Para inovar, temos que conhecer, caso contrário, faremos cópias ou piratarias.

A base do conhecimento é a dúvida, portanto, é uma caminhada sem linha de chegada, e os que têm espírito empreendedor chegarão primeiro a seus destinos.

A estrutura do Planejamento Estratégico da Informação

A maior ferramenta do gestor estratégico de uma empresa é o *benchmark*, ou seja, ele precisa de modelos e experiências vividas por outras organizações que sejam semelhantes às suas, mas que, ao mesmo tempo, não podem ser copiadas integralmente.

Benchmarking é "o processo de identificação, conhecimento e adaptação de práticas e processos excelentes de organizações, de qualquer lugar do mundo, para ajudar uma organização a melhorar sua performance" (KARDEC, 2002, p. 7).

Alguns estudiosos conceituam de forma diferente o termo *benchmark* e o *benchmarking*. O primeiro são indicações de desempenho ou fatos ocorridos; enquanto o segundo é um processo que proporciona melhorias de performance avindas de ações e do entendimento de como estas práticas são aplicadas, isto é, é a adaptação das práticas para serem usadas em diferentes situações na empresa.

Segundo Araújo (2001), fazer *benchmarking* é abraçar a ideia de processo como pressuposto. Todas as vezes em que um estudo de *benchmarking* surgir, o processo será enfatizado.

Podemos concluir que o gestor competitivo não trabalha com cópias, e, sim, com modelos adaptados à realidade de sua empresa. Um desses modelos é o que mostra a figura a seguir e que servirá de reflexão para nosso estudo.

Estrutura

Antes de estudarmos o planejamento estratégico, conforme a Figura 9.1, é necessário dar uma explicação sobre o termo estrutura no contexto do gestor estratégico da informação.

Figura 9.1 • Planejamento Estratégico da Informação

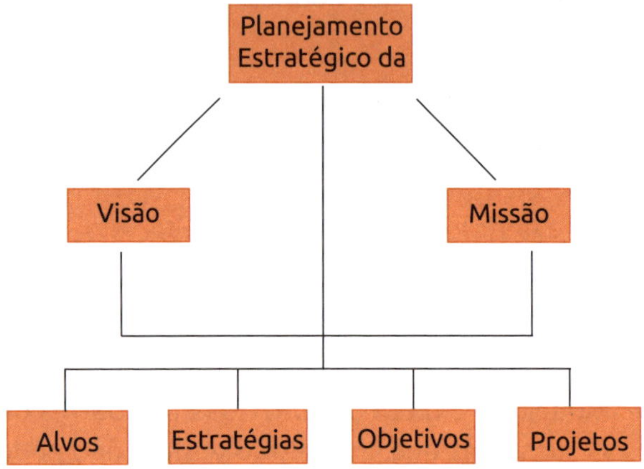

Estrutura significa a leitura da história da empresa. A história é uma unidade (passado/presente/futuro) que convive em um ambiente cheio de variáveis (econômicas, sociais, legais, tecnológicas, ecológicas, financeiras etc.), onde a dinâmica faz que as mudanças e inovações ocorram a cada instante. Essas mudanças provocam conflitos na empresa que, apesar de incomodar, mostram um sinal de vitalidade em seu interior. Algo preocupante é quando há conflitos em uma empresa e esta não reage, como se estivesse anestesiada. Como o organismo humano, a empresa é analisada muito mais por suas reações que por suas ações, sendo assim, suas manifestações irão mostrar até que ponto ela está assimilando as pressões do mercado e, ao mesmo tempo, como a sociedade irá receber e aceitar suas ofertas decorrentes das demandas sinalizadas.

Quando a empresa não reage, é como se estivesse triste ou deprimida. O passo seguinte é um processo de "anorexia", em que a empresa se nega a se alimentar e seu futuro é a morte. Pode parecer até uma cena melodramática, mas muitas organizações, de todos os tamanhos, têm medo de crescer, acham que "do jeito que está, está bom", até porque "outras estão piores do que nós".

É um erro estratégico que leva a organização ao definhamento e à anemia, decorrente da negativa de querer se alimentar das inovações tecnológicas que são oferecidas no mercado, sentem a mudança como um veneno mortal para seus anseios e preferem parar.

Saber fazer a leitura da história da empresa é obrigação do gestor. Sem esse conhecimento, é impossível desempenhar uma boa gestão, na qual as informações chegarão distorcidas e sem credibilidade. Esse gestor ficará nas mãos dos "mais informados" que, de acordo com seus interesses, poderão manipular notícias cujas consequências serão tomadas de decisões erradas, que irão provocar retrabalhos, e isto acarreta prejuízo para todos. Portanto, conhecer a estrutura é conhecer os corredores da empresa.

O conhecimento da leitura estrutural faz que o gestor enxergue melhor o ambiente produtivo, pois traz uma perspectiva lógica integrativa entre a empresa e o trabalhador, possibilitando uma melhor compreensão do desempenho organizacional. A estrutura é perene e faz que o gestor faça leituras internas com a possibilidade de compreensão das variáveis do ambiente que orbita a empresa.

A leitura estrutural alimenta uma análise conjuntural, fundamental para o planejamento estratégico da informação.

Conjuntura

Para o gestor estratégico da informação, conjuntura é ler o momento em que a empresa está vivendo. Ela é situacional, pois depende da contingência para ser entendida.

Na contingência não há a melhor forma (pré-fabricada) de se executar uma tarefa, pois existe uma dependência de todas as forças que pressionam a empresa, que são as oportunidades, as coações e os riscos. A contingência não é planejada, nem prevista, mas há a preparação de um plano (ou vários) que poderá ser acionado para resolver possíveis intempéries.

Quando citamos que a estrutura é que alimenta a conjuntura, significa dizer que os ingredientes da análise da conjuntura estão no ambiente que orbita a empresa. Então, só poderemos fazer uma análise da conjuntura se entendermos a estrutura.

Para estudar a conjuntura, deve-se fazer a leitura crítica da realidade por meio do conhecimento sistematizado em função de necessidades e interesses individuais e coletivos, tendo as atividades funcionais como grande fornecedoras de informações para esta análise.

Cenários

São uma hipótese de como será o futuro em determinado momento, que pode ser uma visão econômica, social ou política. Eles podem ser montados para uma indústria, religião ou uma nação, mas, para isso, existem diversas técnicas, e cabe a cada gestor saber qual será a mais adequada usando, em geral, uma análise de causa e efeito.

O cenário é montado em cima de uma conjuntura, vislumbrando uma estrutura, ou seja, é necessário fazer uma leitura do momento pelo qual a empresa está passando e, ao mesmo tempo, um exercício de visão para o futuro, baseado na capacidade operacional e produtiva que a organização pretende e pode alcançar.

O cenário não é realidade, pois uma situação é criada para se tomar uma decisão ou um plano de contingência. A contingência também não é realidade, pois pode ocorrer ou não, dependendo do que irá acontecer no mercado.

A construção de cenários deve estar amparada nos seguintes tipos: normativos, de tendências e exploratório. O normativo tem uma construção burocrática, baseado em normas e manuais que há em cada empresa. E tanto o de tendência como o exploratório estão na mecânica dos três cenários tradicionais: otimista, pessimista e intermediário. As pessoas tendem a apostar apenas no intermediário como o mais provável e põem a perder todas as vantagens de trabalho com essa metodologia de planejamento de cenários.

Nas empresas, principalmente nas de grande porte, ao se montar a equipe de desenvolvimento de cenários, leva-se em conta três coisas: a participação e o apoio da alta administração; a representatividade de um grande número de divisões e funções; e a presença de pessoas com imaginação, critérios amplos e capacidade de trabalhar em equipe.

Arie de Geus, pioneiro do aprendizado organizacional, sempre cita um bom exemplo para as pessoas, empresas ou nações que se mostram impossibilitadas de imaginar cenários futuros. Um aborígine que sempre viveu na selva foi levado para uma cidade grande. Quando voltou a sua tribo, contou assombrado que havia visto uma pessoa levar, em um carrinho, uma enorme quantidade de bananas que ele nunca antes acreditara ser possível transportar. Não se impressionou com os arranha-céus, aviões ou automóveis, mas, sim, com aquilo que estava preparado para ver. O ser humano nem sempre está preparado para acreditar naquilo que não está em seus planos ou em sua configuração mental. Por isso, a chave da construção de cenários bem-sucedidos é preparar os gestores para que vejam além daquilo que querem ver.

Quando um cenário é construído, a empresa está se preparando para montar seu planejamento estratégico, em uma caminhada alicerçada pelo poder da coleta de dados e de informações relevantes.

Figura 9.2 • Cenários

CENÁRIOS:	**NORMATIVOS**	– burocráticos
	TENDÊNCIAS	– otimistas pessimistas intermediários
	EXPLORATÓRIOS	– otimistas pessimistas intermediários

Do planejamento ao projeto

Um planejamento nunca deve ser feito individualmente, recomenda-se que sempre haja uma equipe ou colegiado para desenvolvê-lo. É uma construção a "quatro mãos", em que a troca de experiências e de informações impera nas discussões.

Conforme a Figura 9.1, faremos um estudo de cada uma de suas partes, tentando contextualizar na gestão da informação.

Visão

Segundo Oliveira (2001), visão "são os limites que os proprietários e principais executivos da empresa conseguem enxergar dentro de um período de tempo mais longo e uma abordagem mais ampla". Sendo assim, a visão proporciona o grande delineamento do planejamento estratégico da informação a ser desenvolvido e implementado pela empresa.

Não existe nenhum grande projeto sem visão. Quando Neil Armstrong, no dia 20 de setembro de 1969, colocou os pés em nosso satélite natural, ele estava materializando o Projeto Apolo que, com alguns acidentes e incidentes, chegava à 11ª missão, de um total de 19. A "corrida espacial" tinha a seguinte visão: "um americano vai pisar na Lua". Hoje, a Nasa quer levar uma nave tripulada a Marte.

A visão tem um aspecto mobilizador, ou seja, ela não é estática, pois fica perguntando constantemente: para onde vai nosso futuro? Mais uma vez, as palavras incertezas e mudanças aparecem neste estudo, mostrando que, ao olharmos para o além, a única certeza é de que tudo vai mudar.

Na sua definição, os parceiros precisam conhecer e concordar com a visão da empresa, até porque eles também serão atores desse processo. O prazo para que uma visão seja definida pelos gestores estratégicos, em uma empresa de grande porte, pode chegar a até 5 anos. É algo como pensar que, daqui a alguns anos, um órgão gestor máximo irá até sua empresa trazendo uma placa com alguns dizeres homenageando a organização. O que estaria escrito?

A visão dá alma para uma marca e deve ser oxigenada periodicamente por seus gestores.

Missão

Ao ser criada, uma organização deve ter em mente a missão que irá desempenhar, isto é, qual o *propósito* que a impele, o *objetivo* que tem em vista ou qual o *negócio* que pretende realizar. Assim, ao procurar definir a missão de uma organização, é coerente a prática de responder a pergunta: "qual é o nosso propósito?" ou, como é mais comum no âmbito empresarial, "qual é o nosso negócio?" (OLIVEIRA, 2001).

O texto da missão deve ser feito de forma participativa e deverá ter referências aos clientes (definindo-os), aos produtos e serviços (caracterizando-os), ao mercado (delimitando-o), aos empregados (estabelecendo seus valores para a organização), aos acionistas/proprietários (referindo-se à lucratividade e ao retorno) e a pontos específicos da organização, especialmente quanto à tecnologia, à ética, à cultura e ao relacionamento com a sociedade em geral.

Diferente da visão, a missão é intocável — não necessariamente perene —, pois não se deve ficar alterando-a constantemente. Além de trazer um desconforto às pessoas, uma vez que a cada hora os planos são mudados, isto provoca retrabalho e, obviamente, prejuízo para empresa.

Alguns estudiosos consideram que a missão traz a alma do negócio da empresa. A pergunta-chave para se descobrir sua missão é: "eu existo por quê?" Para a resposta, deveremos usar os verbos de ação, mostrando aquilo em que, efetivamente, a organização pretende se envolver.

Como exemplo, veja a missão que o Banco Real — ABN-AMRO — colocava publicamente no verso do cartão de visita de seus gerentes, parecendo até que todos devem saber daquele pensamento estratégico: "Satisfazer o cliente, gerando valor para os acionistas, funcionários e comunidade, através de uma postura ética nos negócios, diferenciando-nos pela qualidade dos produtos, serviços e, especialmente, pelo atendimento."

Outro exemplo de missão, não tão explícita quanto a anterior, foi a que a Nasa batizou de "Missão Pathfinder", na qual ela deveria estudar a possibilidade de voos tripulados ao planeta Marte. Quando a sonda chegou ao solo, a cordinha do paraquedas enrolou na rodinha da sonda. A cientista responsável disse: "Está em risco todo o projeto", pois haveria risco de morte para o homem que fosse em uma nave tripulada ao planeta vermelho, pois, na hora de seu desembarque, ele poderia morrer. Além de vidas humanas, uma alta soma de recursos financeiros estaria sendo desperdiçada naquele projeto. Aquela missão deveria responder a pergunta: Qual é o nosso negócio? Deixar o homem em Marte em segurança e depois trazê-lo de volta a nosso planeta em plenas condições de saúde.

Alvos

Uma vez definido com o *staff* da empresa, sua visão e missão, os passos seguintes serão voltados para a efetivação (ação) daquilo que se pretende estrategicamente.

Os alvos representam um grande sinal de profissionalismo e maturidade organizacional. Deve-se estabelecer não menos que cinco e nada mais que dez para se chegar a algum lugar.

No momento da definição do(s) alvo(s), há que se preparar para a construção da cadeia de valores que cada um desses alvos irá proporcionar. Como exemplo, veja, a seguir, a cadeia de valores que uma faculdade gera em decorrência de seu portfólio.

- **Portfólio (produtos ofertados)**
  - Cursos profissionalizantes
  - Formação básica
  - Formação intelectual
  - Pós-graduação
  - Mestrado
  - Doutorado
- **Áreas (elos da cadeia)**
  - Marketing
  - Pedagogia
  - Acadêmica
  - Administrativa/financeira
  - Interface com o aluno
  - Tecnologia

- Infraestrutura (prédio etc.)
- Desenvolvimento e pesquisa
- Recursos humanos

Esta faculdade pretende aumentar o número de matrículas para seu próximo período letivo, sendo assim, estipulou, como primeiro alvo, a implantação de uma área de marketing para a captação de recursos e a melhoria da comunicação com seu mercado.

Estabeleceu um Centro de Competência Educacional para as áreas pedagógicas, acadêmicas e de pesquisa, tendo como seu terceiro alvo a otimização de uma estrutura administrativa, financeira e de RH para atender a demanda existente.

A implantação de uma gestão de infraestrutura e de tecnologia, bem como o fortalecimento do processo de relacionamento com o aluno representam o quarto e quinto alvos que se pretende atingir.

Note que, para cada alvo definido, a empresa deverá criar estratégia(s) que visem atingi-lo, fato que iremos ver no próximo item.

Estratégias

Porter (2001) esclarece que a estratégia de uma empresa é sua personalidade, é seu poder de compra e barganha e, tanto a visão como a missão fortalecem a estratégia e o planejamento da organização, diminuindo consideravelmente as improvisações no ambiente. É com ela que os rumos serão definidos, a missão confirmada e os esforços canalizados para um só propósito.

Segundo Oliveira (2001, p. 74), estratégia "é a ação ou caminho mais adequado a ser executado para alcançar o alvo de uma empresa".

A estratégia é a forma de se atingir um alvo. É quando são reunidos todos os recursos da empresa para alcançar um objetivo comum. E o gestor deve providenciar recursos para que a empresa se capacite e atinja o alvo preestabelecido. Nunca defina a estratégia de sua empresa sozinho, defina-a em colegiado, com discussões e análises.

O Planejamento Estratégico da Informação é um instrumento que serve para efetivar as ideias criadas pelo nível institucional da empresa e transformadas em alvos.

Saiba que a estratégia é fruto de sínteses, enquanto o planejamento é de análises. Ou seja, tanto um como o outro precisam de informações e diálogos para existirem.

Objetivos

Os objetivos sempre estarão ligados à parte quantitativa de um planejamento estratégico, portanto, merecem ser bem definidos numericamente para que a empresa possa saber objetivamente o quanto deve fazer e em que prazo deve entregar o produto, para alcançar seus objetivos.

Oliveira (2001, p. 73) define objetivo como sendo "o alvo ou situação que se pretende atingir", determinando, assim, para onde a empresa deverá se voltar para que seus esforços alcancem uma eficácia completa.

Alguns órgãos consideram metas e objetivos como um mesmo conceito. Não pretendemos criar uma polêmica sobre essas escolas, até porque uma das definições de meta mais aceitas no mercado é a de que ela "corresponde aos passos ou etapas perfeitamente quantificados e com prazos para alcançar os desafios e objetivos" (2001, p. 73).

Projetos

Finalmente, chegamos à última etapa de nossa estrutura de Planejamento Estratégico da Informação: o projeto.

Como a Figura 9.3 mostra, o projeto representa a etapa de ação de toda a preparação, coleta de dados, discussões, análises e questionamentos que a empresa faz visando efetivar algo que agregará valores a si mesma, ao cliente e à sociedade.

Projetos são atividades ou empreendimentos que têm começo, meio e fim programados, que devem resultar em um produto final singular, que procura resolver um problema específico. Não há projetos que resolvam todos os problemas organizacionais de uma só forma, cada situação merece diagnósticos e propostas customizados para seus fins.

> Projetos são trabalhos a serem feitos com responsabilidades de execução, resultados esperados com quantificação de benefícios e prazos para execução preestabelecidos, considerando os recursos humanos, financeiros, materiais e de equipamentos, bem com as áreas envolvidas necessárias ao seu desenvolvimento (OLIVEIRA, 2001, p. 74).

Em sua construção, a presença constante do gestor de projeto representa uma das principais razões de sucesso daquela empreitada.

Outro aspecto em que se notou uma grande evolução na gestão de projetos é que, nos primórdios, ela enfatizava o estudo das técnicas de planejamento, programação e controle das atividades a serem desenvolvidas, com ênfase na estimativa de custos, partindo da premissa de que o objetivo estava definido. Por isso mesmo, o desenho do projeto que compreende o estudo dos procedimentos para esclarecer necessidades e definir objetivos tendia a ser negligenciado. E, em certas situações, é exatamente o desenho do projeto que assume maior importância, como no caso de grandes organizações que resolvem problemas de competitividade por meio de lançamentos de novos produtos que precisam ser concebidos, ou no caso de uma pessoa que se propõe a escrever um livro.

Nessa área, não há técnicas definitivas, nem receitas ou procedimentos padronizados, mas, nos últimos anos, notadamente na década atual, procurou-se desenvolver algumas diretrizes que possam ser aplicadas a uma grande variedade de situações. Essas diretrizes incluem: critérios para identificar projetos, para transformar necessidades em objetivos, para hierarquizar os objetivos, para identificar os clientes/usuários, metodologias para elaboração e avaliação de propostas, organização e coordenação de equipes etc.

As principais características de um projeto são:

Figura 9.3 • Projeto

- Cliente: qualquer projeto só existirá se tiver clientes que irão comprá-lo. Por isso, projetos precisam ser úteis e raros para o mercado.
- Objetivos: deverão ser claros, quantificados e com prazo de entrega.
- Incerteza: todo projeto corre risco de não ser aceito pelo mercado. Esta incerteza faz parte do ambiente em que o projeto vive e exige dele uma forte dose de análise e de exatidão de competência das pessoas que estão o executando.
- Atividades finitas: o fator tempo é o item mais tenso de um projeto. Ele está relacionado com o cronograma de atividades de um projeto e deve ser seguido à risca por seus gestores, caso contrário, cairá no descrédito dos clientes, e isto significa morte.

- Recursos limitados: o gestor trabalha com escassez e não com abundância. Tudo o que é facilmente encontrado vira *commodity*, ao passo que as coisas raras adquirem um valor bem acima da média do mercado. Assim também acontece em um projeto, em que recursos humanos, financeiros, físicos etc. recebem um tratamento todo especial por parte de seus gestores, para que, apesar do pouco recurso, o produto final seja entregue sem diminuir a qualidade oferecida.

Do ponto de vista dos níveis das atividades desempenhadas ou esforços, o projeto pode ser dividido em quatro fases (ciclo de vida).

- Conceitual: identificação de necessidades, estabelecimento das viabilidades alternativas, estabelecimentos das estimativas e realização da proposta.
- Planejamento: programação de recursos humanos, materiais, realização de estudos e análises e aprovação para a fase de execução.
- Execução: cumprimento das atividades programadas e sua modificação conforme a necessidade; monitoração e controle das atividades programadas.
- Final: encerramento das atividades do projeto.

Para concluir nosso estudo, uma grande pergunta fica no ar: por que os projetos falham? Se são tão analisados, medidos, pesquisados e gerenciados, por que, mesmo assim, há falhas? Sabemos que sim, e em uma visão holística, enumeramos os itens a seguir para sua reflexão:

- planejamento insuficiente;
- plano não realista;
- escopo do projeto subestimado;
- alteração dos requisitos pelos clientes;
- incapacidade de acompanhar o progresso;
- incapacidade de detectar problemas com antecedência;
- falha no levantamento de dados;
- mudanças de prioridades;
- não cumprimento do cronograma de trabalho;
- custos não programados;
- pessoal não qualificado.

Dentro de cada um desses itens, há subitens que também merecem uma atenção dos gestores que estão à frente de seus projetos, mostrando que esse administrador precisa saber minuciosamente fazer leituras de partes e do todo daquilo que está comandando.

Conclusão

O gestor estratégico da informação de uma empresa precisa trabalhar com duas ferramentas: a observação e a mensuração. Observar para saber analisar e, assim, saber planejar. Todo planejamento chega a uma previsão. E sabemos que toda previsão tem uma margem de erros. Portanto, o gestor, para tentar diminuir seus erros, não precisará aumentar sua observação, e, sim, melhorá-la, tendo a consciência de transformar os dados em informações relevantes, e estes em conhecimento, matéria-prima da tomada de decisão.

A segunda ferramenta desse gestor é mensurar. O paradigma que se tem é que "quem não sabe medir não sabe gerenciar". A necessidade de transformar ambientes e organizações só virá se houver uma métrica para aquilo que se planeja e para o que se pretende adquirir como produto final.

O planejamento estratégico da informação é o "divisor de águas" entre uma empresa que vive e uma que quer apenas sobreviver.

Questões para reflexão e aprendizagem

1. O olhar de uma empresa que está fazendo um planejamento estratégico é para:

   (   ) passado (   ) presente (   ) futuro

   Justifique.
2. Na preparação do planejamento estratégico, o gestor da informação deve ter conhecimento das atividades funcionais e das de projeto que uma empresa realiza. Qual a diferença entre essas duas atividades?
3. Quais as características dos problemas gerenciais que ocorrem em uma empresa? Cite um exemplo.
4. Para o gestor estratégico da informação, saber obter *benchmarking* é mostrar um diferencial competitivo.

   Por que o *benchmarking* tem essa importância para a gestão da informação e inteligência competitiva?

5. Se o cenário é uma projeção do futuro, servindo para alimentar a estratégia, por que se afirma que a análise conjuntural é a base dessa construção (cenário)?

Referências

ARAÚJO, L. C. G. de. *Tecnologias de Gestão Organizacional*. São Paulo: Atlas, 2001.

CLEMENTE, A. *Projetos Privados e Públicos*. São Paulo: Atlas, 1998.

CURY, Antonio. *Organização & Métodos:* uma visão holística. São Paulo: Atlas, 2000.

KARDEC, A.; ARCURI, R.; CABRAL, N. *Gestão Estratégica*. Rio de Janeiro: Qualitymark, 2002.

MENEZES, L. C. M. *Gestão de Projetos*. São Paulo: Atlas, 2001.

NONAKA, I.; TAKEUCHI, H. *Criação de Conhecimento na Empresa*. Rio de Janeiro: Campus, 1997.

PORTER, M. E. *Competição:* estratégias competitivas essenciais. Rio de Janeiro: Campus, 2001.

OLIVEIRA, D. de P. R. de. *Planejamento Estratégico*: conceitos, metodologias e práticas. São Paulo: Atlas, 2001.

Capítulo 10

Coaching e Educação Corporativa

Sergio Paulo Behnken*

Resumo

Muito se tem escrito e propagado sobre a importância do fator humano para o desenvolvimento e o sucesso das organizações sociais de produção (empresas). No presente cenário, nossos atuais líderes e gestores já deveriam ter assimilado esta ideia e se conscientizado de que o investimento feito em tecnologia corre o risco de se tornar um passivo para suas organizações caso o respectivo investimento no homem não o acompanhe na mesma proporção.

A necessidade de entender e se antecipar às demandas dos clientes e de mapear ações da concorrência tem estimulado a utilização de profissionais da Inteligência Competitiva para o gerenciamento estratégico das informações. Para isso, uma nova mentalidade profissional deve ser formada, a fim de instrumentalizar esses colaboradores na identificação de informações relevantes para a tomada de decisão. Ou seja, uma nova forma de pensar, sentir e agir deve ser oferecida pela empresa por meio das opções que dispõe para o desenvolvimento de seus recursos humanos, destacadamente o *coaching* e a educação corporativa.

Neste sentido, este capítulo tem como objetivo fundamentar futuros profissionais em conceitos e ferramentas sobre recursos humanos nas empresas, ajudando-os a visualizar o capital intelectual como seu maior ativo, além de instrumentalizá-los com estratégias de manutenção e de desenvolvimento deste capital. Além disso, por meio de breves considerações, desejamos levar o leitor a refletir sobre os programas de desenvolvimento profissional dentro das organizações, fazendo-o perceber tanto seus aspectos manipulatórios quanto a riqueza que esta prática oferece para o aprimoramento da pessoa física e da pessoa jurídica.

---

* **Sergio Paulo Behnken** é Psicólogo, *coach* e consultor organizacional. Mestre em Psicologia-PUC-Rio, Especialista em Psicologia Organizacional e do Trabalho, Especialista em Psicologia Clínica, formado em *Coaching* pelo Instituto Internacional de *Coaching*, avaliador do MEC, professor de Psicologia (graduação e pós-graduação), membro da SBPOT, diretor da ABRH-RJ — (2004 a 2009), Sócio-diretor da Potencial PSI — www.potencialpsi.com.br.

O capítulo está estruturado de forma didática, abordando o conceito de *coaching* e de educação corporativa e descrevendo seus processos e categorias. Finalmente, discutiremos a educação focada no conteúdo psicológico que, diferentemente dos cursos voltados para conteúdos técnicos, mobilizam a subjetividade do trabalhador (hoje, colaborador) para a dedicação e empenho de suas energias, inclusive a emocional, nas tarefas organizacionais.

Introdução

Em um cenário de alta competição mercadológica, é compreensível que as organizações se municiem de informações sobre seus concorrentes e sobre as variáveis que indiquem possíveis demandas dos clientes. Neste contexto, a análise minuciosa e a interpretação dos dados faz toda a diferença e pode significar, para a empresa, a possibilidade de crescimento ou o outro extremo: o encerramento de suas atividades comerciais. Para isso, as organizações de vanguarda estão contando com o trabalho profissional da inteligência competitiva e do gerenciamento estratégico de informações para se antecipar ao lançamento de produtos e entender preventivamente a movimentação dos concorrentes. Enquanto a maioria das decisões nas empresas é tomada contando apenas com dados em estado bruto, as companhias que se utilizam de inteligência competitiva educam seus funcionários a coletar, tratar, interpretar e aplicar esses dados transformando-os em informações preciosas de conhecimento estratégico. A consequência dessa nova forma de perceber a realidade externa possibilita um planejamento mais realístico e a definição de ações que melhorem seu desempenho.

Essa mudança de mentalidade só é possível quando as pessoas mudam, pois as ações são consequências diretas do que acontece em nossa mente e a ela estão subordinadas. Para que a forma de agir de uma pessoa seja modificada, ela deve alterar primeiramente sua dimensão mental e passar a pensar (componente intelectual) e a sentir (componente emocional) de forma diferente. É essa coerência entre o pensar, o sentir e o agir que solidifica a mudança de atitude.

A forma como esse desenvolvimento dos profissionais nas organizações acontece por meio do *coaching* e da educação corporativa é o foco de estudo do presente capítulo.

A prática educacional realizada dentro das organizações empresariais vem sendo constantemente solicitada no desenvolvimento dos trabalhadores nestes últimos anos. Como sabemos, esta modalidade educativa tem recebido lugar de destaque diante da crescente necessidade de formação e aperfeiçoamento dos recursos humanos exigidos pelo contexto de alta competitividade e mercado globalizado.

Para a melhor compreensão desta exigência, é necessário apresentar a relação estabelecida entre educação, qualificação e transformações ocorridas no modelo capitalista. Desde que o capitalismo se expandiu por grande parte do mundo, houve uma sucessão de etapas nas quais a qualificação para as operações que exigiam grande esforço físico e habilidades manuais foi gradativamente sendo substituída pela predominância dos componentes intelectuais da força de trabalho. Para tanto, cada trabalhador deveria ser preparado, pelos meios educacionais existentes, de uma forma mais elaborada. A cada sofisticação de uma máquina ou surgimento de tecnologia mais refinada, a empresa necessitava e exigia mão de obra com boa formação educacional e mais qualificada.

Os críticos do sistema capitalista perceberam que a maneira de controlar o trabalhador estava mudando de forma e de conteúdo, pois, segundo Lúcia Bruno (1996, p. 92), "trata-se hoje, pelo menos nos setores mais dinâmicos da economia mundial, de explorar não mais as mãos do trabalhador, mas seu cérebro."

Entretanto, mais modernamente, podemos constatar uma valorização para além dos aspectos intelectuais do trabalhador. Não é raro encontrar empresas que passaram a demonstrar preocupação com as emoções de seus profissionais, valorizando o que eles sentem e desejam como forma de aproximação com o próprio ambiente de trabalho, o que nos remete, naturalmente, a um paralelo com a fantástica campanha de marketing sobre o conceito de inteligência emocional difundido por Daniel Goleman (1995) e que rapidamente se difundiu pelas empresas.

Em termos da educação organizacional, esta atenção dada aos conteúdos emocionais se refletiu no aumento dos treinamentos de conteúdo psicológico como se, naturalmente, o capital estivesse agora reconhecendo sua importância.

Aqui, também, os críticos se posicionaram por meio de denúncias e esclarecimentos sobre a forma de se utilizar mais este conteúdo do trabalhador (suas emoções) como investimento na produção. Em seu artigo "El Dilema Cognitivo-Afectivo y sus Fundamentaciones Históricas" (In: Vários Autores, 1991), o cubano Roberto Corral nos apresenta como esta valorização da afetividade se explica no contexto econômico, desfazendo o caráter natural pretendido:

> La forma en que el hombre ha sido convocado como fuerza productiva depende del estado de desarrollo y las exigencias de la producción material y espiritual de un sistema social; si en otros períodos históricos la fuerza mecánica de su cuerpo era la requerida, esta era la forma de utilización que debía ser estudiada, explicada y por supuesto, extendida. Las propias divisiones en las exigencias dividieron a los hombres y separaron el trabajo físico del mental. La era moderna ha disminuido considerablemente las exigencias del trabajo físico y aumenta rápidamente las exigencias de una fuerza productiva centrada en la actividad espiritual. Pero no es toda la actividad espiritual del hombre la requerida, sino solo aquel aspecto que pudiera garantizar

> una producción socializada, convertible en bien de consumo común y por tanto neutral en sus fines, utilizable solo como instrumento. La parte espiritual del hombre que no puede ser socializada de esta manera adquiere otras características y por tanto se separa como el núcleo no utilizable para fines productivos de la propia subjetividad. (CORRAL, In: VÁRIOS AUTORES, 1991)

Estas críticas devem possibilitar ao leitor a produção de questionamentos sobre os programas de desenvolvimento realizado nas companhias (treinamentos, *coaching* etc.), levando-o a repensar a prática a ser apresentada nas seções seguintes. Práticas estas que podem se limitar à elaboração de um pequeno curso para determinado setor como também dotar a organização de grandes programas educacionais, também apresentados como universidades corporativas, que envolvam toda a empresa.

Nos primórdios do capitalismo, encontrava-se a nítida divisão entre a empresa e os agentes educacionais (família, escola, sociedade) com suas fronteiras de responsabilidades bem delimitadas. Em resumo, a empresa investia na qualificação do trabalhador (exercendo a função) enquanto os outros agentes tinham como objetivo integrar o homem à sociedade adequando-o às suas normas e valores sociais.

A nitidez desta divisão tem variado historicamente em função das relações de produção estabelecidas. Em termos empresariais, a responsabilidade da "educação para a sociedade" foi incorporada pela educação corporativa que, além de sua tradicional missão na qualificação técnica/administrativa do trabalhador, assumiu também o desenvolvimento de competências interpessoais no qual todos os componentes da subjetividade passam a ser foco dos trabalhos propostos.

Coaching

Como uma das formas de desenvolver o potencial dos profissionais, o *coaching* vem sendo utilizado pelas empresas, seja por intermédio de consultores externos, seja pela utilização de seus próprios líderes.

O *coaching*, originariamente vindo do meio esportivo, foi incorporado ao mundo empresarial por se mostrar muito prático e eficaz para identificar soluções e produzir no profissional o estímulo necessário para se movimentar na direção de uma meta. Em sua etimologia remota, do inglês medieval, "coche" significava carruagem, ou seja, um transporte que conduzia o passageiro até seu destino. Hoje, o verbo *to coach* é conhecido como transportar, treinar e orientar. Nessa analogia, podemos traduzir o *coaching* como o processo focado no desenvolvimento do ser humano equipando-o com ferramentas para elaborar seu próprio planejamento estratégico e, com isso, melhorar seu potencial para atingir suas metas pessoais e profissionais. Na definição dos termos utilizados, o *coaching* seria identificado como o processo em si; o *coch*, como o profissional que conduz o processo; e, finalmente, o *coachee,* como o cliente que passa pelo processo.

Sua fundamentação teórica conjuga diversas fontes e teorias e, para cada instituto que oferece formação profissional nessa área, o leitor encontrará uma gama de autores e linhas de pensamento — algumas com base na ciência e outras nem tanto — que respaldam suas práticas e metodologias. Considerando nossa formação em Psicologia, além da análise dessas fontes e a vivência prática do *coaching* corporativo e do *coaching* pessoal, identificamos quatro abordagens que sustentam teoricamente nosso trabalho, a saber: a Metodologia Socrática, a Teoria Sistêmica, a Psicologia Positiva e a Psicologia Sociocultural.

Desenvolvida por Sócrates (469 a.C.-399 a.C.), a Metodologia Socrática identifica a maiêutica (nascimento) das ideias em dois momentos. O primeiro faz o interlocutor questionar o próprio conhecimento a respeito de determinado assunto e o leva a se desfazer das antigas certezas que cristalizavam sua compreensão do mundo. Isso é possível pela utilização de perguntas certas que provocam reflexão e revisão de conceitos. O segundo momento estimula esse interlocutor a produzir, por si mesmo, novas ideias e opiniões sobre o assunto em questão. Ou seja, a maiêutica socrática se baseia na crença de que o conhecimento está latente na mente do ser humano e pode ser encontrado pelas respostas dadas às perguntas certas. Essa abordagem se aplica ao *coaching*, pois é exatamente por meio de perguntas que acontece o trabalho do *coach*. O *coach* não aconselha nem oferece respostas prontas; ele apenas provoca ações ao fazer as perguntas certas.

A Teoria Sistêmica, elaborada por Ludwig Von Bertalanffy (1901-1972), destaca-se por questionar a divisão do saber científico em ciências antagônicas e pela crítica de se considerar ciência apenas aquelas submetidas aos parâmetros da física, ou seja, estabilidade e previsibilidade. Considerando que esses parâmetros não se adaptam aos sistemas sociais, notoriamente, instáveis, imprevisíveis e dinâmicos, sua compreensão só é possível por uma visão interdisciplinar que respeite o saber de diversas matrizes. Nessa abordagem, um sistema deve ser considerado, ao mesmo tempo, como parte de um sistema maior (suprassistema) e como o todo de vários subsistemas que o compõem. Para o trabalho de *coaching*, essa forma de entender as relações permite que o *coach* compreenda as interferências e as inter-relações existentes entre diversas instâncias, seja no ambiente organizacional, seja em questões da vida pessoal do *coachee.*

A Psicologia Positiva, fundada por Martin Seligman, pode ser resumida como um movimento dentro da ciência que visa fazer que profissionais contemporâneos adotem uma visão mais focada no potencial humano. Sua origem está no conceito da “boa vida” de Aristóteles e na psicologia humanista. Sua proposição básica apoia-se na ideia de que a pessoa deve focalizar suas metas (foco no futuro), valorizando-as em detrimento do passado, ampliando, assim, o campo de desejo e estabelecendo estratégias para alcançá-las. Questionando os paradigmas anteriores com foco no passado (problemas), dando mais atenção à patologia do que à saúde e agindo mais de forma reativa do que preventiva, a nova proposta é atuar na prevenção e reduzir a necessidade de tratamento. Ou seja, focar o potencial, a felicidade e a resiliência. Para o *coaching*, essa teoria se ajusta perfeitamente, pois o objetivo do trabalho está em levar o *coachee* a focar o futuro e a realização de metas.

Finalmente, a Psicologia Sociocultural criada por Lev Semionovitch Vygotsky (1896-1934). Como a teoria possui um arcabouço teórico muito abrangente sobre o desenvolvimento humano, destacaremos um fragmento que nos permite aplicá-lo ao *coaching*. Segundo Vygotsky, sozinho, o ser humano consegue realizar tarefas e atingir um nível de desempenho aquém de quando conta com o estímulo de outra pessoa. Quando criança, o indivíduo deve receber esse estímulo de um irmão mais velho, dos pais ou dos professores. Quando adulto, ele deve vir do gestor desse profissional ou, em nosso caso, do *coach*. Essa diferença entre o que o ser humano consegue realizar sozinho e aquilo que, embora não consiga realizar sozinho, é capaz de aprender a fazer com a ajuda de outra pessoa, foi denominado por Vygotsky como Zona de Desenvolvimento Proximal (ZDP). É nessa área que o *coaching* atua e estimula as potencialidades do *coachee*.

Para realizar o trabalho de *coaching*, o profissional (*coach*) deverá desenvolver certas competências que lhe dão condições para compreender seu *coachee* e estimulá-lo para que atinja suas metas. São cinco as competências: estabelecer o *rapport*, ouvir o discurso latente, enfocar o potencial, fazer as perguntas certas, reconhecer o que o *coachee* fez de correto e deixá-lo ciente dessa ação. Vamos ver cada uma delas.

Como em qualquer início de relação, há um ponto muito importante para que o outro se sinta bem: o acolhimento. O *rapport*, em resumo, é a capacidade de se colocar empaticamente no mundo do outro e fazê-lo sentir que você o entende e que está com ele. Para que isso aconteça, além do que é verbalizado, as expressões faciais e a postura corporal também são fatores importantes e devem ser considerados pelo *coach*. Portanto, para que o encontro de *coaching* (sessão) seja produtivo, deve-se verificar se há disponibilidade tanto do *coach* quanto do *coachee* e se o local da conversa é apropriado e tem o sigilo necessário.

Ouvir o que nosso cliente tem a dizer pode parecer óbvio, mas conseguir ouvir seu discurso latente exige mais perícia e competência. Como sabemos, nossa fala é composta por muito mais elementos que a simples palavra. Nossas crenças, sentimentos, silêncios, nosso corpo, nosso tom de voz etc. são capazes de dizer muito mais do que se fala. O *coach* também deve se concentrar nesses aspectos, porque neles podem haver discursos recorrentes disfarçados, como "sou sempre vítima", "sou sempre o salvador", ou "todos me consideram o menos capaz". Para que essa competência seja desenvolvida, é importante que o *coach* procure identificar seu próprio diálogo interno e reduza, ao mínimo possível, as interpretações que sejam fruto de seus julgamentos, valores ou preconceitos.

A terceira competência é focar o potencial do *coachee* para levá-lo à ação. Nesse aspecto, não se valoriza o passado, apesar de considerá-lo. O foco deve estar no futuro e na capacidade do próprio *coachee* de encontrar as estratégias para atingir suas metas. Na comunicação cotidiana, quando conversamos com alguém, somos colocados em uma posição em que, diante de uma pergunta, devemos ter respostas ou oferecer opiniões que "ajudem" o outro. Isso, em geral, provoca a dependência de quem está ouvindo. Naturalmente, nada nos impede de usá-la quando o outro não domina o assunto ou quando nosso objetivo é passar orientações para um grupo. Entretanto, quando desejamos provocar autonomia, estimular a criatividade ou aumentar o comprometimento, esse tipo de reposta pode indicar que não valorizamos o potencial do outro. Ou seja, diante de um questionamento, o *coach* deve utilizar os ensinamentos socráticos e devolver a pergunta com outra resposta. Um exemplo clássico de uma conversa *coaching* pode ser o de funcionário que, diante de um problema, dirige-se ao chefe e pergunta o que fazer. Se não utilizasse esse modelo, o chefe poderia se sentir envaidecido e responder ao subordinado apenas para dar uma clara demonstração de que tem pleno domínio do assunto e o do trabalho. No caso do *coaching*, o mais indicado seria devolver a pergunta e dar algum tempo para o funcionário pensar em alternativas que solucionassem o problema para, só então, reunir-se com ele. Aqui, o foco estaria no potencial do funcionário e em sua capacidade criativa.

A quarta competência é saber perguntar. De todas as competências de um *coach*, essa é a de maior valor e sua ferramenta de trabalho mais importante. De forma geral, a regra básica nesse caso é fazer perguntas abertas que permitam que tanto o *coach* quanto o *coachee* explorem as diversas possibilidades. De forma diferente, as perguntas fechadas só admitem respostas monossilábicas (sim ou não) que limitam a identificação de desejos e reais motivos que sustentam a fala do *coachee*. Como pergunta aberta, entendemos aquelas que são iniciadas por aquilo que se convencionou chamar de 5W2H, ou seja, as iniciais na língua inglesa para as perguntas quando, quem, onde, o que, por que, como e quanto. Considerada uma boa pergunta, a pergunta aberta deve levar o *coachee* para o futuro fazendo-o sempre pensar nas soluções e nas estratégias mais adequadas para atingir suas metas.

Como última competência do *coach*, temos o reconhecimento consciente. Essa competência tem o objetivo levar o *coachee* a entender o que fez e se conscientizar das consequências das suas ações. Dessa maneira, fica mais fácil que ele entenda o que se espera dele e fazer a consequente manutenção de seu comportamento, o que, em última instância, facilita a aprendizagem. De forma geral, isso é feito em quatro passos: dizer o que ele fez de adequado e suas consequências positivas; depois, explicar o que ele deve manter em seu comportamento; e, finalmente, ressaltar os ganhos que obterá.

Todas essas competências são ferramentas para a realização das seis etapas da sessão de *coaching* que, de forma didática, apresentamos resumidamente nesse capítulo.

A primeira é estabelecer o *rapport*, já explorado anteriormente; o segundo momento é a transformação dos objetivos do *coachee* em metas. Ele é atingido quando conseguimos entender com muita clareza seus dois elementos: o objetivo e o prazo. Com a meta bem definida, o próximo passo é fazer o *coachee* pensar nas estratégias para atingi-la. Essa etapa deve ter como base a liberdade para produzir ideias nos moldes do *brainstorming*, com o *coachee* livre de qualquer censura ou interrupções. A etapa seguinte é a montagem do Plano de Ação. Aqui são depuradas as estratégias pensadas, para identificar as que são factíveis e, depois, elencá-las de forma cronológica. Essas ações podem ser organizadas como submetas dentro de uma meta maior. A seguir, devemos provocar o *coachee* para que ele reflita sobre os possíveis problemas para atingir essas metas. Com isso, provocamos um pensamento preventivo e estimulamos ações que reduzam dificuldades previsíveis. Como última etapa, fazemos um resumo do que ficou acordado, assinalando os pontos-chave e definindo formas de acompanhamento do plano.

Educação corporativa

Braga, em seu livro *Treinamento e Desenvolvimento: Um Estudo Sistêmico da Função*, relaciona diversos autores que procuram definir o conceito de treinamento. Alguns deles chegam a esta definição por comparação entre treinamento e desenvolvimento, conceitos institucionalizados pela educação corporativa realizada nas empresas.

Tema de diversas discussões, as diferenças entre treinamento e desenvolvimento continuam evocando tentativas de uma conceituação definitiva. Entretanto, historicamente, o que caracterizava cada um era a diferenciação radical quanto a suas atuações.

Em linhas gerais, a visão de treinamento estava relacionada com cursos utilizados pela empresa para transmitir à classe trabalhadora as habilidades necessárias ao desempenho específico de um cargo. Estes treinamentos seriam de curto prazo (carga horária reduzida) e mais voltados para necessidades orientadas a tarefas correntes. Seu público-alvo seria o trabalhador da área não gerencial e seu conteúdo se limitaria às operações técnicas e tarefas administrativas.

Em contrapartida, o desenvolvimento era considerado uma extensão do treinamento em nível mais elevado. Seria mais amplo, abrangendo o crescimento global do empregado, portanto, seu conteúdo não visaria apenas as tarefas do cargo, mas, sim, o desenvolvimento de potencialidades voltadas para a expansão de suas "habilidades de utilizar totalmente suas capacidades na solução de novas e diferentes situações" (BRAGA, 1984, p. 24).

Este desenvolvimento seria de longo prazo e teria como público os trabalhadores do nível gerencial. Seu conteúdo estaria fundamentado em ideias teórico-conceituais, com o objetivo de qualificar um seleto grupo de profissionais.

Na visão contemporânea, nos projetos para a qualificação do trabalhador, seja ele operacional ou gerencial, os conceitos de treinamento e desenvolvimento não estão mais divididos. Atualmente, estes conceitos estão unificados e tornaram-se interdependentes. Desta forma, o desenvolvimento passou a ser toda e qualquer atividade que represente uma proposta de aprimoramento da força de trabalho. Portanto, conforme esta nova visão, o treinamento, ao se transformar em um dos elementos do desenvolvimento, assumiu a condição de representante da educação praticada nas empresas.

O capital, em sua concepção mais moderna, considera desenvolvimento toda e qualquer ação da organização que favoreça a "evolução" do homem. Nele estão incluídas, portanto, todas as ações de um departamento de recursos humanos: recrutamento e seleção de pessoal; avaliação de desempenho; treinamento; planejamento de carreira; promoção; transferência; desligamento; entre outras.

O treinamento, finalmente, é o conjunto de cursos ministrados a qualquer empregado, seja ele da área gerencial ou não, sem distinção de conteúdos ou carga horária. O objetivo destes cursos seria o de desenvolver os profissionais por meio de ações próprias sobre conhecimentos, habilidades e formação de atitudes, atuando, respectivamente, nas áreas cognitivas, psicomotora e psicológica.

A estrutura da educação corporativa

Ao se fundamentar na teoria sistêmica para analisar a função treinamento, Braga (1984, p.36) propõe que

> [...] os elementos de entrada neste sistema são os recursos humanos ingressos na organização via sistemas de recrutamento e seleção. As saídas estão representadas pela contribuição que o treinamento oferece pela melhoria de capacitação dos recursos humanos da organização, particularmente presente em mudanças comportamentais observáveis que vão refletir-se na consecução dos objetivos organizacionais.

Do mesmo modo que o treinamento pode ser considerado um subsistema do departamento de recursos humanos, o sistema treinamento possui seus subsistemas divididos em quatro elementos: planejamento, programação, execução e avaliação.

Identificado como a faceta mais intelectual do treinamento, o planejamento visa levantar dados que ofereçam ao profissional desta área um panorama da organização, dando-lhe respaldo para elaborar a programação dos cursos a serem previstos. Esta etapa tem como meta concentrar o maior número possível de informações sobre a empresa que permitam a tomada de decisão sobre as intervenções a serem adotadas.

Na prática, o planejamento é executado por meio do diagnóstico da organização, analisando-se sua missão oficial; seus valores morais, instituídos ou não; as políticas para cada departamento; as metas estabelecidas; etc. Para a definição deste planejamento, também se realiza um procedimento denominado Levantamento de Necessidades de Treinamento por meio das análises organizacional, ocupacional e de desempenho. Estas análises visam complementar o diagnóstico e fornecer subsídios para a definição de estratégias de ação.

De forma resumida, Braga (1984) nos apresenta estas três análises.

A análise organizacional é o estudo sobre a empresa no qual o foco são as características específicas de cada departamento. Analisa-se, principalmente, seu clima organizacional por meio do grau de motivação para o trabalho encontrado e do nível de bem-estar causado por relacionamentos vivenciados dentro da empresa. Além disso, é traçado o perfil da força de trabalho realizando-se minuciosos inventários sobre os trabalhadores daquele setor.

Na análise ocupacional, a investigação é feita por meio da "coleta dos dados referentes a cada cargo integrante da estrutura da organização" (BRAGA, 1984, p. 57). Estes dados auxiliam atividades como recrutamento e seleção, treinamento, classificação de cargos, salários e promoção. A coleta pode ser feita por diversos métodos: entrevistas e questionários realizados com profissionais responsáveis pelas atividades; observação do cargo; ou revisão da literatura correspondente. Como se pode observar, esta análise tem a função de fornecer subsídios para a programação e os conteúdos dos treinamentos a serem elaborados.

Finalmente, temos a análise do desempenho, que visa identificar, dentre os trabalhadores, quais necessitariam de treinamento. O encaminhamento para os cursos é definido pela constatação do nível de desempenho de cada trabalhador, seja porque ele está aquém do esperado em sua função atual, seja porque está indicado para assumir postos que exigem competências ainda não totalmente desenvolvidas.

Na programação, encontra-se o planejamento pedagógico do treinamento. Nele estão definidos os objetivos do curso, seu conteúdo programático, sua metodologia e sua forma de avaliação. Com base no planejamento, é estabelecido o conteúdo e determinada a melhor sequência para ele.

A definição da metodologia procura estar adequada aos objetivos e conteúdos traçados, considerando-se também os seguintes aspectos: o nível de desenvolvimento dos treinandos, o tempo disponível para o curso e a disponibilidade financeira para recursos didáticos, que podem variar do mais simples material impresso aos mais modernos recursos tecnológicos.

A programação também define a modalidade a ser utilizada: presencial ou à distância (EAD). Com o avanço da tecnologia e da economia financeira a ela atrelada, cada vez mais empresas vêm utilizando esta modalidade para realizar seus programas de educação corporativa. Desta forma, diversos cursos podem ser ministrados por meio de várias mídias, principalmente a internet, proporcionando a inclusão de profissionais localizados em qualquer parte do mundo onde a empresa esteja atuando.

Nós consideramos importante registrar que tanto a modalidade presencial quanto a distância possuem aspectos de potencialidades e de fragilidades, portanto, devem ser utilizadas como complementares.

Como terceira etapa do processo treinamento, temos a execução, quando se concretizam as ações efetivas do que foi anteriormente planejado e programado.

Na execução, desenvolve-se o contato dinâmico da relação professor-aluno, com todas as peculiaridades do processo ensino-aprendizagem que lhe são inerentes. Na verdade, guardando as devidas diferenças com relação ao dinamismo dos adultos e à ausência do formalismo com notas e horários, estes cursos possuem grande semelhança com as aulas realizadas na educação formal pelas instituições de ensino públicas ou privadas. Aqui, os professores (denominados instrutores ou facilitadores) também necessitam apresentar um alto rigor quanto ao perfil profissional que inclua, por exemplo, ética, domínio do conteúdo e competência didática, além de uma personalidade que facilite a comunicação e o relacionamento interpessoal. Ao aluno cabe a responsabilidade de participação efetiva no treinamento, colaborando com experiências que enriqueçam a dinâmica dos encontros.

Na intenção de propor-se como científico, o processo de treinamento utiliza a avaliação para analisar sua dinâmica. Esta avaliação tem o objetivo de fornecer o *feedback* para todos os elementos já expostos anteriormente, alimentando-os de informações e dados que contribuam para seu aprimoramento.

Braga (1984), citando Kirkpatrick, apresenta quatro modalidades de avaliação: de reação, de aprendizagem, de desempenho do cargo e de resultados. Em

1992, Jack Phillips acrescenta um quinto nível: *Return On Investment* (ROI). Vejamos cada um deles.

Na avaliação de reação, encontra-se o levantamento feito no final do curso sobre a percepção dos alunos sobre ele mesmo. É uma avaliação que oferece *feedback* ao professor, pois, além de seu relacionamento com a turma e da facilidade de transmitir os conteúdos, ele é capaz de analisar a aplicabilidade do programa, o ambiente onde o curso foi ministrado, os recursos visuais e audiovisuais utilizados e, finalmente, a autoavaliação por parte dos treinandos quanto à sua participação no curso, à integração com a turma e à motivação para aplicar o apresentado no treinamento.

A avaliação de aprendizagem investiga a aquisição de conhecimentos, habilidades e atitudes propostas no treinamento. Esta avaliação pode ser feita por meio de provas de conhecimento, provas práticas e simulações, e seu resultado fornece subsídios para a revisão da análise ocupacional mencionada no levantamento de necessidade de treinamento.

A terceira modalidade é a avaliação de desempenho no cargo. Essa modalidade avalia os efeitos do treinamento no comportamento do treinando quando ele retorna a seu setor de trabalho. Ela se reporta à avaliação de desempenho do profissional antes do curso, comparando-a com o resultado da avaliação depois dele. Suas técnicas, além desta última, são entrevistas e questionários realizados com treinandos e seus supervisores e análises dos indicadores individuais de produtividade.

Na avaliação de resultados, que também pode ser denominada de acompanhamento, a organização consegue verificar a eficácia do programa ao comparar os indicadores levantados anteriormente com a evolução percebida após o treinamento desenvolvido. Considerada de alta complexidade devido à presença de diversas variáveis que contribuem para o resultado final, esta avaliação raramente está registrada na documentação referente ao treinamento. Seus indicadores são dados sobre redução de custos, redução de *turnover*, redução de acidentes de trabalho, aumento das vendas, ganhos de produtividade, reformulação do clima organizacional e outras formas do capital para avaliar os resultados dos treinamentos ministrados.

Como quinta forma para se avaliar um programa de treinamento, encontramos o ROI (*Return On Investment*). Esta última maneira de avaliar um treinamento complementa as outras quatro anteriores. Nesta modalidade, a empresa avalia se houve retorno dos recursos financeiros investidos por meio do levantamento de fatores que, conjugados em uma pequena fórmula matemática, permite o cálculo deste retorno. Estes fatores podem ser resumidos em benefício e custo. O benefício é definido como a melhoria real encontrada após o a realização do treinamento. Por exemplo, uma loja vendia R$ 10 mil por dia e, depois de um curso de técnicas de vendas, passa a vender R$ 16 mil. O benefício, portanto, está calculado em R$ 6 mil. O outro fator — o custo — é levantado pelo que se gastou na realização do treinamento em questão. Ainda no exemplo exposto, considerando que as despesas para a realização do treinamento em vendas tenham sido R$ 2 mil, este total seria seu custo. A fórmula subtrai do benefício o quanto se gastou com o custo e, finalmente, divide o resultado encontrado pelo próprio custo. No exemplo acima, a fórmula ficaria assim: benefício (6 mil) menos o custo (2 mil), igual a 4 mil. Com este valor dividido pelo custo (2 mil), chegamos ao número 2. Ou seja, para cada R$ 1,00 de investimento no treinamento, a empresa obteve um retorno de R$ 2,00. Como se pode notar, para este tipo de avaliação, é necessário realizar uma medição anterior e outra posterior ao treinamento para que seja possível calcular o benefício atingido. Entretanto, ressaltamos que os benefícios que não puderem ser calculados matematicamente (por exemplo, melhoria no relacionamento, na cooperação ou na comunicação) devem ser considerados benefícios intangíveis e analisados à luz de uma metodologia qualitativa.

Categorias de classificação

Para a primeira classificação, consideramos três tipos de treinamento: o de integração, o de formação e o de aperfeiçoamento.

Os treinamentos denominados de integração são aqueles destinados aos trabalhadores admitidos na empresa que precisam conhecer sua estrutura mais detalhadamente. São treinamentos que visam apresentar ao recém-contratado aspectos da organização por meio de um conteúdo que inclui a história da empresa, os produtos fabricados/serviços prestados por ela e, principalmente, as normas disciplinares e regras que norteiam tanto a premiação (aumentos, promoções) quanto as punições (advertências e demissões). Geralmente, são treinamentos rápidos, com exposição oral, visitas às instalações da empresa e entrega de manuais.

O treinamento de formação pode ser definido como o investimento feito na qualificação do trabalhador que ainda não domina as funções do posto de trabalho para o qual está destinado. Neste tipo, encontramos desde o treinamento realizado no próprio local de trabalho, com o supervisor imediato assumindo a função de instrutor, até os últimos recursos da informática e internet, com a utilização de computadores na autoinstrução. Evidentemente, o nível de complexidade pedagógica, carga horária e exigência metodológica do treinamento de formação em muito excedem ao treinamento de integração. Geralmente são propostas aos treinandos diversas técnicas que incluem: jogos empresariais, dinâmicas de grupo, discussões de filmes, simulações etc.

Como terceiro e último tipo de treinamento, temos o treinamento de aperfeiçoamento. Tido como uma variação mais específica do segundo, estes cursos são reciclagens destinadas àqueles trabalhadores que já dominam os conteúdos apresentados nos cursos de formação, mas estão indicados para aprimoramento ou atualização. Seu objetivo é especializar, cada vez mais, o trabalhador nas diversas novidades do mercado, evitando, com isso, que o capital perca competitividade pela obsolescência da força de trabalho.

A segunda divisão classifica o treinamento segundo seu público, acompanhando a hierarquia estabelecida no modelo empresarial, ou seja, o nível gerencial, o técnico-administrativo e, finalmente, o operacional.

Esta divisão, no entanto, não invalida os treinamentos com turmas formadas por elementos de vários níveis hierárquicos, pois, como estratégia de atuação, pode ser indicado um treinamento com toda a equipe de trabalho ou de um setor de produção.

Por fim, temos os cursos de treinamento classificados por conteúdo: os técnicos (conteúdos objetivos) e os psicológicos (conteúdos subjetivos).

Os primeiros se enquadram nos conteúdos que procuram instrumentalizar o profissional com técnicas específicas para o desempenho de suas tarefas. São cursos que não abordam aspectos emocionais e não se dedicam a questões do relacionamento humano, pois seus conteúdos são estritamente voltados para o domínio cognitivo ou para habilidades psicomotoras. Os segundos têm como principal objetivo a formação de atitudes, ou seja, visam o desenvolvimento do trabalhador quanto aos aspectos mais subjetivos de autoconhecimento (sentimentos, percepções) e melhoria de relacionamento com seu semelhante.

Como visto, as categorias expostas (tipo, público e conteúdo) classificam a educação nas empresas de forma a facilitar seu controle e sua segmentação.

Tendo em vista o interesse do presente trabalho, passaremos a analisar mais especificamente o treinamento de conteúdo psicológico.

O treinamento de conteúdo psicológico

O treinamento de conteúdo psicológico reflete um tipo de intervenção na organização que visa atuar basicamente sobre a formação de atitudes dos trabalhadores que dele participam.

Destacamos também que, como já revelado anteriormente, por trás destes cursos de grande carga simbólica, nota-se a intenção do capital em continuar controlando o trabalhador, agora por meio de sua subjetividade.

Anteriormente definidos como *os cursos que não eram de conteúdo técnico*, os treinamentos de conteúdo psicológico evoluíram para uma configuração mais nítida no cenário organizacional, apesar de estarem longe de uma homogeneidade de formato.

Em linhas gerais, atualmente, duas grandes temáticas compõem os conteúdos ministrados nestes treinamentos: a primeira, da investigação do autoconhecimento; e, a segunda, do aprimoramento das relações interpessoais. Ambas se completam em vários cursos ou são aplicadas em paralelo com os cursos de conteúdo técnico.

No entanto, para contextualizá-las, alguns aspectos históricos merecem ser demarcados.

Segundo Bíscaro (In: BOOG, 1994), após a Segunda Guerra Mundial, houve um crescimento das teorias da Administração e várias novas propostas de comportamento empresarial foram expostas aos capitalistas daquela época.

Pelo pensamento liberal dominante, quanto mais intelectualizado fosse o empresário, mais condição de sucesso teria em suas tomadas de decisão para melhor gerir o capital. A universidade de Harvard, portanto, tornou-se o modelo para toda esta classe ao patrocinar seminários de filosofia, cultura geral, entre outros. Obviamente, como foi constatada, toda esta preparação intelectual não assegurava a resolução de problemas de relacionamento nem atingia aspectos da subjetividade humana.

Simultaneamente, autores como J.L. Moreno, Kurt Lewin e W. Bion se dedicavam ao estudo de propostas que foram, pouco a pouco, absorvidas pelas práticas organizacionais, permitindo, assim, encontrar, na década de 1950, empresas que utilizavam técnicas como o Psicodrama, Sociodrama, Socioanálise e *Sensitivity Training* com o "objetivo de se alcançar não só as instâncias racionais das pessoas, mas especialmente sua emoção". Bíscaro (In: BOOG, 1984, p. 227).

Portanto, já naquela década, o capital se preocupava em descobrir técnicas que lhe permitisse "alcançar" as emoções dos trabalhadores. Mais modernamente, surgiram a Análise Transacional, a Bioenergética e a Programação Neurolinguística.

Ainda segundo Bíscaro, houve vantagens e desvantagens para o capital na utilização destas técnicas em treinamento. É incontestável que a possibilidade de discutir seus sentimentos nestes encontros melhorou a percepção e a sensibilidade dos trabalhadores com relação as suas emoções e as emoções do outro, tornando-os mais predispostos a outras formas de aprendizagem.

Entretanto, como desvantagem, o autor aponta que estes treinamentos não ofereciam os resultados a curto prazo esperados pelo capital, pois as variações significativas de atitudes vinculadas às modificações ocorridas na personalidade humana, com raras exceções, aconteciam (e acontecem) por meio de um processo lento e gradual.

Outra explicação para o insucesso destes treinamentos está relacionada com a formação de seus professores. É notório que, para trabalhar com estes temas, não basta que o professor domine conhecimentos teóricos e técnicas de didática; é fundamental que ele possua sólida formação psicopedagógica para poder reconhecer situações emergentes nos grupos, distinguindo as de conteúdo cognitivo das que impliquem questões emocionais mais graves.

Ampliando esta última desvantagem citada por Bíscaro, consideramos importante acrescentar um risco ainda percebido em muitos treinamentos de conteúdo psicológico.

Por serem cursos nos quais as características de sua dinâmica propiciam um clima de aceitação e liberdade para a discussão de problemas de cunho emocional e particular, quando mal conduzidos, estes cursos podem se transformar em verdadeiras sessões de psicoterapia grupal.

Contudo, seu tempo de duração, suas possibilidades de intervenção, sua metodologia e, principalmente, seus objetivos não permitem que os professores assumam postura de psicoterapeutas nem que suas colocações sejam percebidas como interpretações típicas de um consultório psicológico.

Para concluir, tendo em vista o exposto, podemos considerar que, para o capital, o treinamento de conteúdo psicológico pode ser apresentado com dois pilares de sustentação.

O primeiro está nos objetivos deste tipo de cursos que, de forma oficial, são definidos tanto no plano intrapessoal de autoconhecimento como no plano interpessoal de relacionamento com o outro. Entretanto, de forma velada, estes objetivos também se propõem a atingir a subjetividade dos trabalhadores.

O segundo pilar está nos conteúdos que viabilizam estes objetivos, pois é por meio da abordagem de temas como motivação, percepção, comunicação, criatividade, negociação, liderança, autoestima e desenvolvimento de equipe que o treinamento aborda a subjetividade do trabalhador.

Deste modo, a educação corporativa vem comprovando a necessidade do treinamento permanente de todos os trabalhadores para garantir a devida gestão e a socialização do conhecimento produzido e acumulado dentro das organizações, assim como para estimular sua produção.

Referências

BOMFIN, D. *Pedagogia no treinamento*: correntes pedagógicas no treinamento empresarial. Rio de Janeiro: Qualitymark, 1998.

BOOG, G. G. (Org.) *Manual de treinamento e desenvolvimento*. São Paulo: McGraw-Hill, 1994.

BRAGA, J. L. *Treinamento e desenvolvimento*: um estudo sistêmico da função. Fortaleza: BNB-DEPES/DITRE, 1984.

CATALÃO, J. A.; PENIM, A. T. *Ferramentas de Coaching*. Lisboa: Lidel, 2010.

CHIAVENTATO, I. *Construção de talentos:* coaching e mentorin. Rio de Janeiro: Elsevier, 2002.

Vários autores. *Tendências pedagógicas contemporâneas*. La Habana: Ediciones ENPES, 1991.

DI STÉFANO, R. *O Líder-Coach*: líderes criando líderes. Rio de Janeiro: Qualitymark, 2005.

DINSMORE, P. C.; SOARES, M. C. *Coaching prático*: o caminho para o sucesso. Modelo pragmático e holístico usando o método project-based coaching. Rio de Janeniro: Qualitymark, 2007.

DONADIO, M. *Treinamento e desenvolvimento total*: ensinando as empresas a aprender. Rio de Janeiro: Qualitymark, 1999.

GOLEMAN, D. *Inteligência emocional*: a teoria revolucionária que redefine o que é ser inteligente. Rio de Janeiro: Objetiva, 1995.

KIRKPATRICK, D. L. Evaluation. In: CRAIG, R.L. *The ASTD Training and development handbook*: a guide to human resource development. 4. ed. New York: McGraw-Hill — ASTD, 1996.

KATZ, D.; KAHN, R. *Psicologia social das organizações*. São Paulo: Atlas, 1987.

MARIOTTI, H. *Organizações de aprendizagem*: educação continuada e a empresa do futuro. São Paulo: Atlas, 1995.

PHILLIPS, J. *Return on investment in training and performance improvement programs*. Houston: Butterworth-Heinemann, 1997.

ROBBINS, S. *Comportamento organizacional*. Rio de Janeiro: Livros Técnicos e Científicos, 1999.

SCHEIN, E. H. *Psicologia organizacional*. Rio de Janeiro: Prentice Hall, 1982.

SHERVINGTON, M. *Coaching integral*: além do desenvolvimento pessoal. Rio de Janeiro: Qualitymark, 2005.

SNYDER, C. R.; LOPEZ, S. J. *Psicologia Positiva*: uma abordagem científica das qualidades humanas. Porto Alegre: Artmed, 2009.

VAN DER VEER, R.; VALSINER, J. *Vygotsky*: uma síntese. São Paulo: Edições Loyola, 1996.

VASCONCELLOS, M. J. E. *Pensamento sistêmico*: o novo paradigma da ciência. Campinas: Papirus, 2002.

ZAHAROV, A. *Coaching*: caminho para transformação da carreira e da vida pessoal. Rio de Janeiro: Brasport, 2010.

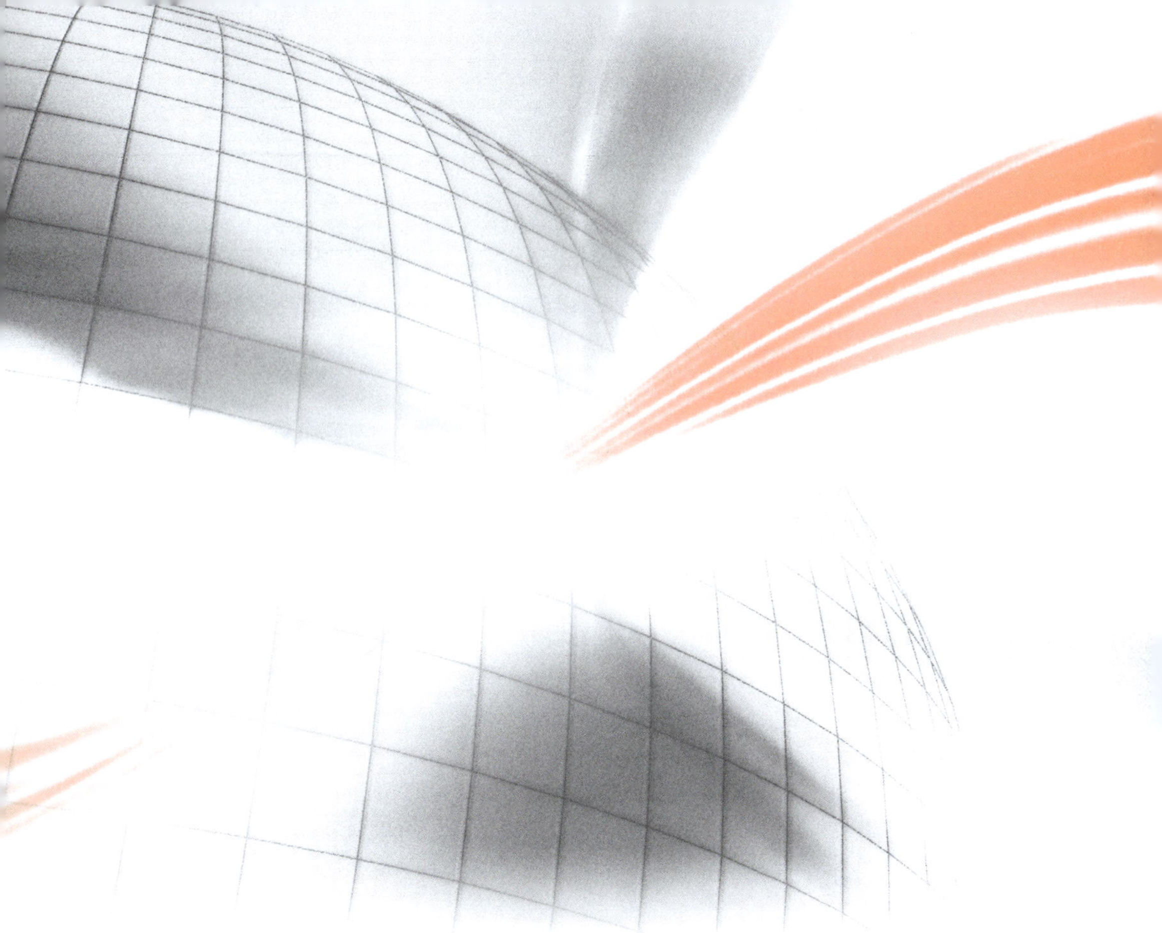

Parte 4

Da Segurança da Informação à Proteção do Conhecimento

Capítulo 11

Proteção do Conhecimento: uma proposta de modelo de aplicação nas organizações

Marta Sianes O. do Nascimento*

Resumo

Os principais estudos realizados nas áreas de Gestão da Informação e de Inteligência Competitiva estão relacionados com a valorização da cultura do compartilhamento dos conhecimentos individuais para a criação do conhecimento organizacional. Este capítulo visa mostrar a importância do desenvolvimento de uma cultura de proteção do conhecimento, como forma de alcançar e manter o diferencial competitivo das organizações. Nesse sentido, destaca a necessidade de ultrapassar a dependência das tecnologias da informação e ampliar o paradigma representacionista, assumido tradicionalmente pela área da Gestão da Informação, focalizando as discussões nos aspectos da subjetividade humana, na relação do sujeito com o mundo e no comportamento informacional das organizações. O capítulo apresenta uma proposta de modelo de aplicação da proteção do conhecimento no âmbito das organizações, utilizando a Metodologia de Sistemas Flexíveis (SSM) para responder à questão: como proteger o conhecimento não registrado?

Introdução

A primeira década do século 21 tem enfatizado a importância de prover acesso e facilitar o compartilhamento das informações e conhecimentos, e a web é o grande veículo desse processo. Com este enfoque, destacam-se o movimento mundial de acesso livre à informação, a prática cada vez mais difundida de distribuição de obras intelectuais, a ênfase à construção de repositórios institucionais, a ampliação e crescimento de novas e sofisticadas tecnologias da informação e comunicação e o desenvolvimento de robôs de busca e de programas

* **Marta Sianes Oliveira do Nascimento** é Psicóloga, Mestre em Ciência da Informação pela Universidade de Brasília (UNB), pós-graduada em Educação e Desenvolvimento de Recursos Humanos pela Universidade Federal do Rio de Janeiro (UFRJ). Especialista em Psicologia Organizacional e do Trabalho e especialista em Gestão da Informação e Inteligência Competitiva. Desenvolve suas atividades profissionais na Agência Brasileira de Inteligência (Abin).

de organização e recuperação cada vez mais poderosos. A maioria dessas ações tem o objetivo de aumentar e tornar mais rápido o acesso e o compartilhamento de informações e conhecimentos e se origina da motivação acadêmica que valoriza a possibilidade de que sua produção seja útil para a comunidade.

Por outro lado, como observam Balué e Nascimento (2006), a influência direta do conhecimento sobre o nível de desenvolvimento de empresas e países levou à necessidade de desenvolver estratégias voltadas para a proteção do conhecimento de alto valor agregado, como forma de preservar interesses econômicos e questões de soberania. Nessa perspectiva, indivíduos, organizações e Estados são atores que precisam enfrentar as mudanças decorrentes da era da informação. As autoras destacam que a época em que conhecimentos são patrimônio aberto, colocado à disposição de todos sem restrição, pertence ao passado.

O compartilhamento de informações e conhecimentos é fundamental para possibilitar a criação de novos conhecimentos, a inovação e a quebra de paradigmas. O intercâmbio de conhecimentos é imprescindível para iniciar novos ciclos científicos, econômicos e tecnológicos que provocam mudanças sociais, comportamentais e culturais e geram o desenvolvimento das nações. Mas, em um contexto mundial descentralizado e de grande concorrência, as organizações e os Estados precisam desenvolver mecanismos de controle, gestão e proteção de seus conhecimentos para manterem seus fatores críticos de sucesso e seu diferencial competitivo. Nesta nova conjuntura de relacionamento, identificar quais são os conhecimentos que devem e precisam ser compartilhados e quais são aqueles que devem ser protegidos e resguardados é uma decisão estratégica e de grande importância para instituições e países.

Balué e Nascimento (2006) ressaltam que, como consequência direta dessa situação, o objetivo principal da pesquisa científica deixa de ser simplesmente produzir conhecimentos, mas passa a vislumbrar a promoção e a exploração concreta dos avanços que eles podem gerar. Surge, portanto, uma nova relação entre a universidade e a sociedade, que condiciona o financiamento público à pesquisa a sua contribuição direta para a economia. Patentes e, mais amplamente, direitos de propriedade intelectual adquirem uma importância fundamental: o número de registros de patentes tem sido considerado, internacionalmente, um dos indicadores para aferir o nível de desenvolvimento socioeconômico de uma nação.

Nascimento (2005), ao discutir a questão da proteção ao conhecimento como desafio para as organizações no século 21, constata que ações para proteção dos ativos informacionais, quando presentes nas organizações, estão relacionadas de forma predominante a políticas de informação que contemplam apenas informações estruturadas e armazenadas em documentos ou em bancos de dados informatizados. Atualmente, tais ações estão voltadas essencialmente para a segurança física e lógica das informações e associados às tecnologias da informação e da comunicação.

As tecnologias da informação e da comunicação têm ampliado seu papel na gestão do conhecimento explícito — conhecimento representado e armazenado como informação. Mas o conhecimento tácito, enraizado nas ações e experiências de um indivíduo, em suas emoções, valores ou ideais, continua sendo de difícil manipulação pelas tecnologias. O foco da proteção permanece restrito à segurança das informações gravadas em suportes físicos ou virtuais, ignorando o conhecimento que circula de diversas formas por meio do raciocínio e ações humanos. Ações de proteção ao conhecimento, para terem efetividade, precisam estar relacionadas a fatores humanos, a experiências pessoais e coletivas, ao comportamento informacional e à cultura organizacional.

Este capítulo aborda o tema proteção do conhecimento e busca ampliar o paradigma representacionista,[1] assumido tradicionalmente pelos estudiosos da área da Segurança da Informação, focalizando o estudo na subjetividade humana, nas relações intersubjetivas, na relação do sujeito com o mundo e no comportamento informacional das organizações. O objetivo principal é apresentar um modelo de aplicação para responder à questão: *como proteger o conhecimento não registrado?*[2]

Informação e conhecimento: algumas referências teóricas

A questão da definição de 'informação' e de 'conhecimento' não é trivial. A seguir, serão apresentadas algumas considerações que irão subsidiar a questão da proteção do conhecimento e da necessária ampliação do paradigma representacionista tradicional.

Popper (1974) considera que o mundo tem pelos menos três submundos ontologicamente distintos.

- Mundo 1: mundo físico, dos estados ou objetos físicos.
- Mundo 2: mundo mental, dos estados psíquicos.
- Mundo 3: mundo dos inteligíveis, das ideias no sentido objetivo, dos conteúdos intelectuais, como os de livros, documentos, teorias científicas etc.

---

1 O paradigma representacionista tradicional trabalha apenas com o conhecimento registrado e estruturado em documentos escritos ou arquivados eletronicamente.

2 Este artigo baseia-se na dissertação de mestrado em Ciência da Informação na Universidade de Brasília (UNB), apresentada pela autora em 2008, intitulada *Proteção ao Conhecimento: uma proposta de fundamentação teórica.*

Bates (1999) e Saracevic (1999) assumem também, em sua concepção, o conceito de 'informação como coisa' (*information as a thing*), como registro físico, mas levantam a necessidade de considerar não apenas o registro, mas também o conteúdo, o usuário e o contexto, quando se estuda a informação. Miranda (2002), da mesma forma, considera que o objeto de estudo da Ciência da Informação está definido no Mundo 3 popperiano: o do conhecimento registrado.

Michael Buckland (1991) propôs três abordagens para o termo informação:

1. informação como processo à processo intangível — ação de informar e ser informado;
2. informação como conhecimento à entidade intangível — conhecimento propriamente dito;
3. informação como 'coisa' à entidade tangível — dados, documentos, objetos, eventos, conhecimento registrado.

Para Capurro e Hjørland (2003), as abordagens de Buckland (1991) trazem duas importantes consequências: a reintrodução do conceito de documento ('informação como coisa') e a indicação da natureza subjetiva da informação.

Capurro (1982, 1991) ao afirmar que o elemento fundamental da Ciência da Informação não é a informação, mas, sim, o homem, traz uma mudança fundamental para a concepção epistemológica da área. O autor abandona a ideia de informação como um elemento externo à mente humana e volta-se para o fenômeno da cognição como condição necessária para a determinação do que é chamado informação. Capurro (1982) salienta que o conceito de informação está estritamente relacionado ao de conhecimento, o que exige uma atenção às inter-relações, tantas vezes negligenciadas entre as teorias da informação e as do conhecimento.

Este artigo adota a Teoria do Conhecimento, sob o enfoque fenomenológico, proposta por Hessen (2003), para tratar do tema proteção do conhecimento. Essa perspectiva considera o conhecimento como um fenômeno decorrente da relação do sujeito com o mundo. Em uma perspectiva integradora, a fenomenologia enfatiza a interdependência sujeito-objeto e destaca o princípio da intencionalidade ao definir o conhecimento como a imagem do mundo apreendida pelo sujeito cognoscente, identificando de forma clara o sujeito, o mundo e as implicações desses dois elementos nesta relação.

Le Coadic (1995), Bates (1999), Miranda e Simeão (2002), Robredo (2003), entre outros estudiosos da área, apresentam a informação como o objeto de estudo da Ciência da Informação. Esses autores afirmam que a informação está tradicionalmente relacionada a documentos impressos e a bibliotecas e, mais recentemente, passaram a considerar também a informação em imagens e objetos, em documentos eletrônicos, em base de dados, em repositórios, bibliotecas virtuais ou na internet.

Pinheiro (2005) transcende esse conceito quando analisa que a Ciência da Informação preocupa-se também com a transformação da informação em conhecimento. Os processos que envolvem informação e conhecimento em seus momentos de transformação são contínuos. Por exemplo: um sujeito entra em contato com o mundo, forma uma imagem deste mundo (conhecimento) e incorpora essa imagem a outras já existentes e armazenadas em sua memória (aqui estão presentes vários processos cognitivos). Ele pode registrar esse conhecimento, por meio de uma forma de linguagem (escrita, oral, simbólica etc.), transformando-o em informação e pode armazená-lo em um suporte físico ou virtual, confeccionar um objeto que o represente, guardar sua descoberta na memória ou discuti-la com outra pessoa. No processo cognitivo interno de representação ou no processo de compartilhamento tudo pode ser iniciado, modificado e transformado outra vez. É oportuno ressaltar que todo esse movimento não ocorre necessariamente em "linha reta", mas, provavelmente, em figuras semelhantes a espirais, com movimentos variados de idas e voltas, que se complementam, chocam-se e fluem em várias direções.

Dessa forma, como nos ensina Pinheiro (2005), nem todo fenômeno da Ciência da Informação está confinado a textos e seus registros — físicos ou virtuais — sendo necessário considerar outros enfoques. Para a autora, a informação também pode ser encontrada em um diálogo ou em uma comunicação informal.

A dificuldade para perceber esses e outros objetos como informação ou como foco de interesse da Ciência da Informação deve-se, em grande parte, ao predomínio da visão positivista e do paradigma físico que são inadequados para abordar os objetivos e o campo de atuação da área. Pinheiro (2005) destaca que, nos últimos anos, alguns estudos teóricos têm provocado evoluções nos conceitos, princípios, hipóteses e métodos e, embora ainda estejam em estágio incipiente, estão gerando um sério e fértil ambiente de discussão.

É indispensável, portanto, expandir este conceito de informação, incorporando outras formas de registro, como os objetos materiais, a linguagem oral e a memória humana, ao lado dos registros em documentos eletrônicos e dos artefatos e equipamentos que os suportam (Nascimento, 2008).

Barreto (1994) já alertava que, quando se fala de conhecimento, é preciso ultrapassar o fluxo interno do sistema — seleção, aquisição, catalogação, classificação, indexação, armazenamento, recuperação e disponibilidade para uso de itens de informação — e introduzir um pensamento e uma ação direcionados aos fluxos externos: criação da informação em uma das extremidades e assimilação da informação na outra, ambos transcendendo o conceito de organização da informação. Além disso, como ressaltou Pinheiro (2005), considerando que o escopo da Ciência da Informação considera também o conhecimento como seu objeto de estudo, é oportuno considerar os processos humanos, organizacionais e sociais envolvidos na transferência, processamento, assimilação e compartilhamento da informação e em sua transformação em conhecimento.

É sob essa perspectiva que o fenômeno da proteção do conhecimento deve ser compreendido: como um processo que aborda a questão da segurança dos ativos de informação também em seus momentos de transformação da informação em conhecimento e vice-versa. Deste modo, inclui o ser humano não apenas como usuário dos recursos de informação, que precisa ser treinado para bem utilizar os computadores, mas como responsável pelos processos de criação, assimilação e processamento de conhecimentos, por sua transformação em informação, por sua disseminação e pelo compartilhamento voluntário. O ser humano seria o responsável pela proteção do conhecimento. As tecnologias da informação, com seus instrumentos, ferramentas e práticas associadas, seriam utilizadas nos processos de Segurança da Informação documentada, sua organização, tratamento, recuperação e comunicação.

Assim, tendo como base os processos envolvidos na gestão da informação e do conhecimento, Nascimento (2007) apresenta, na Figura 11.1, uma visão dos processos relacionados com a Segurança da Informação (processos internos) e dos processos relacionados com a proteção do conhecimento (processos internos e externos).

Figura 11.1 • Processos associados com a Segurança da Informação e com a proteção do conhecimento

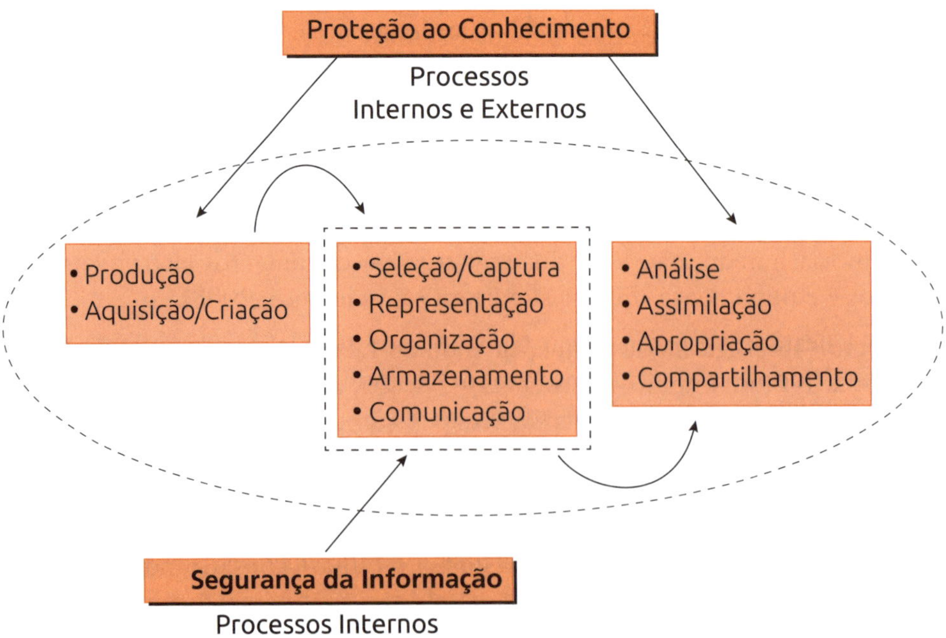

Fonte: extraído de Nascimento, 2007.

Hoje, a maioria dos artigos difundidos em revistas especializadas, em seminários, *workshops* e congressos aborda a importância de aplicação da NBR 17799:1999 e da NBR 27001:2005 com seus controles, requisitos e práticas de segurança. São inúmeros os depoimentos de gestores de diversas empresas públicas ou privadas que afirmam que suas organizações têm seus ativos informacionais protegidos, uma vez que a conformidade com relação às normas de Segurança da Informação da ABNT está em um determinado nível, X ou Y, considerado altamente positivo em termos de segurança. Sem dúvida, a implantação dessas normas e de suas atualizações tem trazido progressos de grande importância nas aplicações tecnológicas em Sistemas de Informação proporcionadas pelo computador. Mas também já se encontram discussões, especialmente no âmbito da academia, que começam a apontar a necessidade de outras formas de atuação, mostrando que a tendência vigente pode estar gerando uma falsa sensação de segurança, pois outros tipos de conhecimento organizacional e de informação corporativa estão sendo deixados de lado.

Proposta de modelo de aplicação para a proteção do conhecimento

A Agência Brasileira de Inteligência (Abin) desenvolve o Programa Nacional de Proteção ao Conhecimento (PNPC),[3] que se destaca, em âmbito nacional, como o único programa já implantado voltado para a proteção ao conhecimento, em uma clara ampliação do paradigma representacionista tradicional, ultrapassando as ações tradicionais de Segurança da Informação. Na área da atividade de Inteligência de Estado, diferentes países têm desenvolvido programas voltados para a salvaguarda de conhecimentos com potencial econômico com objetivos semelhantes. O modelo apresentado a seguir tem como ponto de partida a metodologia utilizada pelo PNPC.

Objetivos das ações de proteção do conhecimento

Uma questão que precisa ficar clara quando se fala de proteção do conhecimento é que nem todas as informações e conhecimentos são iguais quanto às necessidades de segurança e proteção. Parte-se da premissa que todas as informações que transitam ou estão armazenadas em repositórios corporativos devem ter garantidos os atributos da integridade e da disponibilidade para os usuários autorizados sempre que necessário. O atributo do sigilo não tem o mesmo valor para todas as informações e conhecimentos, sendo imprescin-

3 Abin <http://www.abin.gov.br> — Programa Nacional de Proteção ao Conhecimento.

dível identificar aqueles que precisam ter seu acesso limitado ou controlado e aqueles que devem fluir livremente e ter seu compartilhamento estimulado no ambiente organizacional.

Objetos de proteção[4] e alvos de proteção[5]

Os objetivos das ações de proteção do conhecimento serão definidos em função dos diferentes objetos de proteção que se apresentem no ambiente organizacional. Serão apresentadas, a seguir, seis situações diferentes que devem ser consideradas com relação aos objetivos, não esgotando, todavia, todas as possibilidades existentes nos diferentes ambientes corporativos.

a) *Garantir que o conhecimento registrado sob a forma de documento escrito — físico ou eletrônico — esteja disponível sempre que necessário, que só as pessoas autorizadas tenham acesso a ele e que ele esteja íntegro, não permitindo alterações indevidas.*
Esta situação está relacionada com o que está previsto nas práticas de segurança para a informação registrada em suportes informacionais físicos ou virtuais. Como veremos mais adiante, ela se refere a um dos segmentos trabalhados na proteção do conhecimento — a proteção de sistemas informatizados e de comunicação — e está fortemente apoiada pelas tecnologias da informação. As medidas e procedimentos de segurança previstos encontram-se bem definidos na NBR ISO/IEC 17799:2005.

b) *Garantir a Segurança da Informação e a proteção do conhecimento em quaisquer formas de registro e suporte de armazenamento.*
Esta situação envolve, pelo menos, dois tipos de ocorrências.

b1) O primeiro exemplo deste objeto refere-se à informação armazenada em um repositório corporativo informatizado quando ela é impressa ou copiada em papel, por meio de fotografia, leitura, gravação etc. Aqui são criadas novas formas de registro e suporte com a mesma informação, mas que também precisarão ser alcançadas por medidas e procedimentos de segurança, ou a informação original multiplicada poderá ser difundida sem autorização.

---

4 Objetos de proteção são os conhecimentos que devem ser protegidos, em razão de apresentarem um dos seguintes atributos: a) serem sigilosos; b) representarem valor estratégico para a organização; ou c) causarem prejuízo à missão ou à imagem institucional se divulgados indevidamente (Abin).

5 Alvos de proteção são os locais, documentos, materiais, pessoas e sistemas informatizados ou de comunicação, nos quais os objetos da proteção estão representados, armazenados ou transitam (Abin).

b2) Outro exemplo refere-se ao conhecimento que tem como resultado não uma ideia, um conceito ou uma teoria, mas a produção ou confecção de um objeto ou material, que também é uma forma de registro de conhecimento. As práticas de Segurança da Informação, normalmente, não consideram esse tipo de registro material, limitando-se a registros sonoros, magnéticos, virtuais ou físicos, como documentos, fotografias, imagens, desenhos, plantas e outros de mesmo tipo. Dessa forma, um equipamento, uma máquina, um instrumento ou outro objeto que traga, em sua confecção, conhecimento avaliado como segredo tecnológico ou industrial e que constitui diferencial competitivo de uma determinada organização, não está protegido pelas práticas tradicionais de Segurança da Informação. Nestes casos, para garantir a proteção desse tipo de conhecimento, seriam necessários a elaboração e o registro de patentes ou a criação de outros mecanismos de preservação de segredo industrial.

c) *Garantir a proteção de conhecimentos criados ou "pensados" e que não foram ainda falados ou documentados.*

Esta situação diz respeito a conhecimentos que não foram documentados e que podem se perder e, neste caso, as práticas de Segurança da Informação previstas não conseguem proteger esse conhecimento. A situação envolve o compartilhamento de conhecimentos, que é uma ação humana voluntária e está associada à explicitação do conhecimento por meio de qualquer forma de linguagem.

Atualmente, as organizações têm estimulado seus profissionais a compartilharem seus conhecimentos, para que eles possam ser transformados em informação e registrados, produzindo o que se convencionou chamar 'conhecimento corporativo', 'banco de dados corporativos' ou 'memória organizacional'. Quando se trata de criação ou inovação tecnológica, existem também as formas de proteção da propriedade intelectual ou patentes. São vários os estudos que abordam este tema como fundamental para o desenvolvimento e sobrevivência das organizações. Alguns artigos, inclusive, ressaltam a questão da fuga ou perda de cérebros e discutem a rotatividade de profissionais que saem das empresas sem registrar seus conhecimentos, fazendo com que eles se percam ou que as organizações não tenham mais acesso a eles.

Existem organizações que, por meio do processo de gestão do conhecimento, procuram incentivar o compartilhamento desenvolvendo condições para que os profissionais se sintam estimulados a fazer isso e, muitas vezes, complementam os bancos de dados corporativos de informações registradas com 'bancos de conhecimento' ou 'banco de talentos', nos quais registram não os conhecimentos ou os objetos de conhecimento (conteúdos), mas suas fontes: que profissionais detêm que conhecimentos.

As práticas de Segurança da Informação não estão voltadas para encorajar o compartilhamento e a explicitação de conhecimentos individuais, pois se preocupam com a Segurança da Informação já registrada e não com os momentos de transformação do conhecimento em informação ou vice-versa. Nesse sentido, é necessário ampliar o escopo da Segurança da Informação para proteger esses conhecimentos, definindo processos e condições para que eles sejam registrados e transformados em informação e possam, assim, ter o tratamento de segurança adequado.

Um tipo especial de conhecimento que se encaixa neste objetivo e que não está protegido pelas medidas e procedimentos de Segurança da Informação é o conhecimento tradicional associado à biodiversidade. Esses conhecimentos, normalmente de domínio de povos indígenas e populações ribeirinhas, são compartilhados sem controle com pessoas, predominantemente estrangeiras ou vinculadas a empresas multinacionais da área farmacológica ou cosmética, com interesses comerciais de grande monta e que não oferecem, em contrapartida, benefícios justos a essas populações ou ao país.[6] Hoje, há inúmeros estudos que propõem formas diferenciadas para proteção desses conhecimentos que, por seu alto valor competitivo, são objeto de ações de roubo, espionagem e biopiratária e, pelas leis atuais, inclusive internacionais, não podem ser protegidos por processos de patenteamento ou propriedade intelectual.

d) *Garantir que um novo conhecimento ou o que uma pessoa sabe ou tomou ciência na organização — tendo sido documentado ou não —, só seja divulgado quando, para quem e na forma que for autorizado.*

Esta situação envolve a ação humana voluntária de manter o sigilo, de guardar segredo, e abrange, pelo menos, dois tipos de ocorrências.

d1) Novos conhecimentos produzidos pelo indivíduo, registrados e armazenados em suportes físicos e virtuais.

Quando uma pessoa, em sua relação com o mundo, cria ou produz um novo conhecimento e o registra em um determinado suporte, isto não quer dizer que, ao registrar esse conhecimento, a pessoa deixa de ter acesso a ele. A teoria do conhecimento sob o enfoque fenomenológico afirma que, embora no processo do conhecimento sujeito e mundo sejam indissociáveis, eles continuam separados: o objeto não é arrastado para dentro da esfera do sujeito, ou seja, o conhecimento registrado

[6] Fonte: www.abin.gov.br.

em determinado suporte não deixa de existir quando é acessado ou apreendido por um sujeito, da mesma forma que o sujeito nada perde quando compartilha conhecimento ou o registra.

Desse modo, considerando as práticas de Segurança da Informação que preveem apenas a Segurança da Informação registrada em repositórios formais da organização, o novo conhecimento produzido continua "livre" com quem o produziu, seja em sua memória ou em seus apontamentos e rascunhos pessoais. Assim, se essa pessoa quiser difundi-lo — por via oral, escrita, simbólica ou por outra forma —, ela pode. A difusão não autorizada do conhecimento pela pessoa que o criou não é impedida pelas práticas de Segurança da Informação, ainda que a organização possa ter investido muitos recursos financeiros e humanos para garantir a segurança do que está registrado em seus arquivos. Essa pessoa não é impedida de fazê-lo, mesmo que não tenha autorização ou que tenha sido proibida, mesmo que possa ser punida. Serão necessárias outras formas de ação para assegurar a proteção.

d2) Conhecimentos corporativos que já estão registrados em repositórios formais e que são acessados por um indivíduo, por exemplo, pela leitura de um documento ou pelo acesso a informações contidas em bancos de dados informatizados. Nesse caso, esses conhecimentos passam a ter também a memória humana como suporte de registro e armazenamento.

Utilizando a mesma argumentação acima, o conhecimento registrado e armazenado pode estar protegido por inúmeros mecanismos, ferramentas, equipamentos, práticas e procedimentos de segurança, mas, no momento em que esse registro pode ser e é acessado direta ou indiretamente por uma pessoa, esses mecanismos tornam-se insuficientes para protegê-lo. Mesmo que uma informação esteja protegida por inúmeras senhas e por criptografia e que o suporte que a armazena esteja em local protegido por grades, cadeados e segurança armada, quando um indivíduo acessa seu conteúdo, outros mecanismos de segurança e de proteção devem ser implantados para que ela não seja divulgada, disseminada ou compartilhada por ele, sem autorização. Mais uma vez, fica caracterizada que a difusão pela pessoa que tem acesso ao conhecimento registrado não é impedida pelas práticas de Segurança da Informação.

A argumentação vale para a situação em que o indivíduo acessa o conhecimento e o divulga imediatamente e para a situação em que o conhecimento é acessado e guardado na memória e só é divulgado tempos depois, quando é lembrado ou recordado.

Essas duas situações demonstram a necessidade de ampliar o paradigma da representação, incorporando como formas de registro tanto a linguagem falada quanto a memória humana, pela possibilidade de acesso espontâneo ou até mesmo, provocado.

e) *Garantir a proteção de conhecimentos em construção para que eles não se percam ou não sejam utilizados indevidamente.*

Esta situação fala daqueles momentos em que pessoas estão discutindo um tema e conhecimentos são partilhados, assimilados, transformados e reconstruídos. Quando isso ocorre durante reuniões corporativas, a preocupação maior é garantir que esses conhecimentos sejam registrados para compor o 'conhecimento corporativo' e a 'memória organizacional', mesmo em sua fase inicial, visando evitar sua perda ou esquecimento. Mas, quando essa situação ocorre em seminários, congressos, corredores e elevadores, saguões de aeroportos e até em mesas de bar, a preocupação volta-se para a proteção contra a apropriação ou o uso indevido. Nesses casos, as ações parecem se direcionar muito mais às pessoas em sua preparação para proteger seus conhecimentos e os conhecimentos corporativos contra o acesso e o uso indevidos, do que a mecanismos e procedimentos de Segurança da Informação ou a treinamento dos profissionais para usarem os recursos e equipamentos informacionais utilizados na organização.

f) *Garantir a segurança do registro quando ele sai da organização.*

Aqui, a situação refere-se à saída de documentos e informações em papel, disquete, *CD-ROM*, *pen-drive*, *notebook*, telefone, por e-mail ou outros equipamentos portáteis de armazenamento ou de transmissão de informação. A evolução tecnológica, por sua rapidez, parece tender ao infinito em suas novas formas de transmitir e armazenar dados, de modo que, cada vez mais, é preciso inovar as práticas e procedimentos para a Segurança da Informação, extrapolando aqueles que ficam restritos ao ambiente interno da organização.

Também aqui fica evidente a necessidade não apenas de treinar os usuários para o uso adequado desses equipamentos, como prevê os procedimentos usuais de segurança, mas, principalmente, de orientar esses profissionais em sua conduta para não utilizá-los em locais em que outras pessoas possam ler ou capturar suas telas, escutar ou gravar suas conversas, para que tomem medidas especiais para evitar roubo ou perda de equipamentos com informações corporativas críticas, sensíveis ou sigilosas, para que tomem os devidos cuidados com a segurança no uso de redes sem fio quando forem enviar seus e-mails, evitando sua interceptação, e tantas outras formas de incidentes.

Identificação de ameaças

Em função das características que nossa sociedade assume hoje, dos avanços tecnológicos e das formas de compartilhamento e acesso a informações, as organizações, como Sistemas de Informação[7] que são, estão sujeitas a diversos tipos de ameaças que colocam em risco seus objetos de conhecimento e suas informações. É importante salientar que a ameaça que incide sobre uma determinada informação pode não ser exatamente a mesma que incide sobre outra, do mesmo modo que um conhecimento pode interessar a uma determinada pessoa ou instituição e não interessar a outra.

No contexto das organizações, ameaças podem ser definidas como atos, fatos ou circunstâncias que podem afetar dados, informações ou conhecimentos corporativos, especialmente aqueles considerados críticos, causando danos à imagem, à missão institucional, ao desenvolvimento ou à sua segurança. São exemplos de ameaças: espionagem, sabotagem, engenharia social, vazamento de informações, invasão de sistemas informatizados, furto de informações, concorrência desleal, entre outras.

Essas ameaças são colocadas em prática por atores internos ou externos à organização. São exemplos de atores externos: concorrentes, *hackers* e *crackers*, ex-empregados insatisfeitos e fornecedores. Empregados, prestadores de serviço, estagiários e consultores com acesso a informações e conhecimentos críticos da organização são exemplos de atores internos. Suas ações podem ser praticadas por ingenuidade, por descontentamento ou insatisfação, pelo desconhecimento ou descumprimento de normas corporativas e legais ou de forma mal-intencionada.

A proteção do conhecimento abrange e engloba os objetos da proteção — conteúdo, suporte —, as ações e o papel do usuário e as relações sociais envolvidas nos sistemas informacionais. Assim, conclui-se que é necessário fazer o mapeamento dos conhecimentos e informações corporativos a serem protegidos, considerando que eles são individualizados e únicos e exigem uma contextualização para o desenvolvimento das ações de proteção.

Nesse contexto, torna-se fundamental a utilização de metodologias flexíveis, que incluam abordagens compreensivas e interpretativas no estudo do fenômeno do conhecimento e para sua proteção.

[7] Sistemas informacionais: todo sistema humano ou tecnológico em que a informação está presente sob a forma de registro formal, comunicação informal, processos organizacionais e tantas outras.

Modelo[8] de aplicação da proteção do conhecimento

Nascimento et al. (2005)[9] apresentam um estudo sobre compartilhamento e formalização do conhecimento organizacional, utilizando a Metodologia de Sistemas Flexíveis. As ações de proteção do conhecimento envolvem pessoas e processos organizacionais e sociais, exigindo, portanto, o emprego de metodologias flexíveis, em contraste com as ações de Segurança da Informação que abordam problemas estruturados.

A proposta de modelo de aplicação da proteção do conhecimento no âmbito das organizações utiliza conceitos proporcionados pela Metodologia de Sistemas Flexíveis (SSM) e definidos por Checkland (1999). A SSM foi concebida para trabalhar com situações organizacionais que envolvem sistemas de atividades humanas, caracterizadas pela complexidade, pelo contexto dinâmico, pelo envolvimento de muitas e diferentes variáveis com componentes políticos, sociais e humanos, a exemplo da situação de proteção do conhecimento. A SSM prevê alguns passos para ser implantada, conforme o apresentado a seguir.

a) **Contextualização**

A primeira questão que merece destaque no processo de proteção do conhecimento é o contexto de sua aplicação: organizações que possuem conhecimentos estratégicos ou que se constituem em diferencial competitivo e, por esse motivo, precisam desenvolver mecanismos e procedimentos de proteção. Dessa forma, é primordial a identificação da organização em questão, analisando sua missão organizacional, seus valores e sua cultura informacional, contextualizando os problemas a serem trabalhados e desenhando um panorama geral da organização.

Para mostrar a importância da análise do contexto nas ações de proteção do conhecimento, tomemos como exemplo duas instituições: uma universidade e uma empresa que lida com atividades que utilizam tecnologia de uso dual. A primeira tem como missão o compartilhamento e a disseminação do conhecimento. A segunda trabalha com conhecimentos controlados e restritos por sua própria natureza e por exigências legais. Dessa forma, percebe-se de imediato que, para cada uma das instituições, os objetivos, os tipos e as necessidades de proteção são diferentes, pois as ameaças são diferentes. Além disso, tem-se como consequência valores e culturas informacionais diferentes, o que também exigirá formas de aplicação bastante diferenciadas.

---

[8] Modelo pode ser definido como a representação de algo desenhado ou projetado como uma ajuda para um propósito específico.

[9] Trabalho apresentado no VI Encontro Nacional de Pesquisa em Ciência da Informação, 2005: "Aplicação da soft systems methodology na busca de solução para problemas organizacionais complexos".

Na formulação do contexto, é preciso identificar os profissionais mais adequados para o fornecimento de informações na fase da coleta de dados. É interessante que façam parte desse grupo profissionais de nível gerencial das diversas áreas, com conhecimento dos processos organizacionais como um todo, dos processos organizacionais de suas áreas de atuação e com poder de decisão para o fornecimento de informações e para o direcionamento das diversas fases do trabalho.

b) **Coleta de dados para identificação da situação-problema**

Neste estágio, são identificados e analisados os objetos de proteção, os alvos e as possíveis ameaças, com o intuito de dimensionar as necessidades institucionais de proteção. Esta etapa visa responder a três perguntas básicas: o que proteger, onde isso se encontra e de que(m) proteger. Os dados são obtidos utilizando-se várias técnicas, como a entrevista, a aplicação de questionário, a seleção e análise de documentos corporativos ou a observação do desempenho das atividades laborais.

Os objetos de proteção referem-se às informações e aos conhecimentos sensíveis[10] que devem ser protegidos, aos conteúdos propriamente ditos; e os alvos aludem aos locais onde esses conteúdos se encontram. Assim, é preciso identificar e delimitar esses alvos — locais físicos e virtuais e quaisquer meios ou tipos de suporte de produção e armazenamento, custódia, tramitação, transmissão ou transporte —, analisar as formas de acesso e as pessoas que acessam esses conhecimentos e os alvos identificados. Todas as informações e conhecimentos considerados críticos e importantes para o desenvolvimento da missão institucional devem ser listados e analisados.

Nesta fase, também é trabalhado o processo de classificação que divide informações e conhecimentos em classes — por exemplo, ostensivas, corporativas e sigilosas. Cada classe exige um tipo de autorização ou controle especial para que possa ser acessada. O processo de classificação das informações é de extrema importância para garantir a segurança e a proteção e também para não criar empecilhos para aquelas informações que devam ser disseminadas e divulgadas, tanto por interesses organizacionais quanto por interesse da sociedade. Assim, é indispensável que os critérios de classificação sejam discutidos, elaborados, descritos e aplicados para todas as informações corporativas armazenadas, em

10 Informação sensível: aquela cuja divulgação não autorizada pode comprometer a missão da instituição e que, portanto, necessita de medidas especiais de segurança (Fonte: Abin).

Conhecimento sensível: aquele que, pela natureza e potencial, necessita de medidas especiais de proteção, tendo em vista sua importância estratégica para a defesa dos interesses nacionais e a segurança da sociedade e do Estado (Fonte: Abin).

trânsito ou em poder dos profissionais. A partir dessa classificação dos ativos informacionais, será possível identificar com clareza quais serão os objetos de proteção e os níveis de segurança e proteção adequados para cada um.

Além disso, durante a coleta de dados, são analisadas as ameaças potenciais aos conhecimentos, identificando quem teria interesse nessas informações e conhecimentos, quais seriam as consequências e os impactos para a organização — para sua imagem ou missão — se alguma dessas ameaças se concretizasse e quem seriam seus atores.[11]

As informações obtidas neste estágio apresentam uma visão geral da situação-problema e sua abrangência, mostrando as áreas e os profissionais envolvidos (que deverão ser contatados para aprofundamento das questões sinalizadas), o ambiente físico, os responsáveis pelo ciclo da informação, por seu uso, aplicação, produção, compartilhamento, segurança, proteção etc.

Nessa fase, já são desenvolvidas atividades destinadas à sensibilização dos profissionais para a importância da adoção de procedimentos voltados para a proteção dos conhecimentos estratégicos e sensíveis e daqueles que constituem diferenciais competitivos para sua instituição.

Tendo como base a identificação dos objetos de proteção, as ameaças potenciais e seus prováveis atores e ações, é possível partir para o diagnóstico. O diagnóstico visa avaliar o sistema de proteção existente na organização com relação às ameaças projetadas e às vulnerabilidades[12] detectadas. Esta avaliação é feita por meio de observações, entrevistas, vistas técnicas, listas de controle, reuniões e análise de documentação corporativa, como políticas, normas e procedimentos referentes aos diversos processos organizacionais e, mais especialmente, a avaliação dos processos envolvidos na segurança e proteção dos ativos informacionais, em todo seu ciclo de vida.

Seguindo orientações já consolidadas em diversas instituições, o diagnóstico deve ser feito de forma integrada, abrangente e pormenorizada, com o levantamento de vulnerabilidades em quatro segmentos: pessoal; áreas; documentos; e sistemas de informática e comunicação. Estes segmentos são complementares e devem ser tratados conjuntamente para que se alcance o nível de proteção desejado. Além disso, esses

---

11 Atores: pessoas, instituições, fenômenos naturais ou outros que possam realizar ação de ameaça, intencionalmente ou não. (Fonte: Abin.)

12 Vulnerabilidade: ponto potencialmente inseguro em um sistema de proteção que, se explorado intencional ou acidentalmente, por um ator/fator de ameaça, pode comprometer a disponibilidade, integridade ou sigilo, ou ainda causar danos e prejuízos. (Fonte: Abin.)

procedimentos, para serem analisados e avaliados, exigem a participação de profissionais de diversos setores, bem como a confecção de listas de verificação que reflitam cada uma de suas etapas de realização e uma metodologia para sua utilização.

No segmento de pessoal, são analisados os procedimentos e controles utilizados pela organização no processo de recrutamento e seleção, visando evitar a contratação e alocação de pessoas com perfil inadequado para funções que acessam os objetos da proteção e os alvos delimitados. Também são analisados os procedimentos desenvolvidos no processo de desligamento da organização. Mas é no processo de acompanhamento e de educação de segurança que as ações devem ser mais valorizadas, uma vez que, por meio dele, são definidos e trabalhados os procedimentos que visam assegurar que o corpo funcional adote padrões de comportamento favoráveis à proteção dos ativos informacionais. Nesse segmento, as ações desenvolvidas devem ser integradas, em uma relação de parceria entre o setor de segurança e o setor de recursos humanos.

No que tange à proteção ao conhecimento, ações de sensibilização e de educação de segurança que levem os profissionais à adoção de comportamentos e atitudes que preservem as informações e conhecimentos acessados são os mecanismos mais eficazes para proteger os conhecimentos que se encontram nas seis situações analisadas anteriormente, quando foram tratados os objetivos e objetos da proteção ao conhecimento. Nesse contexto, os temas mais importantes que devem ser trabalhados com todos os profissionais da organização estão relacionados com a conduta de cada um. São exemplos de temas: identificação das ameaças e as formas de abordagem utilizadas para obtenção de informação, a conduta do profissional em viagens ao exterior, eventos sociais e profissionais, ao ter contato com profissionais de empresas concorrentes e com estrangeiros que mostram interesses por informações e conhecimento corporativos. Ações de sensibilização têm enfoque eminentemente preventivo.

Com relação à Segurança da Informação, a educação de segurança deve estar direcionada ao treinamento para uso dos diversos recursos informacionais disponíveis e utilizados na organização, visando evitar que o desconhecimento ou os erros quanto à sua utilização gerem incidentes que possam colocar em risco a segurança das informações corporativas. São temas que devem ser abordados nos treinamentos: uso dos recursos computacionais, uso seguro de telefone e e-mail, criação e uso de senhas, uso de sistemas portáteis de armazenamento digital etc. Além disso, os profissionais devem ser orientados sobre como relatar incidentes de segurança e ocorrências suspeitas.

No segmento de pessoal, especial valor é dado ao estudo da política e das normas de segurança corporativa, de sua divulgação na organização, das maneiras utilizadas para comprovar que todos tomaram conhecimento delas e as compreenderam e, ainda, das formas de verificar se o corpo funcional aderiu às normas e as cumpre.

No segmento de áreas, as avaliações devem incidir principalmente naqueles locais em que são produzidos, manuseados e armazenados os objetos de proteção identificados. O principal objetivo é avaliar equipamentos, mecanismos e procedimentos de implantação de barreiras para controle de acesso, detecção de intrusão e monitoração de alarme, além da atuação e integração da guarda de segurança com os sistemas de vigilância eletrônica implantados para este fim. Também são verificados os planos de continuidade e de contingência. Nesse segmento, é importante a participação dos profissionais que atuam na área de segurança física e patrimonial, de profissionais responsáveis pelos equipamentos de segurança física ou tecnológica e de profissionais da área de manutenção.

No segmento de documentos, o objetivo é analisar os procedimentos e controles para salvaguardar dados, informações, conhecimentos — em qualquer suporte — e materiais sensíveis e sigilosos da divulgação não autorizada, extravio, adulteração, destruição, perda de oportunidade, acidentes e fenômenos naturais. Este segmento está relacionado com o ciclo da informação propriamente dito: produção, confecção, acesso e utilização, tramitação, transporte, armazenamento, recuperação, descarte e eliminação. Aqui, destaca-se a participação do pessoal responsável pelos arquivos ou centros de documentação, pessoal diretamente ligado a equipamentos e procedimentos relativos às tecnologias de informação e comunicação, setores de almoxarifado, reprografia, protocolo e secretaria, entre outros.

Os segmentos de informática e comunicação abrangem questões de diferentes complexidades. Aqui são avaliados os procedimentos relativos à infraestrutura tecnológica de suporte para acesso, armazenamento e tramitação de dados e informações, questões que envolvem implantação e funcionamento de rede de computadores, definição e avaliação de hardware e software, sistemas de criptografia, *firewalls*, desenvolvimento e suporte para os sistemas corporativos, entre outras ações. Além disso, são analisados e avaliados as práticas e os procedimentos previstos nas normas de segurança relacionadas com a tecnologia da informação. Também estão neste segmento as ações que direcionam o conteúdo do treinamento dos usuários para a utilização dos recursos de informática e comunicação e seus mecanismos de controle e segurança.

Normalmente, o pessoal envolvido na verificação das práticas e procedimentos deste segmento são os profissionais da área de tecnologia da informação e comunicação.

A relação cada vez mais próxima entre os indivíduos e as tecnologias de informação e comunicação e a rapidez de suas ações quase fazem que se confunda conhecimento e informação: a produção, a criação e o compartilhamento do conhecimento parecem ocorrer ao mesmo tempo em que seu registro é feito. As pessoas parecem estar sempre conectadas ao mundo tecnológico em uma situação quase simbiótica que, muitas vezes, chega a confundir os processos cognitivos humanos com os processos automatizados da máquina. Em decorrência desse fato e considerando que cada vez mais informações vão transitar em suportes tecnológicos, esses dois segmentos — de pessoal e de sistemas de informática e comunicação — precisam caminhar juntos.

c) **Estruturação formalizada da situação-problema**

A partir da coleta de dados, chega-se à formalização estruturada da situação-problema. Nesse estágio, é elaborada a representação sistêmica dos aspectos relevantes identificando-se no mínimo:

1. setores responsáveis pelas informações e pelos conhecimentos críticos ou sensíveis;
2. setores envolvidos na segurança e proteção dos ativos;
3. classificação de informações/conhecimentos críticos ou sensíveis;
4. quem o(s) acessa e se esse acesso é adequado e legítimo;
5. nível de educação de segurança;
6. áreas e meios/formas de armazenamento, de circulação/tramitação;
7. ameaças potenciais;
8. atores envolvidos na ameaça;
9. vulnerabilidades de segurança e proteção encontradas no diagnóstico;
10. adequação das políticas e normas de segurança e proteção existentes.

De acordo com a SSM, aqui estão definidos os principais envolvidos no processo de proteção ao conhecimento e Segurança da Informação, os atores ou agentes que realizam ou são causa da realização das atividades, os responsáveis pelas atividades e as áreas envolvidas. Além disso, é preciso explicitar o contexto com suas imposições mais amplas ou interações com outros contextos, o próprio processo de transformação esperado e a visão de mundo que expressa a cultura corporativa e o comportamento informacional com relação à questão da proteção do conhecimento organizacional.

d) **Modelo conceitual**

Esta etapa é fruto da integração do diagnóstico, da estruturação da situação-problema e da ratificação da transformação desejada e tem como base a cultura e o comportamento informacional da organização (o filtro que define a visão de mundo dessa organização). No relatório de diagnóstico, devem constar as vulnerabilidades detectadas e as propostas para corrigir ou superar as falhas identificadas.

A partir dessa integração, são identificadas as ações que devem ser implementadas para atingir a transformação estabelecida: proteger os ativos informacionais. Aqui é definido o "como" fazer, e, para isso, deve ser elaborado o desenho do projeto.

e) **Comparação do modelo conceitual com o mundo real**

Neste estágio, é feita a comparação entre a avaliação do desempenho do sistema de proteção existente, com relação às ameaças projetadas e às vulnerabilidades detectadas, e as recomendações expressas no modelo conceitual.

Para cada recomendação (ação), é preciso responder algumas perguntas para decidir sobre o plano de ação.

1. Existe na situação real?
2. Precisa ser modificada?
3. É desejável e culturalmente viável?
4. Deve ser implementada?

f) **Plano de ação**

Nesta etapa, ao definir as possíveis soluções ou caminhos para melhoria, é preciso estabelecer as prioridades, os recursos necessários, os prazos e as fases para implantação das ações ao longo do tempo. Também, nesta etapa, são definidos mecanismos de controle para ratificar ou retificar o que está sendo colocado em prática.

Ao final deste estágio, os resultados de todas as fases do trabalho são consolidados em um relatório que é apresentado à alta administração da organização, que irá decidir pela continuidade do trabalho e sua implementação.

g) **Implantação/avaliação**

Neste estágio, define-se como as mudanças determinadas no plano de ação aprovado pela alta administração serão implantadas. A metodologia prevê acompanhamento e avaliação, em um processo de retroalimentação. A partir dos contatos, das percepções, das ratificações e retificações são realizados redirecionamentos, em um ciclo que se repete e se aperfeiçoa.

Conclusão

No contexto da sociedade da informação, globalizada e competitiva, ao lado do desenvolvimento de um ambiente informacional que estimula a troca de experiências e o compartilhamento de informações, é necessário que as organizações desenvolvam mecanismos de proteção ao conhecimento sensível ou estratégico.

Muitos autores fazem referência apenas ao conhecimento que está representado em alguma configuração de documento — físico ou eletrônico, ou seja, referem-se ao registro, à informação. Trabalham, portanto, com os estoques de informação. Mas o conhecimento individual e o conhecimento organizacional são estoques dinâmicos, compostos por conhecimentos internalizados a partir do acesso ao mundo objetivo, aos registros de conhecimento, a experiências, valores, ideias, entre outros conteúdos compartilhados que se interligam em intensos fluxos contínuos. O espaço informacional das organizações abriga conhecimento que não está registrado e, além disso, o próprio ser humano é suporte de informação. Em decorrência disso, concluiu-se que a proteção do conhecimento está diretamente relacionada com a gestão de pessoas e que a proteção deve ser feita de forma indireta, especialmente por meio de ações de sensibilização e conscientização, sob um enfoque preventivo.

Proteger conhecimento não é gerir estoques de informação, mas sua criação, uso e aplicação. Considerando que o conhecimento, diferentemente da informação, não é uma mercadoria ou uma coisa, mas um fenômeno complexo, ele dificilmente será compartilhado ou capturado em sua totalidade: o que compartilhamos são informações sobre o que sabemos, são aqueles conhecimentos passíveis de serem registrados nos mais diferentes meios.

E aqui está o desafio dos profissionais da área da informação que precisam desenvolver estudos sobre o ambiente informacional e seus componentes (contexto, conteúdo e sujeito), para integrar as ações de Segurança da Informação às ações envolvidas na proteção ao conhecimento. A Segurança da Informação está dirigida para o conhecimento registrado, organizado e armazenado como informação, para garantir os requisitos de segurança em sua recuperação. A proteção ao conhecimento envolve ações de criação, produção, disseminação e compartilhamento de conhecimentos e precisa extrapolar o já estabelecido, registrado e armazenado, identificar novas perspectivas e oportunidades e identificar o que é novo, ou seja, considerar também o conhecimento não registrado.

Além disso, cada indivíduo vai usar as informações armazenadas, produzidas, adquiridas e analisadas de acordo com suas necessidades, objetivos e processos mentais de compreensão, interpretação e aprendizagem: o conhecimento que cada indivíduo constrói é único, mesmo que, aparentemente, tenha se originado de uma mesma fonte ou de um mesmo repositório de informação. Dessa forma, o processo de proteção ao conhecimento visa prioritariamente criar as condições para que no gerenciamento organizacional dos processos de criação do conhecimento, de compartilhamento de informações e de discussão em comunidades, aqueles conhecimentos que compõem o diferencial competitivo das organizações — registrados ou não — estejam protegidos.

As novas formas de registrar, compartilhar e acessar conhecimentos e armazenar informações, potencializadas pelo rápido avanço das tecnologias da informação e da comunicação, exigem o desenvolvimento de uma cultura de proteção que ultrapassa as práticas tradicionais de segurança. Nesse contexto, as ações de proteção do conhecimento devem incluir o desenvolvimento de técnicas, métodos ou metodologias para identificar o que o indivíduo sabe e possibilitar que, na obtenção e no compartilhamento desses objetos de conhecimento, estes estejam devidamente protegidos. Ressalte-se que a proteção do conhecimento envolve prioritariamente as pessoas e os processos, o que exige um novo olhar para a cultura e o comportamento informacional da organização. Dessa maneira, as organizações precisam ampliar a abordagem que considera estritamente o que se refere ao ciclo de vida da informação — o que já está registrado — para uma abordagem que leve em conta os aspectos inerentes à construção do conhecimento.

O modelo de aplicação proposto para a proteção do conhecimento estabelece estágios nos quais a questão organizacional é contextualizada e são identificados os objetos de proteção — informações e conhecimentos que, por seu valor competitivo ou relevância para os objetivos institucionais, exigem medidas especiais de proteção —, os alvos e as possíveis ameaças, objetivando dimensionar as necessidades institucionais de proteção. O modelo é genérico e pode ser utilizado por qualquer organização, pois tem a característica de ser flexível para suportar contextos culturais diversos.

Questões para reflexão e aprendizagem

1. Qual o papel dos recursos humanos no comportamento informacional das organizações?
2. Como caracterizar o paradigma representacionista e suas limitações?
3. Por que compartilhar e por que proteger conhecimentos?
4. Quais as principais diferenças entre Segurança da Informação e proteção do conhecimento?

Referências

AGÊNCIA BRASILEIRA DE INTELIGÊNCIA. Disponível em: <http://www.abin.gov.br>. Acesso em: 19 jun. 2012.

ASSOCIAÇÃO BRASILEIRA DE NORMAS TÉCNICAS. *NBR ISO/IEC 17799*. Tecnologia da informação — Código de prática para a gestão da Segurança da Informação. Rio de Janeiro, 2002.

__________. *NBR ISO/IEC 17799*. Tecnologia da informação: Técnicas de segurança — Código de prática para a gestão da Segurança da Informação. 2. ed. Rio de Janeiro, 2005.

__________. *NBR ISO/IEC 27001:2005*. Tecnologia da informação: Técnicas de segurança — Sistemas de gestão de Segurança da Informação — Requisitos. Rio de Janeiro, 2005.

BALUÉ, I. G.; NASCIMENTO, M. S. O. do. Proteção do Conhecimento: uma questão de contra-inteligência de estado. *Revista Brasileira de Inteligência*. v. 2, n. 3, p. 83-94, 2006.

BARRETO, A. de A. A Questão da Informação. *São Paulo em Perspectiva*, São Paulo, v. 8, n. 4, p. 3-8, 1994.

BATES, M. J. The invisible Substrate of information Science. *Journal of the American Society for Information Science*, New York, v. 50, n. 12, p. 1043-1050, 1999.

BUCKLAND, M. Information as thing. *Journal of the American Society of Information Science*. v. 42, n. 5, p. 351-360, jun. 1991.

CAPURRO, R. Heidegger y la experiencia del lenguaje. *Cuaderno de psicoanálisis freudiano*, Montevidéu, n. 22, p. 81-86, 1982.

__________. What is Information Science for? A philosofical reflection. In: VAKKARI, P.; CRONIN, B. *Conceptions of library and information science*. University of Tempere, Finland, 26-28, 1991. London: Taylor Graham, 1992. p. 82-93.

__________. *Foundations of information science:* review and perspectives, 1999. Disponível em: <http://www.capurro.de/tampere91.htm>. Acesso em: 20 abr. 2004.

__________.; HJØRLAND, B. The concept of information. In: CRONIN, B. (Ed.). *Annual Review of Information Science and Technology*. v. 37, p. 343-411, 2003.

CHECKLAND, P. *Systems Thinking, Systems Pratice*. Chicester: John Wiley & Sons, 1999.

HESSEN, J. *Teoria do conhecimento*. Trad. João Virgílio Gallerani Cuter. 2. ed. São Paulo: Martins Fontes, 2003. 177 p.

LE COADIC, Y. *A ciência da informação*. Brasília: Briquet de Lemos, 1995.

MIRANDA, A. L. C. A ciência da informação e a teoria do conhecimento objetivo: um relacionamento necessário. In: AQUINO, M. de A. et al. *O Campo da Ciência da Informação*: gênese, conexões e especificidade. João Pessoa: Editora Universitária/UFPB, 2002. p. 9-24.

__________.; SIMEÃO, E. A conceituação de massa documental e o ciclo de interação entre tecnologia e o registro do conhecimento. *DataGramaZero: Revista de Ciência da Informação*. v.3, n.4, ago. 2002. Disponível em: <http://www.dgz.org.br/ago02/Art_03.htm>. Acesso em: 12 jun. 2007.

NASCIMENTO, M. S. O. do. *Proteção ao Conhecimento:* uma proposta de fundamentação teórica. 2008. Dissertação (Mestrado em Ciências da Informação) – Universidade de Brasília, Brasília, 2008.

_________. *Proteção do Conhecimento na Sociedade da Informação*. Palestra apresentada no VII Encontro Nacional de Estudos Estratégicos — Secretaria de Acompanhamento e Estudos Institucionais (SAEI/GSI), Brasília, novembro 2007. Anais do VII ENEE, v. 2, 2007. p.315-324.

_________. Compartilhar ou Proteger Conhecimentos? Grande desafio no comportamento informacional das organizações. In: STAREC, C; GOMES, E; BEZERRA, J. (Org.). *Gestão Estratégica da Informação e Inteligência Competitiva*. São Paulo: Saraiva, 2005. cap. 17, p. 255-270.

__________.; SILVA, A; ABREU, J. R.; PIMENTEL, M. G. *Aplicação da soft systems methodology na busca de solução para problemas organizacionais complexos*. Trabalho apresentado no VI Encontro Nacional de Pesquisa em Ciência da Informação, ENANCIB, 2005.

PINHEIRO, L. V. R. Processo evolutivo e tendências contemporâneas da Ciência da Informação. In: *Inf. & Soc.: Est.*, João Pessoa, v. 15, n. 1, p. 13-48, jan./jun. 2005. Disponível em: <http://www.ies.ufpb.br/ojs2/index.php/ies/article/viewFile/51/1521.>. Acesso em: 25 set. 2006.

POPPER, K. R. *Conocimiento objetivo: un enfoque evolucionista*. Madri: Editorial Tecnos, 1974. 341 p.

ROBREDO, J. *Da ciência da informação revisitada aos sistemas humanos de informação*. Brasília: Thesaurus; SSRR Informações, 2003. 262 p.

SARACEVIC, T. Information science. *Journal of the American Society for Information Science*, New York, v. 50, n. 12, p. 1051-1063, 1999.

Capítulo 12

Benefícios e Riscos Jurídicos da Gestão de Informações Estratégicas

Gilberto Martins de Almeida*

Resumo

O capítulo analisa como tirar proveito das leis para proteger a produção e a conservação de informações estratégicas,[1] construindo diferenciais e evitando sanções. São enfocadas no artigo as seguintes questões: que benefícios legais dão retorno ao investimento na boa gestão da informação e qual a responsabilização por falha em tal gestão; como garantir que informações valiosas possam ser juridicamente consideradas "proprietárias"; como assegurar proteção legal contra acesso ou cópia não autorizados de informações em áreas restritas de websites e de portais; como dar segurança a informações para conseguir avaliação favorável de investidores e decisões esperadas de juízes e autoridades; como estruturar contratos para perpetuar o direito de consulta a bancos de dados; e, em quais circunstâncias o monitoramento eletrônico é permitido? Essas e outras questões afetam o dia a dia de qualquer gestor de informações, seja ele advogado ou não, e podem fazer a diferença em qualquer atividade ou negócio, especialmente quando se trata de mídias eletrônicas, como os bancos de dados e a internet, que são, hoje, o principal repositório e meio circulante de informações. Manter tais cuidados jurídicos e atualizá-los é inteligência indispensável para quem tem na informação um item importante de seu patrimônio.

Tópicos centrais

* **Gilberto Almeida** é advogado graduado na PUC/RJ, Mestre em Direito Econômico e Financeiro na USP; professor de Direito da Informática na PUC/RJ, no NCE/UFRJ e na ESA/OAB-SP; consultor da ONU, Conselho da Europa, ITU e Mercosul; árbitro e mediador aceito pela Organização Mundial da Propriedade Intelectual; membro da Comissão de Direito na Sociedade da Informação da OAB/SP; membro do Conselho Consultivo da Associação Brasileira de Direito da Informática e Telecomunicações — ABDI; recebeu o prêmio SecMaster de Melhor Contribuição do Setor Privado concedido pela ISSA — Information Systems Security Association; é autor de artigos publicados no Brasil e no exterior; palestrante frequente de congressos acadêmicos e seminários executivos; filiado à High Technology Crime Investigation Association e à Associação de Peritos Judiciais do Estado do Rio de Janeiro; sócio de Martins de Almeida — Advogados.

[1] Tomamos a expressão "informações estratégicas" no sentido de inteligência empresarial que transforma dados dispersos em conhecimento integrado de elevado valor institucional ou comercial. (Ver "A diferença entre dados e informação estratégica", de Ana Palubinskas. Disponível em: <http://webinsider.uol.com.br/index.php/2003/06/26/a-diferenca-entre-dados-e-informacao-estrategica/>. Acesso em: 20 jun. 2012.

- Benefícios e riscos jurídicos.
- Segurança da Informação, gestão de riscos e planos de contingência.
- Propriedade de informações.
- Privacidade e sigilo.
- Acesso para consulta a bancos de dados.
- Monitoramento eletrônico.
- Marketing digital.

Introdução

O Direito vem normalmente a reboque das transformações sociais, procurando refletir e respaldar aquelas que já tenham razoavelmente se sedimentado no convívio humano. Por isso, até certo ponto, é natural que na Sociedade da Informação[2] se tenha primeiro ouvido falar em economia da informação[3] e, só mais recentemente, em Direito da Informação.[4]

No entanto, a vastidão e relevância das questões que a Informação trouxe para o mundo do Direito justificaram o surgimento e reconhecimento desse novo ramo, que passou a ser ensinado em universidades[5] e comentado pelos juristas. Urge agora que se torne conhecido também pelos empresários e profissionais, que nele poderão encontrar apoio estratégico para suas atividades de negócios.

Historicamente, a informação não apresentava maior interesse para o Direito, cuja concepção havia sido forjada principalmente com relação aos bens corpóreos. O valor intrínseco da informação não era comumente percebido e, por isso, não costumava ser objeto de disputas. Natural, portanto, que não fosse capaz de atrair a atenção dos profissionais do Direito e de seus clientes.

2 "Informação", no sentido associado à Sociedade da Informação, significa não só informação em si, mas também as tecnologias da informação e da comunicação (TIC) utilizadas para armazená-la, processá-la e transmiti-la. (Ver: http://pt.wikipedia.org/wiki/Sociedade_da_informa%C3%A7%C3%A3o.) É neste sentido que aqui a empregamos.

3 Ver *A Economia da Informação: como os princípios econômicos se aplicam à era da internet*. SHAPIRO, C.; VARIAN, H. R. Rio de Janeiro: Campus, 1999.

4 Para uma introdução ao assunto, ver: *Direito da Informação*: novos direitos e formas de regulação na sociedade da informação. GONÇALVES, M. E. Coimbra: Almedina, 2003.

5 A exemplo de no Instituto para o Direito da Informação, da Universidade de Ciências Aplicadas de Darmstadt, na Alemanha.

Porém, com a sofisticação crescente da vida em sociedade e especialmente com a introdução de tecnologias que promoviam a difusão do saber,[6] tornando a informação um bem colocado em circulação, um quadro novo se formou, inspirando nos autores o desejo de se tornarem proprietários.

A propriedade intelectual foi, então, o primeiro fenômeno de ampla institucionalização de proteção da informação pelo Direito.

No caso, o direito de autor visava privilegiar os autores de obras artísticas, literárias ou científicas e os editores que se encarregassem de fazer a ponte entre elas e o mercado. Havia, contudo, um requisito: as obras deviam ser originais, isto é, apresentarem criatividade. Se a informação não atendesse tal critério, estaria fora do campo de proteção.

Em paralelo, a propriedade industrial estendeu o alcance da proteção legal a obras de função eminentemente utilitária (os inventos patenteáveis) e a expressões que se propunham a distinguir produtos concorrentes no mercado (as marcas).

Não há dúvida de que a propriedade intelectual, sugestivamente também chamada de propriedade imaterial,[7] representou um passo inicial na preocupação em resguardar o interesse dos produtores e consumidores de informação. Ela foi, assim, o laboratório inaugural da conjugação de interesses privados e objetivos públicos nessa área.[8]

Entretanto, faltava reconhecer o valor da informação não criativa, não inventiva, da informação mais geral e dar-lhe tratamento jurídico. Esta segunda concepção na história da proteção legal da informação data do final do século 19, quando acontece o desenvolvimento da noção de direito à privacidade e à intimidade. Nesse momento, a informação passa a ser vista não apenas como um bem que pode ser usufruído, mas também que pode ser mantido em segredo ou, ao menos, ficar sujeito a acesso reservado.

Em meados do século 20, com a chegada dos primeiros computadores comerciais, o direito à privacidade do cidadão gerou o direito de acesso a dados sobre si próprio;[9] ao mesmo tempo, a ONU emitia a Declaração dos Direitos Humanos, em que reconhecia o direito à liberdade de expressão (ou seja, direito

---

6 Como a invenção da imprensa.

7 Denominação utilizada, por exemplo, pela delegacia especializada criada no Rio de Janeiro para enfrentar os crimes dessa área, chamada Delegacia de Repressão a Crimes contra a Propriedade Imaterial.

8 Dentre outros aspectos, com relação ao desafio de equilibrar o interesse particular de extensão de prazo de privilégio com o fim social de queda em domínio público.

9 Pois o poderoso cruzamento de dados fazia que os cidadãos se interessassem em conhecer que Informações sobre eles eram ali processadas e armazenadas. Daí a figura do *habeas-data*, medida processual para forçar a revelação de tal Informação.

de informação) e o direito à cultura. Privacidade e informação, direitos ora somados, ora contrapostos.

Quando a internet se popularizou, na década de 1990, potencializando a capacidade de computadores funcionarem em rede, tudo o que se conhecia sobre padrões de litígios em matéria de propriedade intelectual, privacidade e direito *à* ou *de* informação foi rapidamente superado com novas questões inerentes à circulação global, instantânea e praticamente gratuita da informação: "pirataria", invasões, espionagem, entre outras.

O equacionamento jurídico destas questões não foi imediato, pois, antes, era necessário compreender como seria harmonizada a tradicional lógica econômica da escassez com a inovadora lógica econômica da abundância, típica do advento da internet, e este entendimento seria fundamental para elucidar um sem-número de questões.[10]

Em seguida, o estouro da "bolha" da internet ocorreu não apenas porque houve insustentável valorização econômica de negócios, mas, sobretudo, porque esta especulação se apoiava em metodologias de *due dilligence*[11] supostamente eficientes, porém, juridicamente, bastante inespecíficas e inconsistentes.

Desde então, e especialmente em face da crise econômica mundial instaurada em 2008 (e que teve os mercados eletrônicos de investimentos como seu pano de fundo), a informação se tornou foco de tensão entre os interesses e os direitos mais sensíveis da sociedade e dos negócios. Em outras palavras, ela se transformou em arena jurídica para disputas comerciais e sociais.

A partir daí, a Segurança da Informação e a governança de Tecnologia da Informação se aproximaram da governança corporativa, formando um novo universo de oportunidades e de responsabilidades para os gestores de informação.

À parte o interesse cultural deste fato histórico, ele ajuda a explicar a configuração que cada tópico a seguir apresenta na composição de direitos e obrigações de personagens — produtores, consumidores e gestores de informação — cujos objetivos, frequentemente, são antagônicos, exigindo estratégias jurídicas para a respectiva conciliação.

---

[10] Por exemplo, o chamado "caso Napster" tinha a gratuidade do serviço como um de seus chamarizes para o público, que configurava vantagem comercial indireta, considerada para efeito da condenação judicial de seu proprietário por contribuição para infração de direitos autorais.

[11] Muitas análises equivocadas de propriedade intelectual foram realizadas, houve muita negligência na ponderação da insegurança jurídica de contratos que ligavam websites e portais a consumidores, e assim por diante. Mais uma vez, foram aplicadas ao ambiente da internet metodologias incapazes de refletir e abordar suas peculiaridades.

Benefícios e riscos jurídicos

Sob a ótica jurídica, toda atividade de gestão constitui um marco divisor entre diligência e negligência, ou seja, dependendo de como for realizada, serão obtidos benefícios de reconhecimento de boa conduta ou serão aplicadas sanções de responsabilização por culpa.

Os benefícios legais são pródigos no campo da governança corporativa, pois a boa gestão da informação é um dos itens mais valorizados por investidores e por bolsas de valores. Inversamente, a má gestão da informação pode levar a situações adversas, como *insider trading* (mau uso de informações privilegiadas) ou omissão de fato(s) ou ato(s) relevante(s), que sujeitam os indivíduos ou corporações à cassação de licenças e a indenizações, bem como, eventualmente, à prisão.

Ao mesmo tempo, a correta gestão da informação permite melhor atender os deveres do chamado *compliance* regulatório, pois é indispensável para se dar conta do grande volume de informações exigidas pelas agências reguladoras como condição para entrada e operação dos participantes nos respectivos mercados.

Do mesmo modo, a competente gestão da informação pode ensejar apreciação adequada dos investimentos feitos em sua produção ou aquisição, tais como os gastos com sistemas de computação e com outras tecnologias ou "conteúdos", que reforçam o poder da marca de uma organização, maximizando sua valoração e liquidez. Isto é de especial interesse para a apuração do valor de bens ou ativos intangíveis, que a nova legislação contábil impõe.[12]

Finalmente, uma gestão bem estruturada da informação é capaz de comprovar o atendimento de deveres de cuidado e precaução,[13] visando prevenir ou mitigar danos e evidenciar a adoção de controles razoáveis esperados, o que ajuda a prevenir ou neutralizar uma possível imputação de responsabilidade civil do gestor quanto à omissão, perda ou comprometimento de informação, caracterizadores de ato culposo (i.e., resultante de negligência, imprudência ou imperícia) passível de multas ou indenizações.

---

12 Ao menos, sob o critério de valoração por custo.

13 Exigidos, por exemplo, em decisão do Judiciário gaúcho (Apelação Cível n° 70011140902, de Caxias do Sul) que julgou improcedente uma ação movida por internauta cujo computador fora infectado por vírus. O tribunal julgou que ele deveria arcar com as consequências de não ter adquirido programa antivírus.

Segurança da informação, gestão de riscos e planos de contingência[14]

Uma vez despertado o reconhecimento dos benefícios e riscos jurídicos associados à informação, a gestão desta atraiu a atenção da comunidade internacional e nacional produtora de normas técnicas, que se dedicou a compilar e consagrar as melhores práticas de gestão. São várias as normas ISO e ABNT que indicam técnicas e procedimentos direta ou indiretamente ligados à boa gestão da informação, incluindo notadamente as que tratam de Gestão de Riscos de Segurança da Informação,[15] Princípios e Diretrizes de Gestão de Riscos,[16] Gestão de Continuidade do Negócio[17] e Governança Corporativa de Tecnologia da Informação.[18]

Revestindo tais normas a consolidação de padrões internacionalmente aceitos, seu peso para o Direito é considerável, pois elas traduzem a evolução objetiva dos parâmetros técnicos e jurídicos de diligência e de boa fé.

Na realidade, tais normas, cada vez mais, incorporam ingredientes jurídicos, tornando tênue a fronteira entre o Direito e a Técnica (leia-se, tecnologia de produtos e de processos). Por exemplo, a NBR ISO/IEC 27001, referente ao Sistema de Gestão de Segurança da Informação, contém um capítulo dedicado às "Conformidades com Requisitos Legais", no qual despontam subtópicos tipicamente jurídicos, como identificação da legislação aplicável, direitos de propriedade intelectual, proteção de registros organizacionais, proteção de dados e privacidade da informação pessoal, prevenção do mau uso de recursos de processamento da informação e regulamentação de controles de criptografia. Em poucas palavras, não há mais como bem gerir a informação sem aplicar o Direito junto com as normas técnicas e vice-versa.[19]

Por essa razão, já há, inclusive, normas regulatórias em alguns setores que exigem expressamente a adoção de Política de Segurança da Informação.[20]

---

14 Aqui adotamos essa denominação na acepção de plano que estabeleça gestão de continuidade de operações e de continuidade de negócios.

15 NBR ISO/IEC 27005:2008.

16 NBR ISO 31000:2009.

17 NBR 15999-1:2007.

18 NBR ISO/IEC 38500:2009 (além da NBR ISO/IEC 20000:2008, sobre Gestão de Serviços de Tecnologia da Informação).

19 No mesmo sentido, as normas ISO têm recebido pacífica acolhida no Judiciário brasileiro. São inúmeras as decisões que, ao longo do tempo, têm reforçado a necessidade de se respeitar a ISO 9000 ou a ISO 14000. A julgar por este retrospecto, provavelmente, as normas ISO referentes à segurança da informação e à gestão de riscos deverão tomar o mesmo caminho.

20 Por exemplo, Circular 285, de 21.03.05, da SUSEP, que também exige um plano de contingência.

O mesmo que se destacou acima com respeito à Segurança da Informação deve ser ressaltado no que tange aos planos de contingência. Essa é outra área claramente associada à responsabilidade civil do gestor, uma vez que a falta de um plano de contingência apropriado — que inclua a classificação de sigilo de informações, sala-cofre, esquemas de redundância, espelhamento, gestão de crise etc. — configura falha imperdoável nos dias de hoje, sujeitando o responsável a uma ampla gama de consequências legais.[21]

Propriedade de informações

A propriedade é a soma dos direitos de usar, fruir e dispor de um bem. Como as pessoas físicas e jurídicas possuem, em relação à maior parte das coisas, os direitos de usar e de fruir mas não o de vender ("dispor"), elas são consideradas usuárias, e não proprietárias.[22]

Nesse contexto, ter propriedade de informação não é a regra, é a exceção.[23] E, como toda exceção, sua interpretação não permite analogias. Ao contrário, ela deve seguir, estritamente, os termos literais do contrato de aquisição ou de transmissão da propriedade[24] ou o sentido finalístico da lei que instituiu aquela propriedade. Por isto, quem adquire informação via contrato deve se esmerar na negociação dos termos e condições; e quem a adquire por força de lei deve se manter dentro da aplicação mais segura da lei, que normalmente é aquela que melhor reflete o bem público e o fim social.

No tocante à informação, a propriedade propriamente dita só é obtida adquirindo-se a propriedade intelectual, que garante exclusividade de uso, fruição e disposição, os três direitos componentes da propriedade.

As outras situações em que se costuma popularmente dizer que a informação é "proprietária" se referem, na verdade, a circunstâncias que fazem o acesso ou uso da informação serem restritos. É o caso, por exemplo, da informação que constitui segredo comercial ou industrial. Tal informação pode não materializar um direito de autor ou uma patente e, ainda assim, contar com a proteção do Código da Propriedade Industrial (Lei 9.279/96) para reprimir criminalmente os atos de concorrência desleal, dentre os quais estão a obtenção ilícita e o uso

---

[21] A adoção de um Plano de Maturidade que escalone as providências de implantação do Plano de Contingência pode ser uma forma viável de se administrar as responsabilidades envolvidas, desde que o escalonamento seja razoável em face das possibilidades e prioridades do caso concreto.

[22] À medida que uma pessoa adquire legalmente a posse de uma Informação, ela se torna custodiante e depositária de tal informação e está incumbida de zelar por sua adequada conservação.

[23] Como se presume que a informação em geral é patrimônio da humanidade e deve circular livremente, a concessão de privilégios de exclusividade é a exceção à regra geral.

[24] Por exemplo, é assim que dispõe o art. 4º da Lei de Direitos de Autor (Lei n. 9.610/98).

não autorizado de informações confidenciais. Logo, a informação classificada como segredo comercial ou industrial não é, a rigor, propriedade de uma pessoa física ou jurídica, mas seu sigilo pode ser suficiente para barrar o acesso a ela e seu aproveitamento por concorrentes.[25]

A propriedade intelectual parece fadada a se tornar o principal esteio de proteção da informação e seu refúgio mais seguro, pois, na sociedade da informação, em que a tônica é a ampla circulação da informação, o sigilo e a privacidade tendem a se tornar, na prática (ao menos, do ponto de vista da técnica informática), cada vez mais restritos.

Privacidade e sigilo

A privacidade é um direito constitucionalmente assegurado[26] e possibilita que o acesso a informações por ela protegidas seja barrado. No entanto, da mesma forma como a propriedade intelectual não cria direito absoluto,[27] a privacidade pode ser confrontada com os direitos *à* informação ou *de* informação.

Portanto, para usufruir das vantagens da privacidade, é preciso estar seguro de que o princípio da proporcionalidade, isto é, a ponderação, a cada caso, sobre a importância relativa da privacidade e de outros direitos em jogo (segurança, direito à informação e outros), não esteja pendendo impropriamente para o lado da quebra da privacidade. Por isso, em websites e em portais, as áreas de acesso restrito devem ser claramente identificadas e, de preferência, a privacidade do respectivo usuário deve estar amparada por um critério justificador razoável e também explicitamente indicado.[28]

Existem diversas modalidades de sigilo legalmente protegidos: sigilo bancário, fiscal, postal, profissional, de informações consideradas de interesse para a defesa nacional, e tantos outros. Tais obrigações de sigilo alcançam o responsável direto por este, os beneficiários, custodiantes, prestadores de serviços, fiscais, auditores e demais pessoas que devam, por razões de ofício, ter acesso à informação sigilosa. É conveniente que os acordos de confidencialidade e as políticas de privacidade contenham escopo e teor abrangentes e adequados.

---

25 Nos casos de concorrência desleal ou parasitária.

26 Constituição Federal brasileira de 1988, art. 5º, X e XII.

27 Ela pode resvalar no abuso de poder econômico ou no exercício abusivo de direito quando os privilégios por ela garantidos não forem razoáveis em face de circunstâncias concretas.

28 Daí a importância da Política de Privacidade de cada site ou portal.

Acesso para consulta a bancos de dados

É fato notório que a maior parte da inteligência informacional está, hoje, abrigada em bancos de dados. No entanto, persistem alguns problemas e polêmicas, como a questão do direito de acesso para consulta, que normalmente aflora quando o contrato de licença de uso do software de banco de dados expira ou é rescindido e o licenciador alega que a consulta é uma forma de uso e que, contudo, a licença de uso não se encontra mais em vigor.

A jurisprudência sobre o tema é escassa, o que sugere a conveniência de os usuários se resguardarem contratualmente negociando *a priori* um período de transição para migração dos dados para outro banco de dados ou plataforma, ou o licenciamento definitivo do direito de simples consulta, contando com uso da versão do software que fora licenciada anteriormente, ainda que, então, sem garantia de atualização futura.

Por outro lado, cabe salientar que, do ponto de vista da propriedade intelectual, os bancos de dados gozam de proteção específica na Lei de Direitos de Autor (Lei 9.610/98),[29] que abrange a originalidade de sua estrutura e que impede que terceiros, sem autorização, reproduzam, traduzam, adaptem, reordenem, modifiquem ou distribuam.

Isso acaba repercutindo, indiretamente, na proteção do "conteúdo" do banco de dados, pois, dependendo da forma como este é copiado, muitas vezes, ocorre reprodução tanto dos dados de informação ali alojados quanto do código do software, e nessa hipótese, a repressão à cópia não autorizada do código do software reforçará o interesse concomitante de se evitar cópia do "conteúdo" informacional.[30]

Monitoramento eletrônico

O monitoramento eletrônico do uso de computadores e sistemas, inclusive da navegação na internet, e de programas de correio eletrônico ou redes sociais, é um tema que se situa na confluência entre os direitos à privacidade e à segurança.[31] Por um lado, a privacidade de quem é monitorado deve ser sacrificada apenas quando não exista outro meio de investigação,[32] e carecem ser empregadas

---

[29] Art. 87.

[30] Há outros fundamentos possíveis para proteção contra a apropriação não autorizada do conteúdo de bancos de dados, independentemente da respectiva privacidade ou propriedade intelectual, mas a correspondente discussão implica aprofundamento incompatível com as limitações deste artigo.

[31] Como escrevi no artigo "As Empresas podem Grampear o e-mail de seus Funcionários?", em 01 de junho de 1999, para www.modulo.com.br.

[32] Provas documentais, testemunhais ou outras.

as mais modernas técnicas de filtro[33] para evitar intromissões desnecessárias. Por outro lado, a justa preocupação com a segurança,[34] refletida no dever de vigilância inerente à responsabilidade civil e na expectativa de atendimento de normas técnicas de Segurança da Informação, efetivamente, exige a realização do monitoramento. Sempre que não houver a necessidade iminente de flagrante, os interessados devem ser previamente avisados de que suas atividades estarão sujeitas a monitoramento, para que seja resguardado o direito de informação.

A instituição de política corporativa específica e sua inserção no contexto mais geral da arquitetura de políticas similares[35] são indispensáveis, pois selam o compromisso com o respeito aos limites impostos pelo direito à privacidade e, ao mesmo tempo, estabelecem um programa de conscientização e fiscalização.

Marketing digital

A compilação de informações comercialmente úteis no ambiente digital tem caminhado a passos largos para se tornar um dos principais focos de problemas jurídicos na internet. Isto ocorre quando a atitude responsável no e-mail marketing é preterida em favor de *spamming* abusivo e de outras práticas também condenáveis.

O adequado uso de ferramentas de *business intelligence* conduz a procedimentos absolutamente lícitos, mesmo quando rastreiam comportamentos de usuários, se forem adotados cuidados técnicos e procedimentais que garantam anonimato.

Entretanto, a fronteira entre uso adequado e uso irregular nem sempre é percebida ou corretamente interpretada. O uso não autorizado de marcas de terceiros, como *metatags* em *links* patrocinados de sites de busca ou em táticas de *keying*, e a compra não autorizada de dados privativos concernentes a terceiros, são situações em que a ação ilícita transparece. Já a seleção de dados que podem integrar um *data warehousing* ou serem extraídos por meio de *spidering*, ou ainda, processados e cruzados via *data mining* depende de criteriosa análise prévia, preferencialmente realizada com o amparo de claros e detalhados Termos de Uso e Política de Privacidade de sites e portais. Nesse contexto, o *marketing viral* e outros conceitos de planejamento e execução de campanhas comerciais que têm a internet como

---

33 Como ferramentas de heurística, para extrair significado mais apurado de palavras-chave, comparando-as com o contexto no qual estejam inseridas.

34 Conforme reconhecido em decisões do Tribunal Superior do Trabalho – TST, temperadas com a alusão ao princípio da proporcionalidade, o que pressupõe conciliar, conforme as circunstâncias específicas de cada caso concreto, a privacidade do trabalhador e o direito e dever de segurança atribuídos ao empregador. Por isso, para se contar com um norte que sirva de ponto de partida para possíveis interpretações, é fundamental haver previsão clara e equilibrada na Política de Segurança da Informação e na Política de Privacidade.

35 Plano de Contingência, Política de Propriedade Intelectual, Política de *Compliance*, Plano de Classificação de Sigilo de Informações, entre outros.

plataforma podem ser legais ou ilegais, dependendo de como forem pensados e colocados em prática.

Em qualquer situação, a definição pertinente do público-alvo a ser atingido, o prévio aviso ou obtenção de autorização para a extração de dados e envio de correspondências, a concessão de facilidades para cancelamento de inscrição ou pedido de retirada, a clara indicação do teor do assunto e a correta indicação do remetente são critérios que permitem separar o justo do injusto.

Conclusão

Devido ao fato de que a Sociedade da Informação é um fenômeno relativamente recente e sob veloz transformação, o Direito se encontra hoje no cerne das atenções daqueles que pretendem extrair da boa gestão da informação um diferencial estratégico, haja vista a ampla gama de benefícios e riscos jurídicos a serem considerados.

A conjugação inteligente de normas jurídicas e normas técnicas que pautem o reconhecimento de boa fé e de diligência, e a produção de pareceres que abordem e garantam sustentação à prevenção ou neutralização de responsabilidades, podem propiciar um retorno expressivo sobre o investimento realizado.

Tal retorno pode ser medido pela maximização dos direitos de propriedade sobre informações estratégicas, pela otimização da Segurança da Informação e da continuidade do negócio, pela sistematização eficiente do atendimento de *compliance* regulatório, pela perpetuação do direito de consulta a bancos de dados e pela legitimação do marketing digital. Visto sob outro prisma, o retorno também se dá pela prevenção de sanções cíveis, administrativas, trabalhistas ou criminais para quaisquer gestores.

Como o conhecimento sobre tais benefícios e riscos não está ainda muito disseminado no meio empresarial, sua utilização pode configurar importante diferencial competitivo, aplicável a toda sorte de informações estratégicas.

Questões para reflexão e aprendizagem

1. Quais são os benefícios e os riscos jurídicos da gestão da informação?
2. Quais são as principais normas técnicas que podem ser conjugadas com normas legais para respaldar melhores práticas em gestão da informação?
3. Que informações podem ser de propriedade de alguém?
4. Qual o conceito de segredos comerciais e industriais e qual sua utilidade?

5. Como garantir acesso permanente a bancos de dados e às informações neles armazenadas?
6. Até que ponto é lícito realizar monitoramento eletrônico?
7. Quais os principais critérios que legitimam o marketing digital?
8. Quais as vantagens jurídicas que tornam tangível o retorno sobre o investimento em boa gestão da informação?

Referências

ASCENSÃO, J. de O. Direito de Autor e Desenvolvimento Tecnológico: Controvérsias e Estratégias. *Revista de Direito Autoral,* ABDA. Dir. Resp. Manoel J. Pereira dos Santos, Lumen Juris, ano 1, n. 1, ago. 2004, p. 3-33.

BARBOSA, D. B. *Uma Introdução à Propriedade Intelectual.* Rio de Janeiro: Lumen Juris, 1997.

BASTOS, A.; CAUBIT, R. *ISO 27001 e 27002*: Gestão da Segurança da Informação — uma visão prática. Porto Alegre: Zouk, 2009.

BITTAR, C. A. *Teoria e Prática da Concorrência Desleal.* Rio de Janeiro: Forense Universitária, 2005.

GONÇALVES, M. E. *Direito da Informação*: novos direitos e formas de regulação na sociedade da informação. Coimbra: Almedina, 2003.

JABUR, W. P. Pressupostos do Ato de Concorrência Desleal. In: JABUR, W. P.; SANTOS, M. J. P. dos. *Propriedade intelectual*: criações industriais, segredos de negócio e concorrência desleal. São Paulo: Saraiva, 2007. p. 337-386. (Série GV Law).

LASTRES, H. M. M.; ALBAGLI, S. *Informação e Globalização na Era do Conhecimento.* Rio de Janeiro: Campus, 1999.

NIGRI, D. F. *Direito Autoral e a Convergência de Mídias.* Rio de Janeiro: Lumen Juris, 2006.

SANTOS, M. J. P. dos. *A proteção autoral de programas de computador.* Rio de Janeiro: Lumen Juris, 2008.

SHAPIRO, C.; VARIAN, H. R. *A Economia da Informação*: como os princípios econômicos se aplicam à era da internet. Rio de Janeiro: Campus, 1999.

TRIDENTE, A. *Direito autoral*: paradoxos e contribuições para a revisão da tecnologia jurídica no século XXI. Rio de Janeiro: Elsevier, 2009.

ZAITZ, D. *Direito & Know-how.* Curitiba: Juruá, 2006.

Capítulo 13

Gestão de Segurança da Informação

Marcos Sêmola*

Ativo de informação

Dado, informação e conhecimento são considerados, por muitos gestores, ativos valiosos de suas empresas. Provavelmente, aqueles que ainda não alcançaram este entendimento o farão em um curto espaço de tempo ou, simplesmente, não mais o farão na posição de gestores, pois se perceberão inaptos para ocupá-la.

Não é necessário contextualizar esta afirmação por continente, país, estado ou segmento de mercado para compreender a importância de possuir informação como instrumento para operacionalizar os negócios. É certo que todas as formas de contextualização mencionadas conferem particularidades a cada empresa e, por isso, a sensibilidade pela falta de informação ou, simplesmente, pela diferença de qualidade ou pela velocidade com que a informação está disponível as torna diferentes. Contudo, é unânime a necessidade que todas têm de se tornar mais ágeis, competitivas, modernas, lucrativas e, principalmente, de estarem preparadas para o crescimento. A informação é, portanto, um dos pivôs desta corrida e, como ativo, bem e patrimônio, precisa estar bem guardada como um segredo de negócio.

---

* **Marcos Sêmola** é Executivo de Tecnologia da Informação da Shell para a América Latina, com mais de 20 anos de experiência em tecnologia e gestão de TI, atuou como Global IT GRC Manager na Shell Gas&Power International na Holanda, responsável por Governança, Risco e Conformidade em suas subsidiárias distribuídas pelo mundo. É vice-presidente da ISACA Capítulo Rio. Anteriormente como Head of Information Risk Operations na Atos Origin do Reino Unido, foi responsável pela operação de contratos globais e, antes disso, assumiu responsabilidade regional como South America Security Consulting Manager na Atos Origin Brazil.

É professor de MBA da Fundação Getúlio Vargas, certificado internacionalmente CISM Certified Information Security Manager, PCI Qualified Security Assessor in Data Security Standard, BS7799/27001 Lead Auditor e PRINCE2 Practitioner. É pós-graduado em Negociação e Estratégia pela London School, MBA em Tecnologia Aplicada, pós-graduado em Marketing e Estratégia de Negócio, pós-graduado em Redes Locais e Bacharel em Ciência da Computação. Autor de dezenas de artigos técnicos publicados na última década e livros sobre gestão de riscos, comunicação e Inteligência Competitiva, sendo reconhecido por sua contribuição no campo da gestão de riscos e premiado SECMASTER©2003 e 2004, NATA©2007 e Profissional do Ano ISSA©2008.

Lançando mão da analogia com o corpo humano, é possível compreender melhor seu papel dentro da complexa dinâmica dos negócios. Enquanto o corpo possui sistemas bem definidos, como o respiratório, o digestivo, o circulatório e o urinário, que, por sua vez, operam a partir do funcionamento de diversos órgãos alimentados pelo fluxo sanguíneo, a empresa tem igualmente que manter seus processos em plena atividade, funcionando pela ação conjunta de diversos ativos físicos, tecnológicos e humanos, como os funcionários, as instalações, os documentos, os equipamentos e tecnologias múltiplas, mas que não alimentadas por sangue, e, sim, pelo fluxo contínuo de informação. Desta forma, partindo da premissa de que sem sangue não há vida, é possível pressupor que sem informação não há negócio e, portanto, não há atividade produtiva.

Atributos da segurança

Por estas e por outras, o tema Segurança da Informação foi ganhando destaque, recebendo atenção, investimento e figurando como um assunto importante no modelo de governança corporativa responsável. Contudo, é fundamental conceituar com clareza os desafios da proteção da informação e seus atributos.

Segundo o dicionário Michaelis, informação é: "1 Ato ou efeito de informar. 2 Transmissão de notícias. 3 Instrução, ensinamento. 4 Transmissão de conhecimentos. 5 Opinião sobre o procedimento de alguém. 6 Investigação. 7 Inquérito". A partir desta definição, é possível concluir que o que se procura proteger está em todo lugar, distribuído por todos os perímetros físicos e lógicos da empresa; sendo enviado e recebido por diversos meios; representado, ora por matérias que se pode tocar, composta por átomos como uma folha de papel, uma máquina ou ferramenta, ora por experiências e conhecimentos mantidos pela mente humana que, de alguma forma, ainda não foram materializados, ou ainda, por símbolos binários intocáveis que circulam silenciosamente por redes de computadores e são processados eletronicamente por sistemas.

Pode-se notar que os limites de alcance operacional das empresas se expandiram com muita velocidade. O que há muito podia ser definido e medido por um olhar sobre o pátio da fábrica, uma pesquisa no arquivo de aço ou por uma conversa com um funcionário, agora transcende os tradicionais limites e passa a estar disponível e acessível em diversos formatos, em qualquer lugar e de qualquer lugar.

Parece, em primeira análise, que as empresas regrediram — do ponto de vista do negócio — e se tornaram mais frágeis e vulneráveis. Porém, logo se percebe o contrário, ao ponderar os benefícios obtidos com a informatização e a automação, que tornou as empresas mais presentes, enxutas, velozes e eficazes, como um negócio competitivo deve ser. Assim, se o processo de compartilhamento de informações é irreversível por motivos óbvios, o desafio passa a ser extrair todos os benefícios desse processo sem que os malefícios associados à falta de segurança sejam maximizados, colocando a empresa em um nível de risco exagerado ou inaceitável.

Segundo o mesmo dicionário, seguro é: "1 Estar livre de inquietações. 2 Sossegado. 3 Confiado. 4 Livre de perigo ou não exposto a ele. 5 Que oferece segurança contra ataques, acidentes, desastres ou danos de qualquer outra natureza". Portanto, as empresas buscam cercar-se de mecanismos que preservem o conhecimento que detêm e que lhes garantam tranquilidade, obtida pela não exposição ao perigo exagerado ou simplesmente por estarem livres dele.

Sendo mais prático e objetivo que o dicionário, o que precisa ser feito é preservar atributos fundamentais da informação para que lhe possa ser conferido o tratamento de segurança. É como ocorre com a água ao ser classificada como potável. Para obter este rótulo, todos os seus atributos — insípida, incolor e inodora — precisam estar preservados. Basta que um deles não seja atingido para que esta classificação não seja possível. Desta forma, para conferir um tratamento de segurança a uma informação, é necessário garantir seus três atributos ou conceitos principais: confidencialidade, integridade e disponibilidade.

Confidencialidade — propriedade da informação de se manter acessível aos agentes autorizados e, ao mesmo tempo, inacessível aos agentes não autorizados.

Integridade — propriedade da informação de se manter sob controle e poder ser alterada por agentes autorizados e, ao mesmo tempo, impedida de sofrer alteração por agentes não autorizados.

Disponibilidade — propriedade da informação de se manter acessível a agentes autorizados a qualquer momento em que se precise dela.

Muitos outros conceitos têm surgido, principalmente pela necessidade dos usuários de que a informação trate com particularidade alguns aspectos específicos como a legalidade e autenticidade, mas que, de uma forma ou de outra, podem ser considerados e tratados dentro do chamado de trinômio da segurança da Informação.

Relação de dependência do negócio

Compreender a relação entre os diversos elementos que fazem um negócio funcionar é o ponto de partida para identificar os desafios da segurança. Um negócio é suportado por processos que mantêm uma relação de dependência com ativos físicos, tecnológicos e humanos, que inevitavelmente possuem falhas de segurança. Estas falhas são potencialmente exploradas por ameaças que, ao obterem sucesso e gerarem um incidente, produzem impactos de primeiro nível nos ativos, que tendem a se estender aos processos até finalmente atingirem o negócio sob a forma de prejuízo financeiro, desgaste de imagem, entre outros danos.

Exercitando a imaginação, uma falha de segurança em um dos inúmeros sistemas de computador da empresa pode ser explorada por uma ameaça, comprometendo a integridade do serviço prestado pelo sistema, o que, por sua vez, compromete a funcionalidade do computador associado, estende seus efeitos ao processo dependente deste serviço e, finalmente, gera impactos financeiros à empresa por se tratar de um processo importante, aliás, exatamente o que está diretamente associado à operação de contas a pagar e receber. Mas este fato indesejável não para aí, pois provoca, em curto prazo, efeitos no fluxo de caixa da empresa, que perde seu poder de compra e suporte operacional. Como agravante, ainda gera impactos na relação com os fornecedores do negócio pelo não cumprimento das responsabilidades, provocando efeitos de médio prazo associados à perda de credibilidade e ao desgaste da imagem.

É um efeito cascata que atinge em cheio os interesses e a estratégia do negócio, expondo suas informações e comprometendo sua continuidade operacional. Contudo, esses momentos de exposição e risco, chamados de fases do ciclo de vida da informação, podem ser identificados, o que irá facilitar o entendimento e a condução das ações futuras de melhoria.

Ciclo de vida da informação

As fases do ciclo de vida da informação representam os momentos nos quais a informação é submetida ao tratamento, seja pela ação direta de ativos físicos, tecnológicos ou humanos, incluindo os procedimentos associados a cada um deles. São fases críticas, comumente, momentos de exposição ao risco e que, por isso, devem ser diagnosticadas e trabalhadas pelas empresas como parte de um desafio único e integrado de gerenciamento.

Manuseio — momento em que a informação é criada e manipulada, seja, por exemplo, pelo ato de folhear um bloco de papeis, digitar informações recém-geradas em um sistema de aplicação ou por utilizar sua senha de acesso para a autenticação física e lógica.

Armazenamento — momento em que a informação é armazenada, por exemplo, em um banco de dados compartilhado, em uma anotação de papel posteriormente guardada em um arquivo físico ou em uma mídia magnética arquivada na gaveta da mesa de trabalho.

Transporte — momento em que a informação é transportada, seja ao encaminhar informações por correio eletrônico, ao enviar um documento via fax ou ao falar ao telefone.

Descarte — momento em que a informação é descartada, seja ao depositar material impresso na lixeira, ao eliminar um arquivo eletrônico em seu computador de mesa ou ao descartar um *CD-ROM* usado que apresentou falha na leitura.

Figura 13.1 • Momentos do ciclo de vida da informação, considerando os conceitos básicos da segurança e os aspectos complementares

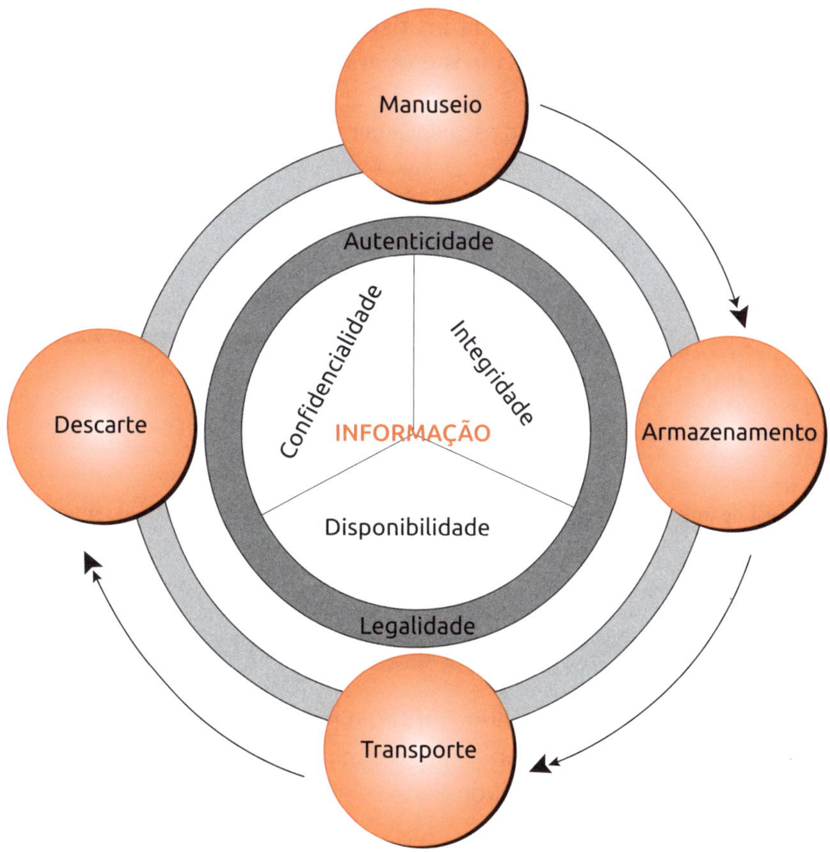

Como elos de uma corrente, cada momento do ciclo de vida da informação tem responsabilidade no papel de resistir à força contrária, tornando-se peças igualmente importantes para o todo. Um elo mais fraco irá comprometer a eficácia da proteção da corrente. Por isso, há a máxima que diz que o poder de proteção de uma corrente está diretamente associado ao poder de resistência de seu elo mais fraco.

Componentes do risco

Cada tipo de negócio, independente de seu segmento de mercado e de seu *core business*, possui dezenas, talvez, centenas de variáveis que se relacionam direta e indiretamente com a definição de seu nível de segurança mais adequado. Identificar estas variáveis passa a ser a primeira etapa do desafio.

O negócio deve passar por uma análise contextualizada antes de se especificar um tratamento apropriado para solucionar seus problemas de segurança. É justamente esta a fase do diagnóstico que será capaz de identificar as ameaças internas e externas, as vulnerabilidades físicas, tecnológicas e humanas e também os possíveis impactos financeiros e operacionais.

Figura 13.2 • Diagrama da equação do risco de Segurança da Informação

$$R = \frac{V \times A \times I}{M}$$

RISCO — VULNERABILIDADES — AMEAÇAS — IMPACTOS

MEDIDAS DE SEGURANÇA

Nota: a variável de impacto está relacionada à possibilidade de se mensurar o risco monetariamente, viabilizando, portanto, uma análise de riscos quantitativa ao invés de puramente qualitativa.

Ameaça

Atitude ou dispositivo com potencialidade para explorar e provocar danos à Segurança da Informação, atingindo um ou mais de seus atributos: confidencialidade, integridade e disponibilidade.

Consultando a definição no dicionário, tem-se: "Ameaça: palavra, gesto ou sinal indicativo do mal que se quer fazer a alguém; prenúncio de um mal ou doença; advertência". Exemplos de potenciais ameaças são: concorrente, sabotador, especulador, *hacker, cracker*, erro humano (como a deleção de arquivos digitais acidentalmente), acidentes naturais (como inundação, maremoto), funcionário insatisfeito, técnicas (como engenharia social, *trashing*), ferramentas de software (vírus, *sniffer, trojan horse, spoofing*).

Identificar as ameaças é fator crítico para o sucesso do correto dimensionamento do risco e, principalmente, para a modelagem de uma solução de segurança personalizada.

Vulnerabilidade

Evidência ou fragilidade que eleva o grau de exposição dos ativos que sustentam o negócio e aumenta a probabilidade de que uma investida de ameaça tenha sucesso.

Resgatando o termo em dicionário, tem-se: "Vulnerabilidade: qualidade de vulnerável."; "Vulnerável: que, ou por onde, pode ser ferido; diz-se do ponto fraco de uma pessoa, coisa ou questão". Por exemplo: falhas de infraestrutura física (como carência de mecanismos de controle de acesso físico na sala dos servidores), falhas tecnológicas (como configuração inadequada do *firewall*, erros em projeto de software básico de sistemas operacionais), falhas de mídias (como fitas de *backup* impróprias para a restauração em função de deterioração), falhas humanas (como ausência de conscientização que provoca displicência ao criar e manter em sigilo a senha pessoal).

Impacto

Resultado da ação bem-sucedida de uma ameaça ao explorar uma vulnerabilidade de um ativo e atingir, assim, um ou mais atributos da Segurança da Informação.

Em mais uma consulta ao dicionário, observa-se: "Impacto: choque; embate; encontrão; colisão entre dois corpos, com a existência de forças relativamente grandes durante um intervalo de tempo muito pequeno; abalo moral por um acontecimento doloroso ou chocante; impressão profunda provocada por ocorrência grave ou inesperada". Por exemplo: prejuízo financeiro, perda de competitividade, perda de mercado, danos à imagem, depreciação da marca, descontinuidade, entre outros.

Probabilidade

A probabilidade também deve entrar como fator ao ponderar o risco, pois dá maior precisão e equilíbrio ao processo de qualificação.

Com o risco equacionado a partir da identificação de seus componentes, é preciso ratificar a importância da gestão corporativa da Segurança da Informação, que deve sempre estar orientada para considerar as particularidades de cada negócio, em busca da implementação de controles que reduzam os riscos — fazendo-o tender à zero — e as da eliminação e administração das vulnerabilidades dos ativos, evitando, assim, que as ameaças as explorem e gerem impactos indesejáveis.

Garantia de privacidade

Pensar em segurança é pensar em controle; e pensar em controle nos leva a lidar com a privacidade.

Esta é a questão do momento. Não se trata de um assunto novo, pois a privacidade sempre foi um direito reconhecido por pessoas, empresas e países. Ao estudar todas as dimensões da questão, é possível verificar que as evoluções tecnológicas, o aumento da informatização e a conectividade têm colocado este direito em risco. Isso porque, ao comprar um aparelho de telefonia móvel, ao adquirir um endereço IP para conexão com a internet, ao introduzir um *smartcard* no dispositivo de acesso físico da empresa ou até mesmo ao ser flagrado pela câmera de circuito interno de TV do edifício, o indivíduo está sendo monitorado e, de certa forma, controlado.

Controle é justamente o ponto de conflito. A todo instante, todos se tornam alvos de mais e mais formas de controle. A propósito, quando se fala de Segurança da Informação, indiretamente está se falando da implementação de controles que reduzam os riscos das empresas no manuseio, armazenamento, transporte e descarte das informações. O desafio está intimamente relacionado com a "dose" de controle que é aplicada aos processos, tecnologias e pessoas. É como se fosse necessário equilibrar uma balança na qual, em um dos lados, estaria a segurança — e consequentemente o controle — e, no outro, a privacidade.

Todos precisam buscar o equilíbrio para viabilizar a operação com substancial redução de riscos de fraudes, sabotagens, vazamento de informações, incêndio, invasões, entre outros, sem comprometer a privacidade dos envolvidos.

Analisando analogamente a situação de um paciente enfermo e a de uma empresa sem segurança, vemos que ambos necessitam de uma solução, de um tratamento e de medicamentos que possam controlar a enfermidade e levá-los a atuar em condições normais. Mas, se os exames não forem realizados adequadamente ou o diagnóstico não for preciso, aumentam as chances de que o médico faça uma prescrição equivocada, com doses de medicamento baixas demais, que não surtirão efeito, ou muito altas, que acarretarão efeitos colaterais indesejados. Quando aplicadas à segurança, essas doses exageradas podem significar perda de agilidade e competitividade da empresa, queda de produtividade, burocratização, perda do *time-to-market* e, consequentemente, o aumento exacerbado de controles que atingirão negativamente a privacidade de funcionários, parceiros, fornecedores e demais elementos da cadeia produtiva. Já, se os medicamentos forem ministrados em dose insuficiente, podem provocar o baixo retorno com relação aos investimentos, a proteção parcial e ineficiente ou, ainda, a falsa sensação de segurança que fará com que a empresa "baixe a guarda" diante das ameaças potenciais.

O fato é que o mundo, após o terrível atentado terrorista ocorrido em setembro de 2001 — quando foi constatada a alta aplicação de eficientes estratégias militares, de inteligência de espionagem e de tecnologia —, está repensando a questão e avaliando o custo-benefício de desequilibrar a balança em busca de maior controle e, consequentemente, da depreciação da privacidade do indivíduo.

Não é preciso ir muito longe para constatar os efeitos dessa reflexão e, em seguida, transmitir esses ensinamentos ao cotidiano das empresas. Hoje, nos aeroportos, solicita-se a todos que apresentem o documento de identificação quando embarcam. As bagagens passam pelo mais rigoroso crivo em busca de qualquer objeto de metal ou produto químico que potencialmente possa ser usado como arma. Em praticamente toda relação comercial, pessoas físicas são pressionadas a fornecer documentos que comprovem sua residência ou localização comercial, a informar telefones de recomendação, referências profissionais e sociais. Os telefonemas realizados do ambiente de trabalho são "logados", ou seja, registrados com riqueza de detalhes nas centrais telefônicas privadas e nas operadoras de telecomunicações. O edifício onde essas pessoas residem ou trabalham as "eternizam" em filmagens gravadas durante as 24 horas do dia, os sete dias da semana, sempre que elas se expõem ao entrar ou sair do ambiente. Como se isso não bastasse, a utilização de programas de mensagem on-line denunciam ao mundo, indicando quando estão conectadas à rede. Os dispositivos de controle de acesso físico usados nas empresas passam a registrar e manter com precisão o dia e a hora em que as pessoas entram e saem de determinados ambientes. Os gerentes e administradores de rede já as conhecem em sua intimidade, pois têm condições técnicas de saber que documentos elas editam, para quem os enviam e o que recebem por meio da correspondência eletrônica, incluindo o assunto e possivelmente o conteúdo desses e-mails. Além disso, conhecem os hábitos de acesso à intranet e também os sites que costumeiramente são acessados via internet.

Diante de tantos controles, todos acabam se sentindo em um mundo de fantasia — como em uma maquete, em que alguém pudesse acompanhar tudo de cima —, onde os personagens têm seus destinos traçados a cada capítulo, onde são constantemente acompanhados e monitorados. Este é o preço que vem se pagando pela participação ativa e irrestrita da tecnologia nas vidas das empresas e das pessoas e, mais recentemente, pela onda de desespero promovida após a percepção de que o mundo não está tão seguro quando todos imaginavam.

Retorno dos investimentos

Em geral, o executivo responsável pela aprovação de investimentos representativos adota, em um primeiro nível, um modelo de avaliação de oportunidades simples. Se o retorno financeiro ou a redução dos custos proporcionados por um determinado projeto for maior que o montante de seu investimento, a iniciativa tem o potencial de ganhar importância e a consequente aprovação. Simples não? Sim, se todos os projetos e seus resultados pudessem ser facilmente quantificados financeiramente. Esse é o desafio.

As atividades que podem compor um projeto de Segurança da Informação são muito heterogêneas e tratam isoladamente aspectos físicos, tecnológicos e humanos ou mesclam alguns deles em atividades híbridas. Podem assumir um posicionamento reativo, normalmente, mais fácil de ser justificado, pois já existem evidências do problema; ou um posicionamento proativo, em que se antecipam ao suposto problema e, por isso, ele se torna muito mais difícil de ser equacionado.

Diante de tantas dificuldades para justificar os investimentos, é preciso se apegar aos números, tentar a qualquer custo transformar campanhas de conscientização, configuração de sistemas operacionais, desenvolvimento de segurança para aplicações, dispositivos de autenticação, criptografia, normas, padrões, treinamentos, *firewall*, controles de acesso físico e até a consultoria em unidades de medida válidas para o julgamento do aprovador.

Não se pode ignorar outros valores, que não o apenas financeiro, capazes de apoiar a justificativa de investimentos. Eles tendem a variar de empresa para empresa, de escopo para escopo e até mesmo de projeto para projeto. A estratégia de ser uma empresa pioneira pode estar à frente do simples motivo de ROI direto, ou seja, o aprovador pode decidir pelo investimento em busca do fortalecimento e da valorização da marca e não simplesmente da redução de custo direto que o projeto pode trazer. A empresa pode, ainda, estar interessada na conformidade com leis e padrões, em certificações internacionais, em uma grande campanha de marketing ou na legítima vontade de estar preparada para suportar projetos futuros com o risco controlado.

De qualquer forma, independente dos valores considerados por um determinado aprovador em um determinado momento da empresa, o apelo financeiro sempre é respeitado e acaba pesando em qualquer decisão. Comece definindo índices e indicadores de desempenho que possam servir de base para a coleta de evidências ao longo do tempo, seja de prejuízo financeiro direto ou de outras situações que acabam gerando os mesmos prejuízos, como perda de rendimento, perda de clientes, ações trabalhistas, multas, aumento de custos operacionais, tempo de paralisação da produção, indisponibilidade de um sistema crítico, desvalorização das ações, desgaste da imagem da corporação, retrabalho, fraudes, sabotagens, erros, impactos ambientais, entre outros.

Estruture um processo de acompanhamento e alimentação dos indicadores e deixe que eles trabalhem por você. Dê tempo para que acumulem um volume representativo de evidências, tente — pois não é tarefa fácil — convertê-las em números financeiros e extraia dados estatísticos baseados no tempo. Então, estude seu projeto e procure mapear que interferência terá nos processos que são considerados para a alimentação dos indicadores. Essa relação cruzada é um fator crítico para o sucesso e lhe dará uma visão dos benefícios do projeto, medidos pela interferência potencialmente positiva nos indicadores. Se, com isso, você puder quantificar essa interferência, terá o ROI financeiro do projeto e estará praticamente pronto para justificá-lo.

Contudo, antes de agendar a apresentação do projeto, é preciso fazer um "teste de sanidade", estudando a relação entre o montante financeiro do investimento e o montante financeiro que representa os benefícios do projeto, além do espaço de tempo entre o desembolso para sua execução e o retorno do investimento.

Como proposta de simulação, imagine uma empresa que, há muito tempo, vem observando a queda de seu faturamento e a perda de produtividade de seus funcionários nas atividades de confecção e entrega dos produtos e serviços aos clientes internos e externos. Diante disso, poderiam ser definidos índices de acompanhamento para medir a produção por funcionário (controle de entrega), a evolução do faturamento da empresa (balanço por período), o tempo de dedicação à atividade-fim (*timesheet* e *log* de uso de recursos de rede) e o nível de motivação e comprometimento dos recursos humanos (pesquisa de satisfação). Em seguida, seria necessário definir pequenos processos de alimentação desses indicadores por um período de tempo representativo, seis meses, por exemplo. De posse das informações de evolução e medição dos indicadores, seria preciso associar os problemas percebidos com a perda financeira, por exemplo, extrair a relação existente entre a hora de trabalho e o faturamento produzido.

Restaria analisar o projeto e seus benefícios, para projetar os reflexos positivos nos indicadores. Imagine, agora, que o projeto possui as seguintes atividades: campanha de conscientização dos usuários, reformulação da política de acesso à internet, norma de responsabilização pela proteção das informações críticas, implementação de software de crítica e filtragem de acesso aos serviços web e gerenciamento de mudanças. Com isso, seria possível dizer, por projeção e associação com os índices de acesso a serviços web desvinculados das atividades da empresa, que, por hora, um funcionário consome 1/4 desse tempo em atividades improdutivas, o que representa um montante financeiro. A partir daí, com os benefícios do projeto, seria possível projetar a redução de uso indevido e, assim, quantificar financeiramente seu retorno.

Como você pôde notar, fazer que a empresa tire dinheiro dos cofres de forma autônoma e justificável não é tarefa fácil. Portanto, é necessário exercitar antigos e novos modelos e, principalmente, aprender com os erros, preferencialmente com os dos outros.

Gerência de mudanças

Não é possível negar: o capital humano também é determinante para garantir o sucesso de qualquer iniciativa empresarial com o objetivo de mitigar os riscos de Segurança da Informação e transformar as metas do plano estratégico de segurança em ações reais.

É verdade que não faltam motivos, seja pela complexidade seja pela extensão, para se perder o foco e disparar ações desconexas ou tendenciosamente tecnológicas, julgando que elas são suficientes para tranquilizar o CEO e acalmar os ânimos dos investidores.

Felizmente, muitas empresas então no caminho certo e consideram que os aspectos humanos são, no mínimo, tão importantes quanto os ativos físicos e tecnológicos. Elas estão avaliando os riscos, planejando atividades e implementando controles a partir da identificação de vulnerabilidades, ameaças e impactos que relacionem, por exemplo, o nível de cultura de segurança do funcionário, favores motivacionais, o comprometimento com a missão da empresa e, principalmente, o preparo desse profissional para as tarefas mais cotidianas de manipulação, armazenamento, transporte e descarte de informações sensíveis e valiosas para o negócio.

Isso representa um enorme desafio para executivos e gestores especializados (*Chief Security Officers*), que buscam encontrar uma equação de ROI equilibrada e capaz de tornar seus sistemas mais disponíveis, sua infraestrutura mais tolerante e performática, seu ambiente físico mais segmentado e resistente a acessos não autorizados, e principalmente, garantir comportamentos seguros de seus usuários a partir da construção de uma cultura de segurança enraizada.

Formar cultura é a questão, pois, por mais que um processo que manipule informações seja fisicamente e tecnicamente "perfeito", do ponto de vista da segurança, se houver intervenção humana em algum momento, ele estará potencialmente comprometido. Isso não significa que se esteja duvidando da competência e da capacidade dos usuários, mas, sim, que o simples fato de estar diante de uma "máquina" imprevisível e que pode errar, pode trazer problemas.

Teoricamente, as regras de seu *firewall* irão se comportar exatamente do modo como foram definidas, seu servidor de autenticação irá autorizar usuários somente se eles estiverem devidamente cadastrados, a porta do *data center* permanecerá fechada se assim o quiser; mas seu usuário pode não ser tão amável, compreensivo e comprometido com a política de segurança da empresa em um determinado momento por conta de um número indeterminado de motivos. A imprevisibilidade do capital humano é fator crítico para qualquer processo de Segurança da Informação.

É verdade que errar é humano e que não existe solução definitiva para comportamentos perigosos, mas há muito a se fazer para minimizar estes riscos. Eles refletem, entre outras coisas, a falta de percepção dos benefícios proporcionados pela Segurança da Informação, o medo da mudança, a ação desesperada de um usuário com baixa autoestima ou, simplesmente, a falta de treinamento. Por tudo isso, é sensato, nesta fase, que todo projeto de Segurança da Informação conte com o apoio das atividades de Gerência de Mudanças ou *Change Management*.

É fácil compreender a resistência. Por definição, os controles de segurança tendem a reduzir a mobilidade do usuário no acesso a ambientes físicos, aumentar os critérios de autorização para acessos lógicos, gerar "burocracia" para manuseio, armazenamento, transporte e descarte de informações e ainda dar a sensação ao usuário de que ele está sendo monitorado e, portanto, sujeito à repreensão de qualquer ordem. Por isso, ações paralelas de esclarecimento e envolvimento são fundamentais para "quebrar o clima".

Procurando ser prático, é possível dizer que um projeto de gerenciamento de mudanças deve se cercar de artifícios para envolver os usuários, tornando-os participativos; deve comunicar as mudanças, sinalizar a necessidade de apoio e, principalmente, destacar os benefícios de interesse comum, como a segmentação de responsabilidades, a redução de riscos dos processos e a própria continuidade do negócio, afinal, sem negócio, não há posto de trabalho.

A seguir estão os principais elementos e atividades de um projeto de gerenciamento de mudanças.

- Avaliação do nível de comprometimento dos usuários com a empresa.
- Avaliação do nível de cultura de Segurança da Informação dos usuários.
- Mapeamento dos principais executivos e formadores de opinião.
- Identificação da percepção da importância da segurança para os executivos.
- Ações de envolvimento dos executivos para realizar mudanças de percepção.
- Identificação da percepção da importância da segurança para os usuários.

- Plano de ação para transformar reativos em neutros ou em proativos.
- Seminários de sensibilização e nivelamento de expectativas.
- Comunicado oficial da alta direção, demonstrando seu comprometimento com a segurança.
- Programa de comunicação das mudanças:
  - seleção das mensagens-chave;
  - seleção dos veículos de comunicação corporativa;
  - segmentação do público-alvo para adaptar a forma de abordagem.
- Implementação das ações de comunicação com a adoção dos veículos selecionados.
- Medição dos indicadores de resultado para os diferentes públicos.
- Ajustes das próximas ações com base nos indicadores de resultado.

Fundamentalmente, um projeto como este consegue converter reativos em proativos ou em neutros, funcionários passivos em ativos e, principalmente, transformar a natural carência de capital humano disponível em uma *task force* que some esforços. Seja por movimento voluntário baseado na motivação, seja por movimento involuntário baseado na responsabilização, com ações dessa magnitude, todo projeto que provoca mudanças tende a maximizar seus resultados e a potencializar um melhor retorno sobre os investimentos. Quando o foco é a Segurança da Informação, este ganho fica ainda mais visível. É importante compreender que ninguém gosta de precisar fazer ou de seguir algo sem estar certo de sua importância, de seus benefícios e do valor de sua participação, por menor que seja.

Priorização de ações

O cientista italiano Pareto descobriu, no século passado, uma relação de causa e efeito em que 80% dos resultados são gerados por apenas 20% do esforço. Pode parecer irreal, mas o tempo e os exercícios contínuos com os números foram mostrando aos gestores que 20% dos vendedores de uma empresa geram 80% das vendas; 20% dos clientes são responsáveis por 80% da receita; ou que 20% dos produtores rurais de uma cidade geram 80% da produção.

A importância de Pareto para a segurança está associada à grande dimensão do esforço necessário para reduzir e administrar continuamente os riscos da informação. Apesar de as vulnerabilidades físicas, tecnológicas, humanas e processuais crescerem e se renovarem diariamente, o montante de investimento compatível com o valor do bem que se quer proteger, ou simplesmente disponível, é finito.

Essa limitação é real e os problemas são muitos, além de heterogêneos, portanto, o grande e atual desafio dos *Chief Security Officers* e das consultorias especializadas, é criar uma estrutura de suporte ao processo decisório que definirá o que deve ser postergado, o que deve ser priorizado e, até mesmo, o que deve ser esquecido e não poderá ser atendido pelos investimentos.

É uma situação difícil, sem dúvida, mas a busca cega pela excelência teórica baseada apenas em normas internacionais e melhores práticas deve ceder à necessidade prioritária de administrar com base nos interesses do negócio. O ato de investir em Segurança da Informação deve ser conduzido com a mesma seriedade com a qual um executivo decide ampliar sua linha de produção ou automatizar sua força de vendas, ou seja, pensando no resultado. Não faz sentido algum investir tempo, dinheiro ou recursos de qualquer natureza que valham mais que o próprio bem protegido. Não faz sentido realizar ações em processos longos de análise de segurança se eles não puderem orientá-lo a corrigir falhas com velocidade. Não faz o menor sentido despender esforço para obter a certificação BS7799, por exemplo, se os maiores problemas que comprometem a confidencialidade, a integridade e a disponibilidade de suas informações continuam sendo o vírus, o perímetro internet, sua infraestrutura elétrica e a conduta de seus funcionários. É como preparar um automóvel para uma dura viagem de 2 mil quilômetros instalando pneus reservas, piloto automático, peças sobressalentes para o motor e sistemas de posicionamento global e esquecer de abastecer o tanque de combustível.

A regra de Pareto deve nortear executivos de segurança e consultorias, pois tempo e dinheiro são finitos, mas os problemas não. Decidir o que é prioritário e o que é mais representativo para a natureza do negócio, avaliar o que é mais relevante, contextualizar as falhas e identificar as ações que representam os 20% de esforço que proporcionarão os 80% do resultado.

Investimento inteligente é a chave que pode ajudar a tirar das costas o peso do investimento que não consegue ser medido, dos projetos que geram apenas belos e pesados relatórios, da busca inconsistente pela certificação, da solução apenas academicamente perfeita e da especificação de políticas de segurança enlatadas e utópicas. Mesmo aplicado à segurança, estamos falando de investimento, que, como em qualquer outra situação, deve estar voltado para os interesses do negócio e de seus gestores e proporcionar a geração de mais dinheiro, a redução de perdas e a redução dos riscos de responsabilização.

Estas são algumas considerações para apoiar o processo de decisão e maximizar os investimentos em Segurança da Informação:

- considerar os requisitos do negócio (natureza das atividades, sensibilidade, tolerância, criticidade);
- considerar os planos de negócio de curto, médio e longo prazo (plano de desenvolvimento e investimento);
- considerar a relevância dos processos para o negócio (relação direta e indireta com os resultados financeiros);
- considerar a percepção de prioridade dos ativos da informação (dependência dos processos de negócio);
- considerar as limitações técnicas, temporais, financeiras, legais e outras específicas (regulamentações setoriais, Constituição, plataformas tecnológicas etc.);
- considerar risco inerente, risco presente e risco residual (configuração de risco previsível, risco atual e risco final ou desejável);
- considerar a situação atual e a situação desejada (nível de segurança ideal para o contexto do negócio — compatibilidade de investimento e tolerância); e
- considerar um modelo de maturidade (acompanhamento de indicadores e medição dos resultados para retroalimentar o processo de gestão de riscos).

Norma de segurança ISO 27001

Para que serve uma norma ISO? Muitos nunca se fizeram esta pergunta, apesar de estarem cotidianamente em contato com produtos certificados, empresas que possuem o reconhecimento de organismos certificadores e, em alguns casos, relações comerciais *business to business* que só ocorrem pela presença mútua da conformidade com determinada norma. De forma didática, pode-se dizer que uma norma tem o propósito de definir regras, padrões e instrumentos de controle que deem uniformidade a um processo, produto ou serviço.

Mas por que tantas empresas buscam adesão a essas normas? Em uma economia tradicional e saudável, as empresas representam engrenagens de um sistema complexo no qual há trocas constantes de bens e serviços, por meio da utilização da moeda, para concretizar as relações financeiras. Diante disso, é saudável que todas as empresas procurem uma base comum que facilite a interação e a confiança entre elas e, oportunamente, busquem elementos que as projetem mais, para que possam conquistar diferenciais competitivos. Essa é a lei do mercado.

Assim, as normas surgiram para sugerir bases comuns, cada qual com sua especificidade, como vemos na ISO 9001 — Qualidade e na ISO 14000 — Meio Ambiente. Esses são exemplos de critérios, padrões e instrumentos de controle parcialmente ou totalmente aplicáveis em função da natureza de cada negócio, que acabaram formando cultura e recebendo o reconhecimento mundial de segmentos específicos.

À medida que os negócios passaram a aplicar tecnologia da informação para suportar processos importantes da empresa e, muitas vezes, os mais críticos e representativos para sua sobrevivência e continuidade operacional, a proteção da informação passou a ser fator crítico para o sucesso.

A tecnologia da informação deixou de ser coadjuvante e se tornou protagonista no desenvolvimento corporativo, servindo de base comum para a troca eletrônica de informações e para a intermediação de transações comerciais. Fala-se de um parque tecnológico cada vez mais integrado, porém heterogêneo, que mantém custodiadas informações de seus parceiros da cadeia produtiva, de clientes, de fornecedores e, ainda, informações estratégicas da empresa.

O mercado atingiu um nível de automação, de compartilhamento de informações e de dependência tal que motivou a elaboração e a compilação de uma família de normas específicas para orientar a padronização de uma base comum voltada para a gestão de Segurança da Informação.

Para os que desconhecem o assunto, a primeira parte da Norma Britânica BS7799 deu origem à versão ISO 17799:1 após avaliação e proposição de pequenos ajustes. Em seguida, ela foi traduzida e disponibilizada pela ABTN – Associação Brasileira de Normas Técnicas. A evolução natural foi a criação de uma família de normas que passou a ser chamada de ISO 27000.

É notório que uma norma não ganha respeito e adesão automáticos pelo simples fato de existir. O processo é lento, mas pode se tornar rápido, sobretudo, quando temos em mente que, a exemplo do que aconteceu com a ISO 9001, a adesão a ela pode significar um importante diferencial competitivo para as organizações.

Papel e perfil do gestor

De acordo com o estudo realizado por uma consultoria estratégica internacional, embora os departamentos de Segurança da Informação de corporações do mundo todo tenham recebido um aumento médio de 5% em seus orçamentos, mais de 50% das empresas investiram em projetos de segurança incorretos e irrelevantes. Além disso, há previsões de que, nos próximos anos, mais de 90% de todas as organizações nomearão um indivíduo ou um departamento especial para esta tarefa de gerir a Segurança da Informação.

É certo que esta última previsão motivadora é um sinal de amadurecimento das empresas quanto ao tratamento dos riscos e à percepção de relevância de um processo estruturado de gestão. Contudo, poucos profissionais têm a clara noção dos desafios e, principalmente, do papel desse gestor. Por vezes, o simples título *Security Officer* ou CSO (*Chief Security Officer*) presente no cartão de visitas pode conduzir a um entendimento distorcido da realidade, pois esta posição costuma apresentar grandes diferenças quanto às atribuições e à autonomia, que refletem diretamente a estrutura organizacional da cada empresa.

Atualmente, o mercado reúne empresas que vivem os mais diferentes estágios de administração de riscos e de Segurança da Informação, começando por aquelas que simplesmente desconhecem o problema e tão pouco julgam prudente investir — em sua percepção, gastar — dinheiro em recursos específicos. Em seguida, aparecem as empresas que já sofreram prejuízos com a falta de segurança ou iniciaram um processo de conscientização interna ainda baseado em ações tecnológicas. Este segundo grupo corresponde à grande fatia do mercado pela simples falta de visão dos executivos na mensuração dos riscos e do retorno com relação ao investimento. Além dessas, uma porção muito seleta de empresas se encontra em fase mais madura, dimensionando investimentos com abrangência corporativa, integrando ações que visem a tecnologia, os processos e as pessoas e, ainda, levando o assunto para ser discutido em comitês executivos e na alta gerência.

É verdade que não se pode classificar o universo de empresas em apenas três níveis de evolução, mas estes já nos dão um panorama para compreender as dificuldades em se definir um responsável pela Segurança da Informação e, principalmente, estabelecer suas responsabilidades e competências necessárias para que os objetivos maiores do negócio sejam atingidos.

Neste momento, cabe uma pergunta: qual é o papel do gestor?

Em linhas gerais, o CSO ou *Security Officer* tem que ter um perfil executivo, toma partido nas decisões macroestratégicas da companhia e participa ativamente da modelagem do plano diretor de Segurança da Informação, um instrumento de orientação abrangente e intimamente alinhado com o ROI e com os interesses do negócio da empresa.

Por analogia, este profissional seria o maestro de uma orquestra preocupado em compor os membros da equipe (própria ou terceirizada), garantir o ritmo, as metas de desempenho, a integração das ações, a interoperabilidade entre as cordas, os metais, a percussão — como se fossem departamentos de uma empresa — e, principalmente, a harmonia em cada atividade programada.

Falando mais especificamente sobre o perfil, o profissional deve possuir uma formação generalista com experiências que abarquem os âmbitos técnico e gerencial. É certo que, inúmeras vezes, ele estará diante de desafios e atividades demandados por problemas em ativos tecnológicos, porém, toda e qualquer decisão que ele tomar deverá estar fundamentada na percepção clara de suas funcionalidades com relação aos processos que efetivamente adicionam valor ao negócio da empresa. Deve ter habilidades de liderança e relacionamento interpessoal bem apuradas, pois precisa ser um articulador presente na integração de departamentos e gestores de outras áreas importantes. O puro domínio da tecnologia, demonstrado comumente pela obtenção de selos e certificações, perde importância se não possuir uma visão prática de aplicabilidade. Neste caso, é melhor contar com profissionais reconhecidamente especializados e continuamente capacitados em sua equipe.

Existem muitas certificações ligadas direta ou indiretamente às competências necessárias para que o gestor assuma o desafio de administrar a Segurança da Informação. Algumas se destinam à gerência de projetos, como o PMP® (*Project Manager Professional*); outras, exclusivamente ao aspecto técnico de implementação de segurança como o MCSE® (*Microsoft Certified System Engineer*); outras com uma perspectiva mais próxima da visão operacional integrada, como o CISSP® (*Certified Information Systems Security Professional*); e poucas orientadas para o negócio e voltadas para processos de gerência, desenho, supervisão e avaliação da Segurança da Informação, como o CISM® (*Certified Information Security Manager*) e a mais nova CRISP® (*Certified in Risk and Information Systems Control*), ambas mantidas pela ISACA® (*Information System Audit and Control Association*).

Diferente do que muitos imaginam, este gestor não deve simplesmente se sentar na cadeira do comprador de produtos e serviços de segurança, mas atuar de forma comprometida com os resultados da empresa, por exemplo, com as metas de desempenho de processos; metas de retorno dos investimentos; metas de risco; metas de confiabilidade e continuidade do negócio entre outras.

Diante dessa situação, seria muito confortável dispor dos melhores livros, normas, *cases* e recursos físicos, tecnológicos e humanos, para implementar todos os controles aplicáveis e necessários para que a empresa atinja o nível de segurança controlado. Entretanto, essa situação não existe. Tempo e dinheiro são finitos, portanto, precisam ser bem empregados em ações igualmente bem priorizadas para produzir o melhor resultado possível com o menor investimento. Esse deveria ser o papel do verdadeiro gestor.

Security Scorecard

É possível monitorar o nível de risco e medir a eficácia dos controles de segurança adotados pela empresa, o que parece ser o desejo de dez entre dez gestores de Segurança da Informação. Não é por menos. A partir do momento em que as ações de segurança precisaram aderir aos interesses e, especialmente, à estratégia do negócio, medir a maturidade dos processos de gerenciamento de riscos da informação e mensurá-los em uma escala de maturidade passou a ser instrumento de sobrevivência para empresas e seus gestores.

Nem todos os controles são importantes ou aplicáveis, pois os negócios têm natureza distinta e particularidades físicas, tecnológicas e humanas que os tornam diferentes o bastante para precisarem acompanhar seus próprios indicadores. Desta forma, identificar o que é mais relevante para o negócio, definir seus indicadores estratégicos e, em seguida, descobrir os controles mais técnicos que irão alimentar estes indicadores. Isso é o que precisa ser feito para fomentar o que convencionei chamar de *Security Scorecard* ou simplesmente Painel de Controle da Segurança.

Aproveitando a expressão, podemos fazer uma analogia com um carro de Fórmula 1. Considerando a natureza de uma corrida de alta velocidade, o tipo de pista, as características das curvas, dos pontos de alta e baixa velocidade, o número de voltas, e até mesmo o estilo do piloto, a equipe precisa monitorar certos indicadores do carro que lhes darão insumos para decidir por uma parada, um reparo, uma nova regulagem de aerofólio, uma troca de pneus ou até mesmo a mudança de estratégia. Contudo, se sensores múltiplos não tiverem sido instalados adequadamente no carro, não existirão indicadores a serem monitorados, pois estes simplesmente não serão alimentados, não receberão informações que permitam gerar estatísticas e perceber situações de risco antes que elas se concretizem ou se maximizem. Perceber um superaquecimento no motor antes que seu desempenho seja afetado, ou que o carro simplesmente quebre, é um fator crítico para as equipes de corrida. Entretanto, saber que o espelho retrovisor quebrou após uma ultrapassagem pouco importa para o resultado e os objetivos do negócio: a vitória.

Cada empresa precisa identificar seus indicadores mais críticos e, a partir deles, instalar sensores que os suportem. A evolução tecnológica aplicada às corridas de velocidade nos mostra que os sensores foram sendo instalados gradativamente à medida que novas ferramentas e modelos matemáticos foram sendo desenvolvidos em busca do aumento da competitividade. Na década de 1980, um carro de corrida vinha aparelhado com cerca de 15 sensores capazes de identificar a temperatura do motor, dos freios, a taxa de compressão etc. Hoje, já são mais de 100 sensores distribuídos em mais de um quilômetro de cabos, que não só indicam a saúde do motor como um todo, mas também acompanham a eficiência de seus principais componentes, como a vela de ignição, além de muitos outros equipamentos de apoio. Para completar a comunicação com o carro feita por telemetria, a comunicação com o piloto já ocorre em tempo real, garantindo que, na ausência de alguns sensores (ainda não desenvolvidos), o próprio piloto possa fornecer informações sobre o comportamento do carro para seguir as decisões de sua equipe, como um verdadeiro sensor humano.

É justamente o que ocorre com as empresas. Por conta da competitividade crescente do "campeonato", da heterogeneidade física, tecnológica e humana das "corridas" das quais os profissionais participam diariamente e, principalmente, em função do tempo que se dedicou ao desenvolvimento de seu "carro de corrida", a realidade de contar com um painel de controle de segurança completo parece distante. Algumas empresas sequer atingiram a maturidade para entrar em um campeonato tão veloz ou ainda estão tentando fazer seu carro durar o bastante para completar uma única volta. Entretanto, muitas outras já completam a corrida e algumas delas disputam de igual para igual e começam a buscar algo que as diferencie das demais para vencer. Para todas elas, incrementar os sensores, depurar os indicadores e ampliar seu potencial de monitoramento é peça-chave para garantir sua sobrevivência.

Independente de qual seja o porte e a situação de sua empresa, siga este caminho:

1. identifique os requisitos de segurança baseando-se na natureza da atividade e nas características de seus processos de negócio e ativos;
2. como em um carro, defina os indicadores que são críticos para seu funcionamento e que, portanto, merecem ser monitorados;
3. adote sensores físicos, tecnológicos e humanos que sejam aplicáveis e garanta que eles alimentem os indicadores de monitoramento dentro de necessidades particulares de periodicidade;
4. procure centralizar o controle de todos esses sensores em um único ponto ou permita uma visão integrada de todos os indicadores;
5. aos poucos, com a ampliação dos limites financeiros, temporais ou de quaisquer outros que tenham limitado sua atuação até então, adote novos controles, seguindo sua lista de criticidade e mantendo-os centralizados;
6. se todas essas etapas forem seguidas, você já terá uma estrutura do painel de controle da segurança, e o tempo lhe dará maturidade de gerenciamento;
7. a maturidade lhe permitirá apurar os sensores, interpretá-los dentro de métodos e escalas próprias de análise, adotar sensores complementares e até mesmo fazer correlação de sensores para extrair deles informações novas que apoiem decisões e reações mais ágeis e precisas.

Depois de tudo isso, quando o trabalho parecer ter chegado ao fim, você perceberá que algo deverá ter mudado. Sejam aspectos físicos, tecnológicos e humanos da infraestrutura que suporta seu negócio, ou aspectos externos, como a política econômica, o mercado ou seus concorrentes, qualquer um deles fará que você reveja os requisitos de segurança do negócio e volte ao passo 1 e, assim, entre no ciclo dinâmico do sistema de gestão de Segurança da Informação.

GRC – Governança, risco e conformidade

O termo GRC vem ganhando grande reconhecimento na área de negócios e representa uma nova abordagem integrada e adotada por organizações modernas para endereçar os temas governança, gerenciamento de risco e conformidade. Esses são domínios com grande afinidade entre si e podem ser empregados em qualquer área da organização, apesar de estarem sendo mais largamente usados nas áreas financeira e de tecnologia da informação. Eles surgiram como reflexo da percepção dos gestores de que era possível reduzir custos e aumentar a eficiência dos projetos que tratavam dos três temas de forma isolada por meio de um *framework* integrado. Tudo isso com o propósito legítimo de aumentar a eficiência dos negócios e adicionar valor por meio da melhoria dos processos de tomada de decisão e planejamento estratégico.

Podemos descrever *governança* como um atributo de administração dos negócios que procura criar um nível adequado de transparência por meio da definição clara de mecanismos de tomada de decisão e de gestão que irão garantir a aderência aos processos e políticas estabelecidas.

Gerenciamento ou *gestão de riscos*, por sua vez, pode ser entendido como o processo pelo qual uma empresa define seu apetite de risco, identifica os impactos potenciais e prioriza os limites de tolerância ao risco com base nos objetivos de negócio.

Conformidade, ou simplesmente *compliance* — em inglês — é o processo que estabelece meios de registro e monitoramento de procedimentos, políticas e controles necessários para demonstrar adesão a requerimentos legais, políticas internas ou regulamentações setoriais.

Guardadas as devidas proporções e particularidades de cada negócio, a abordagem GRC propõe a redução de sobreposições e, portanto, de duplicação de esforço e de custo para manter *frameworks* de governança, como o COSO® (*Committee of Sponsoring Organizations of the Treatway Commission*), a ITIL® (*Information Technology Infrastructure Library*) e o COBIT® (*Control Objectives for Information and related Technology*); *frameworks* de gestão de riscos, como a ISO 270001; *frameworks* de conformidade, como o SOX (*Sarbanes Oxley*), o BASEL II (Basiléia II); e ainda regulamentações setoriais específicas.

Como resultado da demanda crescente dos requerimentos de conformidade e o aumento do custo dos riscos, as empresas iniciaram a integração que passou proativamente a endereçar toda espécie de riscos a partir de um único ponto de observação. O risco da informação, o risco operacional e o próprio risco de não conformidade passaram a fazer parte do radar de GRC. Com isso, a área ganhou mais autonomia, poder, visibilidade, mas também responsabilidade, em função do impacto potencial que estes três domínios juntos podem gerar, positiva ou negativamente, no resultado (*bottom line*) das empresas.

Para colocar tudo isso em prática, o primeiro passo deve ser mapear todos os requerimentos genéricos de governança, gestão de riscos e conformidade que incidem sobre todas as indústrias e, então, mapear aqueles específicos e inerentes à natureza da atividade comercial da empresa. A partir daí, é preciso reunir os *frameworks* implementados e mantidos pela empresa e procurar sobreposições. Sejam elas atividades de gerenciamento de projetos, atividades de desenvolvimento de políticas ou mesmo atividades regulares de teste de controle e *assurance*, considera-se certo o fato de que serão encontrados pontos de redundância em que se pode empregar um esforço único, mais eficiente e econômico.

Se a empresa já emprega *frameworks* internacionais reconhecidos pelo mercado, também é possível ganhar tempo procurando trabalhos que já oferecem o resultado do mapeamento de diversos esquemas. A ISACA® (Information System Audit and Control Association), por exemplo, disponibiliza análises completas que mapeiam os controles do COBIT®, enquanto diversos outros *frameworks* de segurança, conformidade e governança não o fazem.

Com o primeiro passo completo, o próximo deve ser a adoção de uma abordagem baseada em risco, ou seja, assumindo o resultado da análise de riscos como a variável-chave de definição de prioridades e, portanto, de classificação da importância dos controles multifuncionais que suportam um ou mais esquemas de *governance, risk* e *compliance.*

Nesta etapa, já será possível ver os benefícios do GRC, pois, em vez de ter os originais três 'pratos' cheios de controles específicos, será possível ter agora um único 'prato' com um número menor de controles, organizados e rotulados individualmente segundo sua relevância com relação a cada um dos esquemas de GRC, por exemplo, ISO 27001 e SOX.

A experiência prática me diz que é conveniente assumir um esquema de mais alto nível como esquema-mãe, como o COBIT®, e, então, realizar os mapeamentos dos demais com relação a ele. Desta forma, tendo a tabela de mapeamento em mãos, quando estivermos falando, por exemplo, de um controle de segurança ISO 27001 relacionado à continuidade de negócios: 14.1.2 *Business continuity and risk assessment*, visualizaremos sua relação direta com o objetivo de controle do COBIT®: DS4.1 IT *continuity framework*, assim como sua relevância para o esquema de conformidade SOX ou qualquer outro relevante para a indústria em questão, baseado no rótulo do controle.

Do ponto de vista operacional, esta integração proporcionará uma linguagem comum entre os diversos níveis da organização, bem como entre os diversos domínios e esquemas de governança, risco e conformidade, e permitirá maior fluidez das decisões e o mais importante: a maximização dos investimentos a partir de uma visão integrada dos controles e de suas implicações. Ao mesmo tempo, o longo e doloroso processo de definição e justificação dos orçamentos e investimentos será facilitado pela boa visibilidade que se terá da prioridade dos controles e de seu papel nos diferentes esquemas.

Além disso, é importante reconhecer a necessidade de uma gestão eficiente da área de GRC, que, mesmo integrando três grandes e complexos domínios, deverá manter mecanismos de acompanhamento de progresso segregado, nos quais seja possível enxergar os principais *milestones* e requerimentos de *assurance* de cada esquema e reagir a eles adequadamente.

Garantia ou simplesmente *assurance*, em inglês, é outro tema de extrema importância para o contexto de governança, risco e conformidade, pois é, na verdade, o resultado que se espera de um bom trabalho integrado feito pela área de GRC. Para isso, é crucial estabelecer um *framework* especial de *assurance* que irá definir os fluxos de relatórios de progresso dos diferentes esquemas, os mecanismos para o armazenamento das evidências e, ainda, os diversos pontos de checagem da qualidade ao longo do trabalho. Tudo isso para evitar ter surpresas desagradáveis e descobrir que o trem estava fora dos trilhos quando já for tarde demais.

Ainda há muito mais sobre GRC e seus desafios para ser descoberto, desenvolvido e experimentado, mas é possível começar esta jornada acessando o site da OCEG (*Open Compliance and Ethics Group*),[1] associação sem fins lucrativos que, de maneira competente, promove a integração desses três importantes domínios.

O que eu não gostaria, mas preciso dizer sobre segurança

Risco

- Nenhuma empresa nunca estará totalmente protegida das ameaças que colocam em risco suas informações. Isto seria absurdamente caro ou deixaria seus processos extremamente engessados.
- Os problemas e riscos de segurança tendem a crescer exponencialmente, enquanto os orçamentos para as contramedidas nunca conseguirão acompanhar este índice.

1 Em www.oceg.org.

- A quebra de confidencialidade, integridade ou disponibilidade das informações é certa. O que difere especialmente uma empresa de outra é a forma como elas estão preparadas para reagir e administrar a situação.
- Sem um estudo do risco aceitável para o negócio, o melhor a fazer é deixar que alguém mais bem preparado para proteger as informações corporativas o faça.

Investimento

- Os acionistas e executivos precisam identificar e tangibilizar valores para decidir investir em segurança, pois não há outro motivo que os faça sair da inércia.
- Já há muito tempo, os especialistas procuram fórmulas de ROI para justificar matematicamente os investimentos em Segurança da Informação, e continuarão procurando-as.
- Leis específicas, regulamentações gerais, setoriais e as auditorias internas e externas são, até o momento, os mais eficazes instrumentos motivacionais de investimento em Segurança da Informação.
- Apesar de a regra 80/20 de Paretto se aplicar à Segurança da Informação, se lhe restar apenas "um real" para investir em segurança, desista. Você não conseguirá fazer nada efetivo com tão pouco.

Conformidade

- A norma ISO 27001 não é a solução para o problema de Segurança da Informação, mas, sim, um guia recheado de conselhos que facilitam o diálogo entre técnicos e executivos de distintas empresas.
- As referências ISO 27001/ISO 17799/BS7799, COBIT®, COBRA®, ISO 13335, ISO 15408, ITIL®, entre outras, serão apenas parte de mais uma lista de acrônimos geradores de trabalho e custo se não forem aplicadas de forma contextualizada à realidade de cada negócio.
- Seguir as recomendações da ISO 17799 ao pé da letra pode não levar sua empresa ao nível de segurança adequado, mas sua responsabilidade diminui, afinal, praticamente todos estão seguindo a mesma direção.
- A lei norte-americana Sarbanes-Oxley é, sem dúvida, o mais novo e eficaz fator motivacional de conformidade, afinal, quem está em risco é justamente o dono do orçamento.

Pessoas

- O nível de segurança no comportamento de um usuário é diretamente proporcional à facilidade de uso e às possíveis consequências negativas para sua carreira.
- O ser humano é o único ativo da equação de risco que tem perenidade e que pode evoluir cumulativamente sem requerer *upgrades* dispendiosos.
- Qualquer processo de segurança estará tão seguro quanto a segurança oferecida pelo ativo humano que o compõe.
- As pessoas são naturalmente diferentes com relação a seus gostos, vontades e valores. Por isso, toda solução de segurança deverá identificar os fatores motivacionais de cada grupo, para transformá-los em agentes e não em ameaças.

Solução

- As soluções de segurança baseadas puramente em hardware e software têm eficácia temporária, pois as tecnologias mudam antes mesmo de atingir seu nível máximo de maturidade de proteção.
- Muitos anos já se passaram, e a ciência da criptografia continua sendo a base dos mais eficazes métodos de proteção das informações.
- Se sua empresa não for visionária, ela não vai investir em determinadas tecnologias até que muitas outras tenham colecionado experiências negativas suficientes.
- As soluções de segurança precisam acompanhar o dinamismo dos agentes de risco. Por isso, saiba que as tecnologias passam e apenas os processos resistem.

Profissional

- Decidir o que postergar e o que priorizar fará a diferença entre o *Chief Security Officer* ousado e o irresponsável.
- Os *Security Officers*, em sua maioria, ainda são apenas “para-raios” corporativos e não têm posicionamento adequado, autonomia, poder e recursos suficientes para realizar um trabalho integrado e estruturado para a gestão de riscos.

- Não existe qualquer tipo de curso que prepare gestores de Segurança da Informação, pois eles são formados, fundamentalmente, pela vivência e pelo acúmulo de experiências técnicas, gerenciais e especialmente humanas.
- Cuidado com os ditos "especialistas". Em geral, **são exímios técnicos e estudantes, mas pecam no primeiro contato com um ativo que anda,** fala, pensa e não reage de forma binária.

Fornecedor

- As consultorias não são as donas da verdade, mas podem ajudar muito e evitar que você perca dinheiro e tempo em caminhos que elas já conhecem por terem recomendado a algum cliente um dia.
- As consultorias de segurança deveriam se posicionar como verdadeiras assessorias financeiras e orientar o cliente a aplicar melhor seu capital considerando as particularidades de seu perfil de investidor.
- Não existe metodologia, ferramenta, treinamento ou procedimento que torne o serviço de consultoria amplamente escalável. O dia em que isso ocorrer, estaremos vendendo e comprando alguma outra coisa.
- Teoricamente, o fornecedor que reúne todos os componentes de uma solução de segurança, mas pode comercializá-los em' pedaços' é o que está mais preparado para oferecer assistência a empresas que possuem níveis distintos de maturidade de gestão de riscos.

Conclusão

O comportamento das pessoas diante de medidas e contramedidas de segurança faz toda a diferença. A perenidade dos seres humanos é certa e, apesar de a tendência apontar para um cenário de integração cada vez menor, eles sempre estarão por trás das decisões, dos controles e das armas. Esses, sim, tendem a mudar muito rapidamente. Desta forma, não seria nada inteligente montar uma estratégia de segurança baseada em uma variável da equação, na porção mais imprevisível, quando a peça-chave e, felizmente, aquela que já se conhece há muito tempo continua sendo o homem.

Conceitualmente, atingiremos a maturidade adequada do nível de segurança quando ela não for perceptível. Em poucas palavras, pode-se dizer que, enquanto as coisas vão bem, ninguém sequer lembra que o processo de segurança existe. Mas, se os processos estão emperrados, os usuários insatisfeitos por precisarem trocar muitas vezes suas senhas e o CEO se questionando por que, apesar de todos os investimentos em segurança, ele ainda continua a receber mais *spams* que e-mails confiáveis, certamente algo está muito errado.

Referências

ASSOCIAÇÃO BRASILEIRA DE NORMAS TÉCNICAS. *NBR ISO/IEC 17799*: Tecnologia da informação — Código de prática para a gestão da segurança da informação. Rio de Janeiro, 2002. 56 p.

GIL, A. de L. *Segurança em Informática*. 2. ed. São Paulo: Atlas, 1998. 193 p.

HUTT, A. E. et al. *Computer Security Handbook*. 3. ed. New York: John Wiley & Sons, Inc., 1995.

ISO/IEC JTC 1/SC 27. *Glossary of IT Security Terminology*. Information technology — security techniques, USA, 1998.

KRAUSE, M.; TIPON, H, F. *Handbook of Information Security Management*. Boca Raton: Auerback, 1999.

PARKER, D. B. *Fighting Computer Crime*: a new framework for protecting information. New York: Wiley Computer Publishing, 1998. 512 p.

RUSSELL, D.; GANGEMI, G. T. *Computer Security Basics*. California: O'Reilly & Associates, Inc., 1991. 441 p.

SEMOLA, M. *Gestão de Segurança da Informação*: uma visão executiva. Rio de Janeiro, Editora Campus, 2003. 184 p.

SCHNEIER, B. *Segurança.com*: segredos e mentiras sobre a proteção na vida digital. Rio de Janeiro, Editora Campus, 2001.

VALLABHANENI, S. R. *CISSP Examination Textbooks* — Volume 1: Theory. 1. ed. Illinois: SRV Professional Publications, 2000. 519 p.

Parte 5

Inteligência Competitiva na Prática Organizacional

Capítulo 14

Gestão de Riscos e Inteligência Competitiva

Cláudio José Silva*

Introdução

É perceptível o crescente interesse das organizações brasileiras em saber qual é seu grau de exposição diante das ameaças que podem comprometer a estabilidade de suas operações e colocá-las em risco.

Ameaças como concorrentes, *hackers*, funcionários insatisfeitos, vulnerabilidade nos sistemas tecnológicos e até mesmo erros em processos internos materializam o nível de risco de uma organização.

Quando se estuda a implementação da gestão de risco é fundamental conhecer a organização como um todo, sua posição no mercado, suas metas, seus objetivos e seu negócio. E necessário conhecer e entender todos os detalhes dos processos de negócios que sustentam a empresa, saber classificar o risco de cada processo e avaliar as vulnerabilidades de componentes de tecnologia, processos críticos, a importância de cada sistema dentro da organização e como são utilizados, ou seja, é condição fundamental "conhecer para proteger". E é por este motivo que o uso da Inteligência Competitiva combina perfeitamente com os objetivos da gestão de risco.

A Inteligência Competitiva tem, hoje, um papel muito importante dentro das organizações que hoje vivem dias de incertezas, mudanças e competições. Portanto, ter a informação certa, no momento certo e na hora certa, faz que sejam evitadas perdas para o negócio e melhora o posicionamento da empresa diante de qualquer tipo de risco.

Embora arriscar faça parte da estratégia, conhecer e gerenciar os riscos é administrar o futuro.

---

* Cláudio José Silva é Auditor Líder; formado em Ciência da Computação pela Universiadade Iguaçu, pós-graduado em Gestão da Informação e Inteligência Competitiva pela Universidade Estácio de Sá e certificado como Auditor Líder BS7799, especialista ITIL, Cobit e Comptia Security+. É consultor de TI e Segurança da Informação da Atos do Brasil desde 2004 e consultor-colaborador de Segurança da Informação da Golden Service — Gerenciamento de Risco. Trabalhou como professor de Gestão de Risco no curso de Pós-Graduaçao do SENAC e de segurança da informação no curso de pós-graduacao da Universidade Fundação Oswaldo Aranha – FOA (UniFoa), como consultor de TI nas empresas TIM Brasil, Telemar, OI, Claro e Transpetro, como consultor de Segurança da Informação nos Jogos Pan-Americanos 2007, na Claro, Petrobras, OI, Tim Brasil, Shell, Ponto Frio e Merk do Brasil. Foi o responsável pela elaboração dos planos de contingência e gestão de risco em empresas dos seguimentos de Óleo e Gás, Telecomunicações, Farmacêutico e Financeiro no eixo RIO/São Paulo.

Definição de Inteligência Competitiva e gestão de risco

Inteligência Competitiva

O processo de Inteligência Competitiva tem sua origem nos métodos utilizados pelos órgãos de inteligência governamentais, que visavam basicamente identificar e avaliar informações ligadas à defesa nacional. Essas ferramentas foram adaptadas à realidade empresarial e à nova ordem mundial e as técnicas utilizadas foram incorporadas a esse processo informacional.

A Inteligência Competitiva é um processo que analisa e averigua o ambiente onde a empresa desenvolve seu negócio, com o propósito de descobrir oportunidades e reduzir os riscos, bem como diagnosticar o ambiente interno organizacional, visando o estabelecimento de estratégias de ação para curto, médio e longo prazo.

Pode ser entendida também como processo organizacional, fundamental à organização sob vários aspectos, por exemplo, para o desenvolvimento das atividades profissionais do quadro de funcionários, para que as unidades de trabalho planejem suas ações táticas e operacionais e para que os setores estratégicos definam suas estratégias de ação, visando o mercado competitivo, a globalização e instabilidades. Além disso, são perceptíveis as necessidades informacionais em diferentes níveis da organização como um todo e que são supridas por meio do processo de Inteligência Competitiva (IC).

Para Gomes e Braga (2005, p. 113), a implantação de um sistema de Inteligência Competitiva altera a cultura de uma organização, pois altera a hierarquia de poder. Por ser um sistema que trabalha diretamente com análise de informações, ele possui um enfoque diferente dos sistemas tradicionais da organização. É necessário preparar adequadamente a organização para as mudanças culturais e estruturais, para que as atividades do sistema de Inteligência Competitiva não sejam mal interpretadas, nem interrompidas.

O processo de IC conduz à melhor tomada de decisão, seja ela estratégica ou operacional. É um processo sistemático que visa descobrir as forças que regem os negócios, reduzir o risco e conduzir o tomador de decisão a agir antecipadamente, bem como proteger o conhecimento gerado.

Ampliando o enfoque da inteligência, Miller (2002) destaca que a Inteligência Competitiva "trata da análise das informações sobre o mercado e da geração de recomendações para os que decidem dentro das empresas". Essa definição coloca a IC em um nível mais alto que o produto ou processo, um nível estratégico, em que ela passa a fazer parte do pensamento organizacional.

Dado, informação e conhecimento

O dado, a informação e, mais recentemente, o conhecimento têm sido o principal ativo nas organizações. Todo Sistema de Informação pode ser visto, do ponto de vista mais técnico, como um conjunto de programas e de estruturas de dados. Os métodos de análise e os projetos de sistemas, historicamente, enfocaram dados e processos. Entretanto, de uma ênfase inicial em algoritmos, programas e processos, típica da década de 1960, as metodologias de desenvolvimento migraram para uma abordagem centrada nos dados. Então, paulatinamente, as preocupações dos desenvolvedores e dos usuários foram passando dos dados estritamente operacionais para as informações agregadas envolvidas no processo de tomada de decisão. Os sistemas evoluíram para acompanhar a sofisticação da gerência de negócios.

O conhecimento é a informação com valor agregado, capaz de modificar fatos, encontrar caminhos e, principalmente, na área de Inteligência Competitiva, proporcionar vantagem competitiva. Mussak (2002) entende que o conhecimento é um produto perecível, que, quando não usado, degrada e, quando não aumentado ou reciclado, desvaloriza.

As pessoas das diferentes unidades de trabalho que compõem uma organização têm necessidade de dados, informação e conhecimento para desenvolverem suas tarefas cotidianas e traçarem estratégias de atuação. Portanto, dados, informação e conhecimento são insumos básicos para que essas atividades obtenham resultados satisfatórios ou excelentes. E a Inteligência Competitiva é a ferramenta adequada para consolidar e tratar estes insumos.

A Inteligência Competitiva está ligada ao conceito de processo contínuo, e sua maior complexidade está no fato de estabelecer relações e conexões que gerem inteligência para a organização, à medida que cria estratégias para cenários futuros e possibilita que a tomada de decisão aconteça de maneira mais segura e assertiva.

Gestão de Risco

Antes de descrevermos ou detalharmos o processo de gestão de risco, é fundamental que entendamos o que é risco e quais os elementos que o compõem. Risco não é, como à primeira vista parece ser, um evento ou somente a probabilidade de que algo aconteça. Risco envolve mais elementos, e a conjunção destes elementos determina a intensidade e os efeitos que ele pode causar.

Os elementos que o compõem são:

- **Evento** — ocorrência de um grupo particular de circunstâncias que podem ser certas ou incertas. Um evento pode ser composto de uma única circunstância (simples) ou de uma série destas;

- **Consequências** — eventos ou impactos positivos ou negativos que podem ser expressos de forma quantitativa ou qualitativa;
- **Probabilidade** — a chance que o evento tem de ocorrer.

Podemos afirmar, portanto, que: "Risco é a probabilidade de ocorrer um evento com consequências positivas ou negativas para algo ou alguém".

Analisando também a definição dada, a seguir, por órgãos nacionais e internacionais, observamos que esta definição esta alinhada com o que prega o mercado, no tocante à governança corporativa e de TI.

PMBOK (PMI):	AS/NZS 4360:2004:	ISO/IEC Guide 73:
Risco é um evento ou condição interna que, se acontecer, tem um efeito positivo ou negativo para a organização.	Chance de algo acontecer com impacto nos objetivos.	A combinação da probabilidade de um evento e suas consequências.

O processo de gestão de risco

Gestão de risco é o processo responsável pela identificação e pelo gerenciamento dos riscos a que outros processos ou atividades da organização estão ou possam estar sujeitos. Este processo deve fazer parte de um gerenciamento estratégico organizacional e sua implementação depende diretamente do grau de envolvimento da alta administração e do comprometimento de seus funcionários nas camadas tática e operacional.

Já há muito tempo, diversas áreas organizacionais fazem uso da gestão de risco. Dentre estas áreas, podemos relacionar o departamento financeiro, o de segurança da informação, o estratégico e o de qualidade. Entretanto, com o advento da governança corporativa e de TI, todos os departamentos e processos organizacionais estão sendo envolvidos e participando e usando a gestão de risco, pois, embora seja considerado estratégico, o processo de gestão de risco pode e deve ser utilizado em todas os níveis e áreas da organização, bem como em novos projetos e/ou empreendimentos.

Os principais objetivos da gestão de risco são:

- identificar os riscos e seus agentes geradores;
- reduzir os riscos possíveis e, principalmente, os que parecem impossíveis;
- transferir os riscos não suportados pela organização;
- auxiliar em decisões específicas em novos projetos;
- identificar futuras áreas de risco em novos projetos.

Os principais órgãos de padronização internacional de gestão de risco dividem este processo, como mostrado na Figura 14.1, em sete atividades principais.

Figura 14.1 • Processo de Gestão de Risco

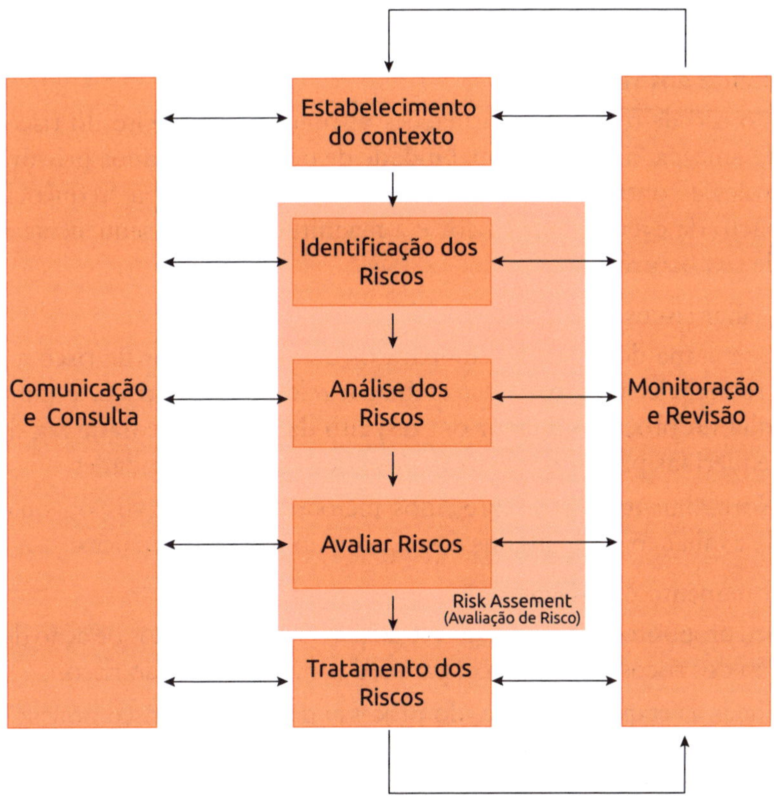

Fonte: Australian and New Zealand Standard on risk management, AS/NZS 4360:2004.

- **Estabelecimento do contexto**

  Nesta etapa, há o estabelecimento do contexto em que a gestão de risco estará inserida e dos parâmetros necessários para sua implementação, o desenvolvimento da estrutura que suportará as atividades seguintes e também são feitas considerações a respeito da interface entre a organização e os ambientes internos e externos a ela e a identificação dos *stakeholders*.

- **Identificação dos riscos**

  Etapa responsável pela identificação dos riscos e do que pode acontecer para afetar a organização.

Neste momento, há a necessidade de dispor de um grande conhecimento sobre a organização, o mercado em que ela opera, os ambientes legal, social, político e cultural e, também, o entendimento dos objetivos estratégicos e operacionais da organização.

Trata-se, na verdade, de uma forma metódica de identificar onde, quando, porque e como os eventos podem interferir nos objetivos da organização ou dos processos usados por ela.

- **Análise dos riscos**

  É o uso de todas as informações disponíveis a respeito do risco (agente de ameaça, ameaça, probabilidade de ocorrência, danos prováveis, controles e contramedidas existentes) para determinar a frequência, o impacto de eventos específicos e a magnitude das consequências advindas de sua ocorrência.

- **Avaliar riscos**

  Esta etapa do processo compara os níveis estimados de risco a critérios preestabelecidos, para determinar a relevância do risco, e também auxilia no processo decisório a respeito da extensão e natureza das ações requeridas para o tratamento dos riscos e suas prioridades.

  Normalmente, são empregados métodos quantitativos ou qualitativos de avaliação e, em alguns casos, a união das duas técnicas.

- **Tratamento dos riscos**

  Seu propósito é implementar estratégias efetivas e planos de ação de contenção dos riscos identificados, para reduzir a exposição ao risco.

  Todas as etapas anteriores do processo de gestão de risco podem ser comprometidas se não houver o tratamento dos riscos, pois este é o momento de converter todas as etapas anteriores em ações efetivas de redução de risco.

  Para cada risco encontrado, a organização pode optar por:

  - **aceitar o risco** — a organização decide conviver com o risco. Isso, normalmente, acontece quando o custo do tratamento do risco é maior que o valor a ser protegido;
  - **reduzir o risco** — instalando controles e componentes de segurança, implementando políticas e procedimentos, promovendo mudanças ambientais, adotando métodos de detecção de ameaças, construindo um plano de contingência para que o negócio possa continuar se uma ameaça específica vier a ocorrer;
  - **evitar riscos** — levantando barreiras de contenção de ameaças, monitorando mudanças e possíveis novas ameaças e promovendo a conscientização e o treinamento de todos na organização;

- **transferir riscos** — a transferência do risco ocorre quando a organização não pode lidar com o risco e passa a responsabilidade para terceiros, por exemplo, a contratação de uma companhia de seguros.

- **Monitoração e revisão**

  Neste estágio, há o contínuo monitoramento da efetividade e a revisão de todos os estágios do processo de gestão de risco, para garantir que novos riscos serão detectados e geridos e que o os devidos planos de ações serão executados adequadamente.

- **Comunicação e consulta**

  A comunicação e a consulta com *stakeholders* internos e externos é fundamental em todas as etapas que compõem o processo de gestão de risco. Esta etapa auxilia todos a entender os riscos e suas consequências para o negócio e faz que os atores sejam parte do processo decisório e também da solução.

Emprego de IC no processo de gestão de risco

Analisando o processo de gestão de risco, podemos observar que as etapas de monitoração/revisão, comunicação e consulta (ver Figura 14.1) apoiam todos os seus estágios, identificando as mudanças nos ambientes (interno e externo), analisando o comportamento de cada uma das etapas, comunicando e consultando todos os *stakeholders* envolvidos e, consequentemente, influenciando nos ajustes necessários em cada etapa do processo.

Visto que Inteligência Competitiva é a monitoração sistemática do meio ambiente corporativo interno e externo, com o objetivo de gerar informações que auxiliem na tomada de decisões, podemos, então, afirmar que ela pode ser empregada nas etapas de monitoração/revisão, comunicação e consulta do processo de gestão de risco.

O principal objetivo do emprego de IC na gestão de risco é antever todas as variáveis que o compõem (ameaças, vulnerabilidades, consequências, probabilidade etc.), para que a organização possa se prevenir contra os riscos identificados e os ainda não identificados, antecipar crises, definir ações e estratégias que devem ser adotadas para reduzir os riscos e os possíveis danos causados por eles.

A implementação de IC no processo torna-se viável por se tratar de um processo ético, metódico e contínuo de identificação, coleta, análise e entrega de informações relevantes, visando seu uso no processo de tomada de decisões.

Como implementar IC na gestão de risco

A implementação de IC para auxiliar no processo de gestão de risco não difere do processo de implementação normal. Podemos afirmar que a maior diferença ocorre nas áreas de monitoria, que passam a monitorar, além das áreas estratégicas ou de negócio, os riscos.

A seguir, apresentamos uma parte das áreas de monitoria, KIT (tópicos fundamentais de inteligência), KIQ (questões fundamentais de inteligência) e alguns dos produtos gerados para atender um projeto de gestão de risco de pequena empresa de criação e administração de sites de internet.

Quadro 14.1 • Áreas de monitoria identificadas (Resumo)

1. Riscos do *Datacenter*	2. Riscos Corporativos
• incêndio; • roubo de equipamentos; • paralisação de equipamentos por falha humana.	• paralisação por incêndio; • paralisação por falta de energia elétrica; • epidemia.

Parte do conjunto de KIT (tópicos fundamentais de inteligência) e KIQ (questões fundamentais de inteligência) definidos para as áreas de monitoria acima está relacionada no quadro a seguir.

Quadro 14.2 • Cartões de áreas de monitoria

Área de monitoria	Risco de incêndio no *datacenter*
KIT	**KIQ**
1. Mecanismos de detecção de fumaça e incêndio	1. Os mecanismos utilizados sofrem constante manutenção?
	2. Novos dispositivos de detecção de fumaça e incêndio lançados?
	3. Os mecanismos de detecção de incêndio do *datacenter* estão funcionando?
2. Métodos de erradicação de incêndio	1. Todos os extintores de incêndio estão carregados?
	2. Tem ocorrido manutenção periódica dos extintores de incêndio?
	3. Novas técnicas de erradicação de incêndio.
	4. Brigadistas estão treinados e prontos?

Área de monitoria	Risco de roubo no *datacenter*
KIT	**KIQ**
1. Métodos de prevenção de roubo de equipamentos	1. Mecanismos de prevenção contra roubo estão implementados no *datacenter*?
	2. Os mecanismos de prevenção contra roubo estão atualizados?
2. Fraudes e roubo de informação	1. Tipos de roubos e fraudes possíveis no *datacenter*.
	2. Novas técnicas contra roubos e fraudes no mercado.

Para as informações coletadas, pudemos gerar um conjunto de produtos de inteligência que auxiliaram o time de gestão de risco a se antecipar a mudanças de ambiente que poderiam levar ao comprometimento do negócio e também a identificar ferramentas mais atualizadas.

É fundamental observar que muitas empresas, mesmo preocupadas com a gestão de risco, só realizam o *assessment* de risco (identificar, analisar e avaliar os riscos) uma vez por ano. Esta tendência leva as empresas a estarem sempre defasadas com relação a novos riscos e novas técnicas de redução e erradicação de riscos.

Empregando a Inteligência Competitiva, as organizações deixam de trabalhar com informações do passado para utilizar informações do presente. Há, então, uma relação de valor, na qual os ativos serão protegidos com investimentos adequados a seu valor para a organização e custos de implementação das medidas de contenção.

Vantagem de implementar IC no processo de gestão de risco

Tendo em vista que Inteligência Competitiva é um processo ético de identificação, coleta, análise e entrega de informações relevantes, que visa o uso destas no processo de tomada de decisões com o menor risco possível (GOMES; BETH, 2006), podemos afirmar que sua implementação no processo de gestão de risco apresenta as seguintes vantagens:

- evitar surpresas com o surgimento de novas ameaças e vulnerabilidades;
- minimizar os riscos na tomada de decisão no tratamento de riscos;
- antecipar ações para o caso de crises;
- fazer a manutenção sistemática da análise dos ambientes internos e externos;
- monitorar novas tecnologias, produtos e processos para a contenção e/ou redução de riscos;
- agregar vantagem competitiva, antecipando-se às crises;
- aperfeiçoar o planejamento e a gestão de risco;
- melhorar os processos internos;
- reduzir perdas com paralisações repentinas de ambientes, processos e pessoas;
- reduzir custos;
- aumentar o ROI (Return On Investiments).

Conclusão

Atualmente, muitas organizações implementam a gestão de risco, ferramentas e processos de gestão em caso de crises e de recuperação em caso de desastres, mas ficam presas a um processo sazonal e, muitas vezes, inadequado e caro de revalidação. Desta forma, todos os anos, as organizações contratam consultorias especializadas em risco para rever e testar todos os pontos identificados na última análise de risco. Isso, além de inadequado, tendo em vista a grande quantidade de novos riscos que podem surgir no período entre uma análise e outra, é dispendioso e incapaz de identificar, em tempo real, mudanças ambientais que contribuam para a erradicação de riscos antigos, novos ou imediatos.

Em suma, o processo atual de gestão de risco utilizado pelas organizações trabalha atrasado com relação às mudanças ambientais, e o emprego da Inteligência Competitiva preenche perfeitamente este *gap* informacional entre a identificação e o tratamento e comunicação dos riscos.

A Inteligência Competitiva, com sua visão ambiental e ferramentas de coleta de informações, não é só capaz de identificar novos riscos, mas também novas ferramentas, técnicas ou processos para reduzi-los e/ou erradicá-los e o desaparecimento de riscos já conhecidos por causar mudanças ambientais espontâneas.

Concluímos, portanto, que a Inteligência Competitiva é uma ferramenta complementar ao processo de gestão de risco e que pode ser utilizada em qualquer estágio desse processo, o que, consequentemente, resulta em ganhos substanciais para todos os processos, *stakeholders* e, por conseguinte, para a saúde da organização.

Referências

ASSOCIAÇÃO BRASILEIRA DOS PROFISSIONAIS DE INTELIGÊNCIA COMPETITIVA. Disponível em: <http:// http://www.abraic.org.br/>. Acesso em: 19 jun. 2012.

AIRMIC. *A Risk Management Standard*. Reino Unido: IRM, 2002.

AUSTRALIAN/NEW ZEALAND STANDARD. *AS/NZS 4360:2004*: Risk Management. Austrália, 2004.

BRAGA, F.; GOMES, E. Construção de um sistema de inteligência competitiva. In: STAREC, C.; GOMES, E.; BEZERRA, J. *Gestão estratégica da informação e inteligência competitiva*. São Paulo: Saraiva, 2005.

CANONGIA, C. Sistema de inteligência: uso da informação para dinamização, inovação e competitividade. In: SIMPÓSIO INTERNACIONAL DE PROPRIEDADE INTELECTUAL, INFORMÁÇÃO E ÉTICA, 1, 1998, Florianópolis. Universidade Federal de Santa Catarina, 1998. Disponível em: <http://wayback.archive.org/web/*/http://www.ciberetica.iaccess.com.br/anais/*>. Acesso em: 21 jun. 2012.

CHONG, Y. Y. *Investment risk management*. Chichester: John Wiley & Sons, 2004.

COOPER, D. F. et al. *Project risk management guidelines*: managing risk in large projects and complex procurements. Chichester: John Wiley & Sons, 2005.

DAVENPORT, T.; PRUSAK, L. *Ecologia da Informação*: por que só a tecnologia não basta para o sucesso na era da informação. São Paulo: Futura, 1998.

DEFENSE ACQUISITION UNIVERSITY. *Risk Management Guide for DOD Acquisition*. 6. ed. [S.l.: s.n.], 2002.

HIGUERA, R. P.; HAIMES, Y. Y. *Software risk management*. Carnegie: Software Engineering Institute, 1996.

________. et al. *Risk management:* a new model for customer-supplier relationships. Carnegie: Software Engineering Institute, 1994.

_______. et al. *An introduction to team risk management*. Carnegie: Software Engineering Institute, 1994.

_______.; Gluch, D. P. Risk management and quality in software development. In: *Annual Pacific Northwest Software Quality Conference,* 11, Oregon, 1993. **Anais**... Oregon: Software Quality Conference, 1993.

Information Systems Audit and Control Association (ISACA). *Cobit P1 IS Risk Assessment*. 2002. Estados Unidos: ISACA COBIT, 2002.

INTERNATIONAL ORGANIZATION STANDARDIZATION. *Guide 73:2002*: risk management: vocabulary guidelines for use in standards. Inglaterra, 2002.

_______. *Guide 27001:2005*: security techniques: information security management systems. Inglaterra, 2005.

KAPLAN, S.; GARRICK, J. B. On the quantitative definition of risk. *Risk Analysis,* v. 1, n. 1, p. 11-27, 1981.

KAROLAK, D. W. *Software engineering risk management*. California: IEEE – Computer Society Press, 1996.

KRAMER, J. B. *The CISA prep guide*: mastering the certified information systems auditor exam. Indianapolis: Wiley Publishing, 2003.

JONES, C. *Assessment and control of software risks*. New Jersey: Yourdon Press, 1993.

JORION, P. *Value at Risk*: the new benchmark for managing financial risk. 2. ed. New York: McGraw-Hill, 2001.

LANDOLL, D. J. *The security risk assessment handbook*: a complete guide for performing security risk assessments. New York: Auerbach, 2006.

MERITT, J. W. *Risk management*. Washington: Nist, 2002.

MILLER, J. P. Educational programs for intelligence professionals. *Library Trends*. v. 43, n. 2, p. 253-270, 1994.

MIRANDA, R. C. da R. O uso da informação na formulação de ações estratégicas pelas empresas. *Ciência da Informação*. Brasília, v.28, n.3, p. 284-290, set./dez. 1999.

MUSSAK, E. Vem ai o quarto grau de educação, com foco na estratégia competitiva das Empresas. *T&D Desenvolvendo Pessoas*, São Paulo, n. 120, p.32-34, dez. 2002.

Capítulo 15

Planejamento por Cenários e Inteligência Competitiva

Carlos Felipe G. Lodi*

Resumo

- O Planejamento por Cenários permite que os formuladores de estratégias considerem um conjunto administrável de possibilidades sobre os ambientes de negócios que as empresas poderão enfrentar, estabelecendo uma linguagem comum e visões compartilhadas sobre o futuro.
- O principal papel a ser desempenhado pela Inteligência Competitiva na definição de estratégias corporativas consiste em dar suporte à construção e à revisão contínua dos cenários priorizados pelo planejamento, por meio da identificação e análise dos sinais que prenunciam eventos que tragam implicações estratégicas para o posicionamento competitivo da empresa.
- A integração desses dois processos permite que os gestores tomem decisões estratégicas mais eficazes.
- O ciclo da Inteligência Competitiva pode se integrar ao processo de Planejamento por Cenários por meio da identificação das questões estratégicas centrais para a empresa, da implementação de um sistema estratégico de alerta antecipado e da elaboração e manutenção dos perfis dos principais concorrentes, atuais e potenciais.
- Quatro fatores são essenciais para a integração bem sucedida de Planejamento por Cenários e a Inteligência Competitiva: foco nas preocupações estratégicas dos executivos de topo da empresa; criação e manutenção de redes de inteligência internas e externas à empresa; domínio das ferramentas de análise estratégica; e desenvolvimento de produtos que comuniquem as mudanças nos ambientes de negócios de forma concisa, precisa e direta aos executivos.

* É Mestre em Planejamento Energético pela COPPE/UFRJ; engenheiro eletricista pela UFRJ; tem MBA em Marketing pela COPPEAD/UFRJ e em Economia Teórica e Aplicada pela FGV/RJ. Fez cursos de aperfeiçoamento nas áreas de marketing, gestão e estratégia empresarial, no Brasil e no exterior. Atua como executivo da Petrobras e ocupou posições gerenciais nas áreas de preços e de informações de marketing, de avaliação de desempenho empresarial e de estudos de mercados e negócios. Atualmente, é gerente-geral de planejamento de logística e professor do Instituto de Administração e Gestão (IAG) da PUC-Rio.

Introdução

A Inteligência Competitiva vem se consolidando como um processo sistemático de coleta, análise e disseminação de informações relevantes, precisas e oportunas para a tomada de decisões. Muito mais do que monitorar os movimentos dos concorrentes e de avaliar seus recursos e capacidades com relação aos da própria empresa, a Inteligência Competitiva se ocupa do ambiente competitivo como um todo para antecipar mudanças no nível macro (políticas, econômicas, sociais, tecnológicas, ambientais e legais ou regulatórias) e no nível da indústria ou do mercado (comportamento dos consumidores e dos concorrentes, fusões e aquisições e dinâmica da inovação). Neste sentido, a Inteligência Competiva é um fator crítico para o sucesso da criação e sustentação de vantagens competitivas e para a obtenção de um desempenho superior por parte das empresas em termos de geração de valor econômico.

Os principais usuários da Inteligência Competitiva nas empresas têm sido, tradicionalmente, as áreas de marketing e vendas e de planejamento estratégico. Não obstante, aplicações mais focalizadas vêm configurando funções chamadas de Inteligência de Mercado (ou de marketing), Inteligência Tecnológica (ou técnica), Inteligência Financeira etc. Por outro lado, os que optam por um conceito mais amplo da função preferem chamá-la de inteligência empresarial ou de inteligência de negócios, tomando-se o devido cuidado, pois esta última denominação vem sendo empregada mais no sentido das soluções de tecnologia da informação aplicadas à gestão das relações entre as empresas e seus mercados.

Independentemente do nome que seja dado para a Inteligência Competitiva, o importante é que seu ciclo de atividades, suas práticas e ferramentas podem ser aplicados nas diversas dimensões da atuação empresarial, variando em amplitude e frequência de acordo com as decisões a serem tomadas. Assim, enquanto o ciclo da Inteligência (Competitiva) de Marketing deve fornecer, em um curto prazo de tempo, informações sobre os consumidores e concorrentes para que a empresa ajuste níveis de preços, mude seu *mix* de ofertas, deflagre uma campanha promocional ou administre seu relacionamento com os canais de distribuição, a Inteligência (Competitiva) Tecnológica procura, em um horizonte de mais longo prazo, identificar as fontes de inovação para o desenvolvimento de novos produtos e serviços.

As estratégias de marketing, de pesquisa e desenvolvimento tecnológico ou de finanças da empresa derivam de sua estratégia corporativa ou, em outras palavras, de como a organização deve se posicionar no futuro em função das mudanças, muitas vezes inesperadas, em seu ambiente de negócios. O objetivo deste trabalho é, portanto, identificar como o processo de planejamento estratégico pode se beneficiar da Inteligência Competitiva que, neste contexto, pode ser chamada de Inteligência Estratégica.

A Inteligência (Competitiva) Estratégica tem como seu público-alvo os decisores sêniores e os gestores do planejamento estratégico da empresa e tem como propósito a monitoração de fatos portadores de mudanças no ambiente de negócios (preferencialmente, aquelas de ordem estrutural ou que representem possíveis rupturas) e a análise de seus impactos na organização. Neste ponto, torna-se praticamente imprescindível a construção de cenários para que os tomadores de decisões possam considerar não apenas uma visão do futuro, mas um conjunto administrável de possibilidades sobre o futuro com que a empresa poderá se confrontar.

O Planejamento por Cenários reúne práticas e ferramentas particularmente úteis para empresas cujos ambientes de atuação tenham experimentado recentemente alterações drásticas ou possam ser afetados por mudanças estruturais no futuro ou, ainda, apresentem um elevado grau de volatilidade e incerteza. O Planejamento por Cenários permite também que se estabeleça uma linguagem comum e visões compartilhadas sobre o futuro, estimulando o pensamento estratégico, inovador e criativo e evitando que o processo de planejamento se torne rotineiro e burocrático.

Os benefícios do Planejamento por Cenários para a tomada de decisões estratégicas em ambientes altamente sujeitos a mudanças são ampliados quando se integra a este processo o ciclo da Inteligência Competitiva. Por meio da identificação de necessidades, coleta, análise e disseminação de informações, a Inteligência Estratégica deve ser desdobrada em três subprocessos:

- identificação das Questões Estratégicas Críticas (QEC) que a empresa poderá enfrentar no futuro, definido o escopo e o horizonte da construção dos cenários;
- implementação de um sistema estratégico de alerta antecipado, para acompanhar e analisar sinais que antecipem mudanças no ambiente de negócios, bem como suas oportunidades e ameaças para empresa, indicando a probabilidade de ocorrência de um cenário em particular;
- elaboração e manutenção de perfis dos principais concorrentes, atuais e potenciais, para monitorar os movimentos da concorrência quanto à mudanças de posicionamento e ao desenvolvimento de fontes de vantagens competitivas, permitindo uma avaliação contínua das forças e fraquezas da empresa.

A Figura 15.1 mostra como estes três subprocessos da Inteligência (Competitiva) Estratégica podem ser integrados ao processo de Planejamento por Cenários e resume o fluxo das atividades que serão detalhadas ao longo deste trabalho.

Figura 15.1 • Integração dos processos de Planejamento por Cenários e Inteligência Competitiva

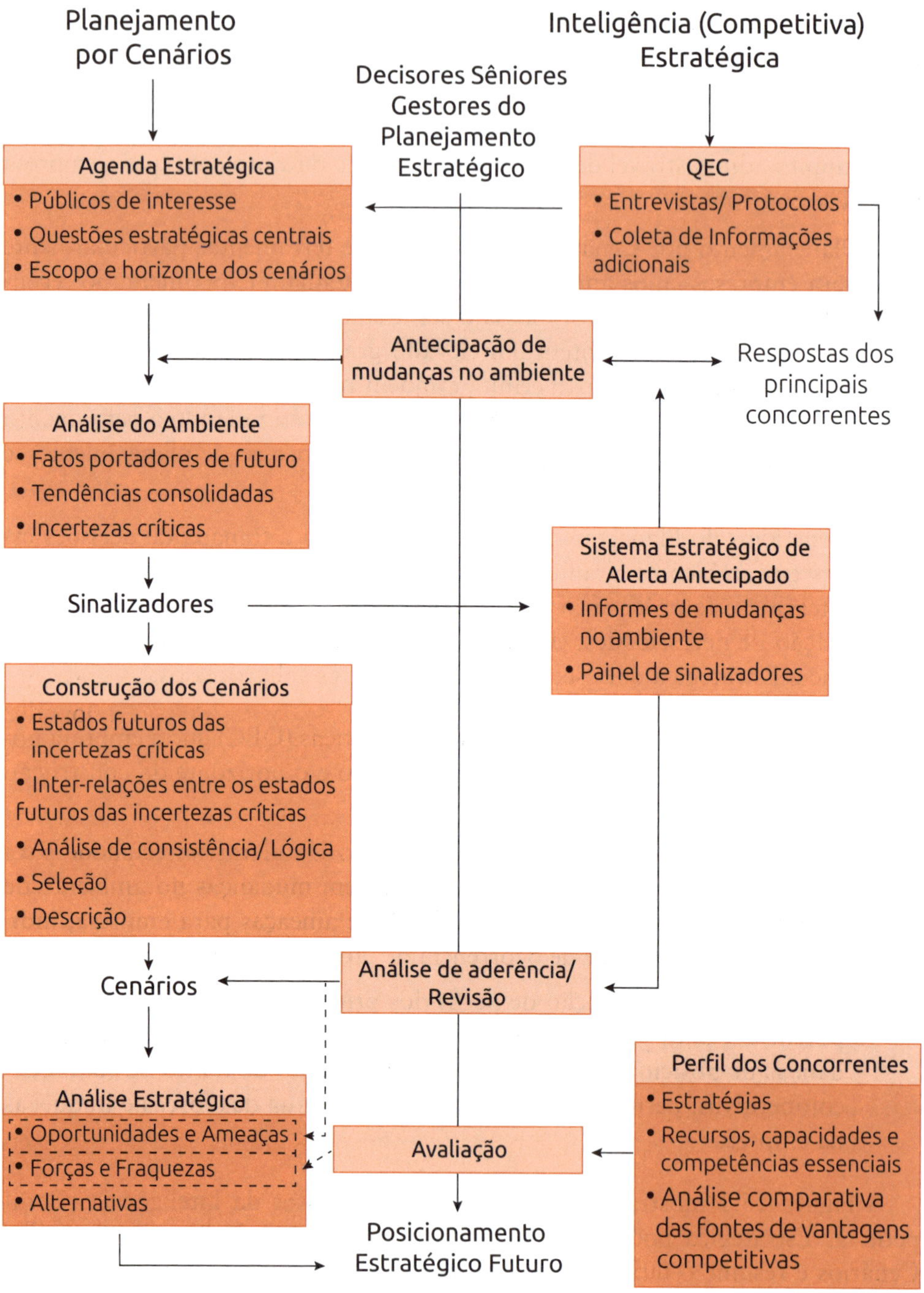

Analisando o ambiente e construindo cenários

Cenário é uma descrição detalhada e internamente consistente de como poderá ser o futuro, construída de forma disciplinada e, ao mesmo tempo, criativa e baseada na análise dos principais fatos portadores do futuro, que reúne elementos qualitativos e quantitativos. A principal finalidade de um cenário é a tomada de decisões no presente sobre o posicionamento estratégico da empresa no futuro.

Todo cenário procura fornecer respostas às questões estratégicas centrais para a organização e é construído em torno de um campo ou objeto de análise prospectiva, que pode ser a empresa como um todo (corporação), uma divisão ou unidade de negócios, uma indústria, um mercado local ou global.

Os fatos portadores de futuro são os elementos centrais para a construção dos cenários e devem ser distinguidos entre tendências consolidadas e incertezas críticas, de acordo com seu grau de previsibilidade e com seu nível de impacto na organização. As tendências consolidadas apresentam trajetórias e desdobramentos futuros suficientemente claros para a análise prospectiva do objeto da cenarização, enquanto as incertezas críticas não se revelam com esta mesma clareza e requerem a conjectura de diferentes estados possíveis no futuro. As incertezas críticas são, portanto, os direcionadores dos cenários.

Os fatos portadores de futuro podem emergir tanto do macroambiente quanto do microambiente da empresa. No primeiro caso, eles estão relacionados com os fatores menos controláveis pela organização (políticos, econômicos, sociais, tecnológicos, ambientais e legais ou regulatórios), mas que podem produzir novas condições de competição para ela. Por outro lado, os fatos portadores do futuro originados do microambiente correspondem a fatores que podem ser mais ou menos influenciados pela empresa, dependendo da força de sua posição competitiva no mercado ou na indústria. O Quadro 15.1, a seguir, exemplifica, de forma genérica, os principais fatos portadores de futuro do macro e do microambiente de negócios.

Para que possam ser aceitos e utilizados pelos tomadores de decisões, os cenários precisam ser plausíveis e internamente consistentes. Estes atributos são garantidos por uma análise minuciosa das inter-relações entre as incertezas críticas e pela identificação e descarte das combinações improváveis de seus estados futuros.

Embora não haja uma regra que defina um número ideal de cenários, as melhores práticas recomendam o uso de dois a quatro cenários. A disponibilidade de quatro cenários permite, normalmente, que a empresa explore de forma mais abrangente as mudanças em seu ambiente de negócios, por meio de um cenário "normativo" (ou "visionário"), de um cenário "livre de surpresas" (ou "*business as usual*"), de um cenário "favorável" e de um cenário "adverso". Estes dois últimos traduzem, em seu conjunto, respectivamente, as melhores e as piores expectativas sobre o futuro. Este espectro estimula o pensamento estratégico dentro da empresa e facilita o estabelecimento de sua visão de futuro. Por outro lado, há o custo de detalhar, quantificar, analisar e comunicar para os diversos níveis da organização quatro diferentes descrições sobre o futuro, principalmente, quando é difícil manter a clareza quanto à separação entre os cenários.

A utilização de dois cenários reduz os custos para gerenciar o planejamento, facilita a modelagem quantitativa e a comunicação tanto para os decisores e usuários quanto para outros públicos-alvo. Porém, se a lógica for construída de forma simplista, a empresa corre o risco de ver o futuro de forma maniqueísta, na forma de um cenário "otimista" ou "alto" e de um cenário "pessimista" ou "baixo".

Escolher três cenários pode criar a expectativa de que um deles — o "neutro" ou "médio" — é a melhor previsão do futuro, o que pode não ser verificado se os cenários forem qualitativamente distintos. Neste sentido, é recomendável trabalhar com um cenário "livre de surpresas" (ou "*business as usual*"), com um cenário "normativo" (ou "visionário") e com um cenário "adverso".

Quadro 15.1 • Fatos portadores de futuro (exemplos)

Macroambiente (PESTAL)					
Políticos	**Econômicos**	**Sociais**	**Tecnológicos**	**Ambientais**	**Legais ou Regulatórios**
• Estruturas de poder e processo decisório. • Organização e formas de representação. • Programas partidários. • Opinião pública. • Atores e grau de ativismo político. • Fontes e formas de risco.	• Crescimento. • Inflação. • Emprego e renda. • Investimento e poupança. • Taxa de câmbio. • Taxa de juros. • Comércio internacional. • Políticas fiscal, monetária e industrial.	• Demografia. • População economicamente ativa. • Concentração de renda. • Sistemas de valores das classes sociais. • Cultura e ideologia. • Organização social e cidadania.	• Direcionadores da inovação. • Ritmo das mudanças tecnológicas. • *Clusters* tecnológicos. • Incentivos à pesquisa e desenvolvimento. • Resultados em universidades e centros de pesquisa e desenvolvimento. • Melhorias em produtos e processos. • Registros de patentes.	• Níveis de poluição. • Qualidade do ar e da água. • Capacidade de reciclagem. • Substituição por novos materiais. • Fontes de energia.	• Marcos gerais das atividades econômicas e de negócios. • Regulações específicas (financeira, ambiental, de produção e comercialização, preços etc.). • Tributação e Defesa da concorrência e do consumidor.

Continua

Continuação

Microambiente		
Indústria / Concorrentes	**Mercado / Consumidores**	
	Finais (B2C)	**Industriais (B2B)**
• Fatores críticos de sucessos. • Movimentos (ofertas substitutas, novos entrantes, alianças estratégicas, fusões, aquisições, desinvestimentos). • Atração de recursos. • Restrições ou incentivos governamentais. • Ciclos e sazonalidades. • Tendências de volume, custos, preços e lucros.	• Segmentação. • Demografia e geografia. • *Status*, estilo de vida e personalidade. • Comportamento de compra (grupos de influência, usuários *versus* decisores, benefícios, lealdade). • Sensibilidade a preços e promoção.	• Segmentação. • Localização e escala. • Características operacionais. • Abordagem de compra (políticas e critérios, usuários *versus* decisores, benefícios, lealdade, aversão a risco). • Comportamento dos responsáveis por compras.

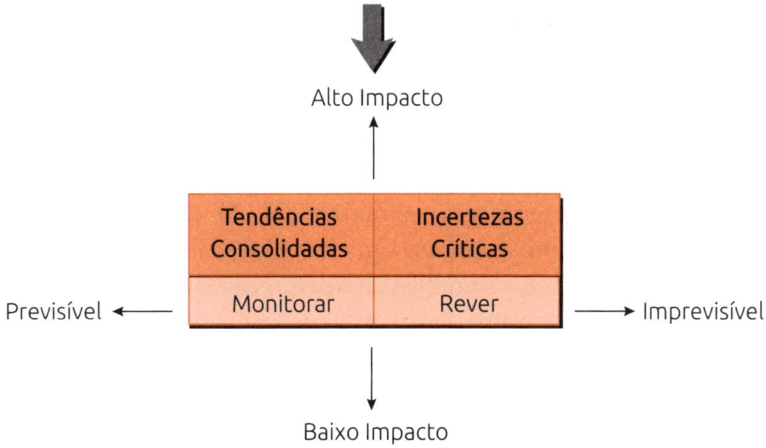

Avaliando os impactos dos cenários e definindo as estratégias corporativas

No que concerne à definição de estratégias corporativas, os cenários podem ser utilizados com várias finalidades: desenvolver novas estratégias — e esta é sua principal aplicação —; avaliar estratégias alternativas; testar uma estratégia definida para um cenário de referência contra outros cenários para estabelecer planos de contingência ou de proteção; realizar análises de sensibilidade ou de risco para uma carteira de negócios ou de projetos.

Para terem aplicação direta na tomada de decisões estratégicas, os cenários precisam conter elementos que impactem diretamente nos negócios da empresa e se desdobrem em indicações de oportunidades e ameaças.

Oportunidades são situações favoráveis, atuais ou prospectivas, no ambiente (macro e micro) da empresa que podem contribuir para a melhoria de seu posicionamento competitivo e para que ela alcance um desempenho superior aos de seus concorrentes. Ameaças são situações desfavoráveis, atuais ou potenciais, também presentes no ambiente de negócios da empresa, que podem prejudicar sua capacidade de competir e de obter um desempenho ao menos comparável com o da concorrência. As oportunidades e ameaças representam situações potenciais e seus efeitos só se tornam reais dependendo das condições internas da organização, ou seja, de suas forças e fraquezas.

Forças são fatores internos que possibilitam à empresa capitalizar as oportunidades ou resistir às ameaças do ambiente de negócios de forma mais efetiva que seus concorrentes. Fraquezas são fatores internos que tornam a empresa mais limitada diante das oportunidades ou mais vulnerável às ameaças que seus concorrentes. Forças e fraquezas são avaliadas em termos de recursos, capacidades e competências essenciais da organização com relação a seus principais competidores, ou seja, de forma relativa e não absoluta.

Devido a esta interação, a avaliação dos impactos dos cenários deve considerar não apenas as situações advindas do ambiente de negócios, mas também as condições internas da empresa. A matriz SWOT (*Strenghts, Weaknesses, Opportunities, Threats*), mostrada no Quadro 15.2, é a ferramenta consagrada na prática para a formulação e análise da adequação das estratégias corporativas aos cenários. Em uma primeira etapa, para cada cenário, são identificadas e listadas, por ordem de importância, as oportunidades e ameaças e também as forças e fraquezas, estas últimas são as mesmas em todos os cenários. Em uma segunda etapa, com o auxílio de uma escala numérica, cada força é avaliada por sua capacidade de capitalizar cada oportunidade ou de resistir a cada ameaça; e cada fraqueza é avaliada em função de seu potencial de limitar o aproveitamento de cada oportunidade ou de tornar a empresa vulnerável à cada ameaça.

A análise de cada quadrante do Quadro 15.2 (parte B) fornece um prognóstico das alternativas estratégicas que a empresa pode adotar diante cada cenário. Se para um determinado cenário a maior pontuação se concentra no quadrante I, este cenário pode ser considerado favorável para empresa, que apresenta claras vantagens competitivas com relação a seus concorrentes; a empresa deve proteger seu posicionamento ou investir em recursos e capacidades para ampliar suas vantagens competitivas. Uma pontuação concentrada no quadrante II mostra que o cenário é desfavorável para a empresa, que precisa defender seu posicionamento, focando em oportunidades específicas, ou mobilizar seus recursos e capacidades, transformando ameaças em oportunidades e reconfigurando seu posicionamento. A concentração de pontos no quadrante III revela um cenário que equilibra oportunidades externas e fraquezas internas; nestas condições, a empresa precisa decidir entre investir, sozinha ou em parceria, para transformar suas fraquezas em forças e capturar as oportunidades ou abdicar delas em favor de seus concorrentes. Finalmente, uma maior pontuação no quadrante IV indica que o cenário é muito desfavorável para a empresa, que deve optar entre controlar os riscos, se seu objetivo for sobreviver no mercado, e desinvestir, caso pretenda capturar oportunidades em outros mercados.

Quadro 15.2 • Matriz SWOT

<table>
<tr><td colspan="2">Cenário ____________________</td></tr>
<tr><td colspan="2">A – Identificação e classificação das oportunidades, ameaças, forças e fraquezas</td></tr>
<tr><td>Oportunidades</td><td>Ameaças</td></tr>
<tr><td>1. ______
2. ______
3. ______
n. ______</td><td>1. ______
2. ______
3. ______
n. ______</td></tr>
<tr><td>Forças</td><td>Fraquezas</td></tr>
<tr><td>1. ______
2. ______
3. ______
n. ______</td><td>1. ______
2. ______
3. ______
n. ______</td></tr>
<tr><td colspan="2">B – Matriz SWOT – Sugestão de escala de inter-relação das forças e fraquezas às ameaças e oportunidades:
0 – nenhuma; 1 – baixa; 2 – média; 3 – alta</td></tr>
</table>

<table>
<tr><td rowspan="2"></td><td rowspan="2"></td><td colspan="8">Oportunidades</td><td colspan="8">Ameaças</td></tr>
<tr><td>1</td><td>2</td><td>3</td><td></td><td></td><td></td><td></td><td>n</td><td>1</td><td>2</td><td>3</td><td></td><td></td><td></td><td></td><td>n</td></tr>
<tr><td rowspan="5">Forças</td><td>1</td><td colspan="8" rowspan="5">I
Proteger / Investir</td><td colspan="8" rowspan="5">II
Defender</td></tr>
<tr><td>2</td></tr>
<tr><td>3</td></tr>
<tr><td></td></tr>
<tr><td>n</td></tr>
<tr><td rowspan="5">Fraquezas</td><td>1</td><td colspan="8" rowspan="5">III
Investir / Retrair</td><td colspan="8" rowspan="5">IV
Controlar Riscos / Desinvestir</td></tr>
<tr><td>2</td></tr>
<tr><td>3</td></tr>
<tr><td></td></tr>
<tr><td>n</td></tr>
</table>

A definição de estratégias corporativas frente aos cenários depende da capacidade da empresa de influenciar seu ambiente de negócios e de seu apetite pelo risco, como resume o Quadro 15.3. Empresas com baixa capacidade de influenciar o ambiente de negócios acabam adotando estratégias defensivas para reagir a mudanças previsíveis ou para administrar ameaças e riscos futuros, sem conquistar um posicionamento estratégico distintivo com relação a seus competidores. Alternativamente, empresas que pertencem a esta categoria podem optar por estratégias preventivas que lhes permitem ajustar-se às mudanças assim que seus primeiros sinais aparecem. Esta flexibilidade alinha as empresas entre os *benchmarks* da indústria em um posicionamento de excelência operacional.

Somente as empresas que são capazes de exercer alguma influência sobre seu ambiente de negócios estão aptas a desenvolver estratégias proativas que lhes possibilitam usufruir das oportunidades que o futuro oferece ou influenciá-lo a partir da concretização de sua própria visão. Estas empresas definem os novos padrões de competição na indústria e conquistam um posicionamento estratégico único no mercado.

Empresas com maior apetite de risco costumam optar por estratégias focadas em um cenário de referência; empresas com maior aversão ao risco preferem adotar estratégias robustas — que resistem a todos os cenários — ou complementar as estratégias focadas no cenário de referência com contingenciamentos aderentes aos demais cenários.

Quadro 15.3 • Utilização de cenários na definição de estratégias corporativas

		Estratégias defensivas		**Estratégias preventivas**	**Estratégias proativas**	
(Baixo) <Apetite de risco> (Alto)	**Estratégia Focada**	Baseada no cenário mais provável.	Baseada no cenário mais desfavorável (maiores riscos ou ameaças).		Baseada no cenário mais favorável (maiores oportunidades).	Baseada em um cenário desejado ("normativo" ou "visionário").
	Estratégia Robusta	Concentrada no cenário mais provável, contingenciada pelos outros cenários.	Concentrada em minimizar riscos, contingenciada pelas ameaças de todos os cenários.	Concentrada em maximizar flexibilidade, com decisões estratégicas tomadas em função de sinais que antecipam cada cenário.	Concentrada em maximizar oportunidades, contingenciada pelas oportunidades de todos os cenários.	Concentrada em fazer que o cenário desejado ocorra, contingenciada pelos outros cenários.
		Reage a mudanças reconhecidas.	Administra ameaças e riscos futuros.	Preserva flexibilidade.	Usufrui de oportunidades futuras.	Influencia o futuro e realiza a própria visão.
		(Baixa) <Capacidade de influenciar o ambiente de negócios> (Alta)				

Integrando a Inteligência Competitiva e o Planejamento por Cenários

A Inteligência Competitiva é um processo contínuo e interativo que reúne recursos humanos e de tecnologia da informação para coletar, analisar e disseminar informações relevantes, precisas e oportunas para a tomada de decisões nas empresas. Este processo é esquematicamente representado pelo ciclo da Inteligência Competitiva, mostrado na Figura 15.2, que começa com a identificação das necessidades dos decisores e termina com a entrega de um produto que lhes permita tomar uma posição e desencadear uma ação.

Figura 15.2 • Ciclo da Inteligência Competitiva

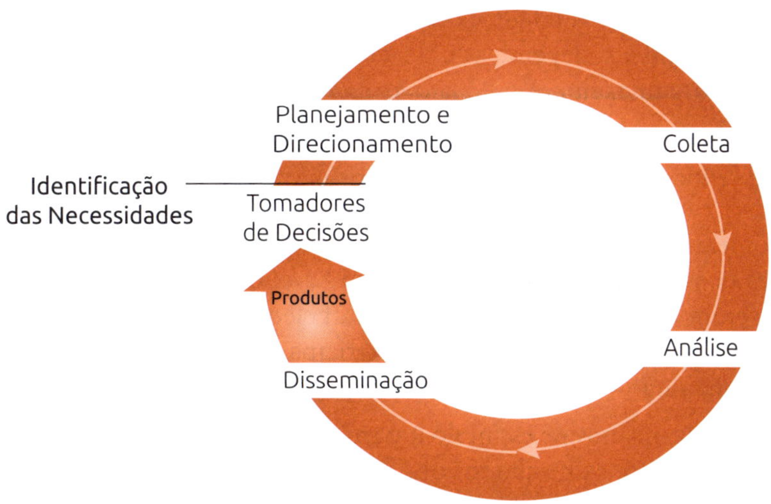

Do modo como está construído, o ciclo de inteligência traduz o primeiro fator crítico de sucesso para a implantação de qualquer processo de inteligência nas organizações: reconhecer que seu cliente é o tomador de decisões e orientar as atividades para atender suas respectivas necessidades. A experiência tem mostrado que sistemas de Inteligência Competitiva bem-sucedidos não se resumem a criar bases de dados para atender a todos os potenciais usuários e, desta forma, evitam desempenhar um papel de "balcão de informações" ou de "biblioteca".

Assim, a identificação das necessidades — preferencialmente conduzida por meio de entrevistas com os principais decisores e gerentes — permite enfatizá-las e priorizá-las ao longo de todo o processo, otimizando o uso dos recursos disponíveis no sistema de inteligência.

O segundo fator crítico para o sucesso relaciona-se com a atividade de coleta e implica perceber o crescente valor das informações não estruturadas (*soft*) para a tomada de decisões correntes e futuras. As empresas, tradicionalmente, depositam maior confiança em informações estruturadas (*hard*), obtidas a partir de fontes secundárias ou publicadas, mais fáceis de serem adquiridas. Por outro lado, as informações não estruturadas frequentemente sinalizam e antecipam fatos portadores de mudanças no ambiente de negócios, porém só são acessadas a partir de fontes primárias (entrevistas, pesquisas de campo etc.), que normalmente requerem tempo e a mobilização de pessoas.

É justamente neste ponto que reside o terceiro fator crítico de sucesso: os empregados são a mais valiosa fonte de informações dentro das organizações. Estudos mostram que de 80% a 90% das informações necessárias encontram-se dispersas dentro das empresas e que todo esse conhecimento tácito pode fluir por meio de redes de inteligência em que os empregados podem atuar como coletores ou analistas, dependendo de suas habilidades, conhecimentos e papéis na estrutura organizacional.

Dois requisitos são essenciais para que as redes produzam os resultados esperados e se mantenham em funcionamento:

- nomear um moderador que alinhe os objetivos da rede com as necessidades dos tomadores de decisão, obtenha consenso quanto às informações a serem coletadas e analisadas, estabeleça um mecanismo de *feedback* contínuo entre os usuários e os participantes da rede e faça que as regras de funcionamento desta sejam cumpridas;
- criar mecanismos de estímulo à participação nas redes, avaliando sua contribuição para os resultados obtidos pela empresa, o que pode variar desde símbolos de reconhecimento até a concessão de bônus de desempenho.

Inteligência é a informação analisada e tornada utilizável para a tomada de decisões. Portanto, é por meio da análise que se cria valor no ciclo da Inteligência Competitiva e este é seu quarto fator crítico para o sucesso. A seleção adequada das ferramentas de análise confere maior eficiência e eficácia ao processo como um todo, pois permite identificar os relacionamentos-chave entre a empresa e seu ambiente de negócios, orientar a coleta de informações e sintetizar as mais relevantes. Sistemas de Inteligência Competitiva bem-sucedidos não permitem que a coleta domine o processo e dedicam cerca de 50% de seus esforços à análise das informações.

Por fim, outro fator crítico para o sucesso se refere à disseminação da inteligência: os produtos de maior valor agregado são aqueles que endereçam questões estratégicas para a alta administração da empresa e para seus principais executivos (corporativos, divisionais ou das unidades de negócios).

A função primordial da Inteligência (Competitiva) Estratégica é dar suporte ao Planejamento por Cenários, o que se desdobra em três grandes linhas de ação:

- identificar as questões estratégicas centrais que a empresa quer ver respondidas no futuro, o que possibilita definir o escopo e o horizonte da construção dos cenários;
- acompanhar e analisar sinais que antecipem mudanças no ambiente de negócios e suas oportunidades e ameaças para empresa, para obter uma indicação sobre a ocorrência de cada um dos cenários construídos em particular;
- monitorar os movimentos dos concorrentes, quanto a mudanças de posicionamento estratégico e a desenvolvimento de recursos e capacidades, permitindo uma avaliação contínua das forças e fraquezas da empresa.

O Quadro 15.4 resume como as atividades do Ciclo da Inteligência Competitiva podem ser desenvolvidas em cada uma das linhas de ação citadas acima.

Quadro 15.4 • Ciclo da Inteligência Competitiva no Planejamento por Cenários

<table>
<tr><th rowspan="3">Ciclo da Inteligência (Competitiva) Estratégica</th><th>QEC</th><th colspan="2">Sistema estratégico de alerta antecipado</th><th colspan="2">Perfil dos concorrentes</th></tr>
<tr><td>Identificação das questões estratégicas centrais.</td><td colspan="2">Acompanhamento e análise de sinais de mudanças no ambiente.</td><td colspan="2">Monitoração das respostas às mudanças no ambiente.</td></tr>
<tr><td>Escopo e horizonte dos cenários.</td><td colspan="2">Aderência dos cenários, oportunidades e ameaças.</td><td colspan="2">Avaliação das forças e fraquezas.</td></tr>
<tr><th>Identificação das necessidades</th><td>Protocolos de QEC: entrevistas com decisores seniores.</td><td colspan="2">Sinalizadores: indicadores dos estados futuros das incertezas críticas.</td><td colspan="2">Concorrentes (atuais e potenciais): estratégias, recursos, capacidades e competências essenciais.</td></tr>
<tr><th>Coleta</th><td>Especialistas (entrevistas, painéis, Delphi).
Públicos de interesse (pesquisas de opinião).
Gerentes e empregados (entrevistas, painéis).
Fontes secundárias.</td><td colspan="2">Redes de inteligência (internas e externas).
Fontes primárias.
Fontes secundárias.</td><td colspan="2">Redes de inteligência (pessoal de marketing e vendas, compras etc.).
Consumidores, canais e fornecedores.
Fontes secundárias.</td></tr>
<tr><th>Análise</th><td>PESTAL.
Cinco forças.
Cadeia de valor.
Grupos estratégicos.</td><td>Revisão dos elementos construtivos dos cenários, das oportunidades e ameaças.</td><td colspan="2">SWOT.
Aderência das estratégias.</td><td>Análise comparativa das fontes de vantagens competitivas.</td></tr>
<tr><th>Disseminação</th><td>Apresentação/Briefing para validação dos elementos centrais da construção dos cenários.</td><td colspan="2">Informes das mudanças no ambiente.
Painel de sinalizadores (periódico).</td><td colspan="2">Matriz de forças e fraquezas dos concorrentes com relação à empresa.</td></tr>
</table>

Identificando as Questões Estratégicas Centrais: QEC

O valor dos cenários está em apontar como as incertezas sobre o futuro podem se apresentar e contribuir para reduzir ou, pelo menos, avaliar os riscos das decisões estratégicas. Este objetivo só é alcançado quando os cenários focalizam as questões centrais que preocupam os tomadores de decisões dentro da empresa.

Assim, o ponto de partida do Planejamento por Cenários consiste em identificar essas questões diretamente com os principais executivos e gerentes envolvidos no planejamento estratégico. O método mais recomendável é conduzir uma entrevista para coletar a opinião dos decisores quanto a um conjunto de tópicos que permitirão delimitar o escopo e o horizonte dos cenários. Na Inteligência Competitiva, esta ferramenta é conhecida como KIT (*Key Intelligence Topics)* e, aqui, por analogia, será denominada QEC (Questões Estratégicas Centrais). O Quadro 15.5 sugere um protocolo de QEC para a construção de cenários.

Quadro 15.5 • Protocolo de QEC (Exemplo de roteiro de entrevista para construção de cenários)

Entrevistado: ____________________

1. Qual é o plano estratégico da empresa (divisão, unidade de negócios) e as principais ações e decisões relacionadas a ele que deverão ser tomadas nos próximos ___ anos?
2. Quais são as questões críticas que estarão presentes, neste horizonte de tempo, no ambiente de negócios da empresa (divisão, unidade de negócios) e quais são seus possíveis resultados, favoráveis ou desfavoráveis?
   a. Macroambiente (políticas, econômicas, sociais, tecnológicas, ambientais, legais ou regulatórias)
   b. Microambiente (barreiras de entrada ou de saída, produtos substitutos, concorrentes, consumidores, canais, fornecedores)
3. Qual é seu grau de certeza com relação às questões identificadas acima?
   a. Questões que certamente ocorrerão ou que serão consumadas (tendências consolidadas)
   b. Questões que apresentam baixo grau de previsibilidade, mas que podem ter alto impacto (incertezas críticas)
4. Que eventos o surpreenderam no passado e que podem ter contribuído para algum sucesso ou fracasso da empresa (divisão, unidade de negócios)?
5. Quais os principais atores do mercado ou da indústria que podem lhe trazer mais preocupação? (citar os nomes)
   a. Concorrentes: ____________________
   b. Consumidores: ____________________
   c. Fornecedores: ____________________
   d. Canais: ____________________
   e. Governos/Agências reguladoras: ____________________
   f. Outros: ____________________

O passo seguinte é coletar informações adicionais que possibilitem aprofundar as questões críticas apontadas pelos tomadores de decisões e propor questões novas que ajudem a identificar e desvendar pontos cegos (*blindspots*) na percepção do ambiente de negócios e da capacidade competitiva da empresa. Começa-se recorrendo a fontes secundárias (notícias, artigos, publicações especializadas, bases de dados, internet e outras mídias) em busca de indicadores de mudanças e também de estudos e análises prospectivas feitas por instituições ou profissionais especializados.

Muitas vezes, isso não é suficiente para dar o destaque necessário às questões centrais e torna-se necessário estender a pesquisa a fontes primárias. Especialistas podem ser consultados por meio de entrevistas individuais ou de reunião em painéis ou, ainda, do método Delphi, quando se pretende obter deles previsões basicamente quantitativas. Os diversos públicos de interesse externos à empresa podem ser ouvidos por meio de pesquisas de opinião ou de grupos focais. E, reconhecendo o conhecimento tácito existente dentro da empresa, é recomendável realizar painéis que reúnam gerentes e outros funcionários com reconhecida capacidade de prospectar as condições futuras do ambiente de negócios.

Os fundamentos de análise do macroambiente (PESTAL) e do microambiente (dinâmica estrutural da indústria — "Cinco Forças de Porter", cadeia de valor e grupos estratégicos) devem ser utilizados para sintetizar as questões estratégicas centrais que a empresa enfrentará no futuro.

Os resultados dessa fase devem ser comunicados aos executivos de topo e demais gerentes e também aos clientes do processo de Planejamento por Cenários por meio de uma apresentação e/ou de um documento-síntese (*briefing*) que contenha a caracterização das questões críticas, indique quais delas representam tendências consolidadas e incertezas críticas para o futuro e, caso haja elementos suficientes, as ideias-força dos cenários. É importante considerar, ainda, dois aspectos:

- os decisores devem reconhecer suas preocupações expressadas ao longo do protocolo de QEC, por mais abrangente que tenha sido todo o trabalho posterior de coleta e análise das informações;
- a validação das questões estratégicas centrais condiciona o posterior desenvolvimento e detalhamento dos cenários.

Antecipando as mudanças no ambiente de negócios: sistema estratégico de alerta antecipado

Uma vez concluídos e utilizados para assumir um posicionamento estratégico, os cenários precisam ser constantemente acompanhados e periodicamente revisados e atualizados para que continuem úteis para o processo decisório. A contribuição que a Inteligência (Competitiva) Estratégica pode dar é a implementação e gestão de um sistema de alerta antecipado (*early warning system*) ou radar corporativo.

Um sistema estratégico de alerta antecipado tem o objetivo de acompanhar e analisar sinais de mudanças no ambiente de negócios com relação ao trabalho de cenarização feito anteriormente. Este sistema permite identificar qual é o direcionamento futuro predominante, verificar se os cenários continuam plausíveis, avaliar qual deles se tornará mais provável e identificar novos fatos portadores de futuro, ou seja, novas tendências consolidadas e incertezas críticas, que poderão afetar os cenários construídos.

Assim, já na fase de construção dos cenários, é preciso identificar um conjunto de indicadores da evolução dos estados futuros das incertezas críticas que os direcionam. Estes sinalizadores (*signposts*) são necessariamente mensuráveis, seja por uma grandeza numérica, seja pelo cumprimento de uma sequência de eventos. Os sinalizadores devem ser dispostos em uma matriz de foco, que serve tanto para atribuir responsabilidades por sua coleta e análise quanto para consolidar e comunicar sua evolução. O Quadro 15.6 oferece uma sugestão de painel de sinalizadores que pode ser utilizado para este fim.

Dependendo da complexidade dos cenários, um número significativo de sinalizadores precisa ser acompanhado: a experiência tem mostrado que bons resultados podem ser obtidos trabalhando-se com 20 a 30 sinalizadores para cada cenário.

A criação de redes de Inteligência Estratégica é bastante útil para a coleta e a análise dos sinais de mudança no ambiente em razão da grande quantidade de informações não estruturadas de que se necessita para configurar um fato portador de futuro.

Os coordenadores e demais componentes das redes internas de Inteligência Estratégica devem ser selecionados com base em sua afinidade organizacional e profissional com os indicadores a serem monitorados e devem ser previamente instruídos com relação aos elementos construtivos dos cenários.

Redes externas podem ser constituídas adicionalmente às internas, uma vez que a prospecção do ambiente de negócios, essencialmente o externo à empresa, requer capacidades nem sempre disponíveis dentro da organização. A coleta deve ser complementada recorrendo-se a fontes secundárias e primárias, considerando que, neste caso, estas últimas são muito mais promissoras que as primeiras.

Quadro 15.6 • Painel de sinalizadores

Sinalizadores			Cenário I		Cenário II		Cenário III		Cenário IV	
			Métrica		Métrica		Métrica		Métrica	
Incertezas Críticas	1	s1 s2 ... sn								
	2	s1 s2 ... sn								
	... n	s1 s2 ... sn								

Monitorando os movimentos da concorrência: perfis dos concorrentes

Dentro do processo de Planejamento por Cenários, a análise estratégica é a etapa que liga a construção dos cenários à formulação das estratégias, articulando as oportunidades e ameaças do ambiente de negócios com as forças e fraquezas da empresa com relação a seus competidores.

A elaboração e a manutenção sistemática de perfis dos concorrentes é a ferramenta da inteligência (competitiva) estratégica que permite revelar as fontes de vantagens competitivas dos atores da indústria, ou seja, que fatores permitem que algumas empresas — e outras não — façam ofertas que criem mais valor para os consumidores e obtenham um desempenho econômico superior. Vale dizer que o próprio conceito de vantagem competitiva carrega uma comparação entre as empresas do ponto de vista da percepção de valor dos consumidores e requer uma análise comparativa com relação à concorrência. Para isso, a primeira atividade do ciclo da Inteligência Competitiva é a identificação dos concorrentes a serem perfilados e monitorados, suas estratégias e fontes de vantagens competitivas.

Os concorrentes atuais podem ser identificados entre os grupos de empresas que guardam alguma similaridade quanto às estratégias adotadas, aos relacionamentos criados ao longo da cadeia de valor e aos recursos e capacidades empregadas. Os concorrentes potenciais são muito menos óbvios, pois geralmente entram no mercado com um modelo de negócios inovador, para criar valor para os consumidores. Assim, a identificação dos concorrentes potenciais deve partir de uma análise das mudanças no comportamento dos consumidores (necessidades, gostos, preferências, motivações de compra), no desenvolvimento dos atributos dos produtos (bens e serviços) e nos padrões de inovação tecnológica.

As estratégias dos principais concorrentes podem ser identificadas com a ajuda das seguintes categorias: posicionamento estratégico, planos futuros, missão, visão, objetivos, metas, carteira de negócios e outros elementos que permitam caracterizar seus movimentos futuros e sua capacidade de responder às mudanças no ambiente e às ações dos demais competidores.

Esta atividade se completa com a identificação, também para cada concorrente, dos respectivos recursos, capacidades e competências essenciais que explicam suas forças e fraquezas relativas aos demais competidores e à própria empresa. Estas fontes de vantagens competitivas originam-se das diversas dimensões da atuação empresarial: análise de valor para o consumidor, desenvolvimento da linha de produtos, marketing e vendas, operações, Inteligência Competitiva, pesquisa e desenvolvimento tecnológico, recursos humanos, perfis dos gerentes, estrutura organizacional, relacionamentos com os grupos de interesse e finanças.

Boa parte das informações sobre os concorrentes pode ser coletada a partir de fontes secundárias, como: bases de dados eletrônicas; periódicos genéricos e especializados na indústria; relatórios e análises de consultores, instituições financeiras e órgãos governamentais; catálogos e anuários publicados por associações empresariais e peças de comunicação emitidas pelos próprios concorrentes (relatórios financeiros, declarações gerenciais, propaganda etc.). Informações de maior valor agregado podem ser obtidas, de forma ética, dos demais participantes da cadeia de valor, como consumidores, canais de distribuição e fornecedores, que podem ser contatados por meio de entrevistas, pesquisas de opinião ou grupos focais.

E, da mesma forma utilizada para captar sinais de mudanças no ambiente externo, redes de Inteligência Estratégica podem levantar indícios sobre os movimentos da concorrência e outras informações necessárias à elaboração e à manutenção dos perfis dos competidores. Estas redes são basicamente compostas pelo pessoal de marketing e vendas e de compras em razão de seus contatos com os consumidores, canais e fornecedores. Contudo, elas devem contar com a contribuição de colaboradores de outras áreas da empresa (operações, pesquisa e desenvolvimento, recursos humanos, finanças etc.) que compreendam como os recursos, capacidades e competências essenciais podem ser articulados para gerar vantagens competitivas na indústria.

A atividade seguinte consiste, justamente, em fazer uma análise comparativa dos concorrentes selecionados com relação à própria empresa quanto às fontes de vantagens competitivas nas diversas dimensões da atividade empresarial. A matriz proposta no Quadro 15.7 sintetiza os resultados desta análise com a ajuda de uma escala numérica ou de uma escala de cores ou tonalidades. Este instrumento demonstra, de forma concisa e direta, as forças e fraquezas dos concorrentes relativas à empresa e que devem ser consideradas na análise estratégica do processo de Planejamento por Cenários.

Quadro 15.7 • Matriz de análise vis-à-vis das forças e fraquezas dos concorrentes

Recursos, capacidades e competências essenciais (Identificar dentro das dimensões a seguir)	**Principais concorrentes atuais e potenciais**				
	Alfa	**Beta**	**Gama**	**...**	**Ômega**
Análise de valor					
Linha de produtos					
Marketing e vendas					
Operações					
Inteligência Competitiva					
Pesquisa e desenvolvimento tecnológico					
Recursos humanos					
Perfis dos gerentes					
Estrutura organizacional					
Relacionamentos					
Finanças					
Escala:	+2 bem mais forte ■	+1 mais forte ■	0 igual à empresa ■	−1 mais fraco ■	−2 bem mais fraco □

Conclusão

A narrativa dos cenários é um atributo fundamental para que eles cumpram seu papel na formulação de estratégias, no desenvolvimento do pensamento estratégico e no compartilhamento de uma linguagem e de visões comuns sobre o futuro. Descrever um cenário significa contar uma história sobre como o futuro será, de forma concisa, precisa, convincente, provocativa e estimulante. A narrativa deve se basear em alguns elementos do passado recente e do presente e percorrer uma linha de tempo que permita descrever com consistência a evolução dos eventos futuros indicados pelos estados possíveis das incertezas críticas. A descrição se completa com os resultados esperados, qualitativos ou quantitativos, de alguns sinalizadores cujo acompanhamento permitirá avaliar a probabilidade de ocorrência dos cenários.

Assim, o principal papel a ser desempenhado pela Inteligência (Competitiva) Estratégica é dar suporte à construção e à revisão contínua dos cenários priorizados pelo planejamento, por meio da identificação e análise dos sinais que prenunciam eventos que tragam implicações estratégicas para o posicionamento competitivo da empresa. Nestas condições, e apesar do horizonte de longo prazo que caracteriza o Planejamento por Cenários, o ciclo da Inteligência Competitiva precisa ser dinâmico, o que se torna viável com a implementação de um sistema estratégico de alerta antecipado ou radar corporativo. Além disso, o Ciclo da Inteligência pode ser utilizado para identificar as questões estratégicas centrais que vão delinear os cenários e para monitorar a capacidade de resposta dos concorrentes às mudanças no ambiente.

Para concluir, o processo de Inteligência Competitiva é também um processo de comunicação e o desenvolvimento dos seus produtos deve considerar basicamente dois elementos:

- os públicos-alvo, com suas necessidades em termos de decisões a serem tomadas, de relevância das informações, de credibilidade das fontes e de frequência;
- a mensagem, que deve transmitir de forma concisa, precisa e direta o resultado das análises e conter algum tipo de recomendação quanto aos possíveis cursos de ação a serem tomados.

Dois produtos são esperados de um sistema estratégico de alerta antecipado:

a) informes, sem periodicidade definida, que destaquem as possíveis mudanças no ambiente de negócios e indiquem, previamente, as respectivas oportunidades e ameaças para a empresa;
b) relatórios periódicos (trimestrais, de preferência), consolidando a matriz ou painel de sinalizadores, avaliando a aderência dos cenários e recomendando, se for o caso, sua revisão em termos de alterações nas tendências consolidadas e incertezas críticas, com as respectivas oportunidades e ameaças.

Um formato interessante para os relatórios periódicos é utilizar a convenção dos sinais de trânsito no painel de sinalizadores sugerido no Quadro 15.6, atribuindo a cada sinalizador em cada cenário as cores verde, amarela e vermelha em função do grau de aderência (alto/médio/baixo) dos estados futuros prospectados para as incertezas críticas. Um cenário em que predominem sinais verdes tem alta probabilidade de ocorrer, enquanto um cenário no qual aparecem muitos sinais vermelhos apresenta baixa probabilidade de acontecer ou está se revelando implausível. O predomínio de sinais amarelos indica uma grande incerteza quanto à probabilidade de ocorrência do cenário ou a emergência de pontos de inflexão e a configuração de um novo cenário não previsto anteriormente.

Questões para reflexão e aprendizagem

1. Em quais circunstâncias o Planejamento por Cenários deve ser utilizado para a definição de estratégias empresariais? Quais seus benefícios?
2. Como as empresas devem fazer suas escolhas estratégicas diante dos cenários construídos?
3. Qual a relevância da identificação das questões estratégicas centrais para a construção dos cenários? Como a Inteligência Competitiva pode ser aplicada nesse processo?
4. Qual a finalidade de implementar um sistema estratégico de alerta antecipado? Quais são seus elementos essenciais?
5. Como os perfis dos concorrentes podem contribuir para o processo de Planejamento por Cenários como um todo? Como definir um perfil de um concorrente para essa finalidade?
6. Que meios podem ser utilizados para comunicar, aos tomadores de decisões estratégicas, mudanças nos ambientes de negócios e nos cenários priorizados pelo planejamento? Como definir as mensagens a serem transmitidas para esse público-alvo?

Referências

BUARQUE, S. C. Metodologia e Técnicas de Construção de Cenários Globais e Regionais. *Texto para Discussão*. Brasília, n. 939, IPEA, 2003.

FINK, A.; SCHLAKE, O. Scenario Management: an approach for strategic foresight. *Competitive Intelligence Review*. v. 11, ano 1, p. 37-45, 2000.

FLEISHER, C. S.; BENSOUSSAN, B. E. *Strategic and Competitive Analysis*. New Jersey: Prentice Hall, 2003.

FULD, L. M. *The New Competitor Intelligence*. New York: John Wiley & Sons, 1995.

GILAD, B. A Self Examining Test for the Corporate Intelligence Professional: where are you on the chart. *Competitive Intelligence Review*. v. 7, p. S1-S5, 1996.

HERRING, J. P. Key Intelligence Topics: A Process to Identify and Define Intelligence Needs. *Competitive Intelligence Review.* v. 10, ano 2, p. 4-14, 1999.

LINDGREN, M.; BANDHOLD, H. *Scenario Planning*. New York: Palgrave Macmillan, 2003.

PRESCOTT, J. E.; MILLER, S. H. *Inteligência Competitiva na Prática*. Rio de Janeiro: Editora Campus, 2002.

RINGLAND, G. *Scenarios in Business*. West Sussex: John Wiley & Sons, 2002.

TYSON, K. W. M. *Competitor Intelligence Manual and Guide*. New Jersey: Prentice Hall, 1990.

Capítulo 16

A Construção de um Sistema de Inteligência Competitiva

Elisabeth Gomes, Fabiane Braga e Eduardo Lapa*

Resumo

A Inteligência Competitiva é uma área cada vez mais demandada dentro das organizações, em razão da crescente necessidade de manter a competitividade. As organizações precisam estar alertas para o que acontece em seu ambiente competitivo, para não serem surpreendidas pelas ações dos diversos atores que hoje influenciam seus negócios e de atores que virão a influenciá-lo. Em tempos de uso de redes sociais, que aumentam a velocidade na troca e identificação de informações precisas e relevantes, é necessário reformular a forma atual de identificação das informações estratégicas para as organizações, seu modo e ritmo de coleta, os métodos de análise e, principalmente, a forma de disseminação, pois os produtos de inteligência têm que chegar ao tomador de decisão de forma correta e na hora certa, ou não serão úteis.

---

* **Elisabeth Gomes** é PhD em Engenharia de Produção, na área de Gestão do Conhecimento e Inteligência Competitiva pela Coordenação dos Programas de pós-graduação em Engenharia da Universidade Federal do Rio de Janeiro (COPPE/UFRJ). É professora da ESPM/RJ, nos cursos de pós-graduação em Gestão de Negócios e Inteligência Competitiva, na pós-graduação em Gestão do Entretenimento, na pós-graduação em Marketing Estratégico e na pós-graduação em Design; da UFRJ nos cursos de MBA em Gestão Estratégica da Informação, em Gestão de Programas e Projetos e em Inteligência de Negócios, e do IBMEC/RJ nos curso in-company. Profissional certificada internacionalmente em Gestão do Conhecimento pela TKN (The Know Network), membro da SBGC (Sociedade Brasileira de Gestão de Conhecimento) e da ABRAIC (Associação Brasileira de Analistas de Inteligência Competitiva). Possui quatro livros publicados nesta área no Brasil: *Inteligência Competitiva: como transformar Informação em um negócio lucrativo*, de 2001, atualizado em 2004, e *Gestão de Organizações na Sociedade do Conhecimento*, de 2001, ambos pela Editora Campus; *Gestão Estratégica da Informação e Inteligência Competitiva*, de 2005, e *Gestão do Conhecimento na Câmara dos Deputados,* de 2004, pela Editora Saraiva. Possui dois livros publicados no exterior: *Gestão de Organizações na Era do Conhecimento*, em Portugal, pela Editora Silabo, 2004; e *Knowledge Management and Competitive Intelligence for Nuclear Area*, de 2004, pela Editora IJNKM, da França. Palestrante convidada do IBC, ABRAIC, da SBGC, do IIR Training, entre outros. Possui mais de 30 artigos publicados sobre o assunto em revistas nacionais, internacionais e congressos nacionais e internacionais. Implementou e gerenciou projetos em empresas como: TV Globo, Sebrae-NA, Contax, FCC, Magneti Marelli, Itaipu Binacional, Light, Sebrae-PR, Sebrae-SC, Syngenta, entre outras.

Introdução

Nos últimos anos, tem havido um crescente reconhecimento de que a sintonia no relacionamento entre a organização e seu ambiente de negócios tem influência direta no crescimento da primeira e em seu desenvolvimento no mercado. A identificação clara das ameaças e oportunidades que este ambiente apresenta, não apenas para a própria organização, mas também para seus concorrentes diretos, e a obtenção do conhecimento acerca das forças e fraquezas desses mesmos concorrentes, contribui de forma significativa para um planejamento estratégico adequado a essa nova perspectiva. Essa certeza se torna cada vez mais presente em um mundo em que as mudanças ocorrem em ritmo acentuado; a informação, com qualidade e precisão, passa a ser um diferencial na corrida para a obtenção de uma vantagem competitiva; e o uso intensivo de redes sociais e aplicações web 2.0 fornece aos profissionais de Inteligência Competitiva novas ferramentas que podem facilitar o desenvolvimento de seu trabalho.

A Inteligência Competitiva, nesse contexto, assume um papel estratégico importante dentro do processo de obtenção, por parte da organização, de um conhecimento contínuo e cada vez mais preciso, sobre seu ambiente de negócios, composto de variáveis de natureza política, social, econômica e tecnológica, como podemos ver com clareza na Figura 16.1.

A proposta deste capítulo é apresentar de maneira objetiva e simples a metodologia de construção de um Sistema de Inteligência Competitiva, seus benefícios e possíveis desafios, partindo da definição de Gomes e Braga (2004) de IC: Inteligência Competitiva (IC) é um processo sistemático e ético, *ininterruptamente avaliado,* de **identificação, coleta, tratamento, análise e disseminação** da *informação estratégica* para a organização, viabilizando o uso dessa informação no processo decisório.

Fabiane Braga é doutoranda em Engenharia Civil, na área de Computação de Alto Desempenho, pela COPPE/UFRJ, Mestre em Ciência da Informação pelo Instituto Brasileiro de Informação em Ciência e Tecnologia da Universidade Federal do Rio de Janeiro (IBICT/UFRJ) e graduada em Informática pela Pontifícia Universidade Católica do Rio de Janeiro (PUC/RJ). Participou de projetos para a implantação de áreas de inteligência competitiva para diversos setores. Coautora do livro *Inteligência Competitiva: como transformar Informação em um negócio lucrativo*, de 2001, da Editora Campus; do capítulo 9 do livro *Gestão de Organizações na Era do Conhecimento*, editado em Portugal em 2003; e do capítulo sobre inteligência competitiva do livro *Gestão Estratégica da Informação e Inteligência Competitiva*, editado pela Editora Saraiva em 2005. Professora da FGV, Estácio e SENAC, dentre outras instituições. Atua há mais de 25 anos nas áreas de desenvolvimento de sistemas, planejamento estratégico e inteligência competitiva.

Figura 16.1 • Ambiente de negócios

O Sistema de Inteligência Competitiva

A implantação de um Sistema de Inteligência Competitiva altera a cultura de uma organização, pois envolve colaboradores dos mais diversos níveis da organização na busca de um resultado comum. Não considera o organograma, e, sim, as necessidades desta organização de tomar decisões. Por ser um sistema que trabalha diretamente com análise de informações, possui um enfoque diferente dos processos tradicionais da organização e, portanto, é necessário prepará-la adequadamente quanto às mudanças culturais e estruturais, para que as atividades a

Eduardo Lapa é CEO da Plugar Informações Estratégicas. Mestre em Administração pelo IBMEC/RJ e pós-graduado em Gestão de Negócios e Tecnologia de Informação pela FGV/RJ e em Educação a Distância pela Unicamp. Foi professor da FGV/RJ de 2002 a 2004; coordenador do Curso Superior Profissional em Gestão do Conhecimento pela UVA; professor do Senac/RJ até 2007. É autor do Livro *Gestão de Conteúdo como apoio a Gestão do Conhecimento* e coautor dos livros *Gestão do Conhecimento e e-learning na prática, Gestão estratégica da informação e inteligência competitiva, Gestão de organizações na era do conhecimento* e *Gestão do Conhecimento na Câmara dos deputados*. Palestrante convidado do IBC, ABRAIC (Associação Brasileira de Analistas de Inteligência Competitiva), do SBGC (Sociedade Brasileira de Gestão do Conhecimento), do grupo Mission, do IIR Training, entre outros eventos. Certificado internacionalmente em Gestão do Conhecimento pela TKN (The Know Network), membro da SBGC e da ABRAIC. Publicou diversos artigos sobre gestão do conhecimento, inteligência competitiva e tecnologia de informação para revistas e sites nacionais e internacionais especializados. Implementou e gerenciou projetos em empresas como: Politeno, TV Globo, Oi Telecomunicações, Albras, Sebrae, Linde Gas Therapeutics, Contax, Fábrica Carioca de Catalizadores, Magneti Marelli, Itaipu Binacional, Light, Spoleto, Correios, Syngenta, Chrysler, Mercedes Benz, Senac-RJ entre muitas outras. Atuou ainda na PriceWaterhouseCoopers, WeDo Consulting, Informal Consultoria e Serviços e TW Services.

serem desenvolvidas não sejam mal interpretadas nem interrompidas e se garanta o bom andamento do sistema. Partindo do objetivo do sistema, que é fornecer informação analisada em forma de alternativas para apoiar a tomada de decisão, a organização deve conhecer o sistema que será construído, e o sistema deverá incorporar as percepções culturais de quem vai usá-lo na organização.

A Figura 16.2 apresenta as etapas do Sistema de Inteligência Competitiva Além destas etapas, é necessário executar atividades que chamamos de correlatas, que têm o objetivo de garantir o sucesso da operação do sistema de IC: capacitação da equipe de IC; comunicação e sensibilização dos colaboradores da organização; definição e implantação de sistemas de informação; definição da missão e dos objetivos da Inteligência Competitiva; estruturação da área; e definição da equipe necessária para conduzir esse sistema. Essas atividades não serão detalhadas neste capítulo.

Para a implementação do sistema, é necessário seguir seis etapas.

Figura 16.2 • Ciclo/Sistema de IC

1. identificação das necessidades de inteligência;
2. identificação das informações necessárias;
3. coleta e tratamento das informaçõe;
4. análise das informações para geração de produtos de inteligência;
5. disseminação dos produtos de inteligência;
6. avaliação dos produtos e do processo de inteligência.

O sistema de IC é apresentado como um ciclo e mostra que a continuidade, persistência e longevidade são a chave do sucesso. Ou seja, a cada entrega feita a um cliente interno, surgirão demandas que retroalimentarão este ciclo.

Etapa 1 – Identificação das necessidades de inteligência

Esta etapa é uma das mais relevantes para a implementação de um sistema de IC, pois seu objetivo é identificar quais são e quais serão as decisões tomadas na organização, pelos chamados tomadores de decisão, neste caso, clientes do Sistema de Inteligência Competitiva, e registrá-las na forma de Tópicos Relevantes. Estes tópicos serão monitorados constantemente pelo sistema de IC para direcionar a busca por informações pertinentes, que serão analisadas para gerar o produto de inteligência que auxiliará na tomada de decisão. Para que a busca destas informações fique mais fácil, é necessário dividir cada tópico relevante em subtópicos ou questões relevantes, chegando-se, desta forma, a uma lista hierarquizada, conforme mostrado na Tabela 16.1. Uma das formas mais fáceis de identificar esses tópicos e questões é por meio de entrevistas com os tomadores de decisão que buscam identificar:

1. que decisões precisam ser tomadas;
2. o que é necessário saber, ou seja, qual é a profundidade analítica da informação que o tomador de decisão gostaria de receber;
3. o que já se sabe, ou seja, o que o tomador de decisão já conhece em termos de informação;
4. por que é precisão saber isso;
5. quando será necessário sabê-lo, isto é, qual o tempo para a geração das análises; e
6. o que será feito com o produto de inteligência.

Essas questões, embora pareçam simples e óbvias, despertam a consciência do entrevistado quanto à importância do foco da resposta. Estas entrevistas acontecem individualmente com os tomadores de decisão. A partir delas são identificados os riscos de decisões pendentes, as preocupações mais importantes com relação aos agentes externos e as áreas externas à organização a serem monitoradas. Em seguida, a entrevista é analisada, para certificar-se de que as necessidades de inteligência solicitadas foram bem entendidas. Em uma segunda entrevista, estes enunciados são validados com os clientes do sistema, avaliando se o escopo do trabalho a ser realizado contempla a necessidade de inteligência para as decisões que serão tomadas. Nossa experiência prática aponta que devemos fazer, no máximo, três entrevistas por cliente. Cada um destes grupos de tópicos e questões identificadas deverá estar associado a uma área de monitoramento externo da organização, denominada vigilância, que poderá ser uma vigilância social, ou tecnológica, ou de clientes, ou de concorrentes etc.

Tabela 16.1 • Exemplo de tópicos e questões relevantes

Vigilância: Concorrentes
Tópico 1– a nossa concorrente principal continuará a investir na estratégia de lançamento de novos produtos de higiene masculina?
Questão 1.1 – confirmação de rumor.
Questão 1.2 – verificar testes de mercado.
Questão 1.3 – qual será o Projeto do produto?
Questão 1.4 – quais as novas características e benefícios?
Questão 1.5 – como será a embalagem?

Dificuldades para executar esta etapa: falta de comprometimento dos entrevistados — esta dificuldade é maior quando estamos lidando com altos executivos que não conseguem tempo em suas agendas para as entrevistas iniciais, mesmo que estejam apoiando o projeto — e falta de preparo dos entrevistadores — é preciso ser muito objetivo e claro na condução de uma entrevista, para que ela atinja seu objetivo.

Etapa 2 – Identificação das necessidades de informação

Esta etapa tem o objetivo de identificar e registrar as informações necessárias para auxiliar a responder as questões e Tópicos Relevantes identificados na Etapa 1 e direcionar o planejamento da ação de coleta das informações, para gerar os produtos de inteligência planejados. Na Tabela 16.2, é apresentado o início da elaboração do plano de coleta, isto é, os tópicos, suas respectivas questões e as informações correspondentes que irão atender a esta demanda e também a periodicidade com que ela deverá ser coletada.

Tabela 16.2 • Tópicos e questões *versus* informações

Vigilância: Concorrentes			
Tópico	**Questão**	**Informação**	**Periodicidade**
1 – a nossa concorrente prinicipal continuará a investir na estratégia de lançamento de novos produtos de higiene masculina?	1.1 – confirmação de rumor	Nomes de novos produtos	semanal

Continua

Continua

Vigilância: Concorrentes			
	1.2 – verificar testes de mercado	Exemplos de testes Público dos testes	semanal mensal
	1.3 – qual será o Projeto do produto?	Projetos divulgados	mensal

A partir deste ponto, usando-se a técnica de Auditoria Informacional, identificam-se as fontes de informação internas (pessoas, bancos de dados, entre outras) e os responsáveis por sua atualização. Após o mapeamento interno, são identificadas as fontes de informação externas. Ao final do levantamento das fontes de informação, será gerado um mapa informacional que indicará todas as fontes que serão usadas, identificadas por nome e localização, classificadas em primárias ou secundárias, formais ou informais,[1] e por níveis de confiabilidade. Diversas vezes, encontramos e usamos fontes de informação de baixa confiabilidade, mas que possuem dados e informações publicadas que foram coletadas de fontes de alta confiabilidade.

Dificuldades para executar esta etapa: falta de confiabilidade das fontes — muitas vezes, a urgência não permite validar com confiança a informação obtida ou a fonte utilizada —, falta de recursos financeiros para se obter a informação de que se necessita, muitas vezes, custa caro, pois é necessário fazer assinaturas de bases de dados, de revistas, de jornais, comprar relatórios de consultoria, participar de feiras, exposições, congressos etc.

Etapa 3 – Coleta e tratamento das informações

Esta etapa tem o objetivo de definir como será o plano e a rede de coleta das informações necessárias, tanto internas quanto externas, identificadas na Etapa 2. Além do mapeamento, devem ser definidos os papéis dos coletores, bem como os pontos de coleta de informação e os principais eventos para a coleta. Esta ação deve ser planejada com base no estabelecido na Etapa 2 e identificando a estratégia de busca, a contratação ou não de serviços terceirizados (esta decisão depende exclusivamente dos recursos humanos e financeiros alocados) e o uso de redes de coleta externas e internas à organização. Estas redes são compostas de pessoas que sabem onde estão as informações, geralmente primárias, e que serão responsáveis por sua obtenção e compartilhamento com os analistas de IC. Antes de começar a usar as informações coletadas, seja de qual maneira for,

[1] Quanto ao conteúdo, fontes primárias são dados inalterados vindos diretamente das fontes (por exemplo: clientes, consultores, fornecedores etc.) e fontes secundárias contêm dados que já sofreram algum tipo de interpretação/análise prévia. Quanto à estrutura, fontes formais ou textuais trazem informação estruturada e, fontes informais, não estruturadas e geralmente externas às organizações.

para gerar análises, é importante organizá-las, classificá-las e indexá-las segundo a terminologia pertinente. Desta forma, a recuperação de informações que já tenham sido tratadas será feita de forma mais eficiente. Por isso, é importante que, a partir dos elementos identificados na Etapa 2, sejam definidos os termos, a linguagem e as estratégias de pesquisa.

Dificuldades para executar esta etapa: obtenção das informações primárias e, principalmente, a construção de redes de coleta.

Etapa 4 – Análise das informações para geração de produtos de inteligência

Esta etapa tem como objetivo principal gerar as análises que chamamos de produtos de inteligência e que devem atender as necessidades levantadas na Etapa 1. Neste ponto, o analista transforma as informações coletadas em uma avaliação significativa, completa e confiável. A análise é um resumo ou síntese em que são apresentadas conclusões sobre o assunto que está sendo pesquisado. É a fase crítica para a criação da inteligência, pois requer analistas com habilidades específicas e com algum conhecimento sobre o tema que está sendo pesquisado. Para que a análise tenha o resultado esperado, precisa ter seu foco muito bem definido. A análise de informações que parecem ser importantes, mas que, no fundo, não têm relação com seu real objetivo, não deve ser feita. E aqui nós voltamos a ressaltar a importância da primeira etapa quando as necessidades de inteligência são definidas, isto é, o tomador de decisão precisa passar para o analista, da forma mais completa possível, o que ele precisa para apoiar sua tomada de decisão, pois o propósito da análise não é aprender sobre o assunto, mas, sim, oferecer alternativas para a tomada de decisões. Cabe enfatizar que, por mais automatizado que seja o processo, apenas o raciocínio humano é capaz de avaliar a real relevância e credibilidade das informações e agregar valor à sua formatação final.

Miller (2000) diz que "modelos analíticos são ótimas ferramentas para se fazer boa análise. Mas eles não são substitutos para pessoas com mente aberta, curiosidade e com habilidade de coleta de dados".

Com o advento das redes sociais, um dos maiores desafios das áreas de inteligência é desenvolver e manter uma rede de profissionais internos e externos que possa auxiliar os analistas com conhecimentos e informações sobre a evolução do mercado competitivo e sobre a indústria. Para isso, é necessário criar e manter redes de origem humana, baseadas em melhores práticas, que trabalham desde o fornecimento de informações primárias — Rede de Coletores —, até o fornecimento de pareceres e comentários sobre os temas que estão sendo analisados, de maneira integrada e com o apoio de tecnologias de geração de inteligência — são as Redes de Analistas. Estas redes são formadas por especialistas nos temas, internos ou externos à organização, que compartilham seus conhecimentos, visando auxiliar o analista nas atividades de captura de informação e de finalização dos produtos de IC, ou seja, validando a geração das alternativas.

Dificuldades para executar esta etapa: treinamento em metodologias de análise, que exige tempo e persistência por parte dos analistas; falta de sensibilização quanto à importância da tarefa por parte de colaboradores de outras área da organização, que pensam que esta é uma atividade menor; e a criação e manutenção das Redes de Analistas.

Metodologias de análise

A literatura aponta inúmeras metodologias que podem ser usadas para auxiliar na análise da informação. Essas metodologias devem ser usadas de acordo com o tipo de produto de IC a ser gerado. A seguir, apresentaremos os métodos mais usados, com uma breve descrição, uma vez que o objetivo desse capítulo não é explorar a fundo essas metodologias.

Modelo das 5 Forças de Michael Porter

O modelo das 5 Forças de Porter auxilia na análise do ambiente competitivo, na identificação da vantagem potencial de um setor, verificando as forças deste setor e antecipando proativamente mudanças em sua estrutura. Deve ser usado para analisar informações relativas aos concorrentes.[2]

1. Fatores Críticos de Sucesso (FCS)

O método dos FCS é utilizado para avaliar dois tipos de atributos: a atratividade da indústria e a força do negócio, gerando uma matriz que ajuda ao analista a avaliar as forças de um determinado negócio e comparar concorrentes em uma indústria.

---

2 O modelo das 5 Forças de Porter está descrito no livro *Estratégia Competitiva. Técnicas para análise de indústrias e da concorrência.* Ed. Campus, 1986.

2. Cenários

É um método utilizado para fazer previsões de tendências para as variáveis do ambiente externo que exercem forte impacto sobre o desempenho da organização e que foram identificadas durante a análise estratégica.

3. Perfil do concorrente

Fornece um quadro das forças e fraquezas dos potenciais e atuais concorrentes. Tem quatro grandes objetivos: identificar os planos estratégicos futuro dos concorrentes, predizer quais serão as reações dos concorrentes frente às iniciativas competitivas, determinar como melhor agrupar as estratégias atuais dos competidores e entender as fraquezas dos concorrentes.

4. *Benchmarking*

É o método que avalia quão bem as funções e habilidades de uma organização estão sendo desempenhadas, em comparação com alguma outra organização ou um conjunto de organizações, entendendo completamente as "melhores práticas" de outras organizações e empreendendo ações para atingir tanto o melhor desempenho quanto os menores custos.

5. SWOT

Essa técnica analisa a capacidade interna da organização (forças e fraquezas) e sua posição com relação à indústria (ameaças e oportunidades). A capacidade interna tem a finalidade de apresentar as deficiências e as qualidades da organização que está sendo analisada, considerando sua atual posição produto-mercado. A análise externa tem o objetivo de estudar a relação existente entre a organização e o ambiente no qual ela está inserida, mostrando as oportunidades e as ameaças quanto a produto e mercados atuais e futuros. Com essa ferramenta, podemos identificar, na análise, que os fatores devem ser atacados para melhorar nosso negócio.

Etapa 5 – Disseminação do produto de inteligência

Esta etapa tem como finalidade identificar a formatação mais coerente e objetiva para o produto de inteligência a ser gerado e os melhores canais de entrega dos produtos de inteligência. Na disseminação, alguns pontos importantes devem ser considerados:

1. definição de mecanismos de distribuição dos produtos de Inteligência Competitiva, cuja responsabilidade é dos analistas de IC. Estes mecanismos são definidos em conjunto com o cliente e de acordo com suas necessidades. Podem ser relatórios customizados, apresentações, análises setoriais, boletins etc.;
2. definição da linguagem, forma e facilidade de acesso do produto de IC;
3. definição da frequência de envio dos produtos aos clientes.

Dificuldades para executar esta etapa: falta da manutenção da periodicidade de entrega dos produtos, o que fatalmente deixará o sistema de IC em descrédito, e uso de linguagem inadequada ao cliente identificado.

Etapa 6 – Avaliação dos produtos e do processo de inteligência

Esta etapa visa avaliar se o sistema criado foi eficiente do ponto de vista da produção do produto de inteligência e se o produto gerado por ele foi eficaz para o tomador de decisão. Logo, devem ser avaliados considerando-se dois aspectos: o primeiro diz respeito ao desempenho de cada uma das etapas que compõem o sistema, isto é, se o melhor método de análise foi escolhido, se a escolha das fontes de informação poderia ter sido mais bem direcionada, se o formato do produto foi o mais adequado etc.; e o outro aspecto é a avaliação, diretamente com os usuários do sistema, dos resultados práticos obtidos com o uso dos produtos gerados pelo sistema. Estas duas avaliações são imprescindíveis tanto para o aprimoramento do sistema quanto para sua sobrevivência, pois o processo de Inteligência Competitiva somente se consolida e se transforma em inteligência se seus resultados são utilizados para a tomada de decisão. Caso o sistema termine na disseminação, a organização terá apenas adquirido informação, uma vez que a inteligência somente ocorre quando os resultados do sistema são utilizados na definição das ações organizacionais. É importante ressaltar que as avaliações do sistema estão interligadas, mas têm objetivos distintos. Além disso, é essencial fazer a verificação frequente da adequação do produto de Inteligência Competitiva gerado e entregue às necessidades reais de inteligência. Mas como fazer isso?

- Por meio de pesquisas pontuais sobre a satisfação dos clientes com os produtos recebidos;
- por meio de avaliações econômicas (indicadores) dos resultados obtidos com decisões tomadas com base na inteligência adquirida, como produtividade, redução de custos, investimentos em inovação e qualidade etc.; e

- por meio de discussões internas no âmbito da equipe de Inteligência Competitiva, com o objetivo de analisar e melhorar cada etapa do sistema.

É importante que nesta etapa haja clareza no processo de avaliação, ou seja, que os indicadores determinados sejam adequados, entendidos e disseminados aos participantes do Sistema de Inteligência Competitiva.

Dificuldades para executar esta etapa: esta última etapa detém, a nosso ver, a questão mais discutida nas organizações quando se avalia a implantação, ou não, de um Sistema de Inteligência Competitiva, o que se quer saber é qual será o retorno do investimento feito na construção deste sistema.

Para completar nossa metodologia, usamos um instrumento simples de avaliação dos resultados práticos obtidos com o uso dos produtos de IC. Este instrumento possui questões abertas e é enviado aos clientes do sistema, periodicamente. As informações coletadas são analisadas pela equipe de Inteligência Competitiva e transformadas em números que permitem avaliar e aperfeiçoar o sistema. Cabe ressaltar que a avaliação do produto de inteligência com relação à tomada de decisão ou à ação é subjetiva, uma vez que está atrelada à resposta do usuário final. Muitas vezes, o bom senso para avaliar é a melhor saída. Mas, pensando melhor, pergunte a você mesmo: quanto você perderia por não ter esse produto de inteligência?

Ferramentas tecnológicas de apoio ao Sistema de Inteligência Competitiva

Considerando o cenário atual no qual vivem as organizações, cabe ressaltar que a difusão das novas tecnologias da informação e comunicação potencializa os processos empresariais e leva a uma melhoria significativa no que tange às possibilidades de monitoramento de mercado. Neste contexto e com relação às etapas do sistema de IC apresentadas no item 3, cabe a nós ressaltar que a Tecnologia de Informação (TI) tem um papel fundamental de **apoio** na operacionalização deste sistema.

A função contributiva da TI para a IC, e até mesmo para a gestão da estratégia organizacional, está relacionada às suas capacidades de:

- apoiar na gestão dos principais KPI (*Key Performance Indicator*) da organização;
- apoiar no processo de captura automática e organização de um grande volume de informações;
- apoiar os analistas de inteligência no suporte ao uso de modelos analíticos, nas funcionalidades de identificação de padrões e correlações, na

geração dos produtos de inteligência e na disseminação destes aos tomadores de decisão;

- apoiar na geração de uma base de conhecimento e repositório de informações que, de alguma forma, apoiará o processo decisório;
- apoiar na disponibilização de um ambiente de colaboração e de redes de analistas e fornecedores de informação, para que estes profissionais possam trocar informações relevantes para o negócio e melhorar o processo de aprendizagem.

Davenport e Prusak (1998) defendem que a TI pode não ser um elemento central na atividade de inteligência, mas é um elemento integrador e impulsionador do uso da informação na organização. Portanto, ela precisa ser orientada a profissionais e decisores com necessidades específicas e até mesmo culturas diferentes. Sendo assim, a TI apoia todas as etapas de um sistema de IC, desde a fase de identificação das necessidades de inteligência até a avaliação de um produto de inteligência, passando pela captura, análise e disseminação. Segundo Jayme Teixeira Filho (2000), este apoio está associado à construção de formas de comunicação, à integração e conversação, à aprendizagem, à construção de comunidades de prática, à estruturação de experiências individuais e das equipes e à facilidade de acesso a ideias, problemas e soluções. É importante observar que existe um conjunto grande de tipos de Sistemas de Informação para apoiar a decisão que, com frequência, são confundidos com Sistemas de Informação para apoio à Inteligência Competitiva. Estes sistemas são importantes e podem trazer uma grande contribuição para a IC, mas, por si mesmos, não caracterizam uma plataforma tecnológica de apoio à IC, como *Data Warehouses*, ferramentas OLAP, sistemas de GED, *Groupware,* as intranets, os websites departamentais e similares.

Uma plataforma tecnológica de apoio à IC precisa contribuir de maneira efetiva para todas as etapas do sistema de IC, ou seja, desde a identificação das necessidades de inteligência até a avaliação dos produtos de inteligência, com o auxílio de algumas ferramentas mais específicas, como:

- ferramentas de localização de informações capazes de organizar grandes volumes de informação e informações relevantes na organização, por exemplo, *text mining, data mining* e similares, que, por meio de algoritmos de inteligência artificial e linguística, podem extrair e explorar novos sentidos para as informações armazenadas;
- plataformas de comunidades de prática que apoiam a interação entre profissionais distribuídos geograficamente e que formam a rede de analistas e a rede de coletores;

- ferramentas de *profile* que se baseiam em bancos de dados estruturados para monitorar competidores, novos entrantes ou organizações da mesma cadeia de valor, nos quais se define os principais atributos e informações a serem monitorados;
- agentes de busca que são softwares de permanente captura e organização de informação disponível, principalmente disponibilizada em meio eletrônico e internet;
- softwares de análise e estruturação, que são tecnologias especializadas, orientadas para a análise de informações e que trazem consigo modelos para aquisição, organização e análise de informação;
- portais de inteligência, que são plataformas web que acabam funcionando como ferramenta de interface e integração entre os atores de um sistema de IC.

As funções de um sistema de informação em cada etapa do sistema de IC

De acordo com nossa concepção, uma plataforma tecnológica de apoio à IC deve possuir componentes que cubram todas as etapas de um Sistema de Inteligência Competitiva e, ao mesmo tempo, tenha funcionalidades que apoiem de maneira efetiva os analistas de inteligência, os fornecedores de informação e os clientes de inteligência, trazendo consigo, ao menos, o descrito na Tabela 16.3.

Tabela 16.3 • Componentes um Sistema de Inteligência Competitiva

Sistema de Inteligência Competitiva	Componentes
	Estruturação das necessidades de inteligência e informação.
	Estruturação do processo de coleta, análise e disseminação.
	Execução do processo de coleta. Automático ou informação secundária e primária.
	Suporte a modelos analíticos.
	Text Mining e *Data Mining*.
	Visualização de grandes volumes de informação.
	Suporte na produção de inteligência.
	Suporte na disseminação e avaliação de produtos de inteligência.
	Repositório de produtos de inteligência.
	Ferramentas de governança do processo de IC.

Fonte: Adaptado de Rios (2010).

A partir deste ponto, vamos apresentar as principais funcionalidades e algumas telas de um software de apoio à IC desenvolvido no Brasil pela Plugar Informações Estratégicas S.A, que contempla o sistema de IC descrito no item 3.

Quanto à construção do Sistema de Inteligência Competitiva

Sobre a construção do Sistema de Inteligência Competitiva, Rios (2010) lista as principais funcionalidades e requisitos, a saber:

- ambiente de portal para apoio na comunicação e sensibilização de colaboradores da organização;
- *e-learning* para apoio na capacitação da equipe de inteligência;
- ambiente para a publicação da missão e dos objetivos de uma área de inteligência;
- identificação e registro de problemas de negócios da organização;
- cadastramento de clientes de inteligência.

Quanto à operacionalização do Sistema de Inteligência Competitiva

Planejamento da demanda de inteligência

Quanto ao planejamento das demandas de IC, a seguir são apresentadas as principais funcionalidades que devem ser desenvolvidas em ambiente de portal.

1. refinamento da solicitação das demandas de inteligência;
2. cadastramento das demandas de inteligência;
3. criação e uso de fórum de discussão para discutir sobre demandas de inteligência;
4. cadastramento dos clientes de IC e das fontes de informação;
5. cadastramento de atividades relacionadas com a operacionalização do sistema de IC.

A partir das Tabelas 16.1 e 16.2 deste capítulo, podemos observar, na Figura 16.3, a estruturação das necessidades de inteligência e como a tecnologia pode absorver essa estruturação.

Figura 16.3 • Identificação das necessidades de inteligência (Etapa 1 do Sistema de IC) em um software para apoio à IC

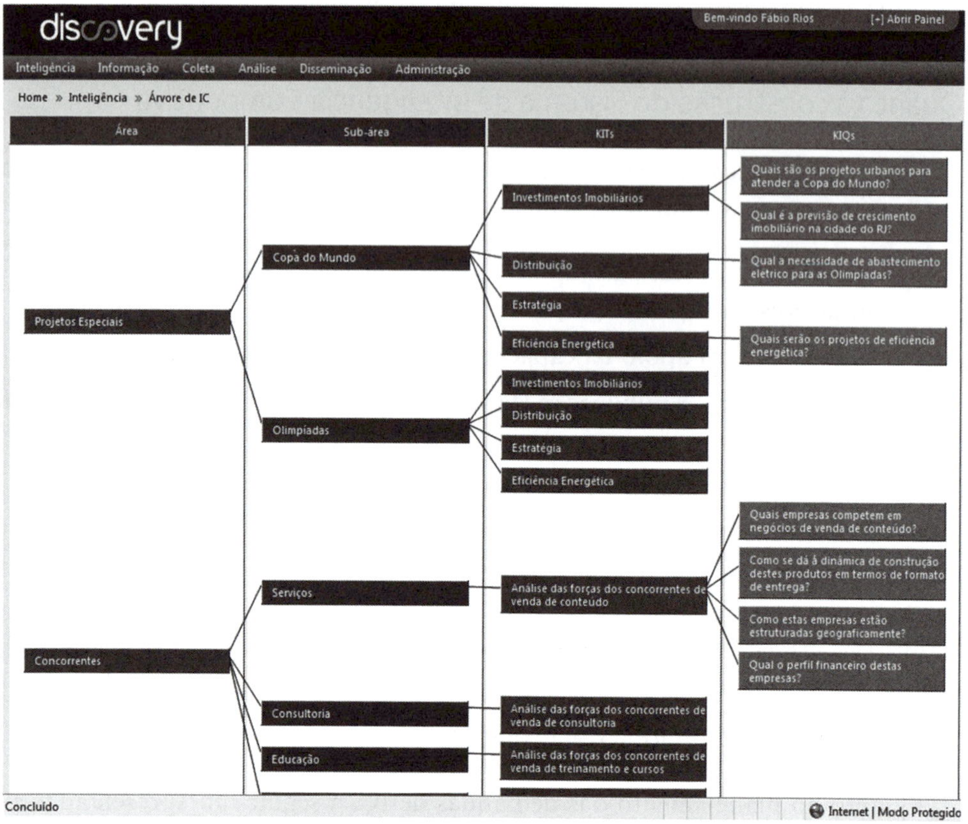

Fonte: Software Discovery, da Plugar Informações Estratégicas.

Coleta de informações para geração de produtos de IC

Quanto à coleta, as principais funcionalidades que devem ser desenvolvidas são:

1. busca interna de múltiplos repositórios de informações, como bancos de dados, documentos e relatórios da organização, objetos visuais (mapas, gráficos e desenhos), e-mail e debates da intranet;
2. busca externa de fontes web, como documentos em HTML e XML, quadros de mensagens, bancos de dados e monitoramento de alterações em websites;
3. varredura da web utilizando aplicações baseadas no conceito de "*spider*";
4. filtro automático de busca baseado em critérios relacionados às demandas de inteligência com priorização por relevância e validação de documentos recuperados;
5. sumarização dinâmica de artigos e documentos;
6. categorização automática das informações com base em em critérios definidos pelo usuário;

Continua

Continuação

7. categorização automática das informações com base em em critérios definidos pelo usuário;
8. gestão de diversos formatos de informações primárias e secundárias;
9. formulário, em ambiente de portal, para registro das informações primárias coletadas; e
10. disparo automático de informação para a rede de analistas.

Figura 16.4 • Coleta e estruturação de informações (Etapas 2 e 3 do Sistema de IC) em um software para apoio à IC

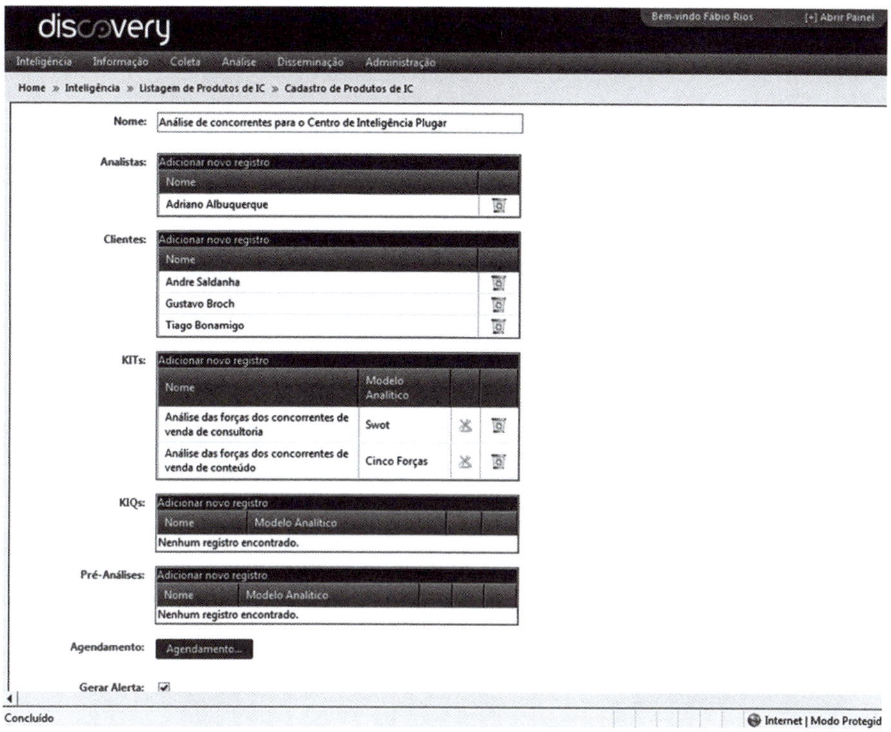

Fonte: Software Discovery, da Plugar Informações Estratégicas.

Análise e produção de inteligência

Quanto à análise, estas são as principais funcionalidades que devem ser desenvolvidas:

1. *workflow* que permita o envio de informações críticas para a rede de analistas/especialistas para que sejam analisadas;
2. categorização manual e organização das informações coletadas;
3. indicação de relações entre as informações, redação de hipóteses e geração de lista de ações com os respectivos responsáveis;
4. múltiplos modelos de análise das informações, como SWOT (matriz de Forças, Fraquezas, Ameaças e Oportunidades) e 5 Forças de Porter;
5. disponibilização das informações para a análise em ordem cronológica;
6. identificação de relacionamento entre entidades do tipo pessoas, lugares, datas, eventos e outras possíveis;
7. tecnologia de mineração de textos para localizar e extrair variáveis definidas pelo usuário; e
8. possibilidade de relacionar análises com dados quantitativos.

Figura 16.5 • Associação de informações para análises (Etapa 4 do Sistema de IC) em um software para apoio à IC

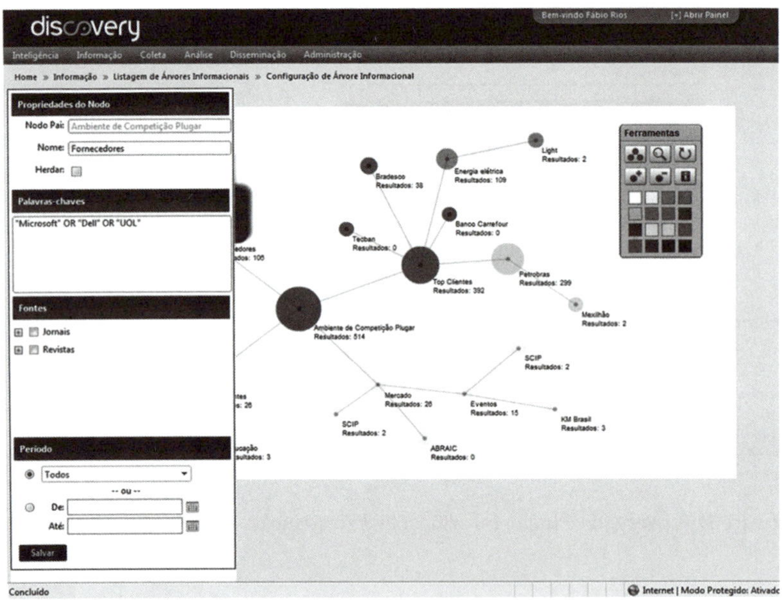

Fonte: Software Discovery, da Plugar Informações Estratégicas.

Figura 16.6 • Associação de informações com métodos analíticos (Etapa 4 do Sistema de IC) em um software para apoio à IC

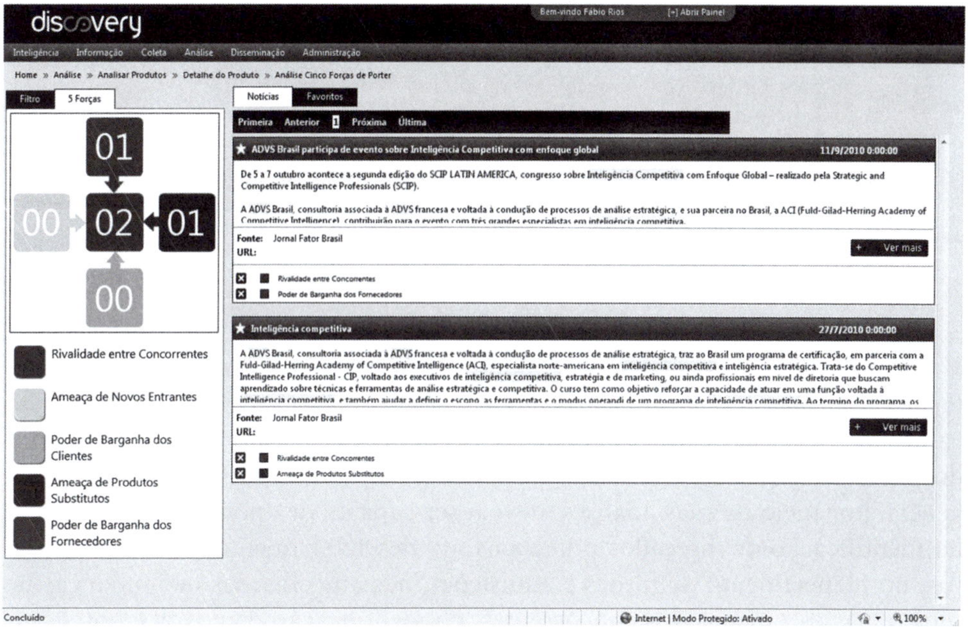

Fonte: Software Discovery, da Plugar Informações Estratégicas.

Disseminação de produtos de inteligência

Quanto à análise, estas são as principais funcionalidades que devem ser desenvolvidas:

1. envio de e-mails e *newsletters* com os relatórios finais de inteligência;
2. *ashboard* para a disponibilização dos relatórios finais de inteligência;
3. modelos de relatórios padronizados e customizáveis;
4. possibilidade de relacionar e exportar relatórios para formatos do Microsoft Office, CorelDraw, PDF, formatos multimídia, outras bases de dados e/ou outros sistemas de relatórios;
5. capacidade de entregar relatórios em múltiplos formatos e meios, como intranet corporativa, e-mail e aparelhos sem fio; e
6. agendamento das entregas dos produtos e relatórios de inteligência.

Avaliação de produto e do processo de inteligência

Quanto à avaliação, as principais funcionalidades que devem ser desenvolvidas são:

1. envio de pesquisa de reação ao cliente para a avaliação dos produtos e do processo de inteligência; e
2. fórum de discussão no portal para debate da dinâmica do processo.

A inteligência competitiva, hoje, nas organizações

Hoje em dia, é essencial que as organizações que desejam sustentar suas vantagens competitivas estejam alertas para as mudanças que ocorrem em seu mercado. Por isso, a atividade de Inteligência Competitiva é tão importante dentro do processo decisório. Mais especificamente, os profissionais da área de inteligência, por meio de suas análises, devem ser capazes de apoiar as organizações na identificação de mercados potenciais, no desenvolvimento de novos produtos, no planejamento de fusões e aquisições, nas antecipações de mudanças no setor e nas estratégias dos concorrentes, na identificação de novos e potenciais concorrentes, na descoberta de parceiros potenciais e na identificação das forças e fraquezas do concorrente.

O resultado desse apoio eficiente e eficaz, em conjunto com as mudanças cada vez mais rápidas nas dinâmicas de mercado e com o surgimento de novos consumidores, fez que o uso de Inteligência Competitiva nas organizações brasileiras crescesse significativamente, principalmente nos últimos dois anos. Atualmente, não são apenas as indústrias clássicas, como a farmacêutica, a de telecomunicações e a automobilística que utilizam a IC, mas também a indústria varejista, conhecida por querer obter resultados rápidos e focados, a atual indústria cultural e do entretenimento e as micro e pequenas organizações que usam os núcleos de Inteligência Competitiva setoriais para obter análises e informações qualificadas para sua tomada de decisão.

Vale lembrar que um Sistema de Inteligência Competitiva pode ser implementado em organizações de pequeno, médio ou grande porte.

No entanto, é sempre importante enfatizar que as pessoas envolvidas no Sistema de Inteligência Competitiva precisam ter a consciência de que a obtenção dos dados e informações deve ser feita da forma mais ética e transparente possível, respeitando leis e códigos de ética e conduta. A maior parte da informação de que você precisará é de domínio público e sua obtenção pode ser feita de forma ética e legal. Mas, como muitos advogados irão dizer, o que é legal nem sempre é ético. As leis variam de estado para estado e de país para país, mas elas existem e seus limites são claros.

Conclusão

Todas as organizações precisam estar sempre alertas ao que acontece a sua volta, não importando a qual setor ela pertença. Por meio de seu desempenho em descrever o ambiente competitivo, prospectar o ambiente competitivo futuro, desafiar as suposições vigentes, identificar as fraquezas e buscar formas de compensação, ajustar a estratégia às mudanças do ambiente e determinar quando a estratégia não será sustentável em longo prazo, a inteligência assume seu papel de insumo crítico para a estratégia e se torna um diferencial na competição entre as organizações.

A função de um sistema de inteligência será, de forma contínua, legal e sistemática, identificar, coletar, tratar, analisar e disseminar, em tempo hábil, análises robustas ou informações qualificadas sobre o ambiente competitivo, para apoiar a tomada de decisão. Um sistema, que possibilite identificar os sinais enviados pelo mercado — que podem ser qualquer ação que um concorrente ou outro *player* importante tome e que forneça uma indicação direta ou indireta de suas intenções, motivos ou metas —, torna-se um instrumento estratégico de apoio à gestão, que irá alterar a maneira como as organizações lidam com seu mundo.

Questões para reflexão e aprendizagem

1. Um sistema de IC tem o objetivo de auxiliar o decisor a minimizar riscos em sua decisão. Em sua opinião, esses decisores têm sensibilidade quanto a esta relevância do Sistema de IC para a organização?
2. Até que ponto a área de Inteligência Competitiva deve participar na formulação das estratégias de uma organização?
3. Você acha que, atualmente, as organizações ainda acham que gerar um relatório de IC é somente buscar informações na web? Se sim, por quê? Se não, por quê?
4. Tecnologia é um suporte importante para o sistema de IC. Com esta afirmativa responda onde você acha que as organizações investiriam seu orçamento: na compra de informação ou na compra de um software para apoiar o analista de IC?

5. Pense que você é um analista de IC de uma organização, não importa o tamanho. O que você faria, em primeiro lugar, para começar a gerar análises? Por quê?

Referências

BRAGA, F.; GOMES, E. *Inteligência Competitiva*: como transformar informação em um negócio lucrativo. Rio de Janeiro: Editora Campus, 2004.

CASTELLS, M. *Sociedade em Rede*. Rio de Janeiro: Paz e Terra, 2007.

DAVENPORT, T.; PRUSAK, L. *Working Knowledge*. Boston: Harvard Business School Press, 1998.

FULD, L. *Administrando a Concorrência*. Rio de Janeiro: Record, 1988.

___________. *The New Competitor Intelligence*. New York: Wiley, 1995.

KAHANER, L. *Competitive Intelligence*: how to gather, analyze, and use information to move your business to the top. New York: Touchstone Books, 1998.

MILLER, J. *Millennium Intelligence*: understanding and conducting competitive intelligence in the digital age. New Jersey: CyberAge Books, 2000.

PORTER, M. E. *Vantagem Competitiva*: criando e sustentando um desempenho superior. Rio de Janeiro: Campus, 1990.

PRESCOTT, J.; GIBBONS, P. T. Europe '92 provides new impetus for competitive intelligence. *The Journal of Business Strategies*. Boston, v. 12, n. 6, p. 20-26, nov./dez., 1991.

RIOS, F. Uma proposta de relação de requisitos funcionais para um software de apoio ao processo de inteligência. 2010. Dissertação (Mestrado em Administração) – Universidade Federal do Rio Grande do Sul, 2010.

SUN TZU. *A arte da guerra*. Rio de Janeiro: Record, 1983.

TEIXEIRA FILHO, J. *Gerenciando Conhecimento*. Rio de Janeiro: Senac, 2000.